Digital
WARS

**Apple, Google, Microsoft
and the Battle for the Internet**

디지털 워

찰스 아서 지음 | **전용범** 옮김

이콘

차례

| 제4장 | 디지털 음악: 애플 vs 마이크로소프트

우리가 직접 경험하는 세계는 아날로그다. 색도 소리도 그리고 냄새도 자연스럽게 어우러지고 뒤섞인다. 컴퓨터와 함께 우리 앞에 놓여진 세계는 디지털이다. 이 곳에는 오직 0과 1만 있을 뿐이다. 켜져 있거나 꺼져 있고, 예 아니면 아니오 다. 오직 둘 중 하나일 뿐이다.

1970년대를 거치면서 사람들이 개인용 컴퓨터를 가질 수 있는 시대가 열렸다. 1990년대에 접어들면서 우리의 눈앞에 인터넷 세상이 펼쳐졌고 누구도 예상치 못했던 새로운 사업들이 등장하기 시작했다. 야후Yahoo와 같은 웹사이트는 초단위로 뉴스를 전해주기도 하고 날씨를 알려주기도 하며 이메일 서비스를 무료로 제공하기도 했다. 그와 동시에 음반 산업과 같은 기존의 산업들은 조금씩 역사의 뒤안길로 사라져가고 있었다. 네트워크에 접속하는 컴퓨터의 수가 늘어날수록 이런 변화의 속도는 기하급수적으로 빨라지고 있었다.

이러한 변화의 소용돌이 속에 세 회사가 등장했다. 애플Apple, 마이크로소프트Microsoft, 구글Google. 이들은 전혀 색다른 존재였다. 이들이 디지털 전쟁의 현장에 도착했을 때 이들의 형색은 제각각이었다. 하나는 이미 화려했던 영광의 날들을 과거로 흘려 보낸 후였고 또 다른 하나는 한참 컴퓨터 업계의 선두주자로 전성기를 구가하고 있는 중이었다. 그리고 마지막 하나는 두 명의 매우 똑똑한 학생의 머릿속에 들어 있는 기발한 아이디어로만 존재하고 있었다.

이들은 이제 디지털 세계의 서로 다른 공간을 차지하기 위해 격렬한 전투를 치러야 할 운명에 놓여 있다. 하드웨어, 소프트웨어 그리고 광고가 이들이 사용하게 될 무기다. 이 끝없는 전투에 각자의 명예가 걸려 있다. 그리고 우리 모두의 미래까지도 달려 있다.

사람들이 어떤 검색엔진을 사용할까? 우리는 어디서 디지털 음원을 구할까? 휴대폰의 소프트웨어, 기차를 기다리거나 회의를 할 때 사용하는 태블릿의 소프트웨어는 누가 생산할까? 과연 이런 질문들은 중요한 것일까?

어떤 이들은 중요하지 않다고 생각한다. 사람들은 결국 스스로 원하는 바를 선택하기 때문에, 누군가 우리의 경험을 관장한다 하더라도 우리가 올바른 결과를 얻는다는 사실에는 변함이 없다는 것이 이들의 생각이다.

다른 쪽에서는 디지털 세상은 온통 톨게이트로 덮여 있으며, 이 톨게이트들을 장악하는 사람들이 미래의 모습을 결정할 것이라고 얘기한다.

어찌됐든 한 가지 확실한 것은 있다. 톨게이트를 장악하면 황금빛 기회를 거머쥐게 된다는 사실이다. 어떤 톨게이트의 주인이 되더라도 그 곳을 지나는 수많은 사람들의 통행료는 그의 차지가 된다. 거대한 부가 이 디지털 전쟁에서 이긴 자에게 주어지는 월계관이다. 게다가 그 거대한 부로 다른 공간에 새로운 톨게이트를 세우거나 기존의 톨게이트를 차지하고 있는 적수를 몰아낼 수 있는 절호의 기회까지도 승자의 몫이다.

이 세 회사가 자신들이 같은 디지털 공간에 함께 놓여 있다는 사실을 알아차리게 된 때는 1998년이었다. 이들은 자신들이 앞으로 치르게 될 전투를 전혀 눈치채지 못하고 있었다. 하지만, 바로 이 전투들이 세상을 바꾸게 된다.

Digital
WARS
제1장

1998년

———

빌 게이츠와 마이크로소프트 | 스티브 잡스와 애플 | 빌 게이츠와 스티브 잡스
래리 페이지와 세르게이 브린 | 인터넷 검색 | 시가총액

빌 게이츠와 마이크로소프트

1998년 말 뉴요커New Yorker의 기자인 켄 올레타Ken Auletta가 마이크로소프트의 최고경영자 빌 게이츠를 방문했다. 워싱턴 주 레드먼드에 위치한 그의 사무실은 CEO의 사무실답게 빼어난 전망을 자랑하고 있었다. 한쪽 창으로는 빼곡히 늘어선 나무들이 내려다보였고 다른 쪽 창으로는 즐비한 건물들이 눈에 들어왔다. 소나무로 된 세련된 가구 주위로 소박한 사무실용 갈색 의자들이 놓여 있었다. 나무들이 내려다보이는 창가에 자리잡은 그의 책상은 주인이 가진 막대한 권력과는 거리가 있었다. 그저 아침식사 대용 시리얼 바를 닮은 소박한 모습이었다. 책상 위에는 21인치 모니터 세 대가 놓여 있었고, 한 켠에는 서류를 볼 수 있도록 넓게 트인 공간이 있었다.

당시 마이크로소프트의 기업가치는 약 2천5백억 달러. 43세였던 게이츠는 세계 최고의 부자가 되어 있었다. 마이크로소프트의 윈도우는 전 세계 PC의 약 95%에 설치되어 있었다. 매년 백만 개의 윈도우가 팔리고 있었고, 판매량 또한 15~20%씩 증가하고 있었다. 서버 운영체제 시장에서도 두각을 나타내고 있었다.

이보다 1년 전에 열린 마이크로소프트의 공식 기자회견은 새로운 검색엔진인 MSN.com을 자랑하는 자리였다. 그 자리에서 마이크로소프트는 겨우 최고의 검색사이트가 되려고 이 검색엔진을 개발한 것은 아니라고 큰소리를 쳤다. 그들은 '우리의 목표는 MSN.com을 한 시대를 대표하는 최고의 웹사이트로 만드는 것입니다'라고 당찬 포부를 밝혔다.

올레타는 게이츠에게 경쟁업체 중 누가 가장 두려우냐고 물어보았다.

> 올레타 어디가 가장 두려운가요? 선마이크로시스템스Sun Microsystems? 오라클? 아니면 웹 브라우저 회사인 넷스케이프Netscape인가요?
> 게이츠 아닙니다. 그들은 두렵지 않습니다. 나에게 두려운 상대가 있다면, 지금 어느 창고에 처박혀 전혀 새로운 무언가를 개발하는 데 골몰하고 있을 누군가입니다.

당연히 그는 누가 어디서 무엇을 개발하고 있는지 전혀 모르고 있었다. 그가 알고 있었던 것은 혁신이야말로 언제나 기존 회사를 위협하는 최대의 적이라는 사실뿐이었다.[1]

왜 굳이 창고라고 얘기했을까? 그 이유는 기존 질서를 파괴하는 혁신적인 회사들이 탄생한 곳이 바로 실리콘밸리의 창고들이었기 때문이다. 이 회사들은 상황 변화에 보다 빠르게 대응할 수 있었고 신기술들을 신속하게 이용할 수 있었다. 또한 벤처 자금의 풍부한 지원을 받을 수 있었고 관료조직과 분기별 실적 보고서에 짓눌리지 않아도 되었다.

게이츠는 말콤 글래드웰Malcolm Gladwell이 정의한 아웃라이어outliers에 가장 잘 부합하는 인물이었다.[2] 아웃라이어란 새로운 것을 배우고 익히는 데 엄청난 시간을 투여하는 사람을 의미한다. 게이츠의 경우에는 그 대상이 프로그래밍이었다. 빌 게이츠는 기발한 회피방법workaround을 이용하여 (자신의 회사가 개발한) 베이직의 첫 번째 버전을 직접 프로그래밍했다고 한다. 이 방법은 얼마 남지 않은 몇 킬로바이트의 메모리를 장시간 걸어야 하는 사막에서의 물 한 모금처럼 소중하게 여겼던 시절을 회상할 정도의 나이 든 프로그래머들 사이에서는 지금까지도 전설로 통하고 있다. 게이츠가 성장하던 시절과 비교한다면 오늘날 프로그래머에게 주어진 스토리지와 메모리는 무한에 가깝다고 볼 수 있다.

또 그는 동물적인 사업감각과 복잡한 문제를 해결하는 데 남다른 능력을 가지고 있었다. 나중에 다시 문제가 될 만한 소지가 있는 것은 아무리 작은 것이라도 족집게처럼 찾아냈다. 그는 항상 강하게 밀어붙였고 그런 그의 성향은 그대로 마이크로소프트에 각인되었다. 그 결과 마이크로소프트는 소프트웨어 산업에 군림하는 '800파운드 고릴라'로 명성이 자자했다. 만일 1990년대 후반 사업을 시작했다면 마이크로소프트에게 인수당하거나 아니면 마이크로소프트 근처에는 얼씬도 하지 않는 것이 최선책이었다. 그 당시 마이크로소프트는 자기보다 약한 경쟁상대들을 무자비하게 짓밟아버리는 것으로 유명했다.

마이크로소프트가 구사했던 전술이 얼마나 적절했는지는 종종 의문스럽다. 마이크로소프트는 마음만 먹으면 언제든지 가격을 낮출 수 있었고 그를 통해 경쟁사를 몰아낼 수 있었다. 실제로 그렇게 하기도 했다. 이런 접근 방식 때문에 마이크로소프트는 기술산업 주변에서 '악의 제국Evil Empire'이라는 또 하나의 달갑지 않은 별명을 얻게 되었다.

1998년 마이크로소프트는 신생업체인 넷스케이프를 짓밟고 있었다. 넷스케이프는 어디서나 브라우저가 PC의 기반이 될 것이라고 주장했다. 넷스케이프의 말대로라면 윈도우는 더 이상 필요 없고 브라우저만 있으면 된다. 브라우저만 있으면 PC를 통해 하고자 하는 모든 것을 할 수 있게 되는 것이다. 넷스케이프가 무모하게도 마이크로소프트의 심기를 건드렸던 것이다.

스티브 잡스와 애플

마이크로소프트는 애플과의 전투에서 승리를 거두고 정상의 자리에 올랐다. 애플은 스티브 잡스Steve Jabs가 공동 설립자로 참여한 회사였다. 잡스는 매력적이며 똑똑하고 열정적이며 인습에 얽매이지 않는 정말로 독특한 사업가였다. 그는 1985년 애플에서 쫓겨났다. 그 후 1996년 말 애플이 넥스트 컴퓨터NeXT Computer라는 기업을 인수하게 되면서 개선장군이 되어 애플로 돌아왔다. 넥스트는 잡스가 애플을 그만둔 후 설립했던 회사였다. 그가 복귀할 당시 애플은 시름시름 앓고 있었다. 잡스는 1997년 7월 당시 애플의 CEO를 강제로 해임하고 그 해 9월부터 직접 임시 CEO의 역할을 맡았다. 그 때 애플은 매 회계연도마다 10억 달러에 이르는 손실을 보고 있었다.

1955년 게이츠와 같은 해에 태어난 그는 프로그래머가 아니다. 잡스에게서는 글래드웰이 얘기하는 특정 기술에 대한 몰두를 발견할 수 없다. 사실 그의 재능은 다른 데 있었다. 그는 다재다능하고 디자인에 조예가 깊고 사람들과 관계를 맺는 데 뛰어났다. 또 상대방의 약점과 욕구를 정확하게 간파하여 협상을 매듭짓는 능력을 가지고 있었다. 비난과 감언, 그리고 자신의 매력을 적절히 섞어가며 부하직원뿐만 아니라 같은 지위의 사람들까지도 언제나 그들 스스로가 기대했던 것 이상의 좋은 제품을 만들어낼 수 있도록 이끌어냈다.

애플 초기, 잡스가 반도체 기업들과 매우 좋은 조건으로 협상을 체결한 적이 있었다. 모든 가격목록을 다 외우고 있었기 때문에 가능한 일이었다. 반대로 능력을 발휘하지 않는 직원이 있으면 그에게 악을 쓰며 욕을 퍼부을 수도 있는 인물이었다. 디자이너들에게도 매번 디자인을 바꾸라고 줄기차게 요구하며 미치도록 만들었다. 첫 매킨토시용 계산기 애플리케이션을 개발하던 디자이너는 견디다 못해 아예 잡스가 직접 디자인할 수 있도록 디자인 프로그램을 만들어버렸을 정도였다.

잡스의 디자인에 대한 집착이 어디에서 비롯되었는지 확실치 않다. 하지만 그에게는 자신이 디자인에 집착하는 이유가 아주 분명했다. 1995년 와이어드 wired.com 와의 인터뷰에서 잡스는 이렇게 얘기했다.[3]

잡스 디자인은 재미있는 단어입니다. 어떤 사람들은 디자인이 그저 겉모습만을 의미한다고 생각합니다. 하지만 조금만 더 깊이 생각해보면 디자인이 기능을 의미한다는 것을 알 수 있습니다. 무언가를 잘 디자인하기 위해서는 우선 그것을 이해해야 합니다. 정말로 깊이 이해해야 합니다. 그리고 무언가를 철저하게 이해하려면 열정적으로 그것에 미쳐야 합니다. 그것을 곧바로 집어삼켜서는 안 되고 차근차근 곱씹어야 합니다.

애플의 전 회장이었던 존 스컬리 John Scully 는 잡스에 의해 채용되었지만 이후 잡스를 해고하는 데 한몫 했던 인물이었다. 그는 린더 카니 Leander Kahney 와의 인터뷰에서 이렇게 언급한 적이 있다.

스컬리 처음 만났을 때부터 스티브는 항상 아름다운 제품, 특히 아름다운 하드웨어에 열광했습니다. 언젠가 그가 우리 집 문에 달려 있는 독특한 경첩과 자물쇠를 보고는 완전히 넋을 빼앗긴 적이 있습니다. 스티브는 무엇보다 사용자가 경험할 때 느끼는 감정에서부터 디자인을 시작해야 한다고 생각했습니다.[4]

그러나 무엇보다도 유용했던 것은 그의 협상기술이었다. 잡스가 엄밀한 의미의 세일즈맨은 결코 아니었다. 그는 자신이 완전히 신뢰할 수 없거나 자신이 직접 사용하지 않는 제품은 판매하려고 들지 않았다. 하지만 필요하다 싶을 때는 자신의 협상능력을 십분 발휘했다. 게이츠도 잡스의 협상능력에는 속수무책이었다. 1997년, 애플이 90일 이내에 문제를 해결하지 못하면 파산선고가 내려질 수도 있는 상황에 처한 적이 있었다. 잡스는 그 상황에서 게이츠에게 다음과 같은 제안을 했다. 마이크로소프트가 애플이 보유한 특허를 침해하고 있는 부분이 있다. 그 사실을 묵인할 테니 애플이 필요한 자금을 제공해달라. 그리고 애플이 자금 이상으로 절실히 필요한 것은 매킨토시용 오피스를 계속 개발하겠다는 약속이다. 마이크로소프트가 이 약속을 해주지 않으면 매킨토시는 더 이상 살아남을 수 없을 것이다. 애플은 공장문을 닫아야 한다.

잡스가 마이크로소프트를 상대로 대립각만 세웠다면, 게이츠는 특허에 대한 법정 싸움으로 시간만 질질 끌었을 것이고, 결국 애플은 재정 악화로 파산을 면치 못했을 것이다. 잡스가 만약 지나치게 약한 상대였다면 게이츠는 그의 제안을 거들떠 보지도 않았을 것이다. 이 경우에도 애플은 파산이었을 것이다. 이 상황을 잘 알고 있었던 잡스는 게이츠에게 고개를 숙일 수밖에 없었다. 하지만 그 상황에서도 두 회사 간의 대립이 아니라 협력으로 규정하려고 했다. 잡스는 게이츠에게 "빌, 우리가 데스크톱을 판매할 수 있는 것은 온전히 당신 덕분입니다"라고 말했다. 애플의 미래에 투자하면 마이크로소프트가 기술의 운명을 결정하게 되는 것처럼 얘기한 것이었다. 게이츠가 잡스의 말에 말려든 것은 아니었지만, 게이츠는 결국 1억5천만 달러의 우선주를 인수했고 매킨토시용 오피스의 지속적인 개발을 약속했다. 포춘Fortune 기자였던 앨런 도이치먼Alan Deutschman에 따르면 게이츠가 나중에 "그 친구 참 놀랍단 말이야. 그는 진정한 세일즈의 제왕이야"라고 말했다고 한다.[5]

애플에 복귀한 잡스는 애플을 떠났던 잡스와는 전혀 다른 사람이었다. 애플을 떠나기 전 그는 누구도 거들떠 보지 않는 사소한 부문에 마냥 매달리곤 했다. 또 엄격한 기업조직에서는 좀처럼 일하려고 들지 않았고, 사람을 보는 안목 역시 부족했다. 그러나 복귀했을 때에는 자금과 사람 모두를 철저하게 관리할 줄 아는 인물이 되어 있었다. 사람이 기업에서 가장 중요한 자원이라는 점도 잘 알고 있었다. 애플을 떠나 있는 동안 잡스는 실패를 통해 많은 것을 배웠다. 넥스트에서는 손익분기점도 넘기지 못해 하드웨어 생산을 접어야 했다. 조지 루카스로부터 인수한 픽사Pixar에서는 엄청난 손실을 보았다. 그때마다 잡스는 자신이 보유한 애플 주식을 조금씩 팔아 그 손실을 간신히 메워나갔다. 기술적으로 훌륭한 하드웨어를 공급하는 것만으로는 충분하지 않으며, 사람들이 진정으로 원하는 것이 있다면 반드시 그럴만한 이유가 있다는 것을 알게 되었다. 그 이유를 파악하는 것이 중요했다. 넥스트의 큐브나 픽사의 이미지 컴퓨터가 실패한 것은 충분히 많은 사람들이 그것을 원하지 않았기 때문이다.

애플로 돌아온 잡스는 많은 사업가들이 배웠던 바로 그 진실을 알고 있었다. 사람들은 세 번의 실패를 경험해야 비로소 현명해질 수 있다고 한다. 잡스는 애플을 떠나 있는 동안 두 번의 실패를 맛보았다. 그리고 애플로 복귀했을 때 그를 맞이한 것은 애플이 처한 위태로운 상황이었다. 이제 그에게 세 번째 경험을 할 수 있는 기회가 주어진 것이다. 애플로 돌아온 그는 새로운 것에 주목하기 시작했다. 그리고 모든 것을 다른 눈으로 바라보기 시작했다.

잡스가 가장 먼저 한 일은 쓸데없는 제품의 생산을 중단한 것이었다. 그 제품들은 애플의 허영심만을 고스란히 반영하고 있을 뿐이었다. 그 대표적인 제품이 뉴튼Newton이었다. 이 제품은 스컬리가 개발한 것으로 터치스크린이 탑재된 휴대용 컴퓨터였다. 마치 앞으로 나오게 될 컴퓨터의 모습을 예견하는 듯한 모습이었다. 잡스는 나중에 자신이 없는 동안 애플이 혼수상태에 빠져 있었다고 회고했다. 애플은 시장점유율을 높이기는커녕 이익을 내는 것조차 벅차하고 있었다. 고객이 무엇을 원하는지는 안중에 없었고 그저 하루하루 돈을 버는 데만 혈안이 되어 있었다. 잡스는 많은 직원을 해고했다. 그리고 진행 중이던 사업 계획들도 전부 중단했다. 1997년 강연에서 잡스는 "우리는 아니오 라고 말할 수 있어야 합니다. 그럴 수 있어야만 정말로 훌륭한 제품을 만들어낼 수 있습니다. 전체가 부분의 합보다 훨씬 큰 그런 제품 말입니다"라는 말로 직원들에게 비전을 불어 넣었고, 해고당할까 걱정하는 개발자들의 우려를 불식시켰다.[6]

잡스의 결정에 따라 무려 350개에나 달하던 제품의 수가 단번에 10개로 줄었다. 당시 애플 제품에는 6500이니 8600이니 별 의미 없는 명칭이 붙은 컴퓨터 종류만도 15개나 되었다. 이미 기업을 대상으로 하는 시장은 윈도우 PC가 점령하고 있었다. 따라서 애플의 주력시장은 일반소비자들이었다. 일반 소비자들이 그 이름만 보고서는 어떤 제품이 데스크톱이고 노트북인지 또는 어떤 제품이 고가제품이고 저가제품인지를 구분할 방법이 없었다. 잡스는 제품군을 일반소비자용 노트북과 데스크톱, 사무용 노트북과 데스크톱으로 단순하게 분류하였다. 이 분류에 맞춰 정말로 좋은 한 가지 제품을 생산하는 데 주력하도록 했다. 각 품목은 고유한 업그레이드 주기, 사용자 층, 팬 그리고 결점을 가지고 있었다. 잡스는 "네 개의 훌륭한 제품을 가질 수 있다면 그걸로 충분합니다"라고 설명했다.[7] 그가 1998년 만든 이 분류는 현재까지도 그대로 유지되고 있다.

잡스의 노력에도 불구하고 애플의 운명은 이미 결정 나 있는 것처럼 보였다. 보다 저렴하면서도 훨씬 다양한 소프트웨어가 제공되는 윈도우 PC를 마다하고 누가 애플의 제품들을 구입하려고 하겠는가?

1997년 10월 델Dell 컴퓨터의 창립자이자 CEO인 마이클 델Michael Saul Dell은 잡스의 입장이 된다면 어떻게 하겠느냐 라는 질문을 받았다. 잡스가 이끌고 있는 애플은 그 당시 매년 70억 달러의 매출에도 불구하고 10억 달러의 손실을 보고 있었다. 이에 비해 윈도우 컴퓨터를 판매하던 델의 규모는 다섯 배 이상 컸다. 연구개발이나 혁신과는 거리가 멀지만, 애플 정도는 대수롭지 않게 여길 수 있는 회사였다.

델은 "나라면 어떻게 할까요? 아마 당장 회사 문을 닫고 주주에게 돈을 돌려줄 겁니다"라고 무뚝뚝하게 대답했다.[8] 당시 델의 말처럼 되었다면 애플의 주주들은 한 주당 5.49달러, 모두 합쳐 27억 달러를 돌려 받았을 것이다.

이 말에 기분이 상한 잡스는 델에게 직접 전화를 걸어 그의 답변이 모욕적이었다고 항의했고, 이후 잡스에게는 델을 이기는 것이 심각한 정도는 아니었지만 하나의 강박관념이 돼버렸다.

잡스가 다음으로 착수한 일은 애플의 원활하지 못한 공급망을 개선하는 것이었다. 이 부분은 아무도 주목하지 않고 있었다. 공장은 부품을 제때, 정확한 양과 가격으로 조립라인에 공급할 수 있어야 한다. 또한 철저한 품질검사를 거친 후 배송해야 한다. 군대의 전투력이 물자의 보급에 달려있는 것처럼 하드웨어 사업의 생사는 공급망의 원활한 작동에 달려있었다.

1998년 3월 잡스는 이 업무를 맡을 사람을 채용하였다. 바로 팀 쿡^{Tim} ^{Cook}이었다. 그는 IBM을 거쳐, 한창 잘나가고 있던 PC 제조업체 컴팩^{Compaq}에서 근무하고 있었다. 잡스와 쿡은 단번에 마음이 통했다. 면접은 그저 다른 회사들이 겪은 실패의 원인을 논의하는 자리가 되었다. 쿡은 애플에 합류하자마자 끊임없이 회의를 개최했다. 이 회의의 목적은 아시아지역 공급망의 약한 고리를 찾아내는 것이었다. 그는 한 회의에서 "이거 문젠데요. 중국에서 이걸 해결해줄 사람이 필요하겠어요"라고 지적했다. 그 회의가 끝나갈 무렵 쿡은 핵심 운영담당 이사 중 한 명인 사비 칸^{Sabih Khan}을 쳐다보며 "당신은 왜 아직까지도 여기에 있는 겁니까?"라고 차분한 어조로 물었다. 그 즉시 칸은 자리에서 일어나 공항으로 향했다.[9]

애플의 제조부문과 공급망이 제자리를 잡아가기 시작했다. 쿡의 방식은 간단명료했다. 쿡은 공장과 물류 창고를 폐쇄했다. 또한 애플의 10년 넘은 미들웨어도 폐기했다. 그 결과 애플의 재고는 5주 판매량에서 이틀 판매량으로 급감했다. 그리고 그때까지의 분기별 주문생산방식은 폐지되었다. 1999년 쿡은 "우리는 매주 계획하고 매일 실행합니다. 이 부분에 대해서는 일말의 타협도 있을 수 없습니다" 라고 얘기했다. 재고를 '근본적인 악'이라고 여겼던 그는, 가능한 한 군더더기 없는 운영이 현대 PC 제조업에 필수라는 것을 너무나 잘 알고 있었다. 재고로 인해 매주 1~2%씩 기업의 이익이 감소할 수 있다고 본 것이다. 그는 "우리가 몸담고 있는 업계의 제품은 우유만큼이나 금방 상합니다. 1년이나 2년 후에는 하루 단위가 아니라 시간 단위로 재고를 얘기할 수 있기를 바랍니다"라고 말했다.[10]

쿡이 애플의 대차대조표에 가져온 효과는 즉각적이었다. 그리고 오래 지속되었다. 이제 애플은 현금을 날려버리는 것이 아니라 차곡차곡 쌓아가기 시작했다. 하지만 여전히 피라미에 지나지 않았다. 애플의 컴퓨터 판매량은 매년 2백만 대 정도에 불과했다.

빌 게이츠와 스티브 잡스

게이츠와 잡스는 경쟁상대이자 오랜 친구였다. 20년 전에는 여자친구들과 데이트를 함께 할 정도로 막역한 사이였다. 그렇다면 게이츠는 잡스의 위협에 대해서 어떤 생각을 하고 있었을까? 1998년 6월 게이츠는 마크 스티븐스Mark Stephens와 인터뷰를 했다. 마크 스티븐스는 로버트 크링글리Roebrt X Cringely라는 좀더 시선을 끄는 필명으로 기고하고 있었다. 게이츠는 곰곰이 생각하는 듯한 표정으로 스티븐스에게 이렇게 말했다. "나는 잡스가 왜 아직도 그러고 있는지 알다가도 모르겠어요. 그는 자신이 이길 수 없다는 것을 뻔히 알고 있을 텐데 말이죠."[11]

(게이츠는 인터뷰 요청을 잘 받아주는 편이었다. 반면에 잡스는 인터뷰 요청에 잘 응하지 않았다. 스티븐스는 게이츠와 잡스의 관계를 다룬 기사를 작성할 계획이었다. 잡스는 게이츠와 먼저 인터뷰할 것을 고집했다. 그러고는 끝끝내 인터뷰에 응하지 않았다. 결국 그 기사의 작성은 물거품이 되었다. 지금은 고인이 된 크리스 굴커

는 애플이 고전하고 있던 시기에 애플에서 근무했다. 그리고 잡스와 함께 일한 경험도 가지고 있었다. 그런 그가 이전에 나에게 이렇게 말한 적이 있다. "스티브는 기본적으로 언론을 벌레처럼 여겼어요.")

게이츠의 생각은 옳았다. 잡스나 애플이 PC 운영체제 시장을 지배하기 위한 전쟁에서 승리할 수 있는 방법은 없었다. 이 전쟁은 이미 몇 년 전에 마이크로소프트의 승리로 끝난 것이었다. 잡스가 애플로 돌아오기 전 애플의 경영진들은 마이크로소프트를 그대로 모방하고 있었다. 맥 OS의 라이선스를 다른 컴퓨터 제조업체들에게 판매하고 있었던 것이다. 그러나 그것은 화를 자초하는 행위였다. 그 복제품들은 애플보다 낮은 가격으로 판매되었고, 그 결과 하드웨어 판매로부터 애플이 벌어들였던 수입과 이익을 거의 다 가로채갔다. 소프트웨어 라이선스의 판매만으로는 수입의 감소를 만회하기에 역부족이었다. 결국 애플은 걷잡을 수 없을 정도로 손실을 기록하기 시작했다. 잡스가 애플에 복귀하면서 가장 먼저 한 일 중의 하나가 이 복제 계약을 철회하는 것이었다. 고소와 그에 따른 비용을 감수하고서라도 이 계약을 해지하려고 했다. 그는 애플이 소프트웨어 라이선스의 판매만으로는 생존할 수 없다는 사실을 꿰뚫고 있었다. 그런 계약은 마이크로소프트나 가능했다. 마이크로소프트는 PC 시장의 규모가 커질수록 더 많은 이익을 얻을 수 있지만, 애플은 손으로 만질 수 있는 제품을 만들어야 했다. 하드웨어와 분리된 소프트웨어의 판매만으로는 수익을 창출할 수 없었다.

잡스는 또 1995년 어느 인터뷰에서 컴퓨터 산업이 막다른 지경에 이르렀다고 말한 바 있다.

잡스 데스크톱 산업은 이미 사양산업입니다. 혁신은 더 이상 일어나지 않고 있습니다. 혁신 없이도 지배적인 지위를 누리고 있는 마이크로소프트를 보세요. 이 시장은 끝났습니다. 애플은 실패했습니다. 데스크톱 시장은 암흑의 시대로 접어들었습니다. 아마 앞으로 10년, 적어도 90년대의 남은 기간 동안은 그 속에 머무르게 될 겁니다.[12]

애플은 왜 실패했을까? 경제학자나 경영학자들 눈에는 그 이유가 매우 분명했다. 애플은 기기와 소프트웨어를 전부 설계한다. 컴퓨터 산업에서는 이런 애플의 수직적 통합 모델이 통할 수 없었다. 풍부한 경험의 기술 전문 기업가인 톰 에브슬린Tom Evslin은 이렇게 서술하고 있다. '이 산업에서는 수직적으로 통합된 기업이 경쟁력을 가질 수가 없다. 좀 모순되기는 하지만, 내부 소비자가 경쟁 문화를 해치는 독이기 때문이다. 이것이 컴퓨터 산업의 현실이다.'[13] 경제경영이론에서는 제조업체가 PC를 만들고 마이크로소프트와 같은 회사가 소프트웨어를 만드는 수평적 통합이 이루어질 경우 시장 최적이 훨씬 더 빨리 달성될 수 있다고 본다. 여기서 시장최적은 가능한 최대 생산량과 최저 소비자 가격을 의미한다.[14]

이런 주장이 사실이기는 하다. 하지만 계량화하기 어려운 요소들을 간과하고 있다. 그 중 하나는 사용자 경험이고 다른 하나는 부수적 비용이다.

마이크로소프트는 IBM이 처음 개발한 하드웨어 표준 규격을 받아들여 윈도우 플랫폼을 개발했다. 그리고 이 플랫폼에 최적인 소프트웨어를 만들었다. 또 개발자들이 보다 쉽게 윈도우용 프로그램을 작성할 수 있도록 했다. 마이크로소프트의 이런 작업을 통해 표준화가 이루어졌고 하드웨어의 가격이 하락했다.

하지만 윈도우가 개인용 컴퓨터를 위한 최선의 운영체제라고 말하기는 어렵다. 사람들은 윈도우를 혼란스럽게 여긴다. 윈도우 사용과 관련된 일상적인 질문들을 보면 이 사실을 쉽게 확인 할 수 있다.

한 가지 예를 들어보자. 컴퓨터를 끌 때마다 왜 '시작'버튼을 별도로 눌러야 할까? 물론 우리는 이 절차가 너무 익숙해서 컴퓨터를 처음 사용하는 사람에게 설명하는 경우가 아니라면 이것을 당연한 것으로 여기고 있다. 시작 버튼을 누르면 (윈도우 비스타의 경우) 또 다시 버튼과 메뉴 항목 등 총 15개의 경로가 제시된다. 그리고 최종적으로 네 가지 방식—절전모드sleep, 최대절전모드hibernate, 전원 끄기power off, 대기모드suspend—중 하나를 선택해야 한다. 이 네 가지 방식의 차이는 확연하게 구분되는 것도 아니다. 왜 이렇게 복잡한 절차를 거쳐 컴퓨터를 꺼야 하는가?

부수적 비용도 결코 사소한 문제가 아니었다. 윈도우 95, 98, Me 그리고 XP는 보안상의 허점이 충격적일 만큼 많다. 윈도우 XP에는 방화벽이 있지만, 기본설정이 방화벽 해제로 되어 있기 때문에 사용자들은 바이러스 공격에 그대로 노출되어 있었다. 윈도우가 얼마나 바이러스에 취약했는지, 해커들 사이에서는 '행복한 사냥터'라는 말까지 돌 정도였다. 결국 2002년 마이크로소프트는 프로그래머들의 개발 작업을 잠시 중단하고, 그들을 대상으로 보다 안전한 프로그램 작성 방법에 대한 재교육을 실시했다.

바이러스와 악성코드로 인해 윈도우 사용자가 감수해야 하는 비용, 그리고 온라인상의 예금인출사고와 같은 부수적 피해비용을 합하면 그 규모가 수백억 달러에 이르는 것으로 추산된다.

이런 문제점에도 불구하고 게이츠가 올레타를 만났던 그 무렵 수평적 통합모델이 컴퓨터 업계의 복음으로 통하고 있었다. 컴퓨터 업계에서 이것은 십계명이었고 불변의 진리였다.

한 회사가 소프트웨어와 하드웨어를 함께 설계하여 컴퓨터 시장을 호령할 수 있을 거라는 생각은 한낱 웃음거리로 치부되었다. 경영이론에 따르면 그것은 불가능한 것이었다. 그리고 윈도우의 성공이 바로 그 사실을 입증하고 있었다.

물론 스티브 잡스도 이 사실을 알고 있었다. 애플의 한 직원에 따르면 어느 회의에서 그가 이렇게 말했다고 한다. "전투에서 졌다면, 다음 전투를 이기기 위해 새로운 전쟁터로 옮겨가야 한다." 잡스에게 필요했던 것은 새로운 조건에서 게이츠와 맞붙을 수 있는 새로운 (하나 아니면 두 개의) 전쟁터였다. 그리고 그 새로운 조건은 그가 설정할 수 있어야 했다.

래리 페이지와 세르게이 브린

실리콘밸리는 샌프란시스코만 동남쪽의 1,500 평방 마일의 면적을 갖는 지역으로 북으로는 팔로 알토, 남으로는 산타 클라라까지 펼쳐져 있다. 1998년 크링글리가 게이츠와 인터뷰를 했던 바로 그 무렵, 실리콘밸리에서는 심상치 않은 일이 일어나고 있었다. 당시에는 닷컴 호황이 한창이었다. 그 가운데 멘로 파크Menlo Park의 한 창고에는 대학원을 갓 그만둔 두 젊은이가 있었다. 바로 래리 페이지Larry Page와 세르게이 브린Sergey Brin이었다. 둘 다 1973년생 동갑내기로 게이츠와 잡스보다 18살이 어렸다. 스탠퍼드 대학에서 박사과정을 밟던 중 친해진 그들은 글래드웰의 이론에 매우 잘 부합하는 인물들이었다. 뛰어난 사고력을 바탕으로 끊임없이 컴퓨터 관련 기술을 익힌 그들이 성인이 되었을 무렵, 이미 인터넷은 일상의 자연스러운 한 부분이 되어 있었다. 컴퓨터를 사용하는 것이 콘센트에서 전기를 얻는 것만큼이나 쉬운 세상. 어떤 시간 어떤 장소에서 어느 누구하고도 통화할 수 있다는 생각이 당연한 세상. 그들은 이런 세상을 맞이할 준비가 되어 있었다. 그들이 바라보고 있는 세상은 게이츠와 잡스가 성장했던 세상과는 전혀 달랐다. 그들은 인터넷을 샅샅이 뒤져 원하는 정보를 찾아낼 수 있기를 꿈꿨다. 이런 목적으로 그들이 개발한 것이 바로 검색엔진이었다.

그들은 그 검색엔진을 구골Googol이라고 부르고 싶어했다. (구골은 엄청나게 큰 수인 10의 100제곱을 의미한다. 페이지와 브린은 구골이라는 이름을 통해 인터넷의 광활함을 표현하려고 했다. 또한 그들이 항상 즐기는 수학적 농담이기도 했다.) 그러다 결국 페이지와 브린이 정한 이름은 '구글Google'이었다.

게이츠가 그들의 존재를 알았다면 어떤 반응을 보였을까? 아마 잠깐 동안이라도 우려를 표명했을 것이다. 하지만 그 당시 게이츠가 구글을 알 수 있는 방법이라고는 막대한 시간을 들여 웹을 일일이 검색하는 수밖에는 없었다.

구글이 검색 결과를 도출하는 방법을 정리한 논문은 1998년 말에 발표되었다. 관련성이 높은 순서대로 검색 결과를 배치하는 이른바 '페이지랭크PageRank'라는 시스템과 관련된 논문은 1999년이 되어서야 스탠퍼드 대학 온라인 출판서비스에서 볼 수 있었다.[15]

1998년 9월 4일 페이지와 브린은 구글을 법인화했다. 그 무렵 그들은 수전 보이치키Susan Wojcicki의 창고를 임대해 쓰고 있었고, 선마이크로시스템스의 공동설립자인 앤디 벡톨샤임Andy Bechtolsheim이 투자한 십만 달러로 법인 비용을 충당하고 있었다. 벡톨샤임은 이 투자로 구글 지분 1%를 확보했다. 당시 구글의 일일 검색수는 만 건이었다. 9월 게이츠와 스테판이 만났던 무렵 페이지와 브린은 학교 친구이자 구글의 첫 번째 직원인 크레이그 실버스타인Craig silverstein을 채용하려고 하고 있었다. 그 때 검색 분야의 선두주자는 알타비스타AltaVista였다. 1997년 이 사이트의 광고수입은 5천만 달러였고 일일 방문객수는 8천만 명에 이르렀다. 구글도 당시 애플처럼 그 분야의 선두주자에 비하면 한낱 피라미에 불과했다.

그러나 그 해 말 구글은 PC 매거진이 선정한 '100대 웹사이트'에 당당히 자신의 이름을 올렸다. 아직 구글 사이트의 검색수는 미미한 수준이었지만, 이 사건은 이 후 일어날 엄청난 일들을 예고하고 있었다.

인터넷 검색

1997년 마이크로소프트가 MSN에 대한 공식발표를 하긴 했지만, 인터넷 검색은 마이크로소프트의 주력사업이 아니었다. (애플 역시 마찬가지였다. 애플의 경영진 역시 스스로를 웹 기업이라고는 전혀 생각하지 않고 있었다.) 독립적인 인터넷 검색엔진을 구축한다는 것은 매우 명확한 아이디어였다. 하지만 그 당시는 인터넷 자체가 이제 막 걸음마를 뗀 단계였다. 그리고 사람들은 아직 인터넷을 어떻게 사용할지 모르는 상황이었다.

게이츠는 컴퓨터, 특히 운영체제가 사람들의 인터넷 사용을 결정할 것이라고 생각했다. 어떤 사이트를 방문하고 무엇을 할지, 인터넷에 어떻게 접근하고 무엇을 보게 될지 결정하는 것은 당연히 마이크로소프트, 사람들이 웹을 경험하는 방식을 결정하는 것도 당연히 인터넷 익스플로러라고 생각했다.

어쩌면 게이츠는 인터넷 익스플로러의 경험을 떠올리며 회사가 직면하고 있는 위협을 어렴풋이나마 느끼고 있었을지도 모르겠다. 마이크로소프트가 성공의 길로 접어들게 된 계기는 1981년 당시 거대 컴퓨터 제조기업 IBM과 체결한 '개인용 컴퓨터 프로젝트에 필요한 운영체제 공급' 계약이었다. IBM은 새로운 16비트 컴퓨터에 맞는 운영체제를 가지고 있지 않았다. 그런 조건에서 애플Apple, 아타리Atari, 코모도어Commodore 등 개인용 컴퓨터 시장을 개척하고 있던 회사들과 경쟁해야 하는 상황이었다. 마이크로소프트는 성공적으로 프로젝트를 마쳤고, 판매에 따른 많은 로열티를 받았다.

하지만 결과적으로 IBM은 마이크로소프트에 의해 생존을 위협을 받게 되었다. 향후 IBM은 메인프레임mainframe과 소형컴퓨터 사업에서 벌어들인 이익을 다 갉아먹을 정도로 PC시장에서 고전을 면치 못했다. 그 원인은 마이크로소프트의 MS-DOS 운영체제를 사용하는 수많은 복제 컴퓨터 때문이었다.

1994년, PC시장에서 IBM이 처한 입장처럼, 마이크로소프트도 브라우저 분야에서 인터넷 익스플로러로 추격해야 하는 입장에 놓였다. 넷스케이프가 브라우저를 도입하면서 사람들을 깜짝 놀라게 한 것이다. 마이크로소프트는 윈도우 95에 공급할 브라우저가 긴급하게 필요했다. 인터넷은 마이크로소프트의 예상보다 훨씬 빠르게 성장하고 있었고, 윈도우 95에는 인터넷 접속 기능이 내장되어 있지 않았다. 게이츠는 그 당시 25살이었던 알라드J Allard라는 신입사원의 메모 덕분에 인터넷의 엄청난 중요성을 깨달았다. (알라드는 나중에 다시 나온다.) 마이크로소프트는 자체 브라우저를 만들려고 노력했지만 결국에는 스파이글래스Spyglass라는 작은 회사로부터 코드 라이선스를 사들이게 되었다. 마이크로소프트도 IBM처럼 새로운 개발로 인해 곤란에 처하게 된 것이다.

하지만 마이크로소프트는 브라우저를 무료로 배포함으로써 넷스케이프의 사업모델에 타격을 입혔다. 그리고 윈도우 운영체제에 넷스케이프를 기본 브라우저로 채택하려는 PC 제조업체들을 위협했다.

잡스와의 전쟁, 뒤이은 넷스케이프와의 전쟁에서 승리함으로써 게이츠는 안도의 한숨을 쉴 수는 있었지만, 뭔가 찝찝한 기분을 지울 수는 없었다. 넷스케이프의 신생 브라우저로 인해 윈도우는, 있어도 그만 없어도 그만인 한낱 선택적인 부가물로 전락할 수도 있는 상황이었다. 마이크로소프트는 이런 상황을 결코 용납할 수 없었다. 마이크로소프트의 경영진들은 전의를 불태우며 이제 어떤 전술을 사용할 지를 두고 수없이 이메일을 주고 받았다. 그 계획은 '넷스케이프의 숨통을 끊는 것' 이었다. 이 이메일 내용들은 그대로 흔적으로 남았다. 이 이메일이 세상에 알려지게 된 것은 미 법무부가 마이크로소프트에 대한 반독점 조사를 재개하게 되면서였다. 그 당시 마이크로소프트는 데스크톱 운영체제 시장에서의 독점적 지위를 이용하여 컴퓨터 제조업체들에게 넷스케이프를 설치하지 말 것을 강요했다는 명목으로 고소당한 상태였다. (미국에서는 한 시장에서 독점적 지위를 누리는 것은 불법이 아니다. 하지만 그 독점적 지위를 이용해 다른 시장에서의 점유율을 높이려고 하는 것은 불법이다.)

이와 달리, 구글에게는 사람들이 어떤 브라우저를 사용하고 있는지가 전혀 중요하지 않았다. 그들은 다른 관점을 가지고 있었다. 페이지와 브린에게 인터넷과 웹은 단지 정보를 찾아내는 것만이 아니라 완전히 새로운 일을 할 수 있는 공간이었다. 회사를 운영할 수 있는 공간이기도 했다.

그들은 원대한 목표를 가지고 있었다. 전 세계에 흩어져 있는 정보를 조직하여 누구나 쉽게 접근할 수 있도록 하는 것! 바로 이 한 가지였다.

그렇다면 어떻게 정보에 접근할 수 있다는 것인가? 데스크톱으로? 노트북으로? 아니면 휴대폰으로? 그것도 아니라면 다른 어떤 것으로? 어떤 것이어도 상관없었다.

물론 휴대폰을 통한 인터넷 접속이나 검색이 가능했던 것은 아니다. 그것은 아직 몇몇 사람들의 머릿속에만 들어있는 상태였다. 당시의 휴대폰은 컴퓨터의 기능을 거의 갖추고 있지 못했다. 화면도 작았고 데이터를 넣는 것 역시 불가능했다. 그 당시 최대 휴대폰 제조업체는 노키아Nokia라는 핀란드 회사였다. 이 회사의 휴대폰은 그저 두툼한 디자인으로 유명한 정도였다. 아무도 휴대폰으로 인터넷에 접속한다는 생각을 하고 있지 않았다. 인터넷에 접속하기 위해서는 PC가 반드시 필요했다.

시가총액

한 회사의 시가총액은 그 회사의 주가에 총 발행주식수를 곱한 것이다. 이것은 회사가 진행하고 있는 사업의 중요성을 나타내기 위해 흔히 사용되는 지표이다. 한 회사의 주가가 오르거나 내리면 그 회사의 시가총액도 오르거나 내린다.

그렇다고 시가총액의 변화가 회사의 내부 상황에 어떤 영향을 미치는 것은 아니다. 시가총액이 커졌다고 한들, 회사가 사용할 수 있는 현금이 늘어나는 것도 아니다.

시가총액이 지표로서 의미가 있는 이유는 다른 데 있다. 이 지표가 반영하고 있는 것은 이 회사가 앞으로 창출하게 될 (순현재가치로 조정된) 총 이익에 대한 시장의 평가이다.

주식을 총 백만 주 발행했고 10억 파운드의 현금을 보유하고 있는 회사를 상상해보자. 이 회사가 가진 것은 현금뿐이며 어떤 사업도 진행하고 있지 않다면, 이 회사 주식의 공정한 가격은 1,000파운드가 될 것이다. (백만 주 × 1,000 파운드 = 10억 파운드)

이번에는 첫 번째 경우와 마찬가지로 주식을 총 백만 주 발행하기는 했지만 보유하고 있는 현금이 전혀 없는 회사를 가정해보자. 이 회사는 앞으로 10년 간 매년 (인플레이션에 대해서 조정한) 1억 파운드의 이익을 보장받는다고 치자. 10년에 걸쳐서 10억 파운드에 해당하는 이익을 얻게 되는 것이다. 그러므로 이 회사 주식의 공정한 가격도 역시 1,000파운드가 될 것이다.

주가가 오르내리며 보여주는 변화무쌍하고 극적인 과정은 이런 계산과정이 겉으로 드러난 것이다. 한 회사의 사업에 대한 나쁜 소식이나 좋은 소식에 따라 그 회사의 주가가 하락하거나 상승하는 것은 바로 그 회사의 기대이익의 변화에 따른 조정이 이루어지는 것이다.

한 회사의 시가총액은 그 회사의 중요성과 수익성이 주식시장에서 어떤 평가를 받고 있는 지에 대한 정보를 담고 있다. 회사 내부에서는 시가총액이 별다른 의미를 가지지 못한다. 다만 현금이 거의 없는 상태에서 자금을 유통하고자 하는 경우에는 시가총액이 중요할 수 있다. 이 경우 시가총액의 하락은 은행과 주주들에게 이 회사의 미래 전망에 대한 시장의 부정적인 평가로 받아들여질 것이다. 따라서 이 회사는 자금을 융통하기 어려울 것이다. 이런 예외적인 경우를 제외하고 회사 내부에서 주가가 중요성을 갖게 되는 경우는 회사가 상장되거나 아니면 스톡옵션 만기가 되었을 때뿐이다. 회사가 상장될 경우 회사 주식을 보유하고 있는 직원들은 보통 순식간에 큰 부를 손에 거머쥘 수 있게 된다. 스톡옵션 만기의 주식가격은 직원들이 그동안 해온 작업이 가치가 있는 것이었는지 아니면 쓸모 없는 것이었는지를 판단해주는 것이다.

1998년 말 구글의 시가총액은 이론적으로 천만 달러였다. 이 금액은 벡톨샤임이 1%의 구글 지분을 받고 십만 달러를 투자했다는 사실을 기반으로 계산한 것이다. (상장을 통해 주식시장에서 확정된 가격을 얻기 전에는 어떤 시가총액도 이론일 뿐이다. 결국 그것을 계산하기 위해서는 주식을 구매하려는 사람이 있어야 한다.) 애플의 가치는 55억 4천만 달러였고 마이크로소프트의 가치는 3,446억 달러였다. 세 기업의 총 시가총액은 3,501억 5천만 달러. 마이크로소프트가 그 중 98%를 차지했다.

이들은 분명 서로 달랐다. 마이크로소프트는 개인용 컴퓨터 소프트웨어 시장에서 지배적인 지위를 누리고 있었다. 애플은 컴퓨터 하드웨어 사업에서, 그리고 구글은 인터넷 검색이라는 새롭게 등장한 분야에서 생존을 위해 힘겨운 싸움을 벌이고 있었다.

이 때, 도저히 저항할 수 없는 힘이 작동하기 시작했다. 12개월에서 18개월마다 연산능력이 두 배로 증가한다는 무어의 법칙에 따라 컴퓨터 가격이 하락하고 있었다. 인터넷의 보급이 확산되고 있었고 휴대폰 사용 인구가 늘고 있었다. 그리고 마지막으로 소비자들의 구매력이 점점 증가하고 있었다.

이 네 가지 요인으로 인해 마이크로소프트, 애플 그리고 구글의 운명은 어쩔 수 없이 서로 뒤엉키게 된다.

그러나 이런 일이 벌어지기 전, 각자는 우선 자신을 괴롭히는 고질적인 문제들과 싸워야 했다. 구글은 사업모델을 전혀 가지고 있지 못한 채 매달 돈을 날리고 있었다. 애플은 거의 파산 직전까지 몰려 있었다.

마이크로소프트 앞에 놓여진 문제는 자신의 정체성 자체에 대한 실존적 위협이었다. 마이크로소프트에 대한 미국 정부의 반독점소송은 1998년 5월 제기되었고, 그 해 10월 첫 공판이 열렸다. 이 경험이 그 후 10년간 마이크로소프트의 사고방식을 지배하게 된다.

Digital
WARS

제2장

마이크로소프트
반독점 소송

—

스티브 발머 │ 반독점 재판 │ 재판 결과

한 회사가 전 세계 모든 인텔Intel 호환 PC 운영체제의 라이선스 계약을 통제하고 있다면 그 회사는 경쟁시장 가격보다 훨씬 높은 라이선스 가격을 설정할 수 있다. 수익에 영향을 미칠 정도로 고객이 줄어드는 것도 아니므로 상당한 기간 동안 그 가격을 유지할 수 있다.

따라서 마이크로소프트의 시장지배력을 판단하는 시장은 전 세계 모든 인텔 호환 PC 운영체제 라이선스 계약시장이다.

미국 대 마이크로소프트, 민사소송 98-1232, 사실인정 (1999년 11월 발행)
(이 문서는 어도비 PDF, 워드퍼펙트 5.1, HTML 형태로는 이용 가능하지만,
마이크로소프트가 지적재산권을 갖는 형태로는 제공되지 않는다.)

스티브 발머

2000년 마이크로소프트의 새시대가 열렸다. 1월 13일 판매지원담당 책임자였던 스티브 발머가 마이크로소프트의 최고경영자로 승진한 것이다. 그는 1980년 6월 이 회사에 30번째 직원으로 입사했던 인물이었다. 빌 게이츠는 회장 겸 '수석 소프트웨어 아키텍트'로 마이크로소프트가

관련 툴과 제품을 어떻게 만들 것인지 총괄하고 있었고, 또 핵심적인 의사결정에도 여전히 참여하고 있었다. 하지만 회사의 일상적인 운영에 대한 책임은 전적으로 발머에게 맡겨졌다. 정부, 재계, 그리고 개인들에게 마이크로소프트는 좋은 품질 하나로 통했다. 이제 발머에게는 좋은 품질을 계속 구현해야 한다는 막중한 임무가 놓여 있었다.

그 변화는 바다 속 깊은 곳에서 발생한 지진과도 같았다. 사람들은 별다른 변화를 감지할 수 없었다.

수년 동안 친한 동료로 지내온 게이츠와 발머의 신체적 특징은 보는 사람으로 하여금 웃음을 자아낼 만큼 대조적이었다. 게이츠는 시선을 끌만큼 신체적 존재감을 가지고 있지 않았다. 반면 발머는 크고 육중한 몸매로 언제나 사람들의 이목을 집중시켰다. 게이츠가 조금은 내성적인 성격을 지닌 엔지니어이자 소프트웨어 천재였다면, 발머는 고객의 마음을 세심하게 읽어내 맞춤계약을 성사시키는 타고난 세일즈맨이었다. 이들은 환상의 조합이었다. 게이츠가 프로그래머와 경영자로 제품 생산을 총괄했다면 발머는 마이크로소프트의 영업을 진두 지휘했다.

발머가 최고경영자의 역할을 맡기는 했지만 소프트웨어에 대한 지식에서는 게이츠를 따라갈 수 없었다. 수학과 경제학 학위는 가지고 있었지만, 프로그래밍에 대한 기초지식은 부족했다. 마이크로소프트의 개발자들은 이 사실을 알고 있었고, 몇몇은 이 회사가 뭔가 핵심적인 것을 잃어버렸다고 느꼈다. 게이츠는 여전히 부진한 매니저들을 질책할 수 있는 자리에 있었다. 하지만 더 이상 마이크로소프트라는 우주의 중심은 아니었다. 게이츠는 개발도상국의 예방 가능한 질병을 치료하는 자선활동에 점점 더 많은 시간을 할애하고 있었다. 이제 그는 마이크로소프트에서 나타났다 사라졌다를 반복하는 하나의 혜성 같은 존재가 되었다.

반독점 재판

발머가 회사를 맡았을 때, 반독점 재판과정은 이미 끝났고 판사의 사실인정이 발표된 상태였다. 그것은 마이크로소프트의 유죄를 강력히 시사하고 있었다. 마이크로소프트가 윈도우의 독점적 지위를 이용하여 다른 부문을 지배하려고 했다는 것이다. 불법을 저질렀다는 것은 명백했다. 하지만 최종 판결은 아직 내려지지 않은 상태였다.

재판, 특히 재판과정에서의 증언과 언론보도는 마이크로소프트의 내부문화에 큰 영향을 미쳤다. 마이크로소프트의 직원들은 여전히 자신들이 가장 뛰어난 프로그래머라고 생각하고 있었지만, 더 이상은 뛰어난 프로그래머들을 채용할 수 없게 되었다. 매우 갑작스러운 상황이었다.

1998년부터 1999년까지, 마이크로소프트의 반독점 재판이 지지부진한 상태에 있는 동안 소위 닷컴호황이 시작됐다. 프로그래머들에게는 회사만 잘 선택한다면 엄청난 부를 손에 거머쥘 수 있는 절호의 기회가 눈앞에 있었다. '낮은 가격에 스톡옵션을 획득하라. 기업공개가 이루어지는 순간 당신도 넷스케이프나 야후의 운 좋은 사람들처럼 한 순간에 부자가 될 수 있다.' 이것이 마이크로소프트가 뛰어난 프로그래머를 더 이상 채용할 수 없었던 부분적인 이유였다.

하지만 또 다른 중요한 이유가 있었다. 프로그래머들은 마이크로소프트에서 일하는 것이 자신의 양심을 파는 부끄러운 짓이라고 생각하고 있었다.

마이크로소프트 내에서도 자기반성이 이루어지고 있었다. 그 사례가 될 만한 일이 1999년 연례간부수련회에서 일어났다. 게이츠와 발머는 이 수련회에서 회사의 재정 문제와 기존의 성과를 검토한 후, 후속 생산제품군에 대한 계획 즉 로드맵을 논의할 계획이었다. 그 당시는 아직 반독점 재판에 대한 결과가 발표되지 않은 상황이었다. 그러나 법정에서는 마이크로소프트에 대한 비난의 화살이 쏟아졌다. 특히 데이비드 보이스David Boies 검사의 증언비디오에 등장한 게이츠의 모습은 오만해 보였고 질문의 핵심을 피해가며 얼버무리는 것으로 비쳐졌다.

여하튼 그 수련회에서 당시 라틴 아메리카와 남태평양 지역 영업담당 책임자였던 올랜도 아얄라Orlando Ayala는 최고 경영진에게 로드맵에 대해서 논의하고 싶지 않다는 의사를 밝혔다. 다른 참가자는 이 수련회가 회사의 성장을 멈추고 사업방식을 전면적으로 재고해야 한다고 언급한 사례라고 말했다.

아얄라 우리가 지금 논의해야 할 것은 우리가 추구해야 할 가치입니다. 내가 하는 일 때문에 내 가족들에게 매일 시달린다고 한번 생각해보십시오. 이런 상태라면 나는 더 이상 여기서 일할 수 없습니다.

다른 참가자 로드맵에 대해서는 얘기하고 싶지 않습니다. 우리는 지금 위기에 처해 있습니다. 하나의 회사로서 우리가 무엇인지를 고민해야 합니다. 사람들은 우리를 악마라고 부릅니다. 회사 밖의 친구들과 가족들은 도대체 왜 그런 사악한 기업에서 근무하느냐고 묻습니다. 대부분 이런 경험을 가지고 있을 겁니다. 그럴 때 마다 우리는 그 질문을 스스로에게 되묻지 않을 수 없습니다.

우리 모두는 마이크로소프트가 위대한 소프트웨어를 만들 수 있다는 사실을 압니다. 그리고 그것을 통해 세상을 변화시킬 수 있다는 사실도 알고 있습니다. 하지만, 지금 우리의 고민은 회사 외부의 사람들이 우리를 마치 갱 취급한다는 것입니다. 자신의 넓은 대지에 붙어 있는 자그마한 땅덩어리에서 뭐라도 해보려는 사람까지도 위협하는 갱 말입니다. (판사인 토머스 펜필드 잭슨Thomas Penfield Jackson은 재판 기간 동안 엠바고 조건 하에서 기자간담회를 가졌다. 그 자리에서 그는 마이크로소프트의 행동은 마치 마약밀매상이나 암흑가의 해결사들이나 할 법한 행동이라고 언급한 바 있다.)

법원은 마이크로소프트가 PC운영체제에 대해 독점적 지위를 가지고 있다고 결론지었다. 즉 마이크로소프트가 상대방이 거절할 수 없다는 것을 알고서 라이선스 가격을 인위적으로 높게 설정했다는 것이다. 잭슨 판사는 증거로 제출된 마이크로소프트의 내부 조사 내용을 언급했다. 이 조사에 따르면 윈도우 98 업그레이드 버전에 대한 적절한 가격은 49달러이다. 하지만 마이크로소프트는 최대의 수입을 올릴 수 있는 89달러를 가격으로 설정했다. 가격이 89달러를 넘어서면 새 버전에 대한 수요가 줄어든다고 봤다. 기존 버전을 고수하려는 소비자들이 많아진다는 것이다. 89달러가 바로 수요곡선의 꼭지점이었다. 일반적으로는 이 가격을 고집할 수 없다. 오직 독점기업만이 이런 가격을 설정할 수 있다는 것이 법원의 판단이었다.

독점은 일반적으로 시장의 80% 이상을 점유하는 것으로 정의된다. 미국에서 독점은 불법도 아니고 반드시 처벌을 받는 것도 아니다. 그러나 한 부문에서의 독점적 지위를 이용해 다른 부문에서 독점적 지위를 창출하거나 확대하려는 행위는 엄연한 불법이다. 그리고 만약 하나의 시장 또는 두 개의 시장 모두에서 소비자에게 피해를 주었다는 사실이 입증되면 처벌을 받게 된다. 넷스케이프가 윈도우 95에서 실행되기는 했지만 원래는 일종의 플랫폼으로 개발된 것이었다. 마이크로소프트는 넷스케이프를 추격하는 과정에서, 윈도우에 대한 지배권을 이용하여 넷스케이프가 윈도우 95에서 실행되기 위해 필요한 몇 가지 애플리케이션 프로그램 인터페이스API를 넷스케이프에게 공개하지 않았다. 그리고 PC 제조업체들에게 인터넷 익스플로러를 반드시 포함시키도록 강요했다. 게다가 자신의 요구를 들어주지 않는 OEM PC 제조업체들은 윈도우 라이선스를 사용할 수 없을 것이라는 협박까지 곁들였다. 라이선스가 없으면 생존자체가 불가능한 PC 제조업체로서는 울며 겨자 먹기로 마이크로소프트의 요구를 들어줄 수밖에 없었다. 마이크로소프트는 넘지 말아야 할 선을 넘고 만 것이다.

재판과정에서 밝혀진 바에 따르면, 마이크로소프트는 윈도우를 통해 다른 부문의 제품까지도 강압적으로 짓밟으려고 했다. 그 대상이 된 기업들 중에는 인텔, 선마이크로시스템스, 리얼네트워크Real Networks, IBM 그리고 애플도 포함되어 있었다.

IBM은 윈도우 95의 공식 출시 15분전까지 OEM 라이선스를 거부함으로써 상당한 PC 판매 기회를 놓치고 말았다.

애플은 마이크로소프트로부터 음악과 동영상을 재생하는 자체 시스템 개발을 포기하고 마이크로소프트의 다이렉트XDirectX 시스템으로 음악과 동영상을 실행할 수 있게 한다면, 그 대가로 애플의 퀵타임QuickTime이 윈도우에서 실행되지 못하도록 했던 장치를 더 이상 설치하지 않겠다는 제안을 받았다. 스티브 잡스는 1998년 6월 이 협상을 매듭짓기 위한 자리에서 이 제안을 거절했다. 이 협상이 체결될 경우 윈도우 PC와 애플 컴퓨터 모두에서 실행될 수 있는 콘텐츠를 개발하는 서드파티 업체의 능력이 제한 받을 수 있을 것으로 생각했기 때문이다. (돌이켜보면, 이 결정은 이후 잡스가 일구어낸 애플의 성공에 매우 중요한 영향을 미치게 된다. 이 결정으로 마이크로소프트는 애플이 인코딩한 음악이 윈도우에서 재생되는 방식을 통제할 수 없게 되었다.)

재판에서 관심이 집중되었던 것은 인터넷 익스플로러였다. 마이크로소프트에서 인터넷 익스플로러 관련 업무에 종사하는 직원의 수는 1995년 손가락으로 꼽을 수 있을 정도에서 1999년에는 천 명 이상으로 증가했다. 그리고 마이크로소프트는 독점적 지위를 누릴 수 있는 시장점유율(브라우저 시장의 50%정도면 괜찮고 80%이상이면 더할 나위 없이 좋고)에 도달하기 위해 인터넷 익스플로러를 무료로 배포했다.

잭슨 판사는 마이크로소프트가 다른 기업뿐만 아니라 소비자에게도 해를 끼쳤다고 지적했다. 그는 마이크로소프트가 반독점법에 따라 유죄 판결을 받기 위해 필요한 요소를 모두 갖추었다고 결론 내렸다.

마이크로소프트는 인터넷 익스플로러와 윈도우를 통합했다. 이로 인해 악성 바이러스가 인터넷 익스플로러를 통해 시스템 전체에 쉽게 침투할 수 있었다. 즉, 컴퓨터 시스템의 비非브라우징 부분까지도 감염에 보다 쉽게 노출되게 만든 것이다. 이 점이 마이크로소프트의 독점 행위로 소비자가 입은 피해라고 볼 수 있다.

하지만 주식시장은 이런 결과에 크게 동요하지 않았다. 법원의 사실인정이 발표된 지 한 달 정도 지난 시점에 마이크로소프트의 주가는 오히려 급등했다. 1999년 12월 주식시장 폐장일에 마이크로소프트의 시가총액은 그 당시 최고 수준을 경신하며 6,125억 달러를 기록했다. 다른 기술주들의 주가도 덩달아 상승했다. 물론 이런 주가의 동반 상승이 재계에 우호적인 공화당원인 잭슨 판사가 다른 기업들이 효과적으로 경쟁할 수 있도록 길을 닦아 놓았기 때문에 가능했다는 분석도 있었다.

재판 결과

발머가 새로 취임한 지 4개월이 지난 2000년 4월, 잭슨 판사는 마침내 판결을 내렸다. 판결의 내용은 마이크로소프트를 두 개의 회사, 즉 운영체제를 생산하는 회사와 애플리케이션을 생산하는 회사로 분할하라는 것이었다.

마이크로소프트는 자신이 가진 힘과 수단을 총동원하여 그 명령에 불복했다. 그 와중에 잭슨 판사가 공평해야 할 판사로서의 임무를 제대로 수행하지 못했다는 사실이 불거져 나왔다. 잭슨 판사가 재판기간 동안에 재판이 끝난 후 출판될 예정인 책을 위해 뉴요커의 올레타와 인터뷰를 가진 것이었다. 2001년 일군의 항소심 판사들은 잭슨 판사가 이 인터뷰에 응함으로써 법 윤리를 위반했다고 선언했다. (진짜 문제는 잭슨 판사의 인터뷰가 판결이 공표되었을 때가 아니라 항소심이 끝나지 않았을 때 이루어졌다는 것이다.) 마이크로소프트의 분할판결은 잭슨 판사의 '지각편향perceived bias'으로 인해 취소되었다. 이에 잭슨 판사는 격분했다. 그가 볼 때 편향이 있다면 그것은 마이크로소프트가 저지른 잘못에 있었다.

잭슨 마이크로소프트가 정확하지도 않고 사실을 호도하며 얼버무리고 거짓말을 하고 있다는 사실은 여러 차례 밝혀졌습니다.

그보다 더 작은 회사라면 존중했을 법과 진실을 마이크로소프트는 제도적으로 무시합니다. 또한 마이크로소프트의 최고 경영진이라는 사람들은 자신의 회사가 저지른 범법행위를 변호하기 위해 너무나 거리낌없이 허울뿐인 증언을 해대고 있습니다.

회사 내부 사람들은 일단 큰 고비를 넘겼다며 안도의 한숨을 내쉬었다. 하지만 판결이 취소되었다고 해서 사실인정과 유죄판결이 내려졌었다는 사실 자체가 뒤집어진 것은 아니었다. 다음 해 시애틀 매리너스 구장에서 열린 연례 전 세계 판매회의에서 발머는 마이크로소프트의 문화가 바뀌어야 한다고 말했다. 그는 마이크로소프트가 더 이상 한 부문에서의 유리한 지위를 이용하여 다른 부문를 지배할 수 없다고 언급했다. 미국에서의 소송은 마이크로소프트의 기업정신에 큰 영향을 미쳤다. (유럽집행위원회European Commission가 유사한 조사를 할 예정이었고, 이것은 2003년 마이크로소프트가 소프트웨어 인터페이스 정보를 공개해야 한다는 요구가 공표되기 전까지 진행되었다.)

당시 마이크로소프트를 담당했던 애널리스트, 조 윌콕Joe Wilcox은 미국과 EU의 반독점 조사가 마이크로소프트의 활동에 엄청난 영향을 끼쳤다고 얘기한다.

윌콕 2001년 미국에서의 합의 이후 확실히 마이크로소프트는 이전보다 공격적인 면이 줄어들었습니다. 애플이나 다른 회사들에 대한 마이크로소프트의 대응은 이전처럼 명쾌하거나 공격적이지 않았습니다. 비록 판사가 바로 그 합의를 비준하지는 않았지만요.[1]

회사의 몇몇 사람들은 마이크로소프트가 비난 받고 있던 행위들을 이미 하고 있지 않다고 여겼다.

마이크로소프트 직원 우리가 계약에서 내걸었던 일부 조항이 불법적인 것이었다는 것은 의심의 여지가 없습니다. 하지만 솔직히 말해서 다른 업체들이 현재 체결하는 계약을 한번 들여다보십시오. 그것이 아이폰과 관련된 애플의 계약이든, 아니면 구글이나 인텔의 계약이든 간에 말입니다. 그 계약들은 마이크로소프트가 인텔과 체결한 계약조건보다 훨씬 더 터무니 없을 겁니다.

그러나 이런 언급은 핵심을 놓치고 있다. 문제가 되었던 것은 계약내용 자체가 아니라 독점적 지위를 이용한 마이크로소프트의 전술이었다. 물론 인텔과 구글은 아마 틀림없이 자신의 분야에서는 독점적 지위를 누리고 있을 것이다. 또 두 회사 모두 반독점 조사관들의 요주의 대상이다. 인텔의 경우에는 막대한 비용을 초래할 수 있다. 애플은 스마트폰 시장에서 독점적 지위를 누릴 만큼의 시장점유율을 가지고 있지 않다.

마이크로소프트는 2001년 합의로 회사분할을 모면할 수는 있었다. 그러나, 세 명의 외부 패널에게 마이크로소프트의 소스 코드, 기록, 그리고 시스템을 완전히 개방해야 했다. 또 자신의 APIs(소프트웨어가 실행되도록 하는 프로그래밍에 필요한 연결고리 같은 것이다. 전형적인 API는 운영체제에게 시스템의 설정시간이나 파일의 위치와 같은 세부적인 사항을 문의하면, 지정된 형식으로 현재시간을 제시하거나 하드 드라이브의 파일이 연결된 링크를 되돌려준다.)를 회사 내부의 부서들끼리도 공유해서는 안되었다. 만약 마이크로소프트의 한 부서가 특정 제품에 대한 APIs를 회사 내 다른 부서에 개방하려면, 모든 사람들에게 똑같이 개방해야 했다. 이 합의의 목적은 마이크로소프트가 회사 내부에만 알려진 비밀이나 사적 API를 이용해 경쟁제품보다 자신의 제품에게 유리한 조건을 제공하는 것을 방지하려는 것이었다. 이 합의는 2011년 11월까지 이행될 예정이었다. (2011년 6월 마침내 이 합의는 해제되었다. 올바른 행동만을 해야 하는 시간이 끝난 것이다.)

피터 크눅Pieter Knook은 그 기간 동안 마이크로소프트에서 아시아 사업을 담당하고 있었다. 그는 마이크로소프트가 철저하게 판결 내용을 지키려고 했다고 전한다.

크눅 모든 경영진들은 매년 반독점 관련 교육을 받아야 했습니다. 그리고 자신들이 반독점 합의의 조항을 잘 지키고 있는지에 대해서 입증해야 했습니다. 올바른 일을 해야 한다는 것을 분명히 이해하고 있었고, 또 그렇게 해야 한다는 의무감도 가지고 있었습니다.

회사 사람들은 한 판사의 경솔한 행동으로 인해 운 좋게 유죄판결을 피할 수 있었지만, 이런 일이 두 번 다시 일어날 수 있을 거라고는 생각하지 않았다. 잭슨 재판은 마이크로소프트와 미 법무부의 두 번째 법정싸움이었다. 첫 번째 법정싸움은 1994년에 있었다. 그것은 보다 가벼운 것이었다. 만약 세 번째 법정싸움이 벌어진다면 그때는 이렇게 좋게 마무리되지 않을 수도 있다.

수년간 마이크로소프트를 담당했던 메리 조 폴리Mary Jo Foley 기자는 이 재판이 마이크로소프트에게 큰 영향을 미쳤고 10년이 지난 지금도 여전히 영향을 미치고 있다고 말한다.

폴리 제품에 새로운 특성을 추가한다거나, 아니면 제품들이 서로 호환되게 할지를 고민할 때마다 그들 마음 한 켠에는 언제나 '우리가 그것을 하면 반독점법 위반이 아닐까?' '여차여차한 이유로 고소당하는 것은 아닐까'라는 생각이 계속 떠올랐을 겁니다. 일종의 체크리스트가 존재한 것이지요. 그런 고민 때문에 제품 개발에도 힘이 빠질 수밖에 없었을 겁니다.[2]

마이크로소프트가 적절한 주의를 받고 새로운 감독체제하에 놓이게 되는 동안 검색, 디지털음원, 그리고 휴대폰 분야에서 마이크로소프트의 다음 도전을 위한 무대가 마련되고 있었다. 첫 번째 상대는 이미 인터넷 사용자들의 입에 오르내리기 시작한 작은 규모의 신생업체였다. 그 회사는 자신의 기업 정신으로 마이크로소프트처럼 되지 않겠다는 의미를 담은 모토를 전면에 내세웠다. 그 모토는 바로 '사악하지 말자Don't be evil'였다.

Digital
WARS

제3장

검색:
구글 vs 마이크로소프트

1998년 5월 제 7차 월드와이드웹 컨퍼런스가 열리던 날 브리즈번의 날씨는 우중충했다. 그 컨퍼런스에서 발표될 많은 논문(그 대부분은 주목 받지 못했다.) 중에는 두 명의 스탠퍼드 대학원생이 쓴 '대용량 하이퍼텍스트 웹 검색엔진에 대한 분석'이라는 제목의 논문도 포함되어 있었다.

검색엔진의 개선방안에 대한 아이디어를 정리한 그 논문의 저자는 래리 페이지와 세르게이 브린으로 각각 25살과 24살이었다. 월드와이드웹이 구축된 지는 겨우 6년밖에 되지 않았지만, 웹 페이지와 웹 사용자는 급증하고 있었다. 그들은 좀더 나은 검색엔진을 만들어낸다면 전 세계가 자신들의 웹 페이지를 문턱이 닳도록 드나들 것이라고 생각했다.

그들이 웹을 인덱싱 한다는 생각 자체를 맨 처음 한 것도 아니고, 웹을 인덱싱 하는 그들의 방식이 새로운 것도 아니었다. 인터넷 콘텐츠를 검색하는 시스템을 개발하는 것 역시 새로운 아이디어는 아니었다. 이미 야후를 비롯한 수십 개의 회사들이 하고 있었다. 게다가 검색 자체로는 수익을 낼 수 없었다. 수익이 난다 해도 검색 기능을 굳이 개선해야 할 이유는 없었다.

검색의 시작

그 당시 마이크로소프트의 최고경영진은 온라인 검색의 잠재성과 수익성에 대해 전혀 모르고 있었다. 어찌 보면 당연했다. 그들은 웹서핑을 하면서 성장한 세대가 아니었다. 사실 온라인 검색의 이익을 제대로 이해한 사람은 어디에도 없었을 것이다. 지금 와서 보니 온라인 검색이 중요했다는 얘기가 아니다. 그 당시에도 월드와이드웹의 페이지가 수백, 수천, 수만을 넘어섰다. 이미 직접적으로 웹을 돌아다니는 것은 불가능했다. 인터넷은 전원만 켜면 되는 TV와는 달랐다. 그것은 유용한 정보로 가득 차 있는 웹 페이지들이 사방으로 흩어져 있는 평야와 같았다. 따라서 검색, 그것도 기발한 검색이 매우 중요해졌다. 야후는 웹에 대한 나무 구조^{tree-like directory}에서 출발했다. 초기에는 야후가 직접 고른 '오늘의 사이트'를 제공했지만 결국 웹의 폭발적인 성장 앞에 손들고 말았다. 콘텐츠 전부를 인덱싱 하는 데이터베이스가 웹을 인덱싱 하는 지루한 작업을 할 수도 있었다. 웹 페이지들을 크롤링^{crawling}(각 페이지마다 들어가 복사하고 각 단어의 빈도를 인덱싱)하여 그 결과를 데이터베이스에 저장해놓는다. 그리고 검색이 요청될 때마다 검색어에 대해 가장 높은 수치가 부여된 페이지들을 찾아서 보여주면 되는 것이다. 인터넷 검색은 간단했다.

아니, 단지 그렇게 보였을 뿐이다.

처음에는 검색 속도와 인덱스 규모를 가지고 경쟁이 이루어지는 것처럼 보였다. 컴팩이 알타비스타^{AltaVista}라는 검색엔진으로 선두의 자리를 차지했다. 알타비스타는 기본적으로 컴팩이 디지털 이큅먼트 코퍼레이션^{Digital Equipment Corporation}과 함께 개발한 64비트 알파칩의 능력을 자랑하기 위해 만든 검색엔진이었다. 그 칩은 거대한 양의 인덱스를 저장해둘 수 있었다. 알타비스타는 웹을 크롤링 하면서 인덱싱 하기만 하면 되었다. 그리고 그것은 곧 지배적인 검색엔진의 자리를 차지하게 되었다. 또한 알타비스타는 자신의 검색페이지에 광고를 게재함으로써 수익을 올릴 수 있었다.

알타비스타는 성공적이었다. 하지만 웹이 성장함에 따라 알타비스타가 제공하는 검색 결과들이 오염되기 시작했다. 스팸과 포르노 사이트가 '보이지 않는 텍스트'를 사용하기 시작한 것이다. 이런 사이트들은 텍스트를 흰 바탕에 흰 글씨로 작성한다거나 아니면 텍스트의 크기를 아주 작게 만들었다. 사람의 눈에는 보이지도 않았다. 하지만 알타비스타의 크롤러는 인식할 수 있었다. 이런 스팸으로 인해 알타비스타의 사용자들은 불편을 겪어야 했다. 하지만 알타비스타의 수익은 오히려 증가했다. 이것은 알타비스타가 사용자 경험이나 검색 결과를 향상시켰기 때문이 아니다. 단지 광고주들이 점점 더 많은 광고 공간을 구매했기 때문이다. 사실 광고 때문에 사용자 경험은 오히려 악화되었다. 그 당시 무수히 많은 사람들이 전화회선을 통해 웹에 접속하고 있었다. 따라서 광고가 많을수록 웹 페이지가 화면에 뜨는 속도는 점점 느려질 수밖에 없었다. 그나마 알타비스타는 최선의 사이트였다.

마이크로소프트는 이미 최대 웹사이트 중 하나를 운영하고 있었다. 1997년 10월 마이크로소프트는 과감한 선언을 했다. 유콘Yukon이라는 암호명이 붙은 검색엔진을 출시할 예정이라는 것이었다. 검색은 별도의 회사인 잉크토미Inktomi가 담당하게 될 것이며 7천만 장 이상의 인덱스에 접근할 수 있을 것이라고 했다. 마이크로소프트는 수익을 창출할 수 있는 방법을 생각해내야 했다. 그 당시 CNET의 재닛 콘블룸Janet Kornblum은 다음과 같이 말했다.

콘블룸 마이크로소프트와 같은 거대 소프트웨어 회사가 검색엔진을 출시하는 것은 이미 예정된 수순이었습니다. 큰 투자가 없이도 자신의 웹사이트에 접속하는 네티즌들을 검색엔진으로 보내 광고를 클릭하게만 하면 됩니다. 그것이 수입으로 연결되니까요.[1]

마이크로소프트 이사들은 벌써부터 자신의 검색엔진이 확장 가능한 데이터베이스와 잉크토미의 웹 크롤링 기술로 소비자들에게 최신의 가장 신선한 인덱스를 제공할 것이라고 자랑하고 있었습니다.

잉크토미의 최고경영자인 데이비드 피터슈미트David Peterschmidt는 콘블룸에게 "중요한 것은 소비자가 인터넷에서 자신이 원하는 것을 정확하게 찾아내는 것입니다. 이를 위해 우리는 가장 포괄적이고 강력하며 사용하기 쉬운 제품을 제공하는 데 중점을 두고 있습니다"라고 얘기했다.

콘블룸은 "검색엔진이 검색자가 원하는 것을 반드시 가장 잘 찾아낼 필요는 없다. 필요한 것은 수익을 내는 것이다. 따라서 클릭을 하게 만들어라"라고 조언했다. 검색전문가인 대니 설리번Danny Sullivan은 1997년 11월 "마이크로소프트는 그 결합에 특별한 검색기술을 추가하지 않고 있습니다. 최고의 검색 앱이 만들어지는 것은 미래의 일일 것입니다. 당장은 큰 변화가 없을 거예요"라고 말했다.[2]

1990년대 말 많은 검색엔진들이 우후죽순처럼 등장했다. 하지만 어느 것도 검색의 핵심문제를 해결하지는 못하고 있었다. Yahoo, AltaVista, Lycos, Excite, Hotbot, Ask Jeeves, WebCrawler, Dogpile, AOL, Infoseek, Netscape, MetaCrawler, AlltheWeb 등 검색엔진의 인덱스들은 하나같이 웹을 정보가 가득 찬 페이지로 덮여 있는 평야처럼 취급했다.

하지만 이 페이지들은 사실 서로에 대한 정보를 가지고 있었다. 이 정보는 각 페이지들이 어떻게 연결되어 있는지를 부호화한 형태를 띠었다. 어떤 페이지는 수신 링크가 많은 반면, 어떤 페이지는 수신 링크가 전혀 없었다. 논리적으로 보면 수신링크가 많은 페이지일수록 링크된 어떤 문구에 대해서 더 높은 권위를 가져야 할 것이다. 자만심과 야심으로 똘똘 뭉친 마이크로소프트조차도 이 점을 이해하지 못했던 것으로 보인다.

이 문제를 알았더라도 이를 해결하기는 어려웠을 것이다. 각 페이지 각 문구에 대해 링크가 가지는 의미를 파악하기 위해서는 상당한 연산능력으로 대단히 복잡한 수학 계산을 해야 했기 때문이다. 웹의 모든 페이지 순위를 계산해야 했다. 이 순위는 링크의 변화에 따라 계속 바뀌었다. 특히 상대적으로 링크수가 작은 사이트의 경우에는 더욱 그랬다. 그런 다음 이 순위에 기반하여 권위 있는 사이트 중 어떤 페이지가 검색자가 원하는 텍스트를 담고 있는지를 판단해야 한다. 이 순위는 텍스트에 따라 바뀔 것이다. 이 과정이 검색어가 입력될 때마다 반복되어야 했다.

페이지와 브린은 1996년 스탠퍼드 대학에서 컴퓨터 한 대를 가지고 이 작업을 했다. 그들은 웹 페이지의 순위를 매기는 알고리즘을 '페이지랭크 PageRank'라고 불렀다. 페이지의 이름을 딴 농담 섞인 이름이었다. 계속해서 그들은 이 시스템을 그대로 확장한 컴퓨터 시스템과 소프트웨어를 개발했다. 시스템은 무료 리눅스 운영체제를 사용하는 최소 사양의 컴퓨터로 이루어졌다. 그 규모는 처음 백 대에서 출발하여 수천 대 그리고 나중에는 10만 대까지 늘어났다. 그런 컴퓨터의 능력을 활용하여 매일 수백만 번씩 위의 작업을 반복했다. 그리고 인터넷을 크롤링하고 인덱싱하고 압축한 정보를 보관하는 거대한 양의 스토리지가 결합되었다.

구글

모든 우주에는 탄생 신화가 있기 마련이다. 사이버공간도 예외는 아니다. 그리스의 여신 아테나가 제우스의 머리에서 태어난 것처럼 페이지랭크는 페이지와 브린(특히 페이지. 그래서 특허의 이름에 페이지가 들어간다.)의 머릿속에서 어느 날 갑자기 불쑥 튀어나왔다. 이것이 탄생에 얽힌 한 가지 신화다.

사실 검색 결과를 나타내는 데 평판을 활용한다는 아이디어는 페이지와 브린만의 것이 아니었다. 코넬 대학의 조너선 클라인버그Jonathan Kleinberg를 비롯한 여러 사람들이 같은 아이디어를 가지고 있었다. 특히 클렌버그는 페이지와 브린보다 1년 앞선 1997년 5월에 그들의 논문과 거의 동일한 아이디어를 담은 논문을 발표한 적이 있었다.[3]

1996년만 하더라도 페이지와 브린은 여러 회사를 찾아 다니며 자신들의 아이디어를 판매하려고 했다. 그들은 엑사이트Excite와 야후를 찾아가서 페이지랭크가 얼마나 정확한 결과를 찾아내는지를 선보였다. 이 거대 사이트들은 페이지랭크가 훌륭한 제품이라는 사실은 인정했지만, 굳이 더 나은 검색엔진을 구매할 필요를 느끼지 못하고 있었다. 일단 그들은 이미 검색엔진을 가지고 있었다. 게다가 정확한 결과가 첫 화면 상단에 나타나는 것이 그들에게 반드시 좋은 것만도 아니었다. 이것은 야후의 공동설립자이자 CEO인 제리 양Jerry Yang이 지적한 사실이다. 그럴 경우 사람들은 그 결과만 클릭하고 바로 그 사이트를 떠나버릴 것이기 때문이다. 수익을 올리려면 사람들이 오래 머물며 여러 사이트를 클릭해줘야 했다. 결국 야후 입장에서는 더 나은 검색을 제공하는 것이 반드시 좋은 것만은 아니었다.

페이지와 브린은 별 소득 없이 스탠퍼드로 돌아왔다. 그들은 페이지랭크를 개선하기 위해 노력하면서 기업가로서의 열정을 품게 되었다. 그리고 벤처자금을 바탕으로 본격적인 사업을 시작했다. 앞으로 열리게 될 인터넷 세상을 내다보면서 자신들의 연구를 큰 사업으로 키울 결심을 하게 되었다. 지금도 웹에서 무언가를 찾는 것이 어려운데, 인터넷이 정말로 거대해진다면 그 때는 어떻게 되겠는가?

1997년 8월 구글 사이트가 처음으로 웹에 등장했다. 이 사이트는 처음에는 'BackRub'으로 불리다가 나중에는 'The Whatbox'로 변경되었다. (그들은 이것이 'wetbox'에 가깝게 들리도록 했다. 그렇게 하면 이 사이트가 마치 포르노 사이트 같아 보였기 때문이다.)

1998년 여름 페이지와 브린은 드디어 자신들의 회사를 설립했다. 멘로파크에 자리를 잡은 이 신생업체는 실리콘밸리 회사들의 전형적인 모습을 고스란히 보여주고 있었다. 그들은 신용카드를 한도까지 사용하면서 간신히 필요한 설비를 갖출 수 있었다. 사무실 가구는 거의 구입하지 않았다. 이 사무실의 탁자는 목수들이 목재를 자를 때 사용하는 받침대 위에 문짝을 균형 있게 올려놓은 것으로 대신했다.

1998년 12월 페이지와 브린은 웹을 인덱싱하여 그 결과를 보여주는 거대한 검색엔진을 구축하는 방법에 대한 논문을 발표했다. 뒤이어 1999년에는 자신들의 가장 중요한 논문을 발표했다. 그 논문은 페이지랭크가 최선의 결과를 화면 최상단에 나타나도록 하는 방법에 대한 내용이었다. 페이지와 브린의 지적에 따르면 다른 검색엔진들은 페이지랭크와 달리 검색결과 페이지의 최상단에 나타날 수 있는 권리를 판매하고 있었다. 또한 유용한 정보 없이도 검색단어만을 반복하고 있는 페이지가 상단에 나타나는 문제점을 안고 있었다. 페이지와 브린은 두 번째 경우에 해당되는 사례로 당시 미 대통령이었던 빌 클린턴을 검색한 결과를 보여주었다. 한 검색엔진으로 검색해 본 결과 검색 결과 페이지 최상단에 나타난 것은 '오늘의 빌 클린턴 농담'이었다. (페이지랭크의 특허는 페이지랭크가 개발된 스탠퍼드 대학이 보유하고 있다. 페이지와 브린이 보유하고 있는 특허는 구글에 대한 것이다.)

페이지와 브린은 사이트의 이용 경험에서 중요하다고 여겨지는 점들에 특히 주목했다. 속도가 최우선이었다. 사이트 첫 화면도 결과 페이지도 모두 빨리 나타나야 했다. 속도는 정확성만큼이나 아니 어쩌면 더 중요했다. 그 당시 다른 검색사이트들은 광고수입에 목을 매고 있었고, 그 결과 거의 비슷한 모습을 하고 있었다. 검색엔진의 화면 맨 위에는 배너광고가 자리 잡고 있었다. 그리고 화면 왼편에는 화이트페이지와 옐로우페이지들이 위아래로 쭉 나열되어 있었다. 또한 화면 곳곳에 탭들이 포진하고 있었다. 웹은 점점 더 악취가 진동하고 있었다. 그 속에서 구글의 검색페이지는 한 모금의 신선한 공기와도 같았다. 구글 사이트는 가장 단순한 형태를 취했다. 구글 로고와 검색창 이 두 가지로만 이루어졌다. '당신이 있는 곳 여기는 구글입니다. 그리고 여기가 검색창입니다. 입력하세요.' 이것이 전부였다. 더그 에드워즈Doug Edwards는 1999년 11월 59번째 직원으로 구글에 합류했다. 조금 과장된 듯하지만, 그는 래리와 세르게이가 방바닥을 뒹굴며 엔지니어들과 나노초 단위로 페이지가 화면에 나타나도록 할 수 있을지를 두고 자기도 잘 모르는 말로 수다를 떨곤 했다고 전해주었다.[4] 구글 사이트는 깔끔하고 어수선하지 않았다. 그 모습을 유지하겠다는 그들의 입장은 너무나 확고했다. 일례로 그들은 2000년 구글 홈페이지에 광고를 게재하는 대가로 300만 달러를 지불하겠다는 비자Visa의 제안을 일언지하에 거절한 적이 있다. 구글 사이트에는 구글 제품이나 적십자사와 같이 사회적으로 인정된 프로젝트를 제외하고는 어떤 광고도 게재되지 않았다. 홈페이지와 결과 페이지를 얼마나 빨리 화면에 나타나게 할 수 있을까가 지금까지도 구글 검색엔진팀이 매달리는 최우선 과제 중의 하나이다.

컴퓨터 과학자였던 페이지와 브린은 컴퓨터과학의 접근방식을 경영기법에도 도입했다. 그들이 의사결정을 할 때 무엇보다 중요하게 여기는 것은 데이터였다. 결과에 어떤 단어가 포함되었는지에 따라 관련 링크의 클릭수가 어떤 영향을 받게 될까? 등의 질문을 좋아했으며, 아이디어를 가진 직원이 있다면 그는 그 아이디어가 구글 사용자의 경험을 향상시킬 수 있다는 사실을 데이터로 보여주어야 했다. 한편 이들은 자신들보다 뛰어나거나 아니면 적어도 자신들만큼 뛰어난 사람들만을 채용하려고 했다. 그나마 바로 길 아래 스탠퍼드 대학이 자리잡고 있었기 망정이지, 이것은 대단히 어려운 일이었다.

당시 주변의 많은 인터넷 기업들은 막대한 벤처자금을 흥청망청 써버리고 있었다. 그들은 비싸고 화려한 최고의 (보통 선마이크로시스템스 제품인) 서버만을 고집했다. 반면 구글은 달랐다. 서버를 직접 제작했고 서버의 부품도 가장 저렴한 가격으로 구입했다. 운영체제도 무료 리눅스를 필요에 맞게 변형해서 사용했다. 라이선스 비용 때문에라도 윈도우 사용은 기피했다. 더 문제가 되는 것은 윈도우 운영체제는 원치 않는 코드를 제거해 최적의 시스템으로 만들 수가 없다는 것이었다. 직접 제작한 서버를 임시 서버랙에 조립해 서버팜에 집어넣었다. 이베이eBay 같이 자금사정이 좋은 경쟁업체라면 컴퓨터 한 대 정도 집어넣을 공간에 구글은 20대의 컴퓨터를 밀어 넣고 있었다.

대신 구글은 신생업체임에도 불구하고, 의외로 전담요리사를 두고 있었다. 그 이유는 무엇이었을까? 직원들이 식사하러 외출하는 것은 소중한 회사의 시간을 비생산적으로 사용하는 것이다. 이것을 막을 수 있는 가장 좋은 방법은 회사 내부에서 가장 좋은 식사를 제공하는 것이다. 시간 절약에 따른 이득이 식사 제공에 따른 비용을 만회하고도 남을 것이다. 이것이 페이지와 브린의 생각이었다.

구글이 집중한 것은 오로지 사용자 경험이었다. 구글도 다른 검색엔진들과 마찬가지로 포르노와 스팸 때문에 골치를 앓고 있었다. 그러다 1999년 엔지니어들의 집단 참여로 완성된 '포르노 키워드' 기능이 페이지랭크에 추가되었다. 이후 구글의 검색 결과 첫 페이지에는 관련 없는 포르노 사이트의 링크가 일체 등장하지 않게 되었다. 이 기능은 포르노 관련 스팸을 지칭하는 단어들이나 순진한 검색자를 유인하는 페이지에 잘 등장하는 단어들의 검색을 불가능하게 만들었다.

이 기능은 구글에게 큰 도움이 되었다. 다른 검색사이트에서는 연관성 있는 정보를 찾기 위해 두 번째, 세 번째, 심지어 네 번째 결과 페이지까지 살펴보아야 했다. 하지만 구글에서는 첫 페이지만 보면 되었다. 그로 인해 점점 더 많은 사람들이 구글을 이용하게 되었다. 검색에 보다 적은 시간이 소요된다는 것은 사용자들의 만족도가 그만큼 높아진다는 것을 의미한다. (2006년 첫 결과 페이지 최상단 두 번째 결과까지의 클릭수가 총 클릭수의 42%를 차지했다. 그리고 3번째부터 10번째까지의 클릭수를 다 합하면 총 클릭수의 47%를 차지했다. 첫 결과 페이지 이후에 등장하는 검색 결과에 대한 클릭수는 다 합쳐도 전체 클릭수의 11%밖에 되지 않는 것으로 나타났다. 이런 상황은 2011년에도 여전하다.)

소문은 빠르게 퍼졌다. 인덱스를 확장하고 가시성을 높이자, 구글은 웹 사용자들로부터 엄청난 갈채를 받기 시작했다. 1998년 12월 살론닷컴 Salon.com의 공동창업자이자 각본가인 스콧 로젠버그Scott Rosenberg는 "몇 주 전 구글을 발견하고는 편리성과 정확성에 깊은 감명을 받았다. 앞으로는 이 검색엔진을 가장 많이 애용할 것이다"라고 말했다. 이런 평가를 받은 것은 아직 6천만 개의 페이지만을 인덱스한 알파 버전에 불과한 것이었다.[5] "내 책에서 구글은 그 자체로 중요합니다. 고만고만한 포털 사이트 사이에서 구글은 독보적입니다. 웹에서 매일 사용하는 기본적인 기술에도 개선의 여지가 무궁무진하다는 것을 보여주고 있습니다"라고 로젠버그는 언급했다. 초창기 구글은 '특별검색'만을 제공했다. 그것은 '스탠퍼드 검색'과 (그들의 첫 번째 고객인 레드햇Red Hat을 위한) '리눅스 검색'이었다. 구글 사이트에는 또 특이한 선택옵션이 있다. 검색 결과를 보여주기만 하는 'Google 검색', 첫 번째 검색 결과로 바로 넘어가는 'I'm feeling Lucky' 이것은 구글이 가지고 있던 자신감의 표현이었다

구글의 성장은 계속됐다. 1999년 7월 구글은 넷스케이프와 검색 기능을 공급하는 계약을 체결했다. 넷스케이프는 여전히 마이크로소프트와 법정공방을 벌이고 있는 상태였다. 그 계약이 발표되던 날 아침 (태평양시각으로 6시, 동부시각으로 9시) 구글사이트의 트래픽이 몇 분 사이에 일곱 배나 증가했다. 구글은 어쩔 수 없이 두 시간 동안 넷스케이프 사용자에게만 접속을 허용했다. 다른 사용자를 희생시키더라도 협력업체로서 넷스케이프를 배려하기 위해 내린 결정이었다. 구글은 이 사태를 통해 더

많이 준비해야 한다는 것과 협력업체를 배려해야 한다는 것을 배웠다. 그래서인지 2000년 이후로 구글 사이트에 접속이 불가능했던 적은 한 번도 없다.

그 당시 구글은 다른 포털사이트처럼 무료 이메일서비스를 제공할 의사가 없는지에 대해서 질문을 받았다. 페이지는 '보다 나은 이메일서비스를 제공할 수 있다는 확신이 들 때까지는 그럴 의사가 없습니다'라고 조심스럽게 답변했다.[6] 구글의 무료 이메일 서비스인 지메일Gmail은 4년이 지난 후에야 등장하게 된다.

1999년 9월 구글은 앞에 붙인 베타라는 딱지를 떼어버렸다. 그리고 매일 350만 개의 검색이 이루어지고 있다고 발표했다. 미디어 매트릭스Media Metrix의 자료에 따르면 이 분야의 압도적인 선두주자는 매달 방문객 수가 3천8백만 명인 야후였다. 그 다음으로 MSN이 매달 약 2천8백만 명의 방문객수로 2위의 자리를 차지하고 있었다.

구글의 설립자들은 자화자찬식의 광고를 꺼려했다. 대신 기자들과의 부정기적인 만남이나 입소문을 선호했다. (하지만 페이지는 기자들과의 만남에 큰 의미를 두지 않았다. 그의 생각에 기자들은 흥미진진한 얘기를 해주지 않았다.) 입소문은 그 효과가 쏠쏠했다.

검색과 마이크로소프트

같은 시기 반독점 공판에서는 데이비드 보이스 검사가 빌 게이츠를 비난하고 있었고, 마이크로소프트의 평판은 끝도 없이 추락하고 있었다. 새로운 것을 시도하기 좋아하는 얼리 어답터들에게는 구글이 마이크로소프트가 아니었다는 것이 천만다행이었다. 마이크로소프트는 (검색분야에서) 구글이 앞서나갈 때 아무런 반응도 보이지 않는 것처럼 보였다. 사실 마이크로소프트는 그 사실 자체를 알아채지 못하고 있었던 것으로 보인다.

그 당시 비즈니스위크Business Week의 기술 부문 편집자인 스티브 와일드스트롬Steve Wildstrom은 이렇게 말했다.

> 와일드스트롬 마이크로소프트가 검색의 중요성을 왜 제대로 파악하지 못했는지를 이해하려면 당시 마이크로소프트에 무슨 일이 일어나고 있었는지를 알아야합니다.
>
> 무엇보다도 마이크로소프트는 검색을 자신의 주력 사업으로 생각한 적이 없습니다. 당시 마이크로소프트의 경영진은 두 가지에 주력하고 있었습니다.
>
> 하나는 법무부와의 반독점소송에서 큰 상처 없이 경쟁력 있는 상태로 살아남는 것이었습니다. 결국 그 재판은 마이크로소프트의 입장에서는 손목 한 대 가볍게 맞는 정도로 끝났습니다. 하지만 그 재판으로 인해 마이크로소프트가 입은 손해를 과소평가한다면 그것은 큰 실수입니다.
>
> 다른 하나는 윈도우 98과 윈도우 NT를 통합하여 기업체와 소비자가 함께 사용할 수 있는 공용 플랫폼으로 만드는 것이었습니다. 그 결과물이 바로 2001년 가을에 출시된 윈도우 XP입니다.[7]

그는 당시 마이크로소프트의 검색부문은 주요 부서에서 떨어져 나와 MSN 부서에서 간신히 자리보전이나 하고 있는 처지였다고 설명했다.

와일드스트롬은 그러나 또 다른 문제가 있었다고 말했다. "사실 당시 누구도 검색이 수익을 올릴 수 있는 엄청난 수단이라는 사실을 알아채지 못하고 있었습니다."

　이런 상황은 마이크로소프트에서 검색 관련 업무에 종사했던 한 사람이 나에게 전해 준 얘기에서도 확인할 수 있었다. "초기에 검색은 단지 비용만 축내는 것으로 인식되었습니다. 그것은 수익을 창출할 수 있는 수단이 아니었습니다. 누구도 검색으로 수익을 낼 수 있을 거라고는 상상조차 못하고 있었습니다."

　사실 검색 엔진은 내적 모순을 안고 있는 것처럼 보였다. 검색엔진이 좋다면, 사람들은 검색사이트를 떠나 검색사이트가 알려준 새로운 사이트로 신속하게 이동할 것이다. 게다가 검색의 특성상 그 새로운 사이트는 검색사이트가 통제할 수 없는 경우가 대부분이다. 물론 검색 결과를 조작할 수는 있다. 하지만 그럴 경우 사용자들의 불만을 감당할 각오를 해야 한다. 인터넷에는 검색사이트에 비해 그렇지 않은 페이지들이 훨씬 더 많다. 따라서 성공적인 검색엔진일수록 오히려 자신의 사이트에 광고를 게재할 수 있는 기회를 놓칠 가능성이 높은 것이다. 인터넷이 등장하기 이전의 개념으로 본다면 이것은 전혀 전망이 없는 사업이었다. 하지만 인터넷은 그런 식으로만 작동하는 것이 아니었다.

　야후의 제리 양은 사람들이 온라인에서 자신이 궁금해하는 문제에 대해 좀더 나은 답변을 찾으려 하지 않을 것이라 생각하고 있었다. 따라서 그가 1996년 구글과의 계약 체결을 거절했던 것은 충분히 예상할 수 있었던 일이다. 하지만 이런 관점은 두 가지 중요한 사실을 간과한 것이었다.

　하나는 사용자가 가능한 한 최고의 경험을 하게 함으로써 고객의 충성심을 확보할 수 있다는 것이다. 또 하나는 어떤 검색엔진으로는 자신이 원하던 정보를 찾았고, 다른 검색엔진으로는 찾지 못했다면, 사람들은 원하던 정보를 찾을 수 있었던 검색엔진만을 계속 이용한다는 것이다.

마이크로소프트가 법무부와 뒤엉켜 법정싸움을 벌이고 있는 동안 구글은 앞으로 멀찌감치 달아나고 있었다.

파산

2000년 초 구글은 최고의 검색사이트로 빠르게 자리잡고 있었다. 이런 구글의 성장은 우연히도 2000년 3월 인터넷 기업들의 파산과 때를 같이 하고 있었다. 그 무렵 인터넷의 제왕으로 군림하던 많은 신생업체들이 속 빈 강정에 불과하다는 사실이 속속들이 드러나고 말았다. 천정부지로 치솟던 이 업체들의 주식은 한 순간에 휴지조각이 되어버렸다. 몇몇 평론가들은 분명한 사업모델을 갖고 있지 못한 구글 역시 오래 버티지 못하고 그 대열에 합류할 것으로 내다보았다.

그러나, 구글 내부에서는 파산을 전혀 현실성 없는 것으로 여기고 있었다. 직원들은 자신의 회사가 가지고 있는 비전이 옳다고 믿고 있었다. 그 믿음은 거의 광적인 것에 가까웠다. 이런 믿음은 페이지와 브린이 만들어냈다. 그리고 엔지니어링담당 책임자인 우어스 호엘즐Urs Holzle과 사용자 상호작용담당 책임자인 마리사 메이어Marissa Mayer를 통해 회사 전체로 퍼져나갔다. 구글은 순식간에 만들어졌지만 견고했다.

구글의 첫 번째 마케팅 책임자였던 더그 에드워즈는 구글에 근무하던 시절을 다룬 회고록에서, 구글에서는 충분히 좋다는 얘기를 절대 하지 않았다고 언급했다.[8] 구글의 사전에 완벽함이란 없었다. 구글이 생산하는 어떤 신제품에도 '베타'라는 딱지가 붙었다. 베타는 원래 데스크톱 소프트웨어 앞에 사용되는 표현이다. 그것은 오류가 많고 충분히 준비되어 있지 않지만 용감하다면 한 번 사용해볼 수 있는 정도의 제품 완성도를 의미하는 것이었다. 구글의 검색엔진은 소프트웨어이기 때문에 다시 만들 수 있다. 웹이기 때문에 업데이트할 수 있다. 그리고 구글이 직접 운영하고 있기 때문에 언제든지 업데이트가 가능하다.

에드워즈가 언급한 것처럼 당시 구글은 주력 활동이 마치 카오스처럼 변하는 조직이었다. 팀과 업무 분담이 필요에 따라 수시로 바뀌었다. 신임 엔지니어가 적어도 기존 팀원만큼은 뛰어나야 한다는 것은 호엘즐이 가지고 있던 엔지니어 채용의 절대적인 원칙이었다. 그는 이런 채용방식을 통해서만 생산성을 증가시킬 수 있다고 생각했다. 기존의 팀원보다 능력이 떨어지는 사람을 고용하면 그들을 관리하고, 조언하는 데 자원을 빼앗길 수밖에 없다는 것이 그의 생각이었다. 또, 구글은 직원의 채용기준으로 경험보다는 사고의 유연성이 더 중시했다.

앞에서도 잠깐 언급했지만 구글의 의사결정 과정에서 무엇보다도 중요한 것은 데이터였다. 에드워즈는 자신의 회고록에서 아이디어와 제안이 페이지와 브린에게 승인 받는 과정을 묘사하고 있다. 그가 마케팅에 비용을 쓰자고 제안할 때마다 페이지와 브린은 "그럴 바에야 우주 테더에 지출하는 것이 더 낫지 않을까요?"라는 식으로 쏘아붙였다고 한다. (우주 테더는 지상의 한 점과 궤도를 도는 위성을 연결해 태양력을 모으는 장치다.) 한번은 에드워즈가 그들에게 홈페이지에 몇 줄의 문구를 올리자고 제안한 적이 있었다고 한다.

에드워즈 처음 방문한 사용자들이 이 문구들을 보면 우리 사이트가 얼마나 괜찮은지를 한번 더 확인할 수 있을 겁니다. 그러면 우리 사이트를 또다시 찾지 않겠습니까? 이것이 홈페이지에 올리려는 문구입니다.

브린 우리가 뭘 해야 하는지 잘 아시잖아요? 홈페이지를 선명한 분홍색으로 도배해놓고 얼마나 많은 사람들이 다시 찾는지 한번 확인해보죠.

사실 그들이 정말로 얘기하고자 했던 바는 좋은 아이디어라는 사실을 입증하려면 명백한 데이터를 보여달라는 것이었다. 에드워즈는 그들을 설득하러 가는 것이 도살장에 들어가는 기분이었다고 한다. 그들에게 증거가 뒷받침되지 않는 아이디어를 제시하는 것은 화를 자초하는 것이었다.

몇 년 후 일어난 한 가지 사건 역시, 이런 엔지니어 주도의 문화가 어떤 것인지를 확실하게 보여주는 사례다. 물론 구글의 역사에서는 이런 일들이 비일비재했을 것이다. 이 사례는 또 구글과 애플의 접근방식 차이를 잘 보여주고 있다. 또한 제품설계에 대한 구글의 비전 중심 접근방식과 마이크로소프트의 시장 중심 접근방식의 차이도 엿볼 수 있다. 이 사례는 '청색의 40가지 색조'로 알려져 있다.

목적은 간단했다. 웹링크에 어떤 청색을 사용해야 가장 많은 클릭수를 유도할 수 있을지를 확인하는 것이었다. 정확한 이유는 기억나지 않지만, 2003년에 도입된 구글 메일은 구글의 검색페이지와는 아주 약간 다른 청색으로 링크를 표시하고 있었다. 시간이 제법 흐른 어느 날, 구글의 디자이너 중 한 사람인 제이미 디바인Jamie Divine이 구글 페이지 툴바의 색으로 한 가지 청색을 선택했다. 그가 보기에는 그 색상이 좋아 보였던 것이다. 그런데 구글의 한 매니저가 소위 A/B 테스트 방식으로 사용자들에게 다른 색상을 시험해보았다. 그는 경험적 방법론으로 무장한 엔지니어였다. 이 테스트는 동일한 페이지에 접속하는 다양한 사람들에게 무작위로 선택된 결과물을 보여준 후 그들의 행동을 관찰하는 것이었다. 그 매니저는 디바인의 색상보다 녹색느낌이 더 가미된 청색일 경우 클릭수가 많았다는 결과를 가져왔다. 구글에서는 데이터가 곧 권력이고 클릭은 곧 수익이다. 그러나 디바인과 그의 팀은 그 결과에 수긍하지 않았다. 그들은 자신들이 선택한 청색이 미적으로 더 우월하다고 주장했다.

검색관련상품 책임자로 있던 메이어는 이 의견충돌에 개입해 솔로몬식 해법을 제시했다. 서로 싸우지 말고 (색의 스펙트럼을 65,536개의 값으로 나눈 헥스값 Hex Value을 기준으로) 두 가지 색의 중간 색상을 사용하자는 것이었다. 하지만 어떤 색을 사용할지는 과학적으로 결정하는 것이 좋겠다고 얘기했다. 그래서 구글은 디자이너가 제안한 색과 매니저가 제안한 색 사이에 있는 40가지 청색을 선택해 보다 확대된 A/B 테스트를 진행했다.

이 테스트는 다음과 같이 진행되었다. 구글 메일의 방문객들을 2.5%씩 40개의 집단으로 나눈다. 그들에게 방문날짜나 시간에 따라 각기 다른 색의 링크가 표시된 웹 페이지를 보여준다. 그리고 그들의 클릭 행위를 추적한다. 이 테스트는 통계적으로 엄밀하고 실증적이며 완벽했다.

하지만 디자이너들에게 이런 테스트는 무척 짜증나는 일이었다. 2006년 구글에 합류해 광고, 책, 로고, 웹 인터페이스 등을 담당했던 더글라스 바우만 Douglas Bowman은 자신이 구글에 시각 디자인의 개념을 도입했다는 사실에 자부심을 가지고 있다. 하지만, 그가 분을 삭이며 블로그에 올린 글에 따르면 그가 합류할 당시 구글에는 디자이너 교육을 제대로 받은 디자이너가 한 명도 없었다고 한다. 설립된 지 7년이나 지난 상태였는데 말이다.[9]

구글은 공학적으로 어떻게 개선할 것인가에 전념하는 엔지니어들이 세운 회사였고, 그들이 중요시하는 것은 알고리즘이었다. 디자인에 대해 무감각했다는 사실은 결코 놀라운 것이 아니었다. 하물며 구글 홈페이지의 로고도 설립자 중 한 명이 포토샵으로 디자인한 것이었다.

바우만은 이런 상황이 무척 불만스러웠다.

바우만 회사 경영진이나 그 측근에 디자인 원리를 제대로 이해하는 사람이 없다면, 회사는 디자인에 대해 어처구니 없는 결정을 내리기 마련입니다. 디자인에 대한 결정이 이루어질 때마다 비판자들은 잘못되었다고 아우성입니다. 확신이 없으면 의심이 스며들고, 직관은 인정받지 못합니다. 회사가 엔지니어로 가득 차 있을 때는 오로지 공학에 의존해서 문제를 해결합니다. 모든 문제를 단순한 논리적 문제로 환원하라. 어떤 주관성도 배제하고 오로지 데이터만을 보라. 데이터가 마음에 드는가? 그렇다면 출시하라. 데이터가 부정적인가? 그렇다면 다시 제도판으로 돌아가라. 이것이 옳은 방향입니까?

최근 나는 웹페이지의 테두리가 3.4 픽셀이어야 할지 아니면 5픽셀이어야 할지를 두고 논쟁을 벌였습니다. 그 과정에서 결국은 내 주장을 입증해보라는 주문을 받았습니다. 이런 분위기에서는 도저히 일할 수 없었습니다.

나는 거기서 알게 된 믿을 수 없을 정도로 뛰어나고 재능 있는 사람들과 함께 했던 시간이 그리울 겁니다. 하지만 데이터라는 칼날로 단번에 생사를 결정해버리는 구글의 디자인 철학은 전혀 그리울 것 같지 않습니다.

이것은 예술과 과학의 충돌이었다. 그러나 불행하게도 예술은 천천히 걷고 있었고 과학은 트럭을 몰고 질주하고 있었다.

만약에 애플이었다면 어땠을까? 아마도 웹페이지의 테두리 너비에 대한 논의가 미적 기준을 중심으로 이루어졌을 것이다. (누구보다도 스티브 잡스가 그렇게 했을 것이다.)

그러나 구글이 원하는 것은 규모였다. 가능한 한 많은 시간 동안 최대한의 사람들에게 도달하는 것! 그것이 구글이 바라는 것이었다. 인터넷을 끊임없이 새롭게 복사하는 거대한 검색엔진을 운영하기 위해서는 최대한의 사람들에게 가장 효과적인 것이 무엇인가를 기준으로 의사결정이 이루어질 수밖에 없다. 만약 5픽셀의 테두리가 3픽셀의 테두리에 비해 더 많은 클릭을 유도할 수 있다는 사실이 입증된다면 더 이상 토론할 필요가 없다.

페이지와 브린은 경험주의에 기반해 회사를 설립했다. 회사의 기업정신 또한 그러한 경험주의에서 흘러나오는 것이었다. 구글은 과학논문의 순위를 매기는 방법만을 빌려온 것이 아니라 문제해결방식으로서 과학적 방법 자체를 통째로 가져온 셈이다.

마이크로소프트 역시 자신의 주 제품인 윈도우와 오피스를 통해 수많은 사람들을 상대한다. 그러나 이 제품들은 데스크톱 소프트웨어이기 때문에 계속 수정할 수 있고 새로운 기능을 추가할 수 있다. 주요 기업체 사용자가 특별히 요구하지 않는 이상 이 제품들은 수년간 어떤 기능도 제거되지 않고 그대로 유지되는 주방싱크대 방식을 고수했다. 일부 기능만을 골라낼 수도 없다. 완전히 정반대이다.

윈도우와 오피스가 많은 사람들을 만족시킬 수 있는 이유는 사람들이 원하는 기능을 거의 다 포함하고 있기 때문이다. 물론 어떤 사람의 입장에서는 원하지 않는 기능도 포함될 수밖에 없고, 그런 기능 때문에 이 제품이 혼란스러울 수도 있다.

여러 이유가 있겠지만 오피스도 기능을 줄이기 시작했다. 2007년 메뉴 시스템을 '리본ribbon'으로 대체하는 획기적인 재설계를 단행했다. (이 변화를 주도한 것은 스티븐 시노프스키Steven Sinofsky였다. 마이크로소프트의 발전에서 그의 역할은 아직 끝나지 않았다.) 오랫동안 오피스를 사용해왔던 많은 사용자들은 이 변화를 끔찍하게 싫어했다. 그들은 마이크로소프트가 직면하고 있는 현실, 즉 마이크로소프트가 제품의 변화를 가져오면 누군가는 반드시 불편해질 수밖에 없다는 현실을 강조했다. 하지만, 모든 것을 그대로 유지하는 방식은 진정한 디자인과는 양립할 수 없다. 또한 사용자 경험과도 양립 불가능한 것이다. 이런 의사결정은 구글의 실증적 테스트를 만족시킬 수 없다. 실증적 테스트가 필요 없기도 하고 가능하지도 않기 때문이다.

또 애플의 방식과도 맞지 않는다. 잡스와 애플의 수석 디자이너 조너선 아이브Jonathan Ive가 수년간 보여준 모습으로 볼 때 애플에게 설계는 무엇을 계속 유지할 것인가가 아니라 무엇을 버릴 것인가에 관한 것이었다.

페이지와 브린은 데이터로 뒷받침되는 아이디어와 함께 검색 품질을 고수하면서도 수익을 낼 수 있기를 바랐다. 검색 결과가 상업적인 목적에 의해 변질되어서는 안 된다는 것이 컴퓨터과학자로서 그들의 신념이었다. 그들은 사이트 공간을 돈을 받고 판매하는 것에 대해 절대 용납하지 않았다. 몇몇 경쟁업체들이 그런 행위 때문에 비난 받고 있었던 것도 사실이다. 그러나 요금을 내고 검색엔진을 이용하려는 사람은 없다.

그들이 수익을 창출할 수 있는 방법은 두 가지였다. 하나는 자체 검색 사이트를 마련하려는 개인이나 회사에게 검색엔진을 판매하는 것, 다른 하나는 광고주의 관심을 끌 만한 새로운 방법을 찾아내는 것이었다.

구글은 최선의 광고 판매 방식을 찾아내기 위해 오랜 시간 고민에 고민을 거듭했다. 확실한 것은 배너광고는 절대로 하지 않겠다는 결심뿐이었다. 2000년 4월에 접어들면서 인터넷 기업의 파산은 더욱 심각해지고 있었다. 그때까지 웹 최대 검색엔진이었던 알타비스타조차 전 해 12월에 신청했던 3억 달러 규모의 기업공개를 취소할 수밖에 없었다.[10] 주식시장은 이제 인터넷 기업의 주식을 거들떠보지도 않았다. 인터넷 기업의 사업모델은 대부분 완전히 몰락하고 말았다.

이런 와중에도 구글의 검색시장 점유율은 급격히 상승하고 있었다. 2000년 5월 첫째 주 구글의 일일 검색수는 8백만 개. 2주 후에는 9백만 개로 증가했다. 그 달에 구글은 야후와 검색엔진을 제공하는 계약을 체결하는 데 성공했다. 서비스 개시일은 7월 3일이었다.

넷스케이프의 경우처럼, 서비스가 개시되는 순간 트래픽이 엄청나게 몰릴 것으로 예상되었다. 구글이 제시간에 충분한 하드웨어를 투입할 수 있을지는 미지수였다. 따라서 소프트웨어를 가지고 무언가 창의적인 일을 해내야만 하는 상황이었다.

인터넷 기업의 연쇄적인 도산은 구글에게는 시기적으로 너무나 적절했다. 갑자기 파산한 소유자들이 잘 관리해온 서버가 저렴한 가격으로 시장에 나왔다. 비어 있는 서버팜과 사무실은 넘쳐 났다. 그리고 정말로 뛰어난 인재들이 시장으로 쏟아져 나왔다. 이 모든 상황이 구글에게는 한 줄기 단비와 같았다.

7월 야후와 약속한 시기에 맞춰 준비하려면 구글은 우선 자신의 인덱스를 향상시켜야 했다. 구글의 인덱스는 낡은 상태였다. 스탠퍼드에서 페이지와 브린이 만들었던 웹 크롤링 소프트웨어는 오류가 좀 있었고, 웹을 돌아다닐 때마다 잘못 인식하는 경우도 종종 발생했다. 이렇게 되면 결과를 지우고, 프로그램을 다시 돌려야 했다.

　이 문제는 사실 여러 해 동안 무시하고 있던 것이었다. 하지만 야후와의 서비스를 위해서는 검색 결과를 보여주고 정보의 저장을 통제하고 인덱스를 신속하게 업데이트하는 소프트웨어의 전반적인 능력을 향상시킬 필요가 있었다. 문제는 시간이었다. 크롤러는 한 달 만에 재작성되었다. 크롤링이 불가능할 경우 에러 메시지가 뜨도록 하는 불필요한 부분들은 제거했다. 웹페이지의 인덱스도 대대적으로 확대했다.

　야후와의 계약은 구글이 처음으로 맞이한 절체절명의 순간이었다. 이 계약으로 인해 구글은 처절한 죽음을 맞이할 수도 있었고, 훨씬 더 강한 존재로 거듭날 수도 있었다. 최대의 인덱스와 가장 빠른 크롤러를 갖춘 최고의 검색엔진으로 도약하느냐, 아니면 검색전문가인 야후의 최고 과학자가 작성한 수많은 계약조항의 수렁 속에서 허우적거리느냐의 순간이었다.

　구글은 꿋꿋하게 버텨내기 위해 달리고 또 달리고 있었다.

　그런 가운데 크롤링과 인덱싱 업무를 담당하고 있던 제프 딘^{Jeff Dean}과 산제이 게마와트^{Sanjay Ghemawat}가 기발한 아이디어를 내놓았다. 검색 인덱스에서 'the'를 없애자는 것이었다. 크롤러가 이것을 무시하기만 하면 되었다. 영어에서 가장 많이 사용되는 단어이기에 이것이 차지하고 있는 저장 공간의 크기는 무시할 수 없을 정도였다. 이 작업만으로 저장 공간의 1%를 추가적으로 확보할 수 있었다고 한다. (이 작업으로 인한 피해는 록밴드 'The The'를 검색할 때 정도였다.) 그 외에도 다른 수정을 통해 디스크 탐색시간을 30~40% 정도 감소시켰다. (디스크 탐색시간은 디스크에서 데이터를 찾고 읽어오는 데 걸리는 시간을 의미한다.)

여러 성과에도 불구하고 구글의 엔지니어들은 여전히 검색품질을 높이려고 초를 다투고 있었다. 마감 기한의 압박은 인간으로서 감당하기 어려운 것이었다. 하지만 그들은 구글의 직원이었다. 상상을 초월할 정도로 뛰어난 능력을 가지고 있었고, 동시에 항상 압박감에 시달리는 불안정한 사람들이었다. 그들은 한번도 자신의 일에 성공했다고 느끼지 못했다. 그런 사람들을 고용하는 것이 어찌 보면 구글의 요령이었던 셈이다. 직원들은 거의 밤낮없이 일에 매달렸다. 그러면서도 여전히 충분하다고 느끼지 못하고 있었다.

야후와의 계약 조건을 만족시키는 것만으로도 충분히 벅찬 일이었다. 하지만 호엘즐은 그 와중에도 추가적인 목표를 가지고 있었다. 그것은 10억 웹페이지를 인덱싱 하는 것이었다. 이 목표를 제 시간에 해낼 방법은 없어 보였다. 하지만 그 팀은 겨우 일주일 남은 기간 동안 그 일을 해냈다. 이 계약이 구글에게 많은 수입을 안겨다 준 것은 아니었다. 오히려 손해를 보았을지도 모른다. 이 계약으로 광고수입이 나오진 않았기 때문이다. 거의 백만 달러에 육박하는 비용에 비해 광고로 벌어들인 수입은 겨우 매달 몇 천 달러에 불과했다.

드디어 수익이 나다

인터넷 기업이 연달아 도산하는 동안 대부분의 검색엔진도 고전을 면치 못하고 있었다. 그 와중에 아이디어랩Idealab의 빌 그로스Bill Gross가 개발한 사업 모델은 좋은 성적을 거두고 있었다. 이 기발한 광고사업 모델의 기본 아이디어는 광고 내용과 연관성이 있는 검색 결과와 광고주를 연결시키는 것이었다. 예를 들어 마음이 다급한 부모가 '아기가 잠을 이루지 못해요'라는 검색을 했다고 해보자. 일단 이 검색의 결과 페이지에 마련된 광고 공간에 대해 광고주들로 하여금 입찰하도록 한다. 그런 후 게재된 광고가 클릭될 때마다 광고주에게 요금을 청구하는 것이었다. 그는 이 방식을 통해 검색 내용과 광고주를 효과적으로 연결시킬 수 있다는 것을 알았다. 그가 운영하는 고투닷컴GoTo.com의 검색엔진 결과는 검색자들에게 자신을 알리고 싶어하는 광고주들을 소개하는 성격이 짙었다. 검색어를 입력하라! 그러면 (그 검색과 관련하여) 당신의 돈을 가장 원하는 사람들이 등장할 것이다. 가장 높은 입찰가를 제시한 광고주가 결과 페이지의 최상단에 나타나게 된다. 1998년 7월에 그로스는 일부 광고주에게 이미 클릭당 1달러까지 받고 있었다.

고투닷컴은 또 야후, 마이크로소프트의 MSN 등의 사이트에 광고 백엔드 시스템을 공급하고 있었다. 사람들이 이 사이트들에서 검색을 하면 고투닷컴이 그 검색어에 맞는 광고를 찾아 결과 옆에 나타나도록 해준 것이다. 자체 홈페이지는 유명한 검색사이트와의 링크, 그리고 나중에 추가된 유료 링크들만이 나열되어 있었다. 그로스의 사업모델은 수익모델을 찾느라 고심하던 구글 설립자들의 관심을 끌기에 충분했다. 하지만 그들은 이 사업모델을 선뜻 채택하지 못하고 있었다. 그로스는 여러 차례 페이지와 브린을 접촉했다. 하지만 그들은 결과 페이지 공간을 유료화하는 것에 선뜻 내켜 하지 않았다. 그들은 자신들의 순수 검색 결과를 오염시키고 싶지 않았던 것이다. 그로스는 그들이 광고에 대해 너무 순진한 생각을 하고 있었고, 그래서 여러 차례 협상도 의미가 없었다고 말했다.[11]

2000년 7월 마이크로소프트가 연 기자회견은 그들이 가진 자부심이 그대로 드러난 자리였다. MSN는 당시 연 방문객수 2억1백만 명을 자랑하는 세계 최대의 사이트였다.[12] 하지만 어느 누구도 MSN을 검색엔진이나 검색사이트로 생각하지 않았다. 그리고 그 해 말 그런 상황은 더욱 더 사실로 굳어졌다.

구글은 광고 사업모델을 자체적으로 개발하기 시작했다. '애드워즈 Adwords'라는 이름이 붙은 (에드워즈 얘기로는 자신이 그 이름을 붙인 장본인이라고 했다.) 이 사업모델은 그로스의 아이디어와 매우 유사했다. 검색 결과 옆에 조그마한 '텍스트' 광고를 제공하는 것이었다. 광고주들은 검색창에 입력되는 키워드에 대해 입찰해야 했다. 그리고 가장 높은 입찰가를 제시한 광고주가 결과 페이지의 최상단에 광고를 게재할 수 있었다. 이 광고 사업모델은 2000년 9월에 처음 도입되었다. 언제나처럼 이 모델 역시 베타 버전이었다. 애드워즈의 첫 번째 광고주는 로드 아일랜드의 우편주문 랍스터 회사인 라이블리 랍스터 Lively Lobster였다. 검색창에 'lobster'가 입력되었을 때 검색 결과 페이지에 나타나는 작은 텍스트 광고를 위해 이 회사가 지불한 금액은 83달러였다.

애드워즈는 곧바로 광고주들로부터 인기를 얻기 시작했다. 그러나 애드워즈의 전망에 대해서는 회의적인 사람들도 많았다. 미디어 매트릭스에 따르면 2000년 9월 알타비스타는 20번째로 방문객수가 많은 포털사이트였다. 그에 비해 구글의 방문객수 순위는 48위였다. 노던 라이트 Northern Light의 최고기술책임자인 마크 크렐렌스타인 Marc Krellenstein은 이렇게 말했다.

크렐렌스타인 솔직히 말해서 구글처럼 오로지 검색에만 주력했던 회사가 애드워즈와 같은 사업모델로 수익창출에 성공할 수 있을 거라는 것을 입증할만한 증거는 없었습니다.[13]

하지만 그 증거는 여러 가지 수치로 나타나기 시작했다. 1999년 22만 달러에 불과했던 구글의 총수입이 2000년 말에는 자그마치 2천4백5십만 달러에 육박했다. 이 수입은 넷스케이프와 워싱턴포스트 등 백 개 전후의 공동브랜딩 협력업체에게 맞춤검색을 공급함으로써 발생한 것이었다. 이 협력업체들은 매달 최고 2,000달러의 정액 라이선스 비용과 1,000개 검색당 10달러 내외의 비용을 구글에게 지불하고 있었다. 수입의 대부분은 레드햇, 시스코Cisco 등과의 계약에서 나왔다. 이제 구글에게 가장 중요한 계약은 MSN의 검색을 대행하고 있는 잉크토미와의 계약이 아니라 야후와의 계약이었다.

애드워즈가 추가된 후 그 해 12월 처음으로 구글에게 영업이익이 발생했다. 그 당시 구글 사이트에서는 매일 2천3백만 개의 검색이 이루어지고 있었다. 리서치 회사인 가트너Gartner의 추산에 따르면 이 수치는 검색 시장의 25%에 해당되는 것이었다. 페이지는 구글이 매달 20%씩 성장하고 있다고 밝혔다. 직원 수는 100명에 도달했고 일렬로 늘어선 약 6천 대 가량의 컴퓨터가 검색 프로세싱 작업을 하고 있었다.

벤처투자자들의 계속된 권유에 못 이겨 페이지와 브린은 결국 CEO를 영입하기로 했다. 자신들이 설립한 회사는 작지만 급성장하고 있었다. 이제 이 회사를 위대한 기업으로 키워 줄 수 있는 사람이 필요했다. 이들은 실리콘밸리의 여러 유명한 경영자들과 점심식사자리를 가졌다.

그들이 적합하다고 판단한 사람은 1955년 2월 생으로 비교적 작은 회사의 CEO로 재직중인 경험이 풍부한 인물이었다. 그가 근무하는 회사는 이미 전성기가 지난 상태였고 그 당시 마이크로소프트와 힘겨운 경쟁을 벌이고 있었다.

여러분이 예상하는 것처럼 페이지와 브린이 투자자에게 추천했던 인물은 다름 아닌 스티브 잡스였다. 하지만 잡스는 그들의 영입 제안을 극구 사양했다. 결국 그들의 CEO 영입을 위한 탐색은 계속될 수밖에 없었다. 마침내 2001년 에릭 슈미트 Eric Schmidt를 영입하면서 그 작업은 마무리되었다. 에릭 슈미트는 매우 경험 많은 인물로 노벨Novell의 전 CEO였다. 그 회사도 역시 이미 전성기를 지나, 마이크로소프트와 경쟁하느라 정신을 차릴 수 없는 상태였다. 페이지와 브린은 모두 그를 좋아했다. 이유는 에릭 슈미트가 괴짜들만의 모임인 버닝맨 페스티벌에 참석한 적이 있다는 것이 전부였다. 벤처자본가들 역시 그를 좋아했다. 하지만 이유는 달랐다. 그들의 눈에는 그가 페이지와 브린을 '잘 보살펴줄 어른'으로 보였기 때문이었다.

호황

사업이 자리를 잡아가면서 구글은 적극적으로 확장을 꾀할 수 있게 되었다. 또 광고주들 사이에서 나타나는 네트워크 효과도 톡톡히 보기 시작했다. 구글에 광고를 게재해 효과를 보았다며 다른 사람들에게도 소개했던 것이다. 그리고 구글은 원하는 어떤 검색어로도 광고에 입찰할 수 있도록 입찰과정을 자동화했다. 이를 통해 구글은 아주 작은 규모의 업체도 전 세계에 자신의 존재를 알릴 수 있는 기회를 제공했다. 이것은 앞선 다른 검색엔진에서는 찾아볼 수 없었던 새로운 방식이었다. 구글에 광고를 게재하는 업체의 압도적 다수는 소규모 업체들이었다. 그리고 구글의 광고 사업은 (구글 직원들이 직접 웹의 콘텐츠나 광고를 입력하지 않기 때문에) 끝없이 규모를 확장할 수 있었다. 정말로 빠르게 성장할 수 있었다.

구글의 지배가 너무나 빠르고 완벽하게 이루어진 나머지 2000년 말에는 구글 자체가 하나의 용어가 되어버렸다. 아이오와 주 텔레그라프 해럴드Telegraph Herald지의 2001년 1월 14일자 지면에는 이런 기사가 실렸다. '아직 구글링을 해본 적이 없으십니까? 이것은 아주 최근에 나타난 현상입니다. 저도 사실 여기 앉아서 제 자신을 구글링하고 있습니다.'[14] 혹시 나이든 독자들이 불안해할지도 모른다는 생각에서였는지 기자는 곧바로 다음과 같은 내용을 덧붙였다. '걱정하지 않으셔도 됩니다. 이것은 그냥 있는 사실 그대로입니다. 에둘러서 하는 말이 아닙니다. 누군가를 구글링한다는 것은 구글이라는 검색엔진을 통해 그 사람에 대한 정보를 수집하는 것을 말합니다. 사람들이 가장 많이 하는 것은 앞으로 만나게 될 데이트 상대를 구글링하는 것입니다.' 이 기사의 제목은 '구글링은 최신의 데이트수단이다'였다.

포르노가 제 1세대 검색엔진을 몰락시킨 원인이었을지도 모른다. 하지만 섹스, 또는 섹스 상대의 탐색이 다음 세대 검색엔진이 성공할 수 있는 밑거름이 되고 있다는 것만은 분명했다. 미국 중서부의 아이오와 주에서조차 구글을 하나의 회사나 브랜드가 아니라 동사라고 생각하고 있었다. 이것은 이미 구글이 일상적인 브랜드가 되기 위한 전투에서 승리하기 시작했다는 것을 의미했다. 다른 경쟁업체들은 그 전투에 아직 모습조차 드러내지 않은 상태였다. 2001년 8월말 뉴욕타임스의 존경 받는 칼럼니스트인 모린 도드Maureen Dowd가 작성한 다음 기사로 인해 이런 상황은 더욱 강화되었다. '요즘 정말로 현대적인 젊은 여성이라면 스스로를 팩실링Paxiling하고, 데이트상대를 구글링하고, 자신의 몸매를 비크라밍Bikramming하고, 오퍼링The Offering을 할지 고민할 것이다.' (이 말을 풀어보면 이런 의미이다. 사회적 불안 때문에 약을 복용하고 자신의 데이트상대에 대한 구체적인 정보를 검색하고 요가를 하고 저녁식사 비용의 반을 부담할지에 대해 고민할 것이다.)[15]

한편 대기업의 배너광고에 의존하는 검색엔진에게는 인터넷 기업의 연쇄적 도산이 점차 심각한 문제가 되고 있었다. 대기업의 마케팅 책임자들은 경제상황에 대한 예측에 따라 광고비용을 책정한다. 경제상황에 대한 비관적인 전망이 지배적이라면 수십만 달러에 이르는 광고비용을 삭감할 수도 있는 것이었다. 이에 반해 구글이 의존하고 있던 업체들은 미래의 경제상황에 대한 예측에 기반하여 마케팅을 계획하지 않았다. 그들은 매시기 적절하다고 판단되는 사업을 바로 바로 진행하는 특성을 가지고 있었다. 또 구글에 광고를 게재한 사업이 매출로 이어지지 못한다고 하더라도 그것은 전혀 구글의 책임이 아니었다. 그것은 전적으로 광고를 게재한 업체들의 잘못이었다. 구글만큼 광고를 게재한 업체의 사이트에 사람들을 접속시켜줄 수 있는 것은 없었다. 이것이 바로 페이지와 브린이 원했던 것이다. 사람들은 구글 사이트에 왔다가 어디론가 빠르게 사라졌다. 구글은 점점 더 광고를 통해 존재하고 있었다.

미디어 매트릭스가 제시한 자료에 따르면 2001년 1월 알타비스타의 방문객수는 천만 명 이상이었던 반면에 구글의 방문객수는 9백만 명이 채 되지 못했다. 하지만 알타비스타의 수입은 급감하고 있었다. 2000년 1사분기 6천3백만 달러였던 수입이 2001년 7월까지 3개월 동안에는 2천8백만 달러 정도가 되었다. 게다가 큰 손실까지 보고 있었다. 2000년 8월 알타비스타 직원의 4분의 1이 해고되었다. 광고수입에 결정적인 역할을 하는 방문객수 역시 급감했다. 2001년 6월 알타비스타의 방문객수는 8백만 명에도 미치지 못했다.

같은 달 구글의 방문객수는 천3백만4천 명이었다. 2001년 전반기 동안 구글은 월드와이드웹에서 가장 접속수가 많은 독립 검색엔진이 되었다. 그 이후로도 구글의 이런 지위는 흔들린 적이 없다.

구글의 역사에서 가장 중요한 날은 유감스럽게도 많은 사람들의 삶에 엄청난 파장을 일으켰던 날이기도 하다. 그 단 하루 동안 구글의 명성은 더할 나위 없이 높아졌다. 바로 2001년 9월 11일이었다. 사람들이 뉴욕과 워싱턴에 가해진 공습에 관한 뉴스를 찾아보고 이해하려고 안간힘을 쓰는 동안 전화네트워크는 과부하로 불통이 되었다. 오로지 인터넷 접속만이 가능한 상황이었다. 사람들이 원했던 것은 정보였다. 하지만 접속이 폭주하자 많은 사이트들은 접속 자체가 불가능해졌다. 그 날 뉴스와 정보에 대한 링크를 제공할 수 있었던 사이트는 오직 구글뿐이었다. 구글은 자신의 유연성을 보여주었다. 그로 인해 구글사이트가 공고하다는 명성은 더욱 확고해졌다.

2001년 말 구글의 매출은 8천6백40만 달러였고 이익은 6백9십8만 달러였다.

과거의 실리콘밸리 기업들이었다면 그런 폭발적인 수입과 이익의 증가를 지켜보면서 기업공개의 유혹을 뿌리치지 못했을 것이다. 하지만 페이지와 브린은 달랐다. 이들은 신중하기 이를 데 없는 슈미트의 조언을 받아들여 다른 경로를 선택했다. '잠수함처럼 수면위로 떠오르지 마라. 그리고 가능한 한 기업공개를 뒤로 늦춰라.' 이것이 그들이 선택한 전략이었다. 그들은 마이크로소프트가 이 새로운 시장과 이 시장의 잠재적 선두주자를 발견하는 순간 자신들에게 악몽이 기다리고 있을 수 있다고 생각했다. 그들은 마이크로소프트가 곧바로 시장을 장악하고 자신들을 궁지에 몰아넣을까 두려웠던 것이다. 페이지와 브린은 기술산업에서 마이크로소프트의 명성을 익히 알고 있었다. 과거 마이크로소프트는 경쟁 기술을 인수하거나 또는 모방했다. 그것이 아니라면 발견하는 즉시 복제해버렸다.[16] 올레타는 2009년에 출간한 『구글드 Googled』의 저술을 위해 슈미트, 페이지 그리고 브린을 차례로 인터뷰했다.[17] 그는 당시 그들이 가지고 있던 생각에 대해 다음과 같이 서술했다.

올레타 브린과 페이지도 그 '사악한 제국'을 두려워하며 성장했습니다. 그들 역시 실리콘밸리 문화의 영향권 안에 있었던 것입니다. 그들은 마이크로소프트가 검색이 얼마나 좋은 사업인지를 아는 순간 그 시장에 바로 진입할 것이라고 생각했습니다. 그리고 이전에 넷스케이프에게 했던 것처럼 구글도 무참히 짓밟아버릴지 모른다고 두려워하고 있었습니다.

올레타의 얘기에 따르면 브린과 페이지는 마이크로소프트가 과도하게 모든 것을 손에 쥐려 하고 지나치게 약자를 괴롭힌다고 생각했다. 이런 마이크로소프트의 방식은 그들의 개인적인 철학과 배치되는 것이었다. 정보는 누구나 자유롭게 이용할 수 있어야 한다는 것이 그들이 가진 철학이었다. 실제로 그들의 기업목표는 '전 세계의 정보를 체계적으로 정리하고 누구나 자유롭게 이용할 수 있도록 하는 것'이었다. (물론 구글 자체도 무료로 이용할 수 있는 정보에 의존하고 있었다. 실제로 구글은 크롤러가 웹을 돌아다니면서 웹 전체의 복사본을 만들고 있었다. 이것이 합법적인지는 분명치 않았다. 따라서 '개방'과 '무료'를 내세우는 것은 구글의 사업을 위해서도 결코 나쁜 것이 아니었다.)

슈미트가 구글의 최고경영자가 되었을 때 새로운 전략이 한 가지 더 추가되었다. 슈미트가 이전에 근무했던 노벨과 선마이크로시스템스는 10년간에 걸친 (그리고 결국은 패배한) 마이크로소프트와의 법정싸움으로 지칠대로 지쳐 있었다. 그는 구글의 설립자들에게 넷스케이프처럼 경솔하게 그 거대기업의 눈에 띄어서는 안 된다고 지속적으로 경고했다. 페이지와 브린도 그의 의견에 전적으로 동감했다. 이전에 페이지도 에드워즈에게 마케팅 내용에 구글을 '기술'기업으로 묘사하지 말 것을 신신당부한 적이 있었다. 마이크로소프트가 구글을 발견하고 구글이 단순히 검색시장에만 머무르지는 않을 것이라고 생각할까 두려워했던 것이다. 물론 구글의 포부는 검색시장에만 국한된 것은 아니었다. 하지만 굳이 그 사실을 알릴 필요는 없었다. 가능한 한 마이크로소프트의 눈에 띄지 않는 것. 그것이 그 회사의 핵심전략 중 하나였던 것이다.

그들도 언젠가 마이크로소프트와 맞닥뜨려야 한다는 사실을 잘 알고 있었다. 그 거인은 결국 깨어날 것이다. 1995년 5월 빌 게이츠는 인터넷이 마이크로소프트의 미래에 중요한 의미를 가진다고 선언했었다. 이 사실만 보더라도 이것은 분명한 것이었다. 단지 시기만이 문제였다. 이제 구글이 그 전투를 얼마나 잘 준비할 수 있는가가 중요해졌다.

이 준비를 위해서 가장 중요한 것은 많은 수입을 지속적으로 창출할 수 있는 방법을 찾아내는 것이었다. 2002년이 시작될 무렵 구글의 엔지니어들은 애드워즈에 '품질'이라는 새로운 요소를 추가했다. 그 이전에 애드워즈는 CPM cost-per-thousand 방식이나 CPC cost-per-click 방식 중의 한 가지를 선택하는 것이었다. 여기서 CPM은 정해진 횟수만큼의 광고 노출에 대해 광고주가 요금을 지불하는 방식을 의미한다. 반면에 CPC는 광고의 클릭수에 따라 광고주가 요금을 지불하는 방식을 의미한다. 그러나 이제 애드워즈는 이 두 방식을 종합하는 형태로 바뀌게 되었다.

이 새로운 시스템에서 구글은 CPM 단가가 아니라 사용자 클릭수에 따라 광고를 배치했다. 이 시스템이 시작되었을 때, 구글의 국제영업 및 판매담당 선임부사장인 오미드 코르데스타니 Omid Kordestani는 이 새로운 시스템에 대해 "광고주들의 입찰가가 같다면 사용자들이 판단한 가장 연관성이 높은 광고가 최상단에 위치하게 될 것입니다"라고 설명했다. (구글은 처음에 이것을 애드워즈 셀렉티드 Adwords Selected라고 불렀다. 물론 '셀렉티드'는 조만간 떼어버릴 생각이었다.) 이 새로운 시스템에서는 입찰가가 낮다 하더라고 클릭율이 높은 광고가 보다 상단에 위치하게 된다. 광고주들은 새 검색어 조합을 가진 광고가 이 시스템에서 어느 정도 위치에 나타나게 될지를 예측해볼 수 있었다. (이것만으로도 엄청난 연산능력이 필요한 작업이었다.) 이런 애드워즈의 변화는 이전보다 광고주들에게 더 많은 권한을 넘겨주는 것이었다. 이제는 업체의 규모와 상관없이 광고에 들어갈 최선의 문구를 찾아낼 수만 있으면 사이트 방문자수를 늘릴 수 있는 기회를 얻게 됐다.

이것이 바로 구글 내부를 지배하고 있던 데이터 중심의 접근방식이었다. 단지 이번에는 구글이 직접 하는 것이 아니라 광고의 세계에 일임한다는 차이만 있을 뿐이었다. 이것은 구글 입장에서도 좋은 일이었다. 광고 연결률이 높은 광고를 좀 더 부각시킬수록 더 많은 클릭을 유도할 수 있다. 그렇게 되면 구글에게는 더 많은 수익이 발생할 수 있는 것이었다. 또한 클릭되지 않는 광고가 줄어들기 때문에 광고 공간의 낭비 역시 막을 수 있었다.

광고 연결률이 증가하게 됨에 따라 코르데스타니 팀은 큰 계약에 입찰할 수 있게 되었다. 단순히 검색 결과만을 제공하는 것도 나쁘지는 않았다. 하지만 웹의 거대 광고판인 야후나 AOL에게 검색과 광고, 둘을 묶은 패키지 상품을 공급하는 것이야말로 거금을 만질 수 있는 절호의 기회였다. 이 사이트들은 엄청난 방문객수를 자랑하고 있었지만 자체 검색엔진이 없었다.

보통 이런 계약은 기본비용과 수입공유를 결합한 방식으로 이루어졌다. 검색을 대행하는 회사가 일단 광고공간을 제공하는 업체에게 고정요금을 지불한다. 광고공간을 제공하는 업체는 검색량에 따라 검색을 대행하는 회사에게 요금을 환불해준다. 그리고 광고 클릭수에 따른 수입을 두 업체가 공유한다. 이런 계약방식에서는 검색을 대행하는 업체가 긴장감을 늦출 수 없다. 만약 검색수나 광고 클릭수가 너무 적다면 고정 요금을 환수할 수 없게 된다. 또 광고 클릭당 수입공유율이 너무 낮은 경우에도 수익이 창출되지 않을 것이다. 그렇다고 광고 공간을 제공하는 업체와 계약 체결을 위한 협상 과정에서 광고 클릭당 수입공유율을 마냥 높게 요구하기도 어렵다. 그렇게 한다는 것은 사실상 계약 자체를 경쟁업체들에게 양보하는 것이나 마찬가지이기 때문이다.

2002년 초 구글은 미국의 인터넷 서비스 공급업체인 어스링크EarthLink와 애드워즈 셀렉티드를 공급하는 계약을 체결했다. 이 계약과 더불어 코르데스타니는 AOL에게 검색 연관 광고 계약을 체결하기 위한 협상을 했다. AOL의 기존 계약은 그 해 6월 만료될 예정이었다. 그 규모는 잠정적으로 10억 달러에 달하는 것으로 추산되었다. 기존 계약업체는 2001년 10월 고투닷컴에서 이름이 변경된 오버추어Overture였다.

코르데스타니는 구글의 기술적 능력을 확신하고 있었다. 2001년 말 당시 오버추어는 구글과는 비교가 되지 않을 만큼 큰 업체였다. 그 격차는 상당했다. 광고주 수는 5만4천 대 천, 매출 면에서는 2억8천8백만 달러 대 8천6백4십만 달러였다. 구글과 이렇게 큰 격차가 남에도 불구하고 오버추어는 결코 이 신생업체에 대해 긴장의 끈을 늦추지 않았다. 그리고 오버추어의 이사진은 애드워즈 셀렉티드가 자신들을 모방한 사실을 발견하고 마냥 우쭐대고만 있지도 않았다. 2002년 AOL이 이 두 회사와 협상하고 있을 무렵, 오버추어는 구글을 특허 침해로 고소했다. 이 재판은 2004년 8월에 마무리되었다. 구글은 자신의 범법행위를 시인하지 않았다. 하지만 야후에게 자신의 주식 270만 주를 양도해야 했고 오버추어의 기술에 대해서는 라이선스 계약을 체결했다.

AOL은 구글에게 계약 체결 조건으로 두 가지를 제시했다. 하나는 (아직 상장되지 않은) 구글 지분을 양도하라는 것, 또 하나는 최저광고수입을 보장하라는 것이었다. 슈미트는 AOL이 제시한 계약 조건에 대해 많은 우려를 표명했다. 그는 2005년 와이어드의 프레드 보겔스타인Fred vogelstein에게 이렇게 말했다.

슈미트 구글은 이 계약에 명시되어 있는 최저광고수입을 보장할 수 있을 만큼의 현금을 가지고 있지 않았습니다. AOL사람들은 매우 영리했습니다. 구글은 신생업체에 불과했습니다. 결국 이 협상은 AOL에게 너무나 유리하게 진행되고 말았습니다.[18]

네 명의 구글 경영진-슈미트, 페이지, 브린 그리고 코르데스타니-과 협상팀은 한자리에 모여 이 계약조건에 대해 논의했다. 구글이 이 계약을 통해 이득을 끌어낼 수만 있다면 이 계약은 구글에게 노다지가 되는 것이다. 하지만 그렇지 못할 경우 구글은 그대로 망하고 만다.

슈미트가 가장 보수적인 입장을 취했다. 그의 마인드는 '절대 현금이 고갈돼서는 안 된다'였다. 슈미트와 달리 페이지와 브린은 자신감에 차 있었다. 열띤 토론이 거듭되었다. 슈미트는 나중에 이 때를 돌이켜보며 이렇게 말했다.

> 슈미트 그 때 나는 회사가 둘로 분열되는 모습을 가장 가까이서 볼 수 있었습니다. 그 최저광고수입을 보장하지 못하면 우리는 파산하는 것이었습니다. 나는 정말로 화가 나서 견딜 수가 없었습니다. 내가 보기에 그 계약은 분명히 잘못된 것이었습니다.[19]

분명한 데이터가 없다는 이유로 슈미트는 일단 그 날 회의를 중단했다. 그들은 다음날 다시 모였다. 협상팀은 현금흐름을 확보할 수 있는 새 방법을 찾아냈다. 슈미트는 다소 누그러졌다. 슈미트는 야후와의 계약 당시 구글이 처음 접했던 절체절명의 순간을 함께 겪지 않았다. 그래서인지 그는 페이지와 브린 만큼 구글의 능력을 확신하지 못하고 있었다.

호엘즐의 고집 때문에 구글에는 오직 가장 뛰어나고 가장 연봉이 비싼 사람들만이 고용되어 있었다. 또 아주 작은 것에서부터 커다란 변화가 시작되기도 했다. 에드워즈의 말에 따르면, 존 바우어John Bauer라는 엔지니어가 광고의 핵심 검색어를 굵은 글씨로 나타낼 수 있도록 코드를 수정했다고 한다. 그러자 사용자 클릭수가 네 배 이상 증가했다. 이제 AOL과의 계약으로 구글이 파산하지 않을 것이라는 확신이 생겼다.

가장 먼저 검색 연관 광고라는 아이디어를 생각해 낸 것은 그로스였다. 그러나 구글이 그것을 훨씬 잘해냈다.[20] 마침내 2002년 5월 AOL과의 계약이 체결되었다. 그리고 AOL은 구글의 황금알을 낳는 거위가 되었다.

브린은 또 애드워즈 시스템에 타의추종을 불허하는 한 가지 장점이 있다는 것을 알고 있었다. 검색어 경매에 경쟁업체들이 구글보다 낮은 가격을 책정할 수 없다는 것이다. 구글의 광고비는 구글이 수용할 수 있는 최저가격이었다. 동시에 시장이 지불할 수 있는 최고가격이었다. 경쟁업체가 구글만큼 접속수가 많다 하더라도 구글보다 운영비용이 낮지 않다면 구글보다 저렴한 가격으로 광고 공간을 판매하는 것은 제 발등을 찍는 것이었다. 분명히 구글도 비용을 효율적으로 관리하고 규모를 유지해야 한다. 하지만, 워런 버핏의 표현처럼 애드워즈는 마치 경쟁업체들이 넘어올 수 없도록 구글의 사업모델 주변에 파놓은 해자와 같았다.

이제 치열한 경쟁이 이루어지는 광경을 지켜볼 시간이 되었다. 이 경쟁에 드디어 마이크로소프트의 모습도 등장하게 된다. 여러분이 전투를 준비할 때 결코 잊어서는 안 될 사항은 경쟁상대가 여러분이 정한 조건에서 싸울 수밖에 없도록 해야 한다는 것이다. 구글은 확실히 이 점에서 유리한 입장에 놓여 있었다. 구글은 말 그대로 인터넷 기반회사였다. 그 회사는 인터넷에 접속하는 기기에 대해서는 전혀 모르고 있었다. 마이크로소프트가 구글의 경쟁상대는 될 수 있었다. 하지만 애초에 불리한 점을 안고 시작할 수밖에 없었다. 그리고 이 모든 사실을 알고 있었던 인물이 바로 조엘 스폴스키 Joel Spolsky였다.

무작위 접근

게이츠는 프로그램이나 사업계획의 결함을 찾아내는 데 일가견이 있었다. 그는 별볼일 없는 아이디어나 사고방식을 '무작위적'이라고 묵살하기 일쑤였다. 그리고 짜증이 나면 온갖 욕설을 퍼부어대기까지 했다.

적어도 빌 게이츠가 젊은 나이에 큰 성공을 거둔 천재 프로그래머라는 사실을 알고 있는 사람들 사이에서, 조엘 스폴스키는 전설 같은 존재다.

1991년 6월 스폴스키는 마이크로소프트에서 엑셀과 비주얼 베이직의 호환성과 관련된 매우 특수하고 지엽적인 문제에 매달리고 있었다. 이 두 개가 함께 작동할 수 있어야 했다. 그래야 엑셀에서 다양한 작업이 가능하도록 (비주얼 베이직으로) 프로그래밍할 수 있었다. 엑셀은 날짜 차이를 정확히 계산할 수 있어야 한다. 그 계산이 잘못되면 모기지 이자나 복리 이자의 계산에 문제가 발생한다. (다국적 은행의 거래에서처럼) 많은 이용자들에 대해 이 계산이 잘못된다면 상당한 비용이 초래될 수 있다. 어느 날 게이츠는 엑셀과 비주얼 베이직의 호환성 문제에 진전이 있는지를 확인하기 위해 회의를 소집했다. 이런 검토 회의는 프로그램 매니저나 프로그래머에게 공포 그 자체였다. 게이츠는 그들이 가진 지식의 밑바닥이 드러날 때까지 집요하게 파고 들었다. 게이츠가 원하는 답변을 제대로 내놓지 못한다면 악몽 같은 시간을 각오해야 했다. 이런 회의를 무사히 통과할 수 있었던 사람은 아무도 없었다.

엑셀에 대한 검토가 거의 끝나갈 무렵 게이츠가 질문을 툭 던졌다. "정말로 이것을 사용하는 방법을 일일이 다 살펴보고 있는 겁니까? 날짜 함수와 시간 함수들까지도 말입니다. 엑셀에는 날짜 함수와 시간 함수가 너무나 많습니다. 비주얼 베이직에도 같은 함수들이 있게 되는 겁니까? 그리고 그것들이 모두 같은 방식으로 실행되는 겁니까?"

스폴스키는 전혀 망설이지 않고 그렇다고 대답했다. 그는 그 함수들 모두 잘 작동할 것이다. 단 1900년 1월과 2월만이 문제가 된다 라고 덧붙였다. 사실 그 함수들에 몇 가지 문제가 있었다. 그리고 그는 그 문제로 고민하고 있었다. 스폴스키의 대답을 들은 게이츠는 "휴, 알겠습니다"라고 말했다.

그 후 회의는 더할 나위 없이 평화롭게 진행되었다. 회의가 끝난 후 스폴스키의 동료들은 회의 내내 게이츠가 보여준 차분한 태도에 다들 놀라워했다. 그 회의에서 자신들이 피한 총알이 무엇이었는지를 알아차린 사람은 오직 스폴스키뿐이었다. 스폴스키는 그 순간을 떠올릴 때마다 큰 소리로 웃는다.

스폴스키 그는 나에게 욕을 한 것이나 다름없었습니다. 단지 쌍시옷이 들어가지 않았을 뿐이지요. 적어도 그런 욕을 하지 않은 것만은 사실입니다. 내가 나중에 듣기로는 그런 경우가 처음이었다고들 하더군요.
게이츠는 으레 테스트 말미에 그런 강도 높은 질문을 했습니다.
지금 내가 똑똑하다는 얘기를 하는 게 아닙니다. 그 회의 바로 전날 밤 나는 1900년이 윤년인지를 가지고 씨름하고 있었습니다. 완전히 우연의 일치였지요. 1900년이 윤년인지 아닌지는 여러분들이 맞춰보도록 하세요.21

1900년이 윤년인지를 확인하는 문제에 대해 엑셀에서 비주얼 베이직으로 프로그래밍해 본 결과, 비주얼 베이직이라는 프로그래밍 언어와 엑셀 간에 일관성이 결여되어 있다는 사실이 밝혀졌다. 지금은 그런 문제가 없다. 그 후 스폴스키가 그 문제를 해결했기 때문이다. 엑셀에서 비주얼 베이직으로 프로그래밍하여 1900년 1월이나 2월 부근의 날짜 차이를 계산하면 오류가 발생했다. 오류가 있다는 것을 알아차리지 못할 수는 있지만 오류가 있다는 것은 분명했다. 어떤 소프트웨어도 1900년 이전의 날짜에 대해서는 지원하지 못할 것이므로 결국 이 두 달만이 문제가 되었다.

스폴스키가 만약 이 문제를 그냥 지나쳤었더라면 은행이 여러 해 전부터 고객의 계좌들을 옮겨놓았을 수도 있다. 이것이 얼마나 많은 비용을 초래할지 누가 알겠는가? 하지만 그런 일은 결코 일어나지 않을 것이다.

게이츠 역시 문제가 있다는 것을 알고 있었다. 회의 동안 스폴스키와 그의 팀이 이 문제를 알고 있다는 사실을 내비치지 않았더라도, 게이츠는 그들이 이 문제를 간과하도록 그냥 내버려 두지 않았을 것이다. 그리고 스폴스키 역시 게이츠가 이 문제를 알고 있다는 사실을 눈치 채고 있었다.

스폴스키는 게이츠와 그 당시 게이츠의 최측근이었던 발머를 비교했다.

스폴스키 스티브 발머는 그런 질문을 할 생각조차 하지 못했을 겁니다. 현재 마이크로소프트의 경영을 비난하려고 하는 말이 아닙니다. 하지만 게이츠가 그 질문을 했을 때 발머가 옆에 있었다 해도, 그는 질문의 내용조차 이해하지 못했을 겁니다. 이 점은 참 유감스러운 일입니다. 바로 이 점이 지난 10년간 마이크로소프트가 밟아온 행로를 설명해주고 있다고 생각합니다.

발머는 사업을 관리할 줄 압니다. 그는 MBA식대로 회사를 경영하는 법을 압니다. 하지만 어떻게 혁신을 해야 할지 전혀 모르고 있습니다. 그의 머릿속에서는 혁신적인 아이디어가 나올 수 없을 겁니다. 회사는 현장에서 나오는 혁신적인 아이디어를 반영할 수 있어야 합니다. 그런데 과연 그가 할 수 있을까요? 마이크로소프트는 그럴 수 있는 조직이 아닙니다. 그 거대한 조직에서 현장의 아이디어를 반영할 수 있는 제도가 가능할지 잘 모르겠습니다.

스폴스키는 또 마이크로소프트가 인터넷 사업을 너무 늦게 시작했다고 지적했다.

스폴스키 그들이 게임에 늦게 참가한 이유는 마이크로소프트를 운영하는 사람들이 대학을 다닐 때에는 인터넷을 경험할 수 있는 기회가 없었기 때문입니다. 당시 대학 캠퍼스에는 인터넷이 없었습니다. 1991~1992년에 대학을 졸업한 직원들은 대학에서 인터넷에 접속해 본 경험을 가지고 있었습니다. 따라서 인터넷의 이점을 누구보다도 잘 알고 있었습니다. 물론 이들이 경험한 것이 월드와이드웹은 아니었습니다. 유즈넷Usenet과 이메일 그리고 FTP였지요. 그리고 이들이 접속할 수 있었던 것은 유명한 FTP사이트들이었습니다. 최근 대학을 갓 졸업한 신입사원이나 1~2년차 직원, 심지어 4~5년차 직원들까지는 인터넷의 가치와 작동방식(이메일이나 네트워킹의 가치)을 매우 잘 이해하고 있습니다. 하지만 회사의 고위 간부들 중 인터넷 접속이나 이메일을 주고 받은 경험이 있는 사람은 없습니다. 1990년대 중반과 후반 마이크로소프트의 의사결정을 담당했던 사람들은 대학에서 이메일을 사용한 경험이 전무했습니다. 따라서 그들은 대학생들에게 이메일이 어떤 의미를 갖는지를 전혀 이해하지 못하고 있었습니다.

그들은 인터넷을 이해하지 못하고 있었다. 그들은 검색의 중요성에 눈을 뜨지 못하고 있었던 것이다.

구글 그리고 대중의 관심

구글은 이미 검색의 중요성을 십분 이해하고 있었다. 구글은 자체 검색

사이트부터 넷스케이프, 야후, 어스링크 그리고 AOL의 검색까지 검색시장에서의 점유율을 계속 높여 가고 있었다. 또 사람들이 무엇을 검색하고 있는지에 대한 귀중한 데이터를 축적해나가고 있었다. 이를 통해 구글은 사람들의 욕구가 어떻게 변하는지를 추적할 수 있었다.[22] 이 능력을 바탕으로 구글은 처음 판매되는 검색어와 연관된 광고의 위치를 결정할 수 있었다. 구글은 이미 너무 많은 것을 알고 있었다. 검색 결과의 정확성과 광고의 높은 연관성 덕분에 구글이 가지고 있던 무無오류의 아우라는 한층 강화되었다.

대중의 관심 또한 높아졌다. 미국 TV에서 구글이 동사로 처음 사용된 것은 2002년 10월 15일 방영된 뱀파이어 해결사Buffy the Vampire Slayer의 한 장면이었던 것으로 기억된다. (한 등장인물이 '그녀를 아직 구글 안 했어?' 라고 묻자, 다른 인물이 화를 내며 '그녀는 이제 겨우 17살 밖에 안됐어'라고 응답한다. 그러자 다시 처음 인물이 몹시 화를 내며 '도대체 무슨 소리야? 나는 검색엔진을 말하고 있는데' 라고 쏘아붙인다.) 그 해 말 미국언어학회American Dialect Society는 미리 간추린 예비 후보 중에서 '올해의 단어'를 선정했다. 1위는 총 60표 중 38표를 획득한 '대량살상무기'에게 돌아갔다. 그 다음 2위가 바로 11표를 얻은 구글이었다. 구글은 '웹에서 구글이라는 검색엔진으로 사람이나 사물에 대한 정보를 검색하는 것'으로 정의되었다. (3위에 오른 단어는 6표를 획득한 '블로그'였다.) 또한 구글은 만장일치로 '가장 유용한 단어'로 선정되었다.

구글이라는 브랜드는 점점 더 퍼져나가고 있었다. 높은 시청률을 자랑하는 TV시리즈인 ER의 한 에피소드에 모르는 상대와의 첫 데이트를 앞두고 있는 의사가 등장한다. 먼저 동료 두 명이 데이트 상대에 대해 검색하기로 마음먹고 컴퓨터 모니터 앞에 서서 타이핑하는 장면이 나온다.

의사1 여기 릭 켈리가 있군. 직업이 야생예술가로 되어 있는데.

의사2 저기 다른 웹사이트를 한번 클릭해봐.

의사1 이 사람은 암벽등반가 같은데? 꽉 달라붙은 셔츠를 입은 모습이 정말 귀여운데

주인공 (지나가며) 뭐해요?

의사1 당신 데이트 상대를 구글링하고 있어요.

주인공 뭐 하는 짓이에요? 예의 없이. 그에 대해서 알고 싶으면 나에게 물어보면 되잖아요.

의사2 어떻게요? 당신은 그를 만나본 적도 없으면서.

이 대화가 진행된 시간은 겨우 30초 정도에 불과했다. 하지만 그 속에서 사람들이 웹을 이용하는 데 구글이 얼마나 중요한 위치를 차지하고 있는지를 충분히 엿볼 수 있었다. 웹은 정보의 광활한 저장고다. 이전의 종이기반시스템은 자신이 가지고 있던 모든 것을 온라인에 쏟아내고 있었다. 또한 각 개인들도 웹에서 자신의 정체성을 확보하기 위해 수많은 정보를 올려놓고 있었다. 그 속에서 사람들은 정보를 검색하고 찾아내고 가져다 쓴다.

구글은 그저 하나의 브랜드에 불과했다. 그런데 이제 구글은 사람들이 하는 일이 되었다. 그리고 가장 인기 있는 드라마의 대사에 등장할 정도의 동사가 되었다. 구글의 신분은 격상되었다. 마이크로소프트는 전력을 다해 싸우기도 전에 이미 매우 힘겨운 전투에 맞닥뜨리고 있었다.

2002년 중반 이 ER드라마가 영화화되었을 무렵, 유세프 메흐디Yusuf Mehdi는 구글, 특히 구글의 검색 사업을 심각하게 여겨야 한다는 점을 깨닫게 되었다. 구글은 미처 눈치채지 못하고 있었지만 거인이 드디어 잠에

서 깨어난 것이다. 메흐디는 바로 마이크로소프트의 MSN 검색 담당 책임자였다.

언더독 프로젝트

2003년 2월 어느 날 빌 게이츠와 발머를 비롯한 마이크로소프트의 최고경영진 25명이 레이몬드 마이크로소프트사 구내 동쪽에 위치한 36동 건물로 모여들었다. 그 곳에서는 당시 37세였던 MSN 담당 부사장 크리스토퍼 페인Christopher Payne이 마이크로소프트가 그 당시까지 주목하지 못했던 심각한 사업상의 위협에 대해 설명할 예정이었다.

페인은 원래 1995년 마이크로소프트에 입사했다가 1998년 아마존으로 자리를 옮겼다. 그 후 2001에 다시 MSN으로 돌아왔다. 그리고 2002년 중반 MSN 검색 지원팀에 합류하게 되었다. 그 곳에서 그는 메흐디와 함께 마이크로소프트의 검색분야에 대해 상세히 파악할 수 있었다. 그는 곧바로 큰 문제가 있다는 사실을 발견했다.

사이트를 운영하는 웹마스터는 트래픽이 어디서 오는지를 쉽게 확인할 수 있다. 시간이 흐르면서 메흐디와 페인은 MSN으로 들어오는 트래픽 중 점점 더 많은 수가 구글로부터 오고 있다는 사실을 알게 되었다. 그들은 구글이 검색과 연관성이 높은 광고를 수월하게 찾아낸다는 것도 발견하게 되었다.

반면 MSN은 검색에 부합하는 광고를 찾는 데 곤란을 겪고 있었다. 그 당시 MSN에 검색 결과를 제공하는 업체는 잉크토미, 광고를 제공하는 업체는 오버추어였다. MSN이 검색부문에 제공한 것은 자신의 지명도와 페이지를 호스팅하는 서버들뿐이었다. 물론 잉크토미와 오버추어는 결과에 따라 MSN에게 요금을 지불했다. 하지만 동시에 그들은 누가 무엇을 클릭했는지 그리고 사람들이 무엇을 검색하고 있는지에 대한 모든 정보를 보유할 수 있었다. 이것은 가장 활발히 연구되는 기술 분야 중에서도 한참 떠오르는 연구주제였다. 그러나 마이크로소프트는 소프트웨어에 관한 한 어떤 문제라도 해결할 수 있다는 자만심만 가득할 뿐 이 분야에서 아무런 역할도 하지 못했다. 마이크로소프트는 자신의 성문을 통해 상인들이 인기상품을 가져다 읍내에 내다 파는 것을 지켜만 보고 있는 성주와 같았다.

그 당시 MSN 검색사이트는 여전히 광고주에게 검색 결과 페이지의 링크 자리를 판매하고 있었다. 그로 인해 인기 검색어의 경우 제대로 된 검색 결과를 찾으려면 페이지를 위아래로 거의 다 훑어보아야 했다. MSN이 이런 광고자리 판매로부터 거둬 들인 수입은 한 분기당 3천만 달러 정도였다. 하지만 바로 이 광고판매 방식 때문에 MSN 검색사이트는 이용자들에게 점점 인기를 잃어가고 있었다. (모든 네트워크의 배너광고와 검색광고로 거둬 들이는) MSN의 분기별 수입은 5억 달러였다. 그에 비하면 검색광고 수입은 결코 많은 것이 아니었다. 마이크로소프트는 구글과 경쟁하기 위해 광고 기능과 검색 기능을 동시에 갖춘 자체 검색엔진이 필요했다.

이 작업을 위해서는 1억 달러가 필요했다. 메흐디는 페인에게 이 자금을 투자하도록 고위 임원들을 설득해 달라고 부탁했다. 이것은 한마디로 벅찬 임무였다. 페인은 예전에 마이크로소프트의 데이터베이스 프로그램인 액세스^Access의 네 가지 버전을 내놓은 적이 있었다. 따라서 스폴스키가 살아남았던 게이츠 식의 검토에 나름 익숙해져 있기는 했을 것이다. 하지만 검색은 또 달랐다.

수요가 증가함에 따라 크기를 조정할 수 있는 검색엔진을 개발해야 한다. 그것은 수천 개의 서버를 관리하며 인터넷의 압축판을 그 서버들에 배분하고 저장하며, 새로운 순위결정 알고리즘을 찾아내는 소프트웨어를 개발한다는 것이다. 새로운 광고 판매 방식도 찾아야 한다. 그것도 구글보다 잘해야 하고 수익도 창출해야 한다. 이것이 페인이 설득해야 할 내용이었다.

페인의 프레젠테이션은 네 시간 가까이 진행됐다. 한 참석자에 따르면 게이츠와 발머 모두 이 사업을 추진하고 싶어 했다고 한다. 그리고 기꺼이 거금을 투자하려고 했다. "이것은 단순히 구글에 대한 질투가 아니었습니다. 그 프레젠테이션에서 그들이 사업 기회만을 포착한 것은 아니었습니다. 그들은 컴퓨터 과학의 과제 역시 발견했습니다. 그들은 그런 학문적 과제에 도전해보고 싶어했습니다." 구글을 인수하자는 아이디어도 나왔지만 곧바로 묵살됐다. 구글이 회사를 팔 가능성은 많아 보이지 않았다. 오버추어 인수 등 다른 가능성 있는 인수 계획에 대한 논의도 이어졌지만, 게이츠는 인수 자체를 반대했다.

그는 검색이 의미하는 컴퓨터 과학의 과제에 정면으로 부딪쳐 보고 싶어했다. 거대한 데이터베이스! 상상이 되지 않을 정도로 어려운 랜덤쿼리! 원격 기기조종! 자동 업데이트! 그리고 지리적으로 분산된 데이터의 지속적인 업데이트! 마이크로소프트의 수석 소프트웨어 아키텍트에게는 이 모든 것들이 더할 나위 없는 즐거움이었다.

페인과 메흐디는 18개월의 기간과 1억 달러의 자금을 요구했다. 그리고 회사 전체에서 뛰어난 직원들을 (다른 프로젝트에 참여하고 있더라도) 영입할 수 있게 해달라고 요청했다. 이 조건이 만족된다면 그 신생업체와 경쟁할 수 있는 뛰어난 신제품을 개발해내겠다고 장담했다. 게이츠와 발머 그리고 경영진들은 모두 그들의 제안을 흔쾌히 받아들였다.

그 후 페인은 켄 모스Ken Moss를 영입했다. 그는 16년 동안 마이크로소프트에 근무했고 엑셀 개발에 지대한 공헌을 한, 경험이 풍부하고 존경받는 프로그래머였다. 드디어 페인은 작지만 검색엔진 개발에만 전념할 수 있는 팀을 꾸리게 되었다. 이들이 진행하게 될 프로젝트의 이름은 언더독Underdog: 약체이었다.

수년간 마이크로소프트를 분석해온 메리 조 폴리 기자는 막중한 과제를 앞두고 있는 팀의 의욕을 부추기는 데 이보다 적절한 프로젝트명을 찾기는 어려울 것이라고 설명한다.

폴리 마이크로소프트는 약체인 것을 매우 좋아합니다. 이 정신이야말로 마이크로소프트의 문화를 대변하는 것입니다. 그들은 힘겹게 싸워 나가면서 무언가를 성취하는 것을 매우 좋아합니다. 이런 상황에서 그들은 의욕이 샘솟습니다. 나는 이런 장면을 여러 차례 목격했습니다. 하지만 지배적인 위치에 오르는 순간 이런 동력을 잃어버리고 맙니다. 그리고는 자신이 획득했던 것들을 조금씩 상실해갑니다. 일례로 넷스케이프와 싸움에 완전한 승리를 거둔 후 인터넷 익스플러는 더 이상 나아가지 못하고 있습니다. 하지만 그들이 뒤쳐진 상태가 되면 다시 의욕을 불태웁니다. 시장의 규모 자체를 키우고 자신의 몫을 늘리는 데 혼신의 힘을 기울입니다. 그들은 자신이 약체일 때 그런 자신의 모습을 문제라고 여기지 않을 겁니다. 오히려 그들은 실제로 그런 자신의 모습을 좋아할 것입니다.[23]

마이크로소프트는 인터넷 익스플로러의 경우에도 약체로 시작했다. 하지만 그들은 어떤 자리도 차지하지 못한 처지에서 몇 년 만에 지배적인 위치에까지 오르는 엄청난 일을 해냈다. 물론 이런 평가는 그들이 취한 독점적 방식이나 반독점 소송의 결과에는 눈감았을 때의 얘기이다. 하지만 이제는 누구도 그 점을 간과하지는 않았다.

게이츠는 그 프로젝트를 최대한 강력하게 밀어붙였다. 그는 그 팀이 해결해야 할 과제들에 일일이 개입했다. 물론 그 과제들은 결코 만만한 것이 아니었다. 마이크로소프트의 공동설립자인 폴 앨런Paul Allen은 자신의 회고록에서, 검색분야의 형편없는 성과에 대해 하루가 멀다 하고 게이츠에게 불평을 털어놓았다고 서술하고 있다. 그러나 앨런이 게이츠에서 들을 수 있었던 답변은 단지 "6개월 이내에 따라잡을 수 있을 겁니다"라는 호언장담뿐이었다.[24] 게이츠에게 검색은 컴퓨터 과학의 문제였다. 그리고 마이크로소프트는 컴퓨터 과학 업체였다. 최선은 언제나 있기 마련이었다. 따라서 성공은 단지 시간문제일 뿐이었다.

첫 번째로 팀은 크롤러를 개발해야 했다. 이것은 웹페이지를 읽고 텍스트와 링크를 인덱싱하고 그것을 저장장치에 복사하는 기능을 하는 소프트웨어였다. 페이지와 브린은 스탠퍼드 대학에 있을 때 이 크롤러를 개발했다. 페인과 모스가 그 작업을 다시 하려는 것이었다. 모스의 목표는 5억 개의 웹사이트를 인덱싱 하는 것이었다. 모스는 나중에 "이것은 내가 본 것 중 기술적으로 가장 어려운 작업이었습니다"라고 얘기했다.

그 해 초 이 개발 작업이 막 시작되었을 당시 그들은 작은 기술적 문제에 부딪쳤다. 그들이 개발한 크롤러가 24개의 서류를 인덱싱 하는 데 일주일씩이나 걸린 것이었다. 참고로 구글은 일주일 동안 4억 개까지 인덱싱 할 수 있었다. 문제를 해결하자 2003년 여름까지 그 크롤러는 5십만 페이지를 인덱싱 했다. 이제 크롤러가 작동하고 있었다.

이제 세 가지 문제를 해결해야 했다. 첫 번째 문제는 가장 연관성이 높은 결과가 가능한 한 빨리 검색화면에 나타나게 하는 방법을 찾는 것이었다. 두 번째 문제는 그 결과와 연관성 있는 광고를 판매하는 적절한 방법을 개발하는 것이었다. 그리고 마지막 세 번째 문제는 미국 그리고 세계에 분산되어 있는 많은 서버에 인덱스와 광고를 분배하는 기술적 문제를 해결하는 것이었다. 언더독팀은 마이크로소프트 연구부서의 과학자들에게 연관성 높은 결과를 찾아주는 순위결정시스템을 개발해줄 것을 요청했다. (보통 이 과학자들은 특정 제품과 직접적으로 연관된 연구보다는 순수한 연구만을 한다.)

팀은 검색엔진 개발과 관련된 두 가지 중요한 사실을 발견했다. 첫 번째는 인터넷을 인덱싱 하는 작업이 상상 이상으로 어렵다는 것이다. 크롤러가 10억 개의 페이지에 도달할 정도면 인덱스가 매우 뛰어날 것이라고 생각하기 쉽다. 그 정도 규모의 인덱스라면 일반적으로 접속되는 페이지들을 거의 다 포함하고 있을 것이라고 생각할 수 있기 때문이다. 하지만 그런 기대와는 달리 언더독 크롤러는 포르노사이트와 약품, 쿠폰, 섹스 등 스팸사이트가 웹 전역에 심어놓은 링크로 인해 함정에 빠지는 경우가 허다했다. 크롤러가 무작정 이러한 링크를 따라 가다 보면, 그 사이트끼리 서로 밀접하게 연결되어 있어서 밖으로는 빠져나올 수 없는 일종의 블랙홀에 빠지게 되는 것이었다. 따라서 쓸모 없는 내용은 인덱싱 하지 않고 무시할 수 있도록 크롤러를 계속 수정해야 했다. (구글은 이미 이 문제를 가지고 두 번씩이나 씨름을 했다. 첫 번째는 스탠퍼드에서, 두 번째는 벤처자금으로 인덱스를 확장하려고 했을 때였다.)

검색엔진의 사용자들에게 최선의 결과를 돌려주는 것은 더 어려운 일이었다. 사용자들은 결코 참을성이 많지 않다. 우선은 빨라야 하고, 게다가 연관성까지 높아야 한다.

검색 결과를 빠르게 내놓는 것만으로도 충분히 버거운 일이었다. 인덱스의 용량은 수억 기가바이트에 달한다. 그러나 사람들은 검색 버튼을 누른 후 답변을 얻기까지 채 2초도 기다리지 못한다. 이런 사람들을 만족시키기 위해서는 천 분의 일초 이내에 인덱스 전체를 훑으며 최선의 결과를 계산하고 배열해야 한다. 그리고 그 결과를 검색자가 응시하고 있는 PC 화면에 나타나게 해야 한다. 더욱이 동일한 시간에 수백만 개의 다른 질문도 동시에 처리해야 한다. 수백만 개라는 이 숫자는 단지 희망사항일 뿐이다.

이 작업은 분명히 어려웠다. 하지만 높은 연관성을 갖는 결과를 내놓는 작업에 비하면 그나마 쉬운 편이었다. 그 당시 대체되고 있던 기존의 MSN검색엔진은 80대 20 원칙에 기반하고 있었다. 이 원칙은 검색의 80%에 사용되는 검색어가 전체 검색어의 20%에 해당된다는 것을 의미한다. (다르게 표현하면 대부분의 사람들이 같은 것을 찾고 있다는 것이다.) 따라서 80%에 대해서만 최적화하면 좋은 검색을 제공할 수 있다는 것이다. 80대 20 원칙 자체는 맞다. 하지만 두 번째 가정은 잘못되었다. 검색의 롱테일은 양과 예측불가능성이라는 두 가지 면에서 매우 중요하다.

사람들은 확실히 평범한 검색이 아니라 예외적인 결과를 가지고 검색엔진을 평가한다. 백악관 웹사이트를 찾는 것보다, 자신이 기르는 고양이가 보이는 이상 징후에 대해서 설명해주는 것이 중요하다. 그리고 장래의 데이트 상대가 쫙 달라붙는 셔츠를 입고 암벽등반을 하는지를 알려주는 것이다. 사람들이 어떤 검색엔진에서 그런 롱테일에 속하는 검색에 대해 제대로 된 답변을 얻지 못했다고 해보자. 그러면 그들은 자신이 알고 있는 다른 검색엔진을 찾아갈 것이다. 그리고 거기서 동일한 검색을 다시 시도해볼 것이다. 사람들은 구글에 대해 들어본 적이 있다. 따라서 MSN이 답변을 제대로 제공하지 못했을 때 그들은 여지없이 구글로 향했다.

전투를 준비하며

구글은 MSN에서 마음이 떠난 검색자들을 맞이할 준비가 되어 있었다. 구글은 수 년간 이런 상황에 대비해 시스템을 최적화 해왔다. 구글은 이미 수만 개(그리고 곧 수십만 개)의 서버를 갖추고 있었다. 또한 구글은 현 상태에 만족할 줄 몰랐다. 2003년 초 36동 건물에서 페인이 열변을 토하고 있던 바로 그 무렵 구글의 엔지니어들은 빅테이블Bigtable 개발을 시작했다. 빅테이블은 구조화된 데이터를 관리하는 분산 스토리지 시스템이었다. 그것은 매우 큰 규모까지 확장될 수 있었다. 수천 개의 서버에 페타바이트의 데이터를 분산 저장할 수 있었다.[25] 페타바이트는 천 테라바이트 또는 백만 기가바이트를 의미한다. 심지어 기술의 최전선에서조차 구글이 마이크로소프트를 앞서나가고 있었다.

마이크로소프트의 새 검색엔진 개발과 최적화 과정이 복잡해진 데는 회사 내부의 정치역학도 한 몫 단단히 했다. 마이크로소프트에서 신제품을 성공적으로 출시한다는 것은 전투를 치르는 것과 같다. 신제품의 출시 여부를 결정하는 것은 그 제품을 지원하는 부서의 숫자이다. 숫적 열세에 놓인다면 아무리 4성 장군이 뒤에 버티고 서 있어도 출시가 쉽지 않다.

마이크로소프트 경영진은 자기 부서의 성과에 따라 보상을 받도록 되어있다. 표면적으로는 경영진들에게 적절한 유인이 제공된 것으로 보인다. 스톡옵션도 주어진다. 따라서 자신의 부서가 회사의 실적에 기여를 하면 그들은 이익을 보게 될 것이다. 하지만 동시에 쉽게 회사 전체와 주주의 이익에 반하는 방향으로 움직일 수도 있다. 그럴 경우 경영진도 손해를 보게 되는데 말이다.

결국 언더독팀이 다른 부서로부터 무언가를 얻어내려면 그 대가로 무언가를 지불해야 했다. 아니면 게이츠나 발머를 설득하여 다른 부서가 그것을 하도록 지시하게 만들어야 했다. 처음에 팀은 윈도우 부서에게 (기본 사양만을 갖춘) 새 검색엔진용 윈도우 서버를 구축해달라고 요청했다. 윈도우 부서는 윈도우 XP 후속 버전을 본격적으로 프로그래밍해야 한다는 이유로 그 요청을 빨리 처리해주지 않았다. 물론 언더독팀의 한 구성원은 윈도우 부서로부터 많은 도움을 받았다고 주장했다. 여하튼 언더독팀의 이 요청이 받아들여지는 데는 어느 정도 시간이 걸렸다.

각 사업부서가 자신의 예산을 다른 사업에 낭비하는 것은 잘못이다. 또한 각 부서의 매니저는 자기 부서의 회계에 막중한 책임을 져야 한다. 그런 점에서 윈도우팀의 태도는 매우 타당한 것이었다. 그러나 개별 부서의 예산보다 회사 전체의 전략적 목표가 더 중요할 수 있다. 그런 점에서 윈도우팀의 태도는 적절치 못한 것이었다. 게이츠와 발머는 검색이 마이크로소프트의 중요한 부문이라고 분명히 밝힌 바 있다. 하지만 그들의 이런 입장은 회사의 일상적인 과정에 전혀 녹아 들지 않았다. 각 부서의 경영진에게 언더독팀에 협조함으로써 회사 전체의 이익을 도모하겠다는 생각은 뒷전이었다. 당장 자신의 부서에 미칠 영향이 훨씬 더 중요했다.

스스로 하라

검색분야에서 마이크로소프트는 여러 시도를 해왔다. 그 중 눈에 띄는 것은 오버추어를 인수하지 않기로 한 결정이다. 오버추어는 '검색과 결합한 클릭당 과금'이라는 광고 사업모델이 실현 가능하다는 것을 보여준 회사다.

2003년 중반 오버추어는 활발한 물밑 작업을 하고 있었다. 최고 경영자인 테드 마이젤Ted Meisel은 당시 오버추어가 백엔드 광고서비스를 제공하고 있던 두 거대 회사인 야후와 마이크로소프트에게 광고시스템 인수를 위한 경쟁 입찰에 참여할 것을 제안했다. 오버추어의 광고시스템은 흥미를 끌 만했다.

하지만 당시 오버추어에게는 한 가지 문제가 있었다. 오버추어는 고객들과 분쟁의 소지를 없애기 위해 고투닷컴 사이트를 포기했다. 그 결과 자체 사이트를 가지고 있지 않은 상태였다. 그로 인해 오버추어의 트래픽 취득비용TACs: Traffic Acquisition Costs이 증가하고 있었던 것이다. TACs은 광고기반 검색엔진의 손익 결정에 핵심적인 요소이다. 이것은 광고 링크를 배치할 공간 확보를 위해 지불하는 비용을 의미한다. 2003년 1사분기 동안 오버추어의 수입은 57% 증가했다. 하지만 이익은 거의 절반으로 줄어 천백만 달러에 그치고 말았다. (사람들이 광고를 클릭할 때마다 발생되는) PPC 수입과 광고주가 지불하는 평균요금이 오버추어의 주 수입원이었지만, 야후와 마이크로소프트에 지불해야 하는 TACs로 인해 오버추어는 숨쉬기조차 버거운 상태였다.

구글은 사람들이 직접 접속하는 사이트였기 때문에 TACs가 비교적 적은 편이었다. 오버추어도 사람들이 직접 찾아오는 자체 사이트가 다시 필요했다. 자체 사이트가 있다면 TACs가 낮아질 것이다. 그리고 그만큼 수익성이 개선될 수 있을 것이다. 하지만 MSN과 야후의 심기를 건드려서도 안 되었다. 둘 중 하나라도 계약을 해지해 버리면 그 날로 오버추어의 주가는 곤두박질 칠 것이다. 단 돈 몇 푼에 다른 기업에게 인수되어버릴 수도 있는 것이었다.

마이젤은 (당시 구글의 엔지니어들에게는 검색분야의 잠재적 경쟁업체로 여겨지고 있던) 노르웨이 기업 패스트Fast로부터 (지금은 사라지고 없는) 알타비스타와 올더웹AlltheWeb을 재빠르게 인수했다. 현명한 선택이었다. 오버추어도 자신의 검색사이트를 갖게 되었다. 이제 마이젤은 오버추어 인수 의향이 있는 회사들과 협상을 시작했다.

"오버추어는 TACs를 낮출 수 있기 때문에 보다 저렴한 가격으로 광고공간을 제공할 수 있습니다. 또한 낮은 광고비용으로 다른 경쟁업체들을 시장에서 몰아낼 수도 있습니다. 이런 능력을 가진 회사는 흔치 않습니다. 물론 구글을 따라갈 수는 없지만 말입니다"라고 언더독 팀원 중 한 명이 설명했다. 구글은 성장하고 있는 검색시장에서 다른 회사가 진입하지 못할 정도로 규모를 키울 수 있는 능력을 갖고 있었다. (물론 아직 성공적인 검색엔진은 아니지만) 야후와 마이크로소프트는 엄청난 트래픽을 가지고 있었다. 하지만 수입과는 무관했다. 이제 이 두 회사는 웹에서 수익이라는 맛있는 식사를 즐길 수 있는 자리가 필요했다. 이 두 회사 모두 오버추어의 인수를 원하고 있었다.

당시 보고서에 따르면 그 36동 회의가 끝난 직후 페인은 오버추어의 인수를 제안했다고 한다. 그 두 달 후 회의가 소집되었다. 회의의 목적은 오버추어의 인수 여부를 결정하는 것이었다. 회의에 참석한 사람은 게이츠와 발머 그리고 언더독팀의 매니저들이었다. 인수하거나 아니면 야후에게 양보하는 것. 이것이 그들 앞에 놓여진 선택대안이었다. 뒤이어 나온 보고서들은 게이츠가 오버추어의 인수를 거부했다고 전한다. 게이츠는 마이크로소프트가 더 나은 검색엔진을 직접 개발할 수 있을 것으로 확신했다는 것이다.

하지만 당시 상황에 정통한 사람들이 전하는 바에 따르면 사실은 달랐다. 어느 정도 격렬한 논쟁이 벌어진 후 게이츠는 최대 20억 달러에 오버추어를 인수하려고 했다는 것이다. (그 금액은 저렴한 것이었다. 오버추어는 이미 정상궤도에 오른 회사였다. 그 해 오버추어의 매출은 10억 달러였다. 심지어 수익성이 없는 회사의 인수가격도 최소한 매출의 다섯 배는 되던 때였다.)

오히려 인수를 가로막은 장본인은 스티브 발머였다. 그가 생각하기에 오버추어의 사업모델은 언더독팀이 그대로 복제할 수 있는 것이었다. 그런 회사의 인수에 그렇게 많은 비용을 쏟아 붓는 것은 정신 나간 짓이었다. 이미 이 모든 것을 할 수 있는 프로그래머, 과학자 그리고 영업팀이 있었다. 그런데 도대체 왜 상장기업(오버추어는 1998년에 상장했다.)을 인수하기 위해, 그리고 그 회사의 불만 가득한 직원들을 통합하기 위해 사서 고생을 해야 한단 말인가? 그는 도저히 이해할 수 없다고 비난했다. 그의 주장은 한마디로 '도대체 무엇을 사려는 것입니까?'였다.

오버추어의 자산은 소프트웨어가 아니라, 마케팅 그리고 광고주와의 관계였다. 많은 광고주들은 오버추어에 만족하고 있었다. 오버추어는 원활하게 구매자들을 광고주의 회사에 연결시켜주고 있었다. 발머가 제대로 이해하지 못했던 것이 바로 이 점이다. 하지만 회의가 거의 끝나갈 무렵 게이츠마저도 발머와 뜻을 같이하게 되었다. 이제 언더독팀은 검색엔진의 인덱스, 크롤러 그리고 아키텍처뿐만 아니라 광고네트워크 시스템까지 개발해야 했다. 게다가 오버추어에 광고를 게재하고 있는 수 천의 광고주를 마이크로소프트의 검색사이트로 끌어들이기 위해 설득하는 일까지 도맡아야 했다. 그것도 검색엔진이 아직 준비도 채 끝나지 않은 상태에서. 이것은 마치 이미 존재하고 있는 바퀴를 다시 발명하는 일과 같았다. 마이크로소프트는 이제 바퀴중심, 바퀴살 그리고 차축 그 하나 하나를 모두 다시 발명해야 했다.

야후는 그 기회를 절대로 놓치지 않았다. 결국 2003년 7월 야후는 16억 달러로 오버추어를 인수했다. 언더독 팀원 중 한 명은 "발머는 나중에 분명히 오버추어를 놓친 것이 실수였다고 말할 겁니다"라고 얘기한다. 그 팀원은 아직도 그 기회를 놓친 것만 생각하면 울화가 치민다고 한다. 그 결정으로 마이크로소프트는 큰 손해를 보았다. 노력한 걸로만 따지면 기껏 몇 달 손해 본 것에 불과하지만, 다른 경쟁업체와의 경쟁을 생각하면 몇 년의 시간을 놓쳐버린 것이다. 마이크로소프트는 너무나 많은 것을 처음부터 다시 해야 했다.

이것이 검색사업의 전환기에 마이크로소프트가 저지른 큰 실수였다는 것은 분명하다. 하지만 마이크로소프트가 저지른 최악의 실수는 따로 있었다. 사실 마이크로소프트는 이미 오버추어와 거의 유사한 사업모델을 가지고 있었다. 아마 이 마이크로소프트의 사업 모델이 오버추어에게 영감을 주었을 것으로 생각된다. 1998년 11월 마이크로소프트는 2억6천5백만 달러로 링크익스체인지LinkExchange 라는 회사를 인수했다. 이 회사를 인수한 이유는 이 회사의 '키워드'라는 아이디어가 마음에 들었기 때문이다. 검색 결과 옆에 연관성이 있는 키워드를 포함한 광고를 게재한다. 그리고 소규모 광고주들은 각 키워드 별로 입찰할 수 있다. 이것이 '키워드'의 핵심내용이었다. 링크익스체인지의 공동설립자인 알리 파토비Ali Partovi는 수년간 (그 당시 검색 트래픽에서 지배적인 지위를 누리고 있던) 야후에게 이 아이디어를 판매하려고 노력했다. 파토비는 마이크로소프트에 인수되더라도 그 아이디어는 계속 다른 회사에 판매할 수 있을 것으로 기대했다. 하지만 현실은 그렇지 않았다.

파토비 우리는 마이크로소프트의 직원이 된 후에도 다른 회사와 키워드 아이디어의 판매 계약을 맺으려고 노력했습니다. 그 회사 중에는 야후뿐만 아니라 당시 막 떠오르고 있던 구글도 포함되어 있었습니다.

나는 이 회사들이 마이크로소프트와 협력관계를 맺는 것에 신중한 태도를 보인다는 사실에는 별로 놀라지 않았습니다. 오히려 우리는 마이크로소프트 내부의 반대에 경악을 금치 못했습니다. 그것은 도저히 극복할 수 없는 것으로 여겨졌습니다.

우리는 관료적인 장애물과 싸우느라 거의 2년의 시간을 허비했습니다. 2000년이 되어서야 겨우 '키워드'를 MSN 검색의 한 가지 기능으로 추가할 수 있었습니다. 이것은 빠르게 성장하기 시작했습니다. 하지만 이로 인해 MSN 광고영업부서는 배너광고수입이 감소할 것을 두려워하기 시작했습니다. 결국 MSN 광고판매부서는 몇 달도 채 되지 않아 키워드를 중단하기로 결정했습니다. 그것은 잘못된 결정이었습니다.

파토비는 당시 막 CEO가 된 발머에게 직접 키워드의 중단을 철회해줄 것을 간곡히 부탁했다. 하지만 발머는 그의 부탁을 거절했다. 그가 밝힌 거절의 사유는 가능한 한 많은 권한을 각 부서에 위임하려고 한다는 것이었다. 구글이 애드워즈를 도입했던 바로 그 시기에 마이크로소프트는 자신의 애드워즈형 사업모델을 중단해버렸다. 파토비는 2000년 7월 마이크로소프트에 사직서를 제출했다. 그는 이후에도 야후에게 이 아이디어를 판매해보려고 시도했지만, 결국 성공하지 못했다. 당시 야후의 CEO였던 제리 양은 그 아이디어가 자신들의 전략에 잘 부합하지 않는다고 생각했다.

2003년 오버추어의 인수를 두고 논쟁을 벌이던 당시 모두가 이 과거의 인수 사실을 까마득히 잊어버리고 있었던 것으로 보인다.

파토비 검색에서 야후의 실패가 기술에 대한 이중적인 태도 때문이라고 한다면, 마이크로소프트의 실수는 광고판매에 대한 이중적인 태도에 기인한 것이었습니다. 우리는 최고경영진들의 관심을 유발하지 못했던 것입니다.[26]

한번은 이미 구입했었다. 그리고 또 한번은 그것을 구입할 수 있는 기회가 눈 앞에 있었다. 하지만 마이크로소프트는 계속 쓸데없는 시간낭비만을 하고 있었다.

언더독팀의 프로젝트가 성과를 보이고 있을 때조차 마이크로소프트의 경영진은 이들을 완전히 신뢰하지는 않았다. 2003년 10월 구글이 상장할 것이라는 소문이 돌기 시작했다. 그러자 마이크로소프트의 고위임원진은 구글에게 제휴 또는 인수를 제안했다. 그 해 초 메흐디와 페인은 반대 입장을 확실히 했다. 하지만 마이크로소프트는 은행에 수십억 달러의 현금을 쌓아놓고 있었다. 어쩌면 이 방식이 검색분야를 석권하기 위한 가장 빠르고 간단한 방법이었을 지도 모른다.

하지만 페이지와 브린은 이 제안에 일체 관심을 두지 않았다. 그들은 이미 기업공개를 준비하고 있었다. 기업 공개가 되면 구글의 많은 직원들이 백만장자가 될 것이고, 온라인 검색 분야의 독보적인 존재로서 구글의 지위는 더욱 확고해 질 것이었다. 또한 새로운 기술을 개발할 수 있는 자금을 확보할 수 있다. 자신의 운명을 스스로 결정할 수 있게 된 것이다.

그러나 마이크로소프트에 인수된다면 구글의 미래는 불을 보듯 뻔했다. 거대조직으로의 흡수, 관료적 경직성, 혁신의 둔화. 이런 암울한 결과만이 기다리고 있을 것이다. 구글은 엔지니어들이 지배하는 회사였다. 구글의 엔지니어들은 공식적으로 20%의 시간을 오로지 새 아이디어를 개발하는 데 사용했다. 이것은 회사가 제공하는 일종의 깜짝선물같은 것이었다. 마이크로소프트에 인수되는 순간 구글의 자유분방한 엔지니어링 문화는 압사당하고 말 것이다.

하지만 이제 구글에게 잠수의 시기가 끝났다는 사실만은 분명했다. 구글은 마이크로소프트가 잠에서 깨어났다는 사실을 깨닫게 되었다. 에드워즈는 그 무렵 구글 내 분위기를 '공포까지는 아니고 두려움 정도'라고 묘사했다.

페인은 묵묵히 자신의 프로젝트를 진행하고 있었다. 그 당시 보고서에 따르면 그의 팀원은 500명이었다. 구글은 2003년을 680명의 직원으로 시작하여 같은 해 7월에는 어느새 직원 수가 1,100명에 육박했다. 이 수치에 따르면 구글의 직원 수는 분기마다 30%씩 성장하고 있었다. 하지만 마이크로소프트 내부에서는 구글 역시 넷스케이프의 전철을 밟게 될 것이라는 자신감이 팽배해져 가고 있었다. 그야말로 재앙을 부르는 자만심이었다.

마이크로소프트의 경영진은 그렇게 믿고 싶었을 것이다. 게다가 자신의 성공담을 되내이는 것이 마이크로소프트 문화이기도 했다. 하지만 그들의 바람과는 달리 구글은 넷스케이프와는 전혀 다른 상대였다. 구글은 다른 제품을 만드는 완전히 다른 회사였다. 명목상으로 넷스케이프의 주력 제품은 브라우저와 서버였다. 넷스케이프의 브라우저는 특별히 잘 만들어진 제품이 아니었다. 그 브라우저는 임기응변식의 아키텍처 때문에 개선의 여지가 갈수록 줄어들고 있었다. 또 넷스케이프 브라우저가 실패한 가장 중요한 원인은 무엇보다도 PC에 사전 설치되지 않았다는 점이었다.

마이크로소프트는 전후방 모든 전선에서 넷스케이프에게 승리를 거두었다. 일단 마이크로소프트는 인터넷 익스플로러라는 뛰어나고 확장 가능한 소프트웨어를 만들었다. 그리고 PC에 기본으로 설치되도록 했다. 윈도우 서버는 이미 백엔드로 사용할 수 있었다. 그리고 마지막으로 넷스케이프보다 훨씬 낮은 가격, 무료로 판매했다.

그러나 넷스케이프와의 전투에서 승리했던 그 어떤 전선에서도 구글을 공략하기는 쉽지 않았다. 윈도우 XP의 인터넷 익스플로러는 MSN을 디폴트Default로 설정했다. 하지만 이 설정은 쉽게 바꿀 수 있었다. 그러나 정말로 마이크로소프트를 힘들게 했던 것은 구글이 이미 무료라는 사실이었다. 따라서 그보다 낮은 가격을 매길 수 있는 방법이 없었다. 게다가 구글의 엔지니어들은 최고였다. 마이크로소프트의 엔지니어들이 구글로 옮겨가기 시작했다. 그 이직의 물줄기는 처음에는 아주 가늘었다. 그러나 시간이 갈수록 걷잡을 수 없이 굵어져갔다.

마이크로소프트가 구글을 누를 수 있는 방법은 (사람들은 결과로 판단하기 때문에) 더 좋은 검색서비스를 제공하여 트래픽을 낚아채는 것 말고는 없었다. 온라인에서 습관은 한번 자리를 잡으면 좀처럼 바뀌기 어려운 것이다. 야후가 여전히 인기 사이트라는 사실이 그 대표적인 증거이다. 구글은 여전히 하늘 높은 줄 모르는 인기를 구가하고 있었다. 과연 마이크로소프트는 어떻게 구글의 자리를 차지할 수 있을까?

주식상장

2004년 4월 29일 구글은 마침내 기업공개를 위한 S-1서류를 제출했다. 구글이 기업 공개를 통해 공모하려는 주식의 규모는 27억 달러. 보다 정확히는 2,718,281,828달러였다. (이 숫자는 자연지수 e의 처음 열 자리를 의미하는 것이다. 페이지와 브린 특유의 수학적 농담이었다.) 구글은 주식상장을 반드시 해야 하는 상황이었다. 1934년 통과된 미국의 증권거래소법 제12항은 '회사의 자산 규모가 천만 달러에 도달하고(도달하거나) 스톡옵션 보유자를 포함하여 주주가 500명이 되는 해의 마지막 날로부터 120일 째되는 날 미국증권거래위원회 SEC에 회사의 재정 관련 정보 및 기타정보를 제출해야 한다'고 규정하고 있다. 구글은 1,900명 남짓한 모든 직원이 자사 주식을 보유하고 있었다. 그리고 4월 29일은 바로 2004년의 120일째 되는 날이었다. 따라서 구글은 원하든 원치 않든 이 날 이후로는 공식적인 회계감사보고서를 제출해야 했다. 또 구글이라는 잠수함이 이제 수면으로 떠올라야 하는 시기였다. 풍부한 자금을 마련해둘 필요가 있었고, IPO는 자금을 마련하기 위한 좋은 방법이었다.

구글은 이미 2001년부터 이익을 얻고 있었다. 2004년 1사분기 구글의 매출은 3억8천9백만 달러, 순수익은 자그마치 6천4백만 달러였다. 구글은 이미 10억 달러급 회사였다. 그리고 매년 그 규모를 두 배로 늘리고 있었다.

8월 19일 주식상장일이 가까워지면서 구글은 공모 가격을 낮추어야 했다. 결국 14,142,135주를 공모하여 12억 달러의 자금을 마련했다. (공모한 주식의 수 역시 그들 특유의 수학적 농담이었다. 그 수치는 루트2를 가리키는 것이었다.) 주당 공모 가격은 85달러, 회사 전체의 가치는 230억 달러였다. 주식의 92% 이상은 여전히 구글이 통제하고 있었고, 서류상이기는 했지만 많은 직원들이 백만장자가 되었다.

S-1 제출서류는 페이지가 작성한 '설립자의 편지'로 시작되었다. 그 글의 서두는 이랬다. '구글은 전통적인 의미의 회사가 아닙니다. 우리는 그런 회사가 되고 싶지 않습니다. 우리는 무엇보다도 창조와 도전 정신을 강조해왔습니다. 그 덕분에 우리를 지켜보고 있는 전 세계 사람들에게 편향되지 않고 정확한 정보를 무료로 제공할 수 있었습니다' 이 구글의 설립자는 구글이 '혁신능력'을 항상 유지할 수 있는 기업구조를 창출했다고 설명했다. (그것은 기본적으로 많은 의결권 주식을 구글 직원들이 보유하는 것을 의미했다.) 구글이 가장 중요하게 여기는 것은 최종사용자들을 만족시키는 것이었다. 페이지는 이것이야말로 '우리 일의 중심이며 우리의 영원한 최우선과제'라고 말했다.

애플과 비교해보는 것도 흥미롭다. 애플 역시 자신의 제품을 사용하는 최종사용자만에게만 초점을 맞추는 회사이다. 그들은 자신과 최종사용자 사이에 있는 어떤 것에도 관심을 두지 않는다.

S-1은 의무적으로 투자자에 대한 경고문을 포함하고 있다. 그러나 돌이켜보면 구글이 제출한 경고문은 경고의 내용을 담고 있다기보다는 하나의 제안서에 가까워 보인다.

구글 S-1 중에서 점점 더 많은 개인들이 PC 이외의 기기를 통해 인터넷에 접속하고 있습니다. 그러나 이 사용자들은 우리가 이 기기용으로 개발한 웹 검색 기술을 많이 사용하고 있지는 않습니다. 만약 우리가 이런 사용자들을 우리의 웹검색 서비스로 끌어들이고 유지할 수 없거나 PC 이외의 커뮤니케이션 기기에 보다 적합한 제품과 기술을 개발하는 데 소홀히 한다면, 우리는 갈수록 중요해지는 온라인서비스 시장에서 충분한 점유율을 확보하지 못할 수도 있습니다.

S-1 서류의 부록 F를 자세히 읽어보면 구글이 확보하고 있는 서버의 규모를 확인할 수 있다. 2003년 초 구글이 전 세계에 걸쳐 보유하고 있던 서버의 가치는 7천8백만 달러였다. 그러나 그 해 말이 되면 그 가치는 2억4백만 달러로 증가한다. 그리고 2004년에는 다시 두 배로 증가했다. 2004년 3월 구글 서버의 가치는 2억5천8백만 달러였다. 이 정보로 대략 추산해보면 전 세계에 분산되어 있는 구글의 서버 대수는 약 25만대에서 50만대 사이인 것으로 보인다. 구글은 세계 5대 서버 제조업체 중 하나였다. 단지 서버를 판매하지 않고 직접 사용하고 있을 뿐이었다.

2003년 페인은 검색엔진 개발자금으로 수억 달러를 확보하려고 했었다. 당시 페인은 자신의 야망이 너무 큰 것은 아닐까라는 생각을 했을 수도 있다. 하지만 그 정도는 푼돈에 불과할 수 있다는 사실을 미처 몰랐을 것이다.

경쟁

구글의 기업공개가 있기 한 달 전인 2004년 7월, MSN은 새로운 디자인으로 단장한 검색사이트를 선보였다. 이 새로운 검색 페이지에는 링크나 어지러운 잡동사니들이 전혀 없었다. 사실 누군가가 평한 것처럼 이것은 구글의 홈페이지와 매우 유사했다. 하지만 이 검색사이트는 아직 새로운 검색엔진을 사용하고 있지는 않았다.

구글은 기업공개를 통해 마침내 마이크로소프트에게 인수되어버릴 수 있는 위험으로부터 벗어났다. 그리고 또한 윈도우, 더 정확하게는 데스크톱으로부터 자유로워졌다. 구글의 생활터전은 인터넷이고 브라우저였다. 브라우저는 바로 마이크로소프트의 몰락을 초래했던 바로 그 소프트웨어였다. 게이츠가 거둔 승리의 상징물이 마이크로소프트가 벌인 갈취행위의 새로운 수단으로 전락했었던 것이다. 또한 구글의 경영진은 마이크로소프트로부터 이직한 직원들의 입을 통해 700마일 떨어져 있는 레드먼드에서 구글의 기업공개를 어떻게 바라보고 있는지를 잘 알고 있었다.

문화적 차이

점점 더 많은 사람들이 마이크로소프트에서 구글로 자리를 옮기고 있었다. 2004년 11월 초 구글은 시애틀에 새로 개발자 사무실을 열었다. 레드먼드에 위치한 마이크로소프트 본사로부터 겨우 7마일 떨어진 곳이었다. 이제 마이크로소프트로부터 구글로의 이직은 한결 손쉬워졌다. 2년도 채 되지 않아 시애틀 사무소는 마이크로소프트의 망명객들로 넘쳐났다. 이 망명객들에게 구글의 문화는 한마디로 충격 그 자체였다. 게일 락만Gayle Laakmann은 "구글은 대단한 기업문화를 가지고 있습니다"라고 애

기했다. 그녀는 마이크로소프트, 구글, 애플 세 회사 모두에서 엔지니어로 근무한 경력의 소유자였다.[27]

> 락만 구글에서는 엔지니어가 제품 개발을 주도하는 진정한 주체였습니다. 상사와 마주칠 일도 거의 없습니다. 이것은 마이크로소프트와는 완전히 상반된 모습입니다. 거기서는 위로부터 스펙specification이라는 것을 전달받았습니다. 그리고 픽셀 하나하나까지도 설계 지시를 받아야 했습니다. 구글에도 프로덕트매니저가 있습니다. 하지만 그는 주로 AOL과의 회의 등으로 자리를 비웠습니다. 어떤 설계 방법을 고민할 때면 다른 부서에서 도움을 주기도 합니다. 예를 들어 그 특성이 시각적인 것이라고 한다면 사용자 인터페이스 디자이너가 와서 도와주는 식이지요. 하지만 일반적으로 의사결정은 각 부서 내에서 독립적으로 이루어졌습니다. 그리고 의사결정의 주체는 개인보다는 팀이었습니다. 엔지니어들은 함께 둘러앉아서 논의하고 하나의 팀으로서 결정을 내렸습니다.

2005년 강연에서 슈미트는 구글이 마이크로소프트처럼 부서 구분이 엄격해질 수는 없을 것이라고 주장했다. 그는 "수평적 구조는 보고를 위한 위계와는 전혀 어울리지 않습니다. 그것은 정보의 자유로운 소통과 어울리는 것입니다"라고 말했다.[28] 구글은 회사 내부에서 정보가 자유롭게 소통되는 것으로 정평이 나 있었다. 당시 구글의 정보 데이터베이스와 프로젝트 데이터베이스는 모두에게 개방되어 있었다. 이 두 가지 데이터베이스는 슈미트가 구글에 합류하기 전부터 존재하고 있었다.

마이크로소프트에서도 근무한 적이 있는 한 구글 직원의 견해는 분명했다. "마이크로소프트가 구글과 경쟁하려면 구글 식의 게임을 할 줄 알아야 합니다." 하지만 마이크로소프트는 그것을 달가워하지 않았다. 경쟁을 위해 구글의 문화를 자신의 내부에 이식할 수 없었다.

락만은 마이크로소프트 내부의 모습이 소금광산과 매우 유사하다고 묘사한다. (그녀는 비주얼 스튜디오에서 일했다. 그곳은 윈도우 프로그램을 작성하기 위해 서드파티 개발자들이 사용하는 공간이었다.)

> 락만 결국 마이크로소프트의 제품은 크게 보면 윈도우와 오피스뿐입니다. 물론 다른 영역으로의 진출도 모색하고는 있지만 기본적으로는 이 두 가지입니다. 그런데 이 두 제품의 공통점은 바로 데스크톱 소프트웨어라는 것입니다.
> 그들은 컴퓨터 제조업자 그리고 정부와 큰 규모의 계약을 많이 맺고 있습니다. 따라서 그 회사의 사람들은 위험을 감수하려는 성향이 약합니다. 그들에게는 그들이 어떻게 하는지에 따라 운명이 달라질 수 있는 수많은 사람들이 있습니다. 그들은 오피스나 윈도우에서 어떤 실수를 하더라도 구글이 홈페이지를 이전 버전으로 돌려놓는 것처럼 그렇게 할 수가 없습니다. 구글에게는 엄밀한 의미에서 계약이라는 것이 사실 거의 없습니다. 코드에 오류가 있고 그 오류가 심각해서 제품이 엉망진창이 되었다고 합시다. 그러면 그냥 1주일 전 버전으로 돌려놓기만 하면 되는 것입니다.

마이크로소프트 검색엔진을 재출시하다

2004년 11월 11일 마이크로소프트는 검색엔진을 재출시했다. 이것은 많은 수정을 거친 새 버전의 윈도우 서버에 기반하여 개발된 것이었다. 그들은 '고객들은 이 검색엔진을 통해 보다 유용한 답변을 얻을 수 있습니다. 그리고 전보다 훨씬 자유롭게 검색을 할 수 있습니다. 이 새로운

MSN 검색은 50억 페이지 이상의 거대한 웹에서 찾아낸 연관성 높은 답변을 신속하게 제공할 것입니다'라고 장담했다.[29] 페인의 노력이 마침내 결실을 맺은 것이다. 하지만 기자회견장에서는 그의 이름이 전혀 언급되지 않았다. 이름이 거론되는 영광은 메흐디에게 돌아갔다. 그는 MSN 정보서비스 및 상업용 플랫폼 담당 부사장이라는 거창한 직함을 가지고 있었다. 그 팀이 사람들이 원하는 것을 앞서서 생각하려고 했다는 점만큼은 분명했다. (매주마다 또는 심지어 매일 업데이트되는) MSN 베타 인덱스는 자신의 장점으로 여러 가지를 내세웠다. 일단 '터키의 수도는 어디입니까?'와 같은 직접적인 질문을 할 수 있고, 답변을 (금세 사라져버린 마이크로소프트의 엔카르타Encarta라는 백과사전을 통해) 얻을 수 있다는 것이었다. 분야별 전문 검색과 지역별 맞춤검색도 가능했다. 마지막으로 '서치빌더Search builder'가 있다. 서치빌더는 여러 개의 검색어를 종합해 하나의 일관된 검색을 하는 것을 말한다.

하지만 이것은 단지 이론에 불과했다. 현실은 달랐고 출발부터 순탄치 않았다. 그 검색사이트는 시작하자마자 고장이 났다. 그 날 복구가 되긴 했지만, 그 동안 사이트에 접속하려던 사용자들을 기다리고 있었던 것은 '해당 사이트는 존재하지 않습니다'라는 문구뿐이었다. 비즈니스위크에 글을 기고하는 제이 그린Jay Greene은 "마이크로소프트는 MSN 검색엔진 개발에 1억 달러라는 거금을 투입했습니다. 그리고 시범 출시를 대대적으로 홍보함으로써 전 세계 사용자에게 자신의 검색 서비스를 이용할 수 있다는 사실을 알렸습니다"라고 언급했다. MSN 검색이 일시적으로 중단되었을 때, 검색엔진 분야에서의 마이크로소프트의 신뢰성도 어느 정도 보류될 수밖에 없었다.[30]

페인은 여전히 묵묵히 자신의 일에 전념하고 있었다. 하지만 마이크로소프트는 일하기에 그렇게 멋진 곳은 아니었다. 게다가 구글은 중력과 같은 불가항력으로 소프트웨어 세계의 모든 것을 끌어당기고 있었다. 2005년 3월 마이크로소프트는 검색연관광고사업을 시작했다. 그것은 구글이나 고투닷컴보다 5년이 늦은 것이었다. 그리고 자신이 '키워드'를 인수한 지 7년이 지나서였다. 그 때까지 이미 100명 이상의 마이크로소프트 직원이 구글로 자리를 옮긴 상태였다. 그 사람들 중에는 윈도우의 수석 아키텍트 중 한 명이었던 마크 루코브스키Marc Lucovsky도 포함되어 있었다.

2005년 5월까지 마이크로소프트는 언더독 프로젝트에 1억5천만 달러가량을 쏟아 부었다. 그런데도 오히려 더 뒤쳐져 있었다. 마이크로소프트는 2004년 중반 (내부적으로 CIAclarity in advertising로 불렸던) 더 이상 검색 결과 페이지의 자리를 판매하지 않기로 했다. 그로 인해 첫 분기에만 5천만 달러의 수입이 감소했다. 다음 분기에는 1억 달러 이상의 수입이 줄었다.

마이크로소프트가 이렇게 부진을 면치 못하고 있는 동안 구글과 야후의 사업은 날로 확장의 길을 걷고 있었다. 그들은 근거리 검색, 지도, 위성사진, 동영상 검색 그리고 심지어 휴대폰 검색까지 제공하기 시작했다 이 서비스들은 모두 마이크로소프트가 눈독을 들이고 있던 영역이었다. 게이츠는 자신이 먼저 검색분야에 발을 내딛지 못한 것 때문에 분명히 분통이 터졌을 것이다. 하지만 그는 구글을 그 이상의 위협적인 존재로 생각하고 있었다. 그가 생각하기에 구글은 마이크로소프트의 생존 자체를 위협할 수 있는 존재였다. 2005년 초 포춘지와의 인터뷰에서 게이츠는 이렇게 말했다.

게이츠 구글은 신경이 쓰이는 기업입니다. 그들이 웹 검색에서 지배적인 지위를 차지하고 있기 때문이 아닙니다. 그 지배적 지위를 이용하여 다른 소프트웨어 분야까지 진입하려고 하기 때문입니다. 단지 검색뿐이라면 뭐 그렇게까지 신경 쓸 필요가 있겠습니까? 구글이 신경 쓰이는 이유는 그들이 소프트웨어 회사라는 사실 때문입니다.

그런 의미에서 구글은 우리가 지금까지 경쟁해왔던 어떤 상대보다도 우리와 비슷하다고 할 수 있습니다.[31]

그러나, 마이크로소프트 내에서 그나마 구글을 가장 중요한 경쟁상대라고 생각할 수 있었던 사람은 게이츠 뿐이었다. 검색 이외의 부서에서는 이런 중요한 사실에 관심조차 기울이지 않고 있었다. 그들은 오로지 자기 부서의 실적을 올리는 데만 혈안이 되어 있었다. 굳이 다른 부서에 관심을 갖지 않더라도 수익을 올리는 데는 전혀 지장이 없었다.

락만 이 회사는 완전히 분리되어 있습니다. 윈도우 부서 사람이라면 엑스박스Xbox가 어떻게 실행되고 어떤 기능이 있는지에 대해 별 관심이 없을 겁니다. 각 부서를 별개의 회사라고 간주해도 크게 틀린 말은 아닙니다. 마이크로소프트 내에는 많은 영지가 있습니다. 한 부서의 책임자부터 그 부서의 팀원까지가 하나의 영지를 이루는 것이지요.

피터 크눅은 18년간 마이크로소프트에서 근무했고 나중에는 윈도우모바일을 책임졌던 인물이다. 그는 윈도우모바일이 엑스박스 부서에 속해 있을 때 그가 받았던 항의를 떠올렸다.

크눅 이런 질문을 많이 받았습니다. 도대체 엑스박스가 윈도우나 오피스와 무슨 공통점이 있습니까? 엑스박스 부서에 근무하고 있을 때 나는 그 의미를 정확하게 알게 되었습니다. 윈도우와 오피스 부서의 직원들은 엑스박스 부서 직원들에게 다음과 같이 말하곤 했습니다. 당신들이 우리를 위해서 하는 것이 도대체 뭡니까? 당신들은 우리가 기껏 벌어놓은 이익을 갉아먹기나 하지 않습니까? 우리 자금을 축내는 것 말고 도대체 당신들이 할 줄 아는 것이 뭡니까? 도대체 왜? 무엇 때문에?[32]

과연 무엇 때문이었을까? 2005년 중반 온라인 광고시장의 규모는 50억 달러였고 매년 40%씩 성장하고 있었다. 그리고 네트워크 효과에 따른 이익이 구글에서 발생하기 시작했다. 한 사이트에 더 많은 사람들이 몰릴수록 그 사이트는 다른 사이트에 비해 더 많이 성장할 수 있다. 거래를 하려는 사람들은 거래의 기회가 극대화되는 곳을 찾으려고 하기 때문이다. 마이크로소프트가 구글의 경매 사업모델을 누를 수가 없었던 것은 바로 이 네트워크 효과 때문이었다. 구글이 파놓은 해자는 어느 누구의 침범도 허락하지 않았다.

그래도 마이크로소프트라면 데스크톱과 브라우저 시장의 지배적 지위를 이용해 자신의 새 검색엔진을 부각시킬 수 있지 않았을까? 마이크로소프트가 익스플로러의 새 버전에 자신의 새 검색엔진을 디폴트로 포함하면 되지 않았을까? 그렇게만 된다면 윈도우가 설치된 수많은 PC의 디폴트 검색엔진이 될 것이고, 인터넷에서도 지배적인 검색엔진의 자리에 오르게 될 것이다. 마이크로소프트 외부의 사람들에게 이 가능성은 분명한 위협이었다. 확실히 그렇게 되지 않겠는가?

아마도 10년 전이었다면 그랬을 것이다. 하지만 마이크로소프트의 자산을 디폴트로 설정하려는 시도는 언제든지 거대한 반독점소송에 휘말릴 소지가 있다. 언더독 팀원을 비롯한 마이크로소프트의 모든 사람들은 이 사실을 잘 알고 있었다. 어느 누구도 검색엔진을 단순히 브라우저에 통합시키자는 말은 입도 뻥끗하지 않았다.

그러던 중 언더독팀은 검색엔진을 다른 제품과는 통합할 수 있다는 사실을 깨달았다. 그 제품은 바로 오피스였다. 오피스에는 아직 웹 검색 기능이 없었고, 오피스에 기능을 추가하는 것은 반독점법 위반이 아니었다. 플랫폼(윈도우)을 이용해 제품(인터넷 익스플로러)를 강매하는 것은 아니기 때문이다. 그것은 한 제품을 이용해 다른 제품을 공급하는 것이었다. 이것은 마이크로소프트가 개발한 검색엔진의 순위를 순식간에 끌어올릴 수 있는 묘책이었다.

언더독팀은 이 계획을 가지고 오피스 담당 책임자를 찾아갔다. 하지만 그 책임자는 일언지하에 그 제안을 거절했다. 거절의 이유는 오피스 출시 계획이 이미 수립되어 있다는 것이었다. 거기에는 오피스에 인터넷 검색 기능을 포함시키려는 계획이 없었다.

2005년 11월 게이츠와 레이 오지Ray Ozzie는 회사 전체에 메모를 전달했다. 오지는 당시 게이츠의 후임 수석 소프트웨어 아키텍트로 막 채용된 인물이었다. 이런 메모는 1995년의 '인터넷' 메모와 2002년의 '보안메모' 이후 처음이었다. 이 메모는 표면적으로 기회를 얘기하고 있었다. 하지만 실제로는 곧 닥치게 될 위협에 대한 내용을 담고 있었다. 이 메모에는 '광고 기반 서비스와 소프트웨어라는 새로운 사업모델이 등장했다. 우리는 검색이 중요해질 것이라는 점을 알고 있었다. 구글은 그 분야에 집중함으로써 넘보기 어려운 지배적인 지위에 올랐다'라는 내용이 적혀있었다.[33] (이런 회사의 행동만으로 경영진들이 실제로 검색이 중요하게 될 것이라는 사실을 알고 있었다고 판단하는 것은 논란의 여지가 있다.) 이 메모는 거의 구글의 광고 기반 사업에 대한 군 동원령 같아 보였다.

발머는 이 메모를 윈도우라는 가장 잘 알려진 브랜드를 강조해야 한다는 내용으로 읽었다. 그의 이런 해석에 따라 2006년 9월 MSN 검색은 윈도우 라이브 서치Windows Live Search라는 새 이름을 얻게 되었다. 물론 이 검색엔진은 윈도우부서와는 전혀 상관이 없었다. 또 검색을 위해 윈도우를 반드시 사용할 필요도 없었다. (휴대폰을 통해서라도 그 사이트에 접속할 수 있으니 말이다.) 언더독팀은 이 이름을 극도로 싫어했다. 그들은 아무 의미 없이 윈도우라는 단일체에 포함되는 것은 중요하지 않다고 생각했다. 오히려 검색엔진의 이름에는 검색이라는 고유한 특성이 드러나도록 하는 것이 필요했다.

스티브 베르코비츠Steve Berkowitz는 경쟁 검색엔진 업체인 애스크지브스Ask Jeeves의 전 CEO였다가 2005년 4월 마이크로소프트로 자리를 옮겼다. 그는 2006년 12월 뉴욕타임스와 인터뷰에서 마이크로소프트의 사업 규모를 마주하고는 놀라움을 금치 못했다고 밝혔다.

베르코비츠 내가 익숙해져 있던 회사는 항로를 바꾸려면 직접 노를 저어야 하는 작은 배였습니다. 거기에 비하면 마이크로소프트는 크루즈 여객선입니다. 대신 가끔은 밑을 내려다보면 '엔진실 들려요?'라고 소리쳐야 합니다. 엔진실과는 전화 통화가 불가능하거든요.
마이크로소프트는 또 소프트웨어에 너무 몰입되어 있습니다. 주로 기술적인 문제를 고려해 검색엔진이 갖추어야 할 특성을 결정했습니다. 고객에 대한 고려는 이차적인 문제였습니다. 최선의 기술이 승리를 가져다 주는 것은 아닙니다. 결국 고객에게 최고의 경험을 안겨줄 때만이 승리가 가능해집니다.[34]

물론 언더독팀도 할 말은 있다. 게이츠는 기술적 도전을 즐겼다. 발머는 그들이 제안했던 광고 사업모델의 인수를 거부했다. 그들은 고객에게 최고의 경험을 제공하려고 했지만, 기술에 중점을 두는 것 말고는 별 다른 도리가 없었다.

새 검색엔진의 이름은 왜 윈도우 라이브였을까? 지금은 온라인 부서를 담당하고 있지만 당시 2만 명이 넘는 윈도우 부서를 맡았던 케빈 존슨Kevin Johnson은 이렇게 말했다.

> 존슨 사람들은 이렇게 말할 것입니다. '그래, 윈도우는 이미 가지고 있어. 여기에 윈도우 라이브를 더하면 받을 수 있는 서비스가 커질 거야.' 매우 당연한 이야기죠.

하지만 마이크로소프트 외부의 사람들은 윈도우 라이브가 무엇인지 전혀 종잡을 수가 없었다. 심지어 베르코비츠조차 확신이 없었다. 그는 '윈도우 라이브가 적절한 이름인지 잘 모르겠어'라고 혼잣말을 했다. 결국 베르코비츠는 MSN이라는 이름은 그대로 살려두었다.

수많은 마이크로소프트 경영진들의 뒤를 이어 그 역시도 결국에는 구글을 따라잡을 것이라고 선언했다. '기본적인 것들을 제대로 해내는 검색엔진들은 점점 늘고 있습니다. 지금 구글이 잊어버리고 있는 것은 어떻게 다시 차별화할 것인가 입니다.' 여기서 그가 말하는 차별화는 검색 결과를 제시하는 방법을 말한다. 애스크지브스 시절, 그는 검색 결과 페이지에서 링크된 페이지로 이동하기 전에 이동할 페이지의 모습을 미리 볼 수 있도록 하자는 아이디어를 도입했던 적이 있었다. (구글은 2011년에 결국 이와 같은 기능을 도입했다.)

페인은 2007년 초 마이크로소프트를 그만두고 한 신생업체에 합류했다. 페인이 합류한 것을 보면, 그 회사의 의사결정 구조는 마이크로소프트보다 간결했을 것이다. 언더독팀은 꾸준히 노력했지만 원했던 목표를 달성하지 못했다. 마이크로소프트는 그 때까지도 여전히 약체에 머무르고 있었다. 검색분야에서 마이크로소프트의 점유율은 2003년에 비해 오히려 더 낮아졌다.

윈도우 라이브는 일반 대중들이나 오피니언 리더들에게 철저하게 외면당했다. 결국 그 이름으로 불린 지 3년도 채 되지 않은 2009년 5월, 또 다시 이름이 바뀌는 수난을 겪어야 했다. 새로운 이름은 빙Bing이었다. (그이름은 'But It's Not Google'의 머리글자를 딴 것이라고 한다.) 언더독팀은 그제서야 안도의 한숨을 내쉴 수 있었다. 그들이 오랜 진통 끝에 내놓은 제품이 윈도우의 그림자에서 벗어난 것이다. 그리고 이제야 고객 중심의 생생한 이름으로 재탄생한 것이다. 물론 그들이 원했던 오피스와의 통합은 아니었다. 하지만 그나마 다행이라고 생각했다.

마이크로소프트 전 직원 마이크로소프트 내에서는 '구글과 경쟁하라Google Compete'가 최우선 과제입니다. 구글의 검색은 물론 사무용 앱(Docs와 Spreadsheets은 온라인에서만 판매되었다. 가격은 일년에 일인당 50달러였다.)까지도 경쟁상대로 주시하고 있었습니다. 이런 것들은 애플(특히 아이팟)처럼 시장에서 확고하게 자리잡았다는 느낌도 없는 데 말이죠.

친구들

2007년 페이스북^{facebook}이 구글을 위협할 수 있는 존재로 떠오르기 시작했다. '구글과 경쟁하라'를 최우선과제로 삼은 마이크로소프트는 조금의 망설임도 없이 페이스북의 환심을 사려고 노력했다. 페이스북은 앞선 어떤 사이트와도 달랐다.

우선은 페이스북을 경영하는 마크 저커버그^{Mark Zuckerberg}가 남달랐다. 그는 기발함을 통해 사람들의 관심을 끄는 데 집착하는 강박증 환자에 가까웠다. 예를 들어 어느 대학이 새롭게 페이스북에 합류하려면 그 대학 신입회원이 그가 정한 최소한의 기준을 넘어서야 했다. 사람들은 이런 요소들에 열광했다.

게다가 페이스북은 모든 콘텐츠에 보호막을 쳐놨다. 구글을 비롯한 여러 검색엔진이 자신의 사이트 중 많은 부분을 크롤링할 수 없도록 만들어 놓은 것이다. 페이스북의 콘텐츠들은 'robots.txt'파일로 되어 있었다. 이 파일은 마치 최고급 클럽 앞에서 초대된 VIP들만 입장시키는 건장한 사내와 같았다. 출입이 가능한 검색엔진을 골라, 그것이 갈 수 있는 (보다 일반적으로는 갈 수 없는) 디렉터리를 지정해주었다. 구글은 그 전까지 마을 어느 곳에서도 VIP였다. 길게 늘어선 줄 따위는 거들떠보지도 않고 당당히 입장하는 데 익숙해 있었다. 하지만 이제 페이스북이 그런 구글의 입장을 거부하고 있었다.

구글에게 이 상황은 무척 불만스러운 것이었다. 검색과 광고를 제공할 수 없는 거대한 영역이 생겨났기 때문이다.

구글은 페이스북과 접촉했다. 하지만 인터넷과 함께 성장한 주커버그에게 인터넷은 단지 환경이 아니라 자신의 혈관을 타고 흐르는 피였다. 그는 구글의 접근에 경계를 늦추지 않았다. 마치 구글이 마이크로소프트를 대하는 것처럼 그는 구글을 대했다. 주커버그의 눈에 구글은 산업 전체를 집어삼킨 회사였다. 그런 회사의 먹잇감이 되지 않으려면 조심하는 수밖에는 없었다.

주커버그는 구글이 아니라 마이크로소프트를 선택했고, 발머와의 오랜 협상 끝에 회사 지분의 1.6%를 2억4천만 달러에 양도했다. 주당 가격은 357달러, 회사 전체의 가치는 150억 달러였다.

여기서는 분명 마이크로소프트는 구글과의 대결에서 승리했다. 하지만 그 승리는 제한적이었다. 미국뿐만 아니라 전 세계 어느 곳에서도 빙의 시장 점유율은 높아질 기미를 보이지 않았다. 구글은 사용자들을 충분히 만족시키고 있었고, 구글을 이용하는 사용자들이 굳이 구글을 떠날 이유는 없었다. PC시장에서 애플의 점유율이 낮은 수준에 머무를 수밖에 없는 상황과 별반 다르지 않다. 사람들이 윈도우에 만족하고 있기 때문이다. 한 가지 차이가 있다면, 애플은 PC 판매를 통해 이익을 낼 수 있는 반면, 빙은 마이크로소프트 덕분에 간신히 손해를 면하고 있다는 것이다.

스티브 잡스의 눈에 띄어 펩시에서 애플로 자리를 옮긴 존 스컬리는 제품간의 차이를 눈으로 식별하기 어려운 시장에 대한 전문가였다. 그는 코카콜라를 마실지, 펩시를 마실지 선택하는 것을 넥타이를 고르는 것에 비유했다. 넥타이를 매는 행위는 어떤 의미에서 자신을 브랜드화하는 것이다. 멋진 넥타이는 사람을 멋지게 만들고, 비싼 넥타이는 격을 높이지만, 싸고 어울리지 않는 넥타이는 취향이 없는 존재로 보이게 한다.

하지만 검색은 넥타이를 고르는 것과는 다르다. 코카콜라를 마시는지, 아니면 펩시콜라를 마시는지는 눈으로 구분할 수 있다. 둘 중 하나를 선택해야 했고 그 선택을 밝혀야 했다. 그리고 그 선택은 눈으로 확인할 수 있다.

검색에는 이런 특성이 없다. 어떤 검색엔진의 사용 여부를 가지고 그 사람이 멋지다는 판단을 내리지는 않는다. 그것은 하얀 색의 아이팟 이어버드earbud가 꽂혀 있는 휴대폰을 호주머니에서 꺼내는 것처럼 사람들의 눈에 보이는 것이 아니다. 검색에서는 오로지 검색 경험이 주는 만족만이 중요하다. 그런 의미에서 검색은 공리주의적이다. 알타비스타가 구글에 무너질 수밖에 없었던 이유는 구글이 외적으로 더 좋아 보였기 때문이 아니다. (물론 디자이너들은 그렇게 주장할 수도 있겠지만) 더 좋은 검색을 제공했기 때문이다. 그리고 그 결과 더 많은 수익을 낼 수 있었기 때문이다. 구글에게 마이크로소프트는 자신을 언제 잡아먹을지 모르는 대형 물고기였다. 따라서 언제나 그 회사의 행동에 신경을 곤두세워야 했다. 그러면서도 구글은 사용자들에게 더 나은 검색 결과 또는 더 나은 검색 경험을 제공하는 데 노력을 기울였고, 광고주들에게 더 많은 클릭수를 제공하려고 했다. 그것만이 자신이 생존할 수 있는 유일한 길이었다. 물론 보다 많은 광고수입을 위해 좋은 검색 경험을 포기해서는 절대로 안 된다는 것이야말로 구글에게 가장 중요한 철칙이었다.

사실 친구가 어떤 검색엔진을 사용하는지는 아무도 모를 것이다. (단지 추측할 수 있을 뿐이다. 북아메리카와 유럽에서는 아마도 구글일 것이다. 러시아에서는 얀덱스yandex, 중국에서는 바이두baidu일 것이다.) 구글과 마이크로소프트 모두, 경쟁은 오직 클릭으로만 이루어진다고 얘기하길 좋아한다. 하지만 지난 5년 동안 검색시장의 점유율을 나타내는 눈금판은 미동조차 하지 않았다. 마이크로소프트가 야후의 검색 기능을 확보한 것이 유일하게 눈에 띄는 변화였다. 검색의 어떤 부분에서는 브랜드가 중요할 수도 있을 것이다. 하지만 검색에서 결정적인 것은 습관이다. 그것은 거의 확실해 보인다.

마이크로소프트와 야후

마이크로소프트에게 구글과의 경쟁은 고통 그 자체였다. 2008년 초 마이크로소프트는 야후를 인수하기 위해 450억 달러라는 파격적인 가격을 제시했다. 야후는 웹에서 구글 다음으로 가장 높은 자산가치를 가지고 있었다. 이 가격은 당시 야후 주가에 62%의 프리미엄을 제공하는 것이었다. 마이크로소프트가 이 계약을 체결하려는 목적은 매우 분명했다. 야후의 검색을 대행함으로써 빙이 이익을 창출할 수 있는 규모를 확보하려는 것이었다. 야후는 웹에서 가장 큰 광고공간이었다. 뉴스 콘텐츠로 가득 차 있고 이메일 서비스를 제공했다. 따라서 빙을 통한 광고의 모든 기회가 거기에 있었다.

그러나 계약 체결에 난항을 겪고 있었다. 야후 내부에서는 야후가 훨씬 더 성장할 것이라고 예측하고 있었다. 그 예측에 따르면 450억 달러라는 가격은 야후의 실제 가치에 한참 못 미치는 수준이었다. 사실 그 예측은 완전히 잘못된 것이었다. 그 예측은 광고 규모가 예전처럼 성장할 것이라는 가정에 기반한 것이었다. 하지만 그런 성장세를 유지할 수 있었던 것은 아주 잠깐 동안이었다. 야후는 금융위기를 전혀 예측하지 못했다. 제리 양이 이끄는 야후의 경영진은 결국 발머의 제안을 거절했다. 그 해 여름 신용경색이 들이닥치자, 대형 광고주들은 마케팅 비용을 대폭 삭감했고, 야후는 수입을 찾아 헤매는 신세로 전락하고 말았다.

마이크로소프트와의 계약은 체결되지 못했고, 양은 해임되었다. 2009년 1월 캐럴 바츠Carol Bartz에게 야후를 이끄는 책임이 맡겨졌다. 그녀는 거친 말투를 가진 실리콘밸리의 베테랑이었다. 마이크로소프트는 그녀에게 새로운 제안을 했다. 그것은 마이크로소프트가 야후의 검색을 대행하고 광고서비스를 제공하겠다는 것이었다. 바츠는 이 제안에 훨씬 적극적인 태도를 보였다. 발머는 원하던 것을 손에 넣은 것처럼 보였다. (하지만 이 계약조차 결국은 성사되지 못했다. 바츠가 뼈를 깎는 수준의 비용 삭감을 단행하는 동안 페이스북이 광고 수입을 야금야금 가져갔다. 그 결과 야후의 이익은 증가했지만 매출은 감소하게 되었다. 이제 빙 관련계약은 둘 모두에게 이득이 되지 않았다. 야후의 이사회는 2011년 9월 바츠를 해임했다.)

구글의 정체성

마이크로소프트 내에서는 검색시장에서 성과를 내지 못하고 있다는 인식이 점점 팽배해지고 있었다. 2009년 2월 오피스 부서에서 윈도우 부서의 새 책임자로 자리를 옮긴 스티브 시노프스키는 일부 직원들을 초대하여 질의응답시간을 가졌다. 누구나 소신껏 자신의 의견을 개진할 수 있는 자리였다. 시노프스키는 오피스에 대한 구글 사무용 앱의 경쟁 위협에 대한 질문에 이렇게 답했다.

시노프스키 멋 내기 좋아하는 젊은 친구들은 구글 앱을 사용할 수 있겠지요. 하지만 우리는 사무용 앱 시장을 석권하고 있습니다. 이제 여러분 스스로에게 자문해보세요. 여러분은 큰 것이 좋습니까? 아니면 멋진 것이 좋습니까?

누군가가 손을 들고 물었다. "그렇다면 우리는 검색시장에서 언제 더 이상 멋져 보이지 않을 수 있을까요?" 분위기는 곧바로 냉랭해졌다. 그리고 침묵만이 흘렀다.

구글은 자신만의 고유한 이미지를 외부에 부각시키기 위해 꾸준히 노력해왔다. 공식문서에서 사용하는 폰트, 사용자들에게 회사를 나타내는 방법, 적절한 단어 사용 방식(담백할 필요가 있을 때는 담백하게, 필요에 따라 유머스럽게) 등이 형성되는 데는 어느 정도 시간이 걸렸다. 2009년 3월 메이어는 뉴욕타임스와의 인터뷰에서 위계가 거의 없는 수평적 조직이 가지는 문제점에 대해 설명했다. 같은 충고를 계속 반복해야 한다는 것이다.[35] 항상 '우리'가 아니라 '구글'을 사용하라. 컴퓨터 화면상의 가독성이 떨어지므로 이탤릭체의 사용을 삼가라. '나' '우리' '당신' 등의 표현은 피하라. 디자인을 단순화시키기 위해 색, 이미지, 또는 폰트에 변화를 주지 마라. 이런 여러 지침들이 사용자의 선호를 확인하는 '내부 실험'을 거쳐 확립되었다.

기자이자 작가인 닉 카Nick Carr가 언급 한 것처럼 인터넷이 성장하면 구글도 성장했다.

카 핵심사업의 특성 때문에 구글이 변화무쌍한 모습을 보이는 것은 아닙니다. 그것은 구글의 핵심 사업이 광범위한 보완재를 가지고 있기 때문입니다. 보완재는 함께 소비하는 경향이 있는 제품이나 서비스를 말합니다. 핫도그와 머스타드 소스, 주택과 모기지를 생각하면 됩니다. 구글에게는 인터넷에서 발생하는 모든 것이 보완재입니다. 개인과 회사가 인터넷에서 더 많은 것을 할수록 그들은 더 많은 광고를 볼 것입니다. 그러면 구글은 더 많은 수익을 올릴 수 있습니다. 또 인터넷 활동이 증가할수록 구글은 소비자들의 욕구와 행위에 대한 더 많은 정보를 수집하게 되고, 소비자들에 더 적합한 광고를 제공하게 될 것입니다. 이를 통해 구글의 경쟁 우위는 더욱 강해지고, 수입 역시 증가합니다. 더 많은 제품과 서비스(오락, 뉴스, 소프트웨어 프로그램, 금융거래)가 컴퓨터 네트워크에서 디지털화되어 공급되고 있습니다. 구글의 보완재는 날이 갈수록 더 많은 산업부문으로 확장될 것입니다.[36]

이런 외연적인 확장 속에서도 공학과 경험주의가 모든 것을 지배하는 구글의 내적 정체성은 그대로 유지되고 있다. 때때로 실용주의와도 손을 잡는다. '할 수 없다면 할 수 없는 겁니다. 그 뿐입니다.' 하지만 중요하다고 여기는 문제에 대해서는 막대한 자원을 쏟아 부을 수 있는 능력도 가지고 있다. 또 작은 규모의 프로젝트와 팀으로 특정 문제에 집중하는 방식의 이점을 잘 알고 있다. (마이크로소프트가 새 이름의 크롤러 기반 MSN 검색을 자화자찬하고 있던 무렵인) 2005년에 구글은 빅테이블의 인덱스와 저장시스템을 교체했다. 애초에 빅테이블 프로젝트는 2003년에 시작되어 2004년에 완성되었다. 이 프로젝트를 다룬 논문의 저자들은 대수롭지 않게 이 프로젝트가 '일곱 명이 몇 년간' 진행한 것이라고 언급했다.[37] 세계 최대 용량을 가진 검색엔진의 환경 설정 방식을 근본적으로 재개발하는 프로젝트를 겨우 일곱 명이 했다는 것이다. 물론 이것은 단지 그 팀이 얼마나 소수인지만을 보여주고 있을 뿐이다. (참고로 그 논문의 저자는 9명이었다.)

구글은 엔지니어가 주도하는 회사였기에, 경쟁업체보다 더 멀리 내다

볼 수 있었다. 또 설립된 지 얼마 되지 않은 신생업체였기에, 경쟁업체보다 더 신속하게 움직일 수 있었다. 구글은 다른 업체보다 훨씬 일찍 온라인 동영상의 잠재성을 알아차렸다. 2006년 10월 구글은 당시로는 정신 나간 금액으로 보였던 16억 달러를 과감하게 투자하여 유튜브Youtube를 인수했다. 구글은 동영상이 보편화될 것이라고 예상했다. 그리고 사용자들이 보관하고 있는 콘텐츠(캠코더로 찍은 홈비디오와, 자신들은 항상 무시했지만 저작권이 있는 모든 영화)를 통해 자신의 검색엔진이 더욱 더 강력해질 것이라고 생각했다. 그 예측은 정확했다. 또 다른 누군가가 (아마도 마이크로소프트) 벽으로 둘러싸인 정원에 동영상을 가두도록 내버려두고 싶지 않았다. 차라리 자신이 그것을 꼭 쥐고 있는 것이 나을 것이라고 생각했다. 구글에게 웹은 하나의 생태계였다. 그리고 웹이 소프트웨어 형태를 띤다는 점은 구글에게는 매우 고무적인 것이었다. 구글이 설립된 후 처음 5년 동안 하드웨어는 전혀 중요하지 않았다. 웹은 데스크톱이나 노트북, 통신선만 있으면 접속할 수 있었다. 그냥 컴퓨터 앞에 앉기만 하면 됐다.

2007년 말, 구글이 웹에서 최고의 자리를 누리고 있다는 사실은 마이크로소프트에게 커다란 압박이었다. 마이크로소프트는 페이스북과의 광고 계약 덕분에 (구글이 정복하기를 원해 왔던) 검색이라는 사회적 성채 바깥으로 쫓겨 나는 신세를 간신히 면했다. 하지만 결코 거기에 만족할 수는 없었다. 구글이라는 경쟁업체는 중요한 모든 분야에서 한참 앞서 나가고 있었다. 검색시장의 점유율, 광고시장의 점유율, 성장률, 온라인 동영상 검색, 클라우드 서비스 시장의 점유율 (이 분야에서 구글의 최대 경쟁업체는 아마존이었다. 아마존의 제프 베조스Jeff Bezos는 구글의 최초 투자자 중 한 명이기도 하다.) 그리고 검색과 뗄래야 뗄 수 없는 사용자 마음의 점유율.

이를 극복하기 위해 마이크로소프트는 전력을 기울였다. 한 가지 예로 그들은 윈도우 라이브(나중에 빙)를 통해 물품을 구입하는 소비자에게 캐쉬백 제도를 통해 구매액의 일부를 환불해주는 제도도 시행했었다. 개인은 이 제도를 통해 연 최대 2,500달러까지 절약할 수 있었다. 하지만 판매추적시스템에도 오류가 있었고, 그 제도를 제공하는 판매 사이트들의 가격도 다른 사이트에 비해 높았다. 환불을 감안해도 높았다. 결국 2010년 6월 마이크로소프트는 이 제도를 중단했다. 메흐디는 자신의 블로그에 남긴 글에서 '우리가 바라던 성과를 거두지 못했다'고 실패를 인정했다.[38]

반독점소송의 그림자

시바운 라프 Shivaun Raff는 자산 가치가 수십억 달러인 회사를 무너뜨릴 수 있는 능력이나 야심을 가진 사람으로는 보이지 않는다. 그녀는 안경을 끼고 있었고 진지했다. 그리고 말이 속사포처럼 빨랐다. 그녀는 남편과 함께 파운뎀 Foundem이라는 사이트를 만들었다. 이 사이트는 비교사이트들을 검색하여 그 중 최선의 거래를 제공하고 있었다. 그러다 그녀는 구글이 자신의 사이트에 지나치게 낮은 순위를 부여한다고 여기게 되었다. 그녀는 자료를 최대한 수집하여 유럽집행위원회 EC에 구글을 제소했다. 라프의 핵심적인 제소내용은 구글이 자기 자산(지도, 뉴스 등)에는 첫 페이지의 가장 좋은 자리를 할당하는 반면에 자신의 사이트에 대해서는 계속 지나치게 낮은 순위를 매긴다는 것이었다. EC는 2010년 초부터 반독점 조사를 위한 자료를 수집하기 시작했다. 길고 구체적인 세 가지 유형의 질문지가 광고 및 검색에 참여한 회사들에게 보내졌다. 2011년 3월에는 마이크로소프트가 공식적으로 개입했다. 구글 내에서는 마이크로소프트가 수개월간 배후에서 라프를 지원하고 있다는 불평 섞인 수군거림이 있었다. 라프는 이 사실을 부인했다.

구글이 광고공간과 검색공간의 할당에 지나치게 개입했는가? 그리고 자신이 가진 통제권을 불법적으로 이용하였는가? 이 문제에 대한 EC와 미국 연방거래위원회^{FTC}의 조사는 2011년 중반까지 완결되지 않았다. 현재로서 예상할 수 있는 것은 파운뎀이 자신이 바라는 바를 얻게 될 것이라는 정도이다. 구글 검색에 최적화된 사이트들이 구글의 알고리즘 조작(라프도 증거를 가지고 있고, 구글도 여러 차례 공개적으로 인정한 사실이다.)을 통해 더 이상 차별 받지는 않을 것으로 보인다.

반독점조사를 둘러싼 소란의 와중에도 구글은 꾸준히 자신의 검색엔진에 새로운 기능들을 추가해나갔다. 그중 한 가지는 인스턴트^{Instant}기능이다. 이것은 검색창에 한자 한자 입력할 때마다 결과 목록이 계속 바뀌는 기능이다. 플러스원^{Plus One} 기능도 있다. 이 기능을 통해 '소셜 검색'이 어떤 것인지 살짝 엿볼 수 있다. 그러나 2010년 3월 플러스원 기능을 발표하려던 그 날, 구글은 FTC에게 경고를 받았다. 페이스북과 비슷한 버즈^{Buzz}라는 소셜 제품을 도입하는 과정에서 개인정보 보호정책을 위반했다는 지적을 받은 것이다. 구글은 향후 20년 동안 2년마다 지메일과 스트리트 뷰^{Street View}가 개인정보 보호 규제를 잘 지키고 있는지에 대한 별도의 감사를 받는 데 동의했다. 프라이버시를 보호하겠다는 소비자와의 약속을 어기는 기만적인 술책을 사용했다는 비난은 구글에게 치명적인 것이었다. 구글의 제품과 엔지니어링 관련 프라이버시 담당 이사였던 알마

위튼Alma Whitten은 회사의 공식 블로그에 이렇게 적고 있다.

> 위튼 버즈의 출시는 투명성과 사용자 통제에 대한 우리의 평소 기준에 한참 못 미
> 치는 것이다. 그것은 구글과 구글의 사용자들을 기운 빠지게 했다.[39]

마이크로소프트는 여전히 엄청난 이익을 얻고 있었다. 하지만 그 이익
은 순전히 윈도우와 오피스에서 발생하는 독점지대 덕분이었다. 온라인서
비스 부문에서의 손실은 이 이익의 일부를 갉아먹고 있었다. 2009년 발
머는 오버추어와 링크익스체인지에 대한 자신의 결정이 잘못이었다고 인
정했다.

> 발머 내가 저지른 가장 큰 실수들은 모두 내가 성급했기 때문입니다. 우리는 그
> 당시 아직 어떻게 해도 상관이 없었기 때문에 서두를 필요가 없었습니다. 1999년
> 당시 마이크로소프트가 가지고 있던 일부 아이디어를 계속 고수했었더라면 우리
> 는 유료검색에서 자리를 잡을 수 있었을 겁니다.[40]

구글 내부에서는 여전히 마이크로소프트를 위협적인 존재로 여기고 있
었다. 그리고 이전보다 훨씬 더 직접 맞부딪쳐야 할 적수로 생각하고 있었
다. 하지만 그 경쟁업체가 사용하는 무기는 이제 단순히 규모만이 아니었
다. 내가 인터뷰한 한 구글 직원은 경멸하는 말투로 이렇게 말했다. 그 직
원이 담당하는 업무는 경쟁업체의 동향을 탐색하는 것이었다.

> 구글 직원 요즈음 마이크로소프트가 벌이는 가장 혁신적인 활동은 소송을 제기
> 하는 것입니다. 그리고 법적 규제를 이용하는 것입니다.

그것은 언제든지 떠날 수 있는 고객의 마음에 두려움과 불확실성, 의심을 심어 다른 곳으로 떠나지 못하게 하려는 것이었습니다.

구글 직원들은 마이크로소프트가 비열한 행위를 하고 있다는 사실에 분통을 터트렸다. 그들이 보기에 마이크로소프트는 사람과 광고주의 관심을 얻는 전투에서 정정당당하게 싸우려 들지 않았다. 최선의 알고리즘, 인덱싱 소프트웨어, 운영체제의 수정, 잘 분산된 하드웨어를 개발하는 것은 그들의 주된 관심사가 아니었다. 그저 규제 당국의 도움만을 줄기차게 요구하고 있었다. 그렇다고 마이크로소프트를 완전히 무시하지도 않았다.

구글 직원 솔직히 기업의 여러 가지 다른 면에 있어서는 발머의 방식이 옳을 수도 있습니다. 예를 들면 영업 같은 거요. 영업문화라는 것은 사람들의 개인적인 관계에 기반하는 것입니다. 하지만 구글은 그런 방식으로 일하지 않았습니다. 직접적인 일대일 영업환경에서 성장하지 않았기 때문입니다. 구글의 광고 사업모델은 기본적으로 광고주들의 셀프서비스형태로 시작되었습니다. 우리도 분명히 거대광고주를 상대하는 팀이 있습니다만, 우리의 광고는 많은 부분 셀프서비스입니다.

구글은 웹에서 태어났다. 그리고 그 회사의 야망은 웹과 함께 성장하고 있다. 그러나 일대일의 개인적 관계는 그 크기가 확대될 수 없다. 사람들이 직접 한다면 모든 광고주를 상대할 수 있는 규모로 회사가 성장할 수 없을 것이다.

구글의 일부 사람들에게는 발머의 일대일 전술이 과거의 유물처럼 보일지 모른다. 하지만 이 전술도 때때로 매우 효과적이다.

이것을 또 다른 중요한 경쟁업체에 대한 구글 내부의 평가와 비교해보라.

다른 직원 애플과 마이크로소프트를 비교해보면 어떨까요? 애플은 규제와 법을 가지고 경쟁상대와 싸우지 않습니다. 물론 가끔 그런 적은 있습니다. 하지만 없다고 보아도 무방합니다. 제 생각에 애플의 철학은 '좋아 우리 정면으로 부딪치자. 대신 더 좋은 제품을 만들자'입니다. 하지만 마이크로소프트는 어떨까요? 거기는 가진 것을 지키기 위해 엄청난 자원을 쏟아 붓는 회사입니다. 아마 새 제품을 개발하는 것이 훨씬 더 어려운 일일 겁니다. 워싱턴 D.C나 브뤼셀, 또는 다른 법정에서 구글이나 애플을 상대로 결판이 날 때까지 싸우거나, 계약협상에 매달리는 것보다는 말이죠.

여전히 약체

2011년 7월 마이크로소프트는 2사분기 실적을 발표했다. 빙을 담당하는 온라인 서비스부서는 여전히 좋은 성과를 내지 못하고 있었다. 매출은 6억6천2백만 달러였고 손실은 7억2천8백만 달러였다. 결국 온라인서비스는 최악의 실적을 기록한 부서라는 오명을 다시 한 번 뒤집어쓰고 말았다. 이 부서는 2005년 마지막 분기 이후로 계속 이익을 내지 못하고 있다. 2005년 마지막 분기는 오버추어 제공 서비스를 중단하고 게이츠와 발머가 고집했던 자체 검색 광고 시스템으로 전환한 시기였다. 그 이후 5년간 분기별 수입은 평균적으로 6억2천만 달러였다. 그리고 개선의 기미 역시 좀처럼 보이지 않았다. 반면 구글은 2005년 4사분기 19억 달러에서 2011년 1사분기 86억 달러로 분기 수입이 네 배나 증가했다. 빙의 분기별 평균 손실은 3억6천만 달러였다. 2006년 초부터 온라인서비스부서는 총 87억 달러의 손실을 기록했다. 같은 기간 동안 구글은 총 312억 달러의 이익을 기록했다. 그리고 그만큼 구글의 현금잔고는 늘어났다.

헨리 블로짓Henry Blodget은 1990년대 인터넷 기업의 호황기 동안 메릴린치에서 금융애널리스트로 활약했다. 그리고 지금은 (과거 그의 '내부자'를 솜씨 있게 비웃는) 금융기술 뉴스사이트인 비즈니스 인사이더Business Insider를 직접 운영하고 있다. 그는 애널리스트로서의 재능을 십분 발휘하여 기업들의 대차대조표와 시장을 분석하고 있다.

그 해 마이크로소프트의 형편없는 실적이 발표된 직후 블로짓은 자신의 사이트에 정곡을 찌르는 기사를 게재했다. 빙과 마이크로소프트의 검색서비스가 앞으로도 이익을 낼 수 없을 것이라는 내용이었다.

> 블로짓 빙은 실적이 좋지 않다. 끔찍할 지경이다. 사실 빙이 미국 시장에서 일정 정도의 검색쿼리를 확보하고 있는 것은 사실이다. (빙은 미국에서만 이용되는 검색엔진이다.) 하지만 그 정도 점유율을 확보하기 위한 것이라고 하기에는 지나치게 막대한 비용을 치르고 있다. 마이크로소프트는 상당히 값비싼 분배계약을 통해 빙의 시장 점유율을 확보하고 있다. 이 계약에서 발생하는 수입은 비용을 충당하기에는 턱없이 모자라는 수준이다.[41]

그의 계산에 따르면 마이크로소프트는 증가된 검색쿼리, 즉 이 사이트로 들어오는 외부트래픽당 발생하는 수입의 세 배에 해당되는 금액을 비용으로 치르고 있다고 한다. 1달러의 수입을 얻기 위해 3달러를 지출한다는 것이다. 이익을 얻을 수 없는 것은 당연했다.

블로짓은 이 문제의 근본적인 원인이 발머가 그렇게 자랑했던 바로 그 계약에 있다고 지적했다. 즉 야후 검색을 대행하기로 한 그 계약이 문제였다는 것이다. 마이크로소프트는 야후를 통해 유도되는 검색 쿼리에서 발생하는 수입 1달러 중 거의 90센트를 야후에게 지불하고 있었다.

이런 힘든 시간을 겪으면서 줄곧 온라인서비스 부서를 맡고 있었던 메흐디는 2010년 블로깃과의 인터뷰에서, 미국 검색시장의 40~50%를 차지하기만 하면 모든 것이 제자리를 잡을 것이라고 주장했다. 그렇게만 된다면 규모의 경제를 누릴 수 있게 되고, 빙과 온라인 서비스는 다시 수익성 있는 사업이 될 수 있다는 것이다.[42]

하지만 이것은 그 점유율이 모두 순수하게 자신의 몫인 경우에 가능한 일이다. 각 검색에 대해 1달러 중 90센트를 야후에게 지불하는 상황에서는, 야후가 얻는 검색점유율의 매 10% 포인트당 빙은 순수 자기 점유율로 단 1%만 얻게 된다. 둘을 합쳐 35%가 된다 하더라도 충분하지 않다. 오로지 마이크로소프트가 야후를 인수해서 이 모든 트래픽이 빙의 몫이 될 경우에만 겨우 손익분기점에 도달할 수 있다. 하지만 이것을 달성하려면 미국시장의 65%를 차지하고 있는 구글로부터 트래픽을 빼앗아와야 하는 것이다. 아직까지 세계시장은 고려하지도 않았다. 발머가 446억 달러로 야후를 인수하려고 했을 때 (이 금액은 온라인 서비스가 5년 반 동안 기록한 손실에 해당하는데) 얼마나 장기적으로 생각하고 있었는지 이제 어렴풋이나마 알 수 있을 것이다.

그러나 발머는 야후와의 인수협상기간 동안 검색 사업이 마이크로소프트의 미래에 매우 중요하다는 말은 하지 않았다. 단지 구글이 너무 지배적인 지위를 누리는 것은 잘못이라고만 언급했을 뿐이다. 한 가지도 아니고 두 가지 제품(윈도우와 오피스)에서 독점적 지위를 누리고 있는 회사의 CEO가 다른 업체의 독점에 대해서 불만을 토로하는 것은 분명히 아이러니이다.

블로깃은 또 마이크로소프트가 야후를 인수한다고 하더라도 온라인서비스가 마이크로소프트에게 이익을 가져다 주는 핵심 제품이 될 수는 없다는 것이 엄연한 현실이라고 주장했다.

> 블로짓 빙과 야후 둘을 합한 점유율이 이제 미국 시장의 30%에 육박하고 있다. 이것은 빙이 이미 상당한 규모를 가지고 있다는 것을 의미한다. 하지만 빙의 수익성은 계속해서 악화되고 있다. 빙이 10% 포인트의 시장점유율을 더 획득하더라도 이 사업이 손익분기점에 도달하기 위해서는 쿼리당 수입이 두 배가 되어야 한다. 하지만 이 조건을 만족시킬 수 있을 만큼 이 사업의 수익성이 급격하게 바뀔 수 있을 것으로는 보이지 않는다. (비록 10% 포인트의 추가적인 시장점유율을 확보하고 유지하는 데 추가적인 비용 지출이 없다는 가정하에서도 사정은 이렇다. 하지만 추가적인 비용이 지출될 것이라는 것은 불 보듯 뻔하다.)
> 사실 더 이상 체결할 수 있는 큰 규모의 분배계약도 남아 있지 않다. 따라서 추가적인 10%의 시장점유율을 획득하기 위해서는 앞선 5%를 획득할 때보다 더 많은 비용을 치뤄야 할 것이다. 따라서 쿼리당 수입이 두 배로 증가한다고 하더라도 이 사업의 전망은 결코 밝아 보이지 않는다.

아마 데스크톱에 대해서는 이 말이 맞을 것이다. 하지만 휴대폰이라면 어떨까? 거기에서는 빙에게 밝은 미래가 있지 않을까? 2011 4월 노키아는 마이크로소프트의 윈도우폰 운영체제를 자신의 최고 사양 스마트폰에 사용하기로 계약을 맺었다. 노키아는 (비록 그 당시에 이미 구글의 등장으로 규모나 이익 면에서 모바일 사업이 위축되기 시작했지만) 세계 최대의 독립 휴대폰 제조회사였다. 이 계약에 따라 2012년부터 윈도우폰 운영체제가 탑재된 스마트폰이 대량생산될 예정이다. 이제 빙은 노키아폰을 사용하는 사용자들에게 디폴트 검색엔진이 되는 것이다. 과연 모바일 검색이 엄청난 수익을 발생시키는 사업이 될 수 있을까? 그리고 빙의 구세주가 될 수 있을까?

반드시 그렇다고 보기는 어렵다. 노키아의 자료에 보면 '노키아와 마이크로소프트가 맺은 합의의 특별한 성격과 노키아가 제공하는 기여를 종합적으로 고려할 때, 노키아는 수십억 달러에 달하는 금액을 지급받게 될 것이다'라는 말이 나와 있다.[43] 노키아와의 협력으로 빙은 시장점유율을 상당 부분 (계약서 작성시에도 불확실했던 비율) 높일 수 있을지도 모른다. 하지만 빙이 또다시 TACs식의 밑 빠진 독에 물 붓는 꼴이 될 가능성도 전혀 배제할 수 없다. 블랙베리Blackberry 제조업체인 리서치인모션Research In Motion, 이하 RIM은 빙이 2012년 출시되는 자신의 QNX기반 휴대폰의 디폴트 검색엔진이 되는 데 합의했다. 계약조건은 알려지지 않았다. 하지만 마이크로소프트가 그 휴대폰의 디폴트 검색엔진이 되기 위해 후한 금액을 지불한 것만은 거의 확실해 보인다.

검색의 미래가 어떻게 전개될지에 대해서는 아무도 알 수 없다. 2005년 초 게이츠는 어쨌든 검색의 초점과 방식은 계속 변화할 것이며 앞으로는 워드나 엑셀에서도 검색을 하게 될 것이라고 생각했다. 그리고 인터넷에 접속한다거나 단어들을 각각 별도로 검색창에 입력한다는 아이디어는 기억 저편으로 사라져버릴 것이라고 생각했다. 게이츠의 예상이 정확했는지를 판단하기에는 아직 충분한 시간이 흐르지 않았다. 여하튼 포춘지와의 인터뷰에서 밝힌 그의 생각은 이런 것이었다.

게이츠 문장이 되지 않는 단어들을 검색창에 입력하면 어떤 답변도 듣지 못할 것입니다. 그 단어들 그대로 결과 페이지에 나타날 것이고, 결국은 그 단어들을 다시 일일이 클릭해야 할 것입니다. 이 생각은 이제 너무 낡았습니다. 우리는 검색을 현재 사람들의 생각을 넘어서는 수준까지 발전시켜야 합니다. 사람들이 하고 싶은 작업을 자연스럽게 할 수 있도록 말이죠.[44]

그러나 게이츠가 사색한 많은 내용들이 그렇듯 이 생각이 실현될 가능성은 거의 없어 보인다. 또 마이크로소프트가 역전을 일구어내고 신생업체를 제압할 것이라는 예상도 점점 현실과 멀어지고 있는 것처럼 보인다. 워드프로세서, 엑셀 그리고 물론 그 운명의 브라우저까지 과거의 마이크로소프트는 그럭저럭 해낼 수 있었다. 게임기에도 도전하여 만만치 않은 경쟁상대임을 입증했다. 하지만 구글은 전혀 다른 경쟁상대였다. 구글은 인터넷이라는 자신의 근거지에서 싸우고 있었다. 스폴스키의 생각처럼 마이크로소프트의 최고임원들과 구글의 최고임원들 간의 세대차이가 하나의 설명을 제공한다. 구글은 검색엔진에서 승리했다. 마이크로소프트는 실패했다. 마이크로소프트가 전혀 낯선 지형에서 싸웠다는 것이 그 실패의 가장 근본적인 원인이었다. 그리고 오버추어의 인수와 관련하여 잘못된 선택을 했던 것 역시 또 하나의 중요한 실패의 이유였다. 구글은 마이크로소프트에게 그저 성가신 존재에 불과한 것이 아니었다. 장기적으로 구글은 많은 사업분야에서 (2005년 게이츠가 두려워했던) 마이크로소프트의 생존 자체를 위협할 수 있는 존재이다. 15년을 조금 넘는 시간 동안에 게이츠는 마이크로소프트를 시가총액 기준으로 세계 최대 기업으로 성장시켰다. 그 10년 후 창고의 젊은 친구들이 자신을 뒤덮고 있던 그 거대한 집의 토대를 부수기 시작했다.

2006년 베르코비츠는 한 강연에서 이렇게 언급했다. "무슨 일을 하든,

일의 앞부분 90%에서 승리하는 사람은 없습니다. 사람들에게 중요한 것은 정서적 애착입니다. 나는 그것이 나머지 10% 라고 생각합니다."[45]

하지만 구글은 이 모든 것을 다 가지고 있어 보인다.

Digital
WARS
제4장

디지털 음악:
애플 vs 마이크로소프트

—

2001년 12월 1일 금요일 나는 런던의 한 평범한 호텔방으로 안내되었다. 그 곳에서 일본 도시바Toshiba의 전략적 제휴 담당 부사장인 코지 하세Koji Hase를 만났다. 그는 여행가방을 가득 채울 만한 기기들과 여러 잡동사니들을 가져왔다. 그리고 언론에 선보이고 싶은 아이디어들을 잔뜩 준비하고 있었다. 그런 류의 프레젠테이션이 으레 그렇듯이 그의 목적은 도시바의 인지도를 높이려는 것이었다. 그 신문 보도가 어느 경영자의 눈에라도 띄기만 하면 금상첨화가 따로 없었다.

하세의 경력은 화려했다. 그는 CD-ROM과 DVD디스크 관련 업무를 담당해왔다. 몇 해 전 그는 당시 애플의 최고경영자였던 스컬리와 저녁식사를 함께 한 적이 있었다. 그 때 그들은 가지고 다니며 메모할 수 있는 기기에 PDAPersonal Digital Assistant라는 이름을 붙였다. (스컬리의 뉴턴Newton과는 달리 PDA라는 이름은 여러 해 동안 사용되었다.)

하세는 가방에서 엄지손가락 크기의 카드를 꺼내 '플래시메모리'라고 말하며 나에게 건네주었다. 나도 들어본 적은 있었다. 플래시메모리는 전류 없이 데이터를 저장할 수 있었다. (자기화할 수 있는 물질이 코팅된 평판을 돌리는) 표준적인 하드디스크보다는 플래시메모리가 데이터를 읽거나 저장하는 속도가 빨랐다. 가동부 없이 트랜지스터로만 이루어졌기 때문이었다.

하세 현재 우리가 생산하고 있는 칩은 64MB까지만 저장할 수 있습니다. 주로 디지털 카메라와 MP3플레이어에서 사용되고 있지요. 하지만 2002년까지는 1기가바이트 용량의 플래시 칩을 상업적으로 양산할 수 있을 겁니다.
1기가바이트가 많은 것처럼 보이지만 정말 많은 데이터를 저장하기에는 충분치 않습니다. 영화 한 편을 압축해서 DVD에 넣으려면 5기가바이트가 필요합니다. 하지만 뉴스클립에는 1기가바이트면 충분할 겁니다. 어쨌든 뉴스는 일일이 다 볼 필요는 없을 테니까요.

나는 리오^{Rio}라는 MP3플레이어를 사용하면서 그 가능성을 분명히 엿볼 수 있었다. 이 MP3플레이어는 재생 중에 곡이 튀는 일이 없었다. 그것은 순전히 플래시메모리 덕분이었다. 문제는 가격이 만만치 않았다는 것이었다. 하세는 플래시 스토리지가 있으면 (주로 전화선이나 위성을 통해) 인터넷에서 동영상이나 음성 클립을 다운로드할 수 있을 것으로 내다보았다.

그는 그 작업을 하는 데 손목시계가 가장 알맞을 것으로 생각했다. 손목시계로 TV를 본다. 나는 그의 생각이 실현 가능해 보이지 않는다는 말을 차마 입 밖으로 낼 수는 없었다. 당시 사람들은 이미 손바닥 크기의 휴대용 TV를 가지고 다닐 수 있었다. 신문은 더 말할 것도 없었다.

하세는 계속해서 다음 내용으로 넘어갔다. 그는 도시바가 다른 회사와 공동으로 작은 하드드라이브를 개발 중이라고 밝혔다. 그 하드드라이브는 너비가 4.5센티미터(1.8인치)로 노트북에서 사용되는 8.6센티미터(3.5인치) 드라이브보다 작았다. 2기가바이트 하드디스크는 이미 미국에서 판매를 시작했고, 내년 2월이면 5기가바이트로 늘어난다는 말도 덧붙였다.

그는 또 읽기전용 디스크를 생산하면 PC에서 볼 수 있는 영화를 포장 판매할 수 있을 것이라고 생각하고 있었다. 물론 그도 소비자들이 몇 년 내에 DVD플레이어로 DVD를 읽거나 쓸 수 있을 것이라는 사실을 알고 있었다. 또한 DVD플레이어가 세계를 석권하게 되면 인터넷은 아마 손목시계나 아니면 (미리 구입한 영화를 보는) 작은 드라이브로 밀려날 수도 있을 것이라고 생각하고 있었다.

그 호텔 방에서 나는 그 프로토타입 디스크를 손으로 뒤집으며 생각해 보았다. 저장용량이 풍부한 디스크. 우리가 이것으로 하고 싶은 것은 무엇일까? 아무튼 나는 손목시계로 인터넷에 접속한다는 아이디어에는 별다른 매력을 느끼지 못했다.

아이튠즈의 시작

이 만남이 있은 지 5일 후 애플은 그 분기에 손실을 기록하게 될 것이라고 발표했다. 그 원인은 컴퓨터의 판매부진이었다. 전체 PC 판매는 약 10% 증가했다. (전 해에 비해 증가속도는 감소했다.) 반면에 애플의 컴퓨터 판매는 전해 대비 1/3 정도 감소했다. 애플이 이런 실패를 겪게 된 데는 결정적인 이유가 있었다. 애플의 컴퓨터에는 CD 버닝 드라이브가 없었다는 것이다. 디지털 음악혁명이 본격적으로 시작되고 있었다. 사람들은 대학이나 기업네트워크에서 냅스터Napster를 통해 (불법적으로) 파일을 공유하고 있었다. 그 당시 전화접속은 고통스러울 정도로 느렸다. 그나마 대학이나 기업 네트워크의 속도가 빠른 편이었다. 또한 사람들은 MP3파일을 오디오CD로 굽고 싶어했다. 잡스는 조만간 애플 컴퓨터의 공급이 수요를 쫓아가기 어려울 수 있다고 애널리스트들의 주의를 환기시키고 있었다. 하지만 그는 결국 애플이 절호의 기회를 놓쳐버렸다는 사실을 인정하지 않을 수 없었다.

> 잡스 우리는 기회를 날려버리고 말았습니다. 하지만 곧 문제가 해결될 것입니다. 여러 핵심 품목에서 애플이 주도권을 되찾을 수 있는 획기적인 새 하드웨어가 개발 중에 있습니다.[1]

이 장면에서는 마치 잡스가 아이팟이 등장하여 애플을 구원하게 될 것이라는 사실을 미리 알고 있는 것처럼 보였다. 하지만 그것은 지금 돌이켜 보니 그렇게 생각되는 것이다. 또한 맞는 얘기도 아니다. 그 당시 아이팟 프로젝트는 구상 중에 있지도 않았다. 잡스가 얘기하고 있었던 것은 새 노트북의 개발과 기존 제품의 업데이트였다. 그 업데이트의 내용은 바로 CD 굽기 기능을 추가하는 것이었다.

애플이 당시 CD 굽기 기능을 고려하지 못한 사실은 당시 애플의 내부 문화를 여실히 보여주는 한 가지 사례다. 당시 애플은 사용자들의 욕구를 전혀 읽지 못하고 있었다. CD 굽기 기능을 갖춘 PC는 그 해 날개 돋친 듯이 판매되던 제품이었다. 소비자들은 자신만의 음악 CD를 만들고 싶어 했다. 그리고 기업들은 데이터를 백업할 수 있는 저렴하고 반영구적인 매체를 원했다. 이것을 간파한 컴퓨터 제조업체들은 너나할 것 없이 CD 굽기 기능을 갖춘 PC 생산에 달려들었다.

잡스는 자신이 최고경영자로 있는 애니메이션 제작사 픽사의 성공과 함께 애플로 복귀했다. 그래서인지 잡스는 사람들이 정말로 원하는 것은 영화감상이라고 확신하고 있었다. 이것이 모든 애플 컴퓨터에 DVD리딩 드라이브가 내장되어 있었던 이유였다. 그것은 큰 실수였다. 하지만 애플 내부에서는 이미 정해진 회사 방침에 반대의 목소리를 내는 사람을 찾아볼 수 없었다.

애플이 그 좋은 기회를 날려버린 것은 부분적으로 1998년 잡스의 결정 때문이었다. 그는 소비자용 새 아이맥에 내장할 드라이브로 박스형 CD/DVD드라이브가 아니라 맵시 있는 '슬롯로딩'형 드라이브를 선택했다. 하드웨어 제품 담당 책임자인 존 루빈스타인John Rubinstein은 잡스에게 그 결정을 재고해달라고 권유했다. 그는 그 결정으로 인해 매킨토시가 CD버너 드라이버를 갖춘 PC에게 뒤떨어질 것이라고 생각했다. 하지만 잡스는 그의 말을 무시했다.[2]

마이크로소프트, 애플, 구글 세 회사 모두에서 근무한 락만이 보기에 애플에서는 코드를 작성하는 개발자들이 가장 큰 영향력을 가지고 있었다. 하지만 가장 상명하달식 조직에 가까운 것도 애플이었다.

> 락만 개발자들이 경영자와 함께 소프트웨어의 개발방향에 대해 고민했다는 것은 사실입니다. 하지만 한편으로는 몇몇 사용자 인터페이스 디자이너와 스티브 잡스가 엄청난 영향력을 가지고 있었던 것도 사실입니다.
> 잡스와는 정기적으로 회의를 했죠. 그 때마다 잡스는 자신의 견해를 피력했습니다. 잡스는 언제나 자신의 일을 환상적으로 해냅니다. 따라서 사람들은 그와 논쟁할 엄두조차 내지 못했습니다. 하지만 확실히 그에게 협박 받는 듯한 느낌은 있었어요.[3]

이런 기업문화 속에서 잡스가 CD 굽기 기능의 중요성을 몰랐다는 것은 바로 애플이 좋은 기회를 놓치게 된다는 것을 의미했다. 하지만 이 실패는 최고경영진들이 음악 분야를 다시 바라보는 계기가 되었다. 음악은 (카메라나 영화보다) 폭넓은 인기를 누리고 있었다. 또한 성장잠재력 역시 그 어느 것보다도 풍부했다. 그 해 가을 그들은 음악에 주력하기로 결정했다. 애플은 그 첫 단계로 사운드잼SoundJam이라는 제품을 인수했다. 사운드잼은 MP3 파일 재생기능과 CD 굽기 기능을 가지고 있었다. 애플은 이 제품을 개조하는 작업을 진행했다.

2001년 1월 잡스는 애플의 새 전략을 발표했다. 이 전략의 핵심은 맥을 '디지털 허브'로 만드는 것이었다. 즉 맥이 콘텐츠 이용의 중심이 되는 것이었다. 디지털 음원과 동영상을 맥에 저장한다. 그리고 맥으로 DVD를 제작한다. (아직도 영화에 대한 미련이 남아 있음을 알 수 있는 대목이다.) 잡스는 아이튠즈iTunes를 출시했다. 아이튠즈는 사운드잼을 애플 브랜드의 새로운 디지털 미디어 플레이어로 탈바꿈시킨 것이었다. 아이튠즈는 CD의 음원을 MP3파일로 변환할 수 있었다. 또한 음원명을 자동으로 저장할 수도 있었다. 그리고 라이브러리는 음원을 체계적으로 정리하고 검색할 수 있는 기능을 갖추고 있었다. 심지어 아이튠즈를 통해 MP3 CD나 (CD플레이어에서 재생할 수 있는) 오디오 CD를 구울 수도 있었다. 비로소 애플이 소비자들의 목소리를 듣기 시작한 것이다.

도쿄

디지털 허브 전략을 발표하면서도 애플의 최고경영진은 맥의 판매를 늘릴 수 있는 획기적인 제품을 시급히 개발하지 않으면 안 된다고 생각했다. 맥은 그 당시 애플의 유일한 수입원이었다. 하지만 4사분기에 맥은 겨우 65만9천 대가 판매되는 데 그쳤다. 이 판매량은 1998년 이후 가장 낮은 수치였다. 더욱이 지난 2년간의 높은 성장과 극명하게 대비되었다. 그들에게는 새로운 전쟁터가 필요했다. 당시 애플 최고경영진은 거의 모두 넥스트 컴퓨터에서 잡스와 함께 이직한 사람이거나 잡스의 애플 복귀 이후 채용된 사람으로 채워져 있었다. 수석 디자이너인 조너선 아이브와 재정담당이사인 프레드 앤더슨Fred Anderson만이 예외였다. 따라서 그들은 긴밀한 유대관계를 가지고 있었다. 또한 잡스와 함께 일하기 위해서는 무엇이 필요한지를 누구보다도 잘 알고 있었다. (그 구성원이 10년 동안 그대로 유지된다는 사실은 주목할 만하다.) 2001년 초 이들은 애플이 앞으로 나아갈 방향에 대해서 함께 머리를 맞대었다. 그 고민의 결과가 바로 디지털 허브(맥. 그 당시에는 맥밖에 없었다.)와 연결되는 새 기기의 개발이었다.

모든 사람들이 간절히 원하는 서비스를 제공할 수 있는 기기를 만들어라. 그리고 사람들이 그 기기를 구입하게 만들어라. 그러면 그들은 맥도 함께 구입할 것이다. 또한 그 기기는 윈도우에서는 실행되지 않을 것이므로 그 기기의 사용자들은 맥의 플랫폼에 꼼짝없이 고착될 것이다. 그 기기는 맥 생태계의 일부가 될 것이다. 이것이 그들의 생각이었다.

이제 그들에게 남은 것은 그 기기를 발명하는 것이었다. 하지만 도대체 무슨 기기를 발명한단 말인가?

2001년 2월 도쿄에서 맥월드 전시회가 열렸다. 그 곳에서 루빈스타인은 도시바의 엔지니어를 만났다. 루빈스타인은 잡스보다 한 해 늦게 태어난 뉴요커로 넥스트에서 하드웨어 담당 책임자로 근무한 경력이 있는 엔지니어였다. 그는 훈련된 엔지니어로 말을 아끼고 상대방의 반응을 조심스럽게 살피는 인물이었다. 또한 휴렛팩커드HP에서도 근무한 경력이 있었기 때문에 칩의 설계부터 소비자 기기에 적용되는 기술까지 폭넓게 이해하고 있었다.

도시바는 루빈스타인에게 런던의 호텔방에서 내가 보았던 것과 같은 작은 디스크를 보여주었다. 그리고 역시 그때와 동일한 제안을 했다. 포장된 비디오? 손목시계? 루빈스타인은 단번에 이것이 뮤직플레이어를 개발하는 데 이용할 수 있다는 것을 알아챘다. 그는 이 플레이어를 맥에 연결하면 디지털 허브로서 맥을 최대한 활용할 수 있을 것이라고 생각했다. 그날 저녁 루빈스타인은 잡스를 만났다. 그는 예산 승인만 해주면 애플 최초로 대단한 소비자 전자기기를 만들어내겠다고 잡스를 설득했다.

소니는 워크맨으로 휴대용 음향기기라는 새로운 품목을 만들어냈던 회사였다. 그리고 잡스가 가장 존경하면서도 두려워했던 회사이기도 했다. 하지만 애플이 MP3플레이어 시장의 잠재적 경쟁상대로 여겼던 회사의 명단에는 소니의 이름이 없었다. 그리고 당시 MP3플레이어 시장의 또한 가지 특징을 들라면 (나중에 아이팟 제품마케팅의 책임자가 된) 그레그 조스위악Greg Joswiak이 얘기한 것처럼 제품들이 하나같이 별 볼 일 없었다는 것이었다. 기존의 제품들은 크기가 크면 다루기 불편했고, 크기가 작으면 저장용량이 부족했다. 값비싼 플래시메모리에 저장할 수 있는 데이터의 용량은 겨우 32MB 또는 64MB에 불과했다. 그 정도 저장용량으로는 단지 30분이나 60분 분량의 음원만을 저장할 수 있을 뿐이었다. 또한 그 기기의 음원을 교체하는 일은 그야말로 지루하기 짝이 없었다. USB 1.1의 전송속도로는 20MB의 데이터를 전송하는 데 적어도 1분이 걸렸다. 상대적으로 저장용량이 큰 플레이어는 저장 데이터를 자주 바꿀 필요는 없었다. 하지만 느린 전송속도 때문에 바꿀 엄두를 내기가 쉽지 않았다. 1기가바이트의 파일을 전송하는 데 한 시간 이상 걸릴 수도 있었다. 이 밖에도 저장용량이 큰 플레이어를 작동하는 데는 또 다른 문제가 도사리고 있었다. 커다란 하드디스크로 인해 배터리가 방전되는 데 한 시간도 채 걸리지 않는다는 것이었다.

전송속도 문제를 해결할 방법이 전혀 없었던 것은 아니다. 전문가용 디지털 영상 카메라에서 동영상을 전송하기 위해 애플이 개발한 파이어와이어FireWire라는 기술을 이용하면 가능했다. 파이어와이어는 USB1.1보다 데이터 전송속도가 30배나 빨랐다.

루빈스타인은 아이팟 개발을 위한 단기 집중프로그램을 진두지휘했다. 동시에 외부의 도움도 받았다. 그 중 하나가 토니 파델Tony Fadell이라는 엔지니어의 도움이었다. 그는 실리콘밸리에서 휴대용 뮤직플레이어라는 아이디어를 판매하려고 했다. 하지만 결과는 여의치 못했다. 그런 그의 아이디어가 애플에게 도움이 되었다. 루빈스타인은 또 외부 회사로부터 필요한 소프트웨어를 구입했다.

애플은 새 제품이 출시된 이후 일정기간 동안 애플이 그 작은 하드디스크의 독점 사용권을 갖는다는 내용의 계약을 도시바와 체결했다. 이 계약에 따라 다른 어떤 업체들도 애플을 모방할 수 없게 되었다. 이 조항을 삽입한 것은 영감 같은 것이었다. 거기에는 아이팟을 특별하게 만드는 것은 그것의 용량이나 기술적 특성이 아니라 외형적 특징이라는 인식이 깔려 있었다.

아이팟의 설계

　　아이팟 설계과정에서의 협력은 놀라웠다. 특히 스크롤 휠의 개발과 관련된 한 가지 사례가 눈에 띈다. 지금은 잘 알려진 스크롤 휠이라는 아이디어를 내 놓은 사람은 마케팅 담당 책임자였던 필 쉴러Phil Schiller였다. 그는 상냥하고 곰같이 우직한 성품을 가진 인물이었다. 그와 그의 팀은 그 디스크에 저장된 많은 음원 중 자신이 듣고 싶은 곡을 어떻게 찾아낼 것인지에 대해 곰곰이 생각한 끝에 '스크롤 휠'이라는 아이디어를 내놓았다. 스크롤 휠이 탑재되면 손가락으로 원을 계속 돌리면서 마음대로 곡 목록을 살펴볼 수 있다. 또한 목록을 보다 빠르게 살펴보고 싶으면 소프트웨어를 이용하여 스크롤링의 속도를 증가시킬 수도 있다. 스크롤 휠이 탑재된 프로토타입을 선보인 개발 회의에서 그는 분명한 어조로 "스크롤 휠이 이 제품에 가장 적합한 사용자 인터페이스입니다"라고 말했다.

　　컨트롤러로서 스크롤 휠이라는 아이디어를 생각해낸 것은 애플이 처음이 아니었다. 덴마크의 하이파이 제조 회사인 뱅 앤 올룹슨Bang&Olufsen이나 휴렛팩커드도 스크롤 휠을 사용한 적이 있다. 하지만 애플은 그 인터페이스를 이전보다 개선했다. 그리고 스크롤링 속도를 증가시킬 수 있는 기능을 추가했다. 이 기능은 애플만이 가진 탁월한 특징이었다. 쉴러가 아이팟 사용자 인터페이스의 설계 과정에서 수행한 역할은 애플이라는 회사가 가지는 차별성을 여실히 보여주고 있다. 그렇게 효과적인 인터페이스를 생각해내고 모형을 만들어낸 사람이 다른 사람도 아닌 국제마케팅 책임자였다. 그것은 많은 회사에서 아니 사실 어떤 회사에서도 상상하기 어려운 일이다. 그리고 그런 직책을 맡고 있는 사람에게 그런 일이 맡겨질 수 있다는 사실 자체가 믿기 어려운 일이다.

애플의 수석디자이너인 조너선 아이브가 회고하는 것처럼 이제 남은 설계과정에서 가장 중요한 것은 단순화였다.

아이브 이제 남은 것은 그 기기에 너무 많은 기능을 담으려고 하지 않는 것이었습니다. 너무 많은 기능을 갖추려고 하면 기기가 복잡해질 수밖에 없습니다. 그리고 복잡한 기기로는 성공을 거두기가 쉽지 않습니다. 따라서 남은 설계의 핵심은 (이런저런 기능을) 제외하는 것이었습니다.

이런 이유로 아이팟은 FM튜너, 블루투스, 와이파이, 교체 가능한 배터리, 크로스페이드 기능, 재생 목록 표시 기능, 또는 전문가들이 필수 사양이라고 꼽는 다른 여러 기능들을 포함하려는 계획이 애초부터 없었다. 아이팟은 얼마나 많은 체크박스에 표시가 되어 있는지를 겨루는 전투에서 승리하려는 것이 아니었다. 아이브의 디자인팀이 주력한 아이팟의 승부수는 다른 데 있었다. 그것은 바로 사용의 편리함이었다.

그들이 보기에 정말로 중요한 사양은 사용자들이 이 기기를 손으로 다룰 때의 느낌이었다. 그리고 그는 이 생각을 제품에 제대로 반영할 수 있는 기회가 단 한 번뿐이라는 사실을 잘 알고 있었다. 아이팟이 출시되고 난 후 나는 그에게 어떤 디자이너를 좋아하느냐고 물었다. 그에게서 돌아온 답변은 위성디자이너였다.

아이브 무엇이 들어가고 무엇이 들어가지 않는지, 그리고 전체를 어떻게 조화롭게 할 것인지. 위성의 설계는 이런 수많은 긴요한 문제들에 대한 공식적인 해결책입니다. 위성이 어떻게 만들어지는지를 본다면 의도적으로 설계된 것으로 여겨지지 않던 많은 것들이 사실은 의도적으로 설계된 것이라는 사실을 알 수 있을 겁니다.

아이팟 역시 단 한 번의 기회만이 주어진 채 아무도 맞이해주지 않는 빈 공간으로 출시되는 것이었다.

일단 아이팟의 외형은 결정되었다. 이제 남은 문제는 생산이었다. 아이브의 팀은 상아탑 속에 있지 않았다. 대량 생산이 불가능한 디자인은 소비자 전자제품을 생산하는 회사에게는 일고의 가치도 없는 것이었다. 애플의 디자인 부서를 담당했던 경험이 있는 로버트 브루너^{Robert Brunner}는 이렇게 얘기했다.

> 브루너 애플의 디자이너들은 자신에게 주어진 시간의 10%만을 전형적인 산업디자인 작업에 할애합니다. 즉 아이디어를 내놓고 제도를 하고 모델을 만들고 그리고 브레인스토밍 시간을 갖습니다. 나머지 90%의 시간에는 직접 제작하고 아이디어를 실행할 수 있는 방법을 찾습니다.

아이브가 고집했던 한 가지는 이 기기의 본체에 어떤 틈도 있어서는 안 된다는 것이었다. 배터리 교체를 위한 판이나 여타 어떤 공간도 있으면 안 된다는 것이 그의 확고한 생각이었다. 아이브는 마치 액체처럼 느껴질 정도로 매끄러운 기기를 원했다. (배터리가 더 이상 충전이 불가능할 경우에도 일반 사용자들은 다른 충전배터리처럼 배터리를 교체할 수 없다. 하지만 그런 문제가 발생할 때쯤에는 새로운 제품이 등장할 것이다. 그리고 사람들은 그 신제품에 마음이 빼앗겨 있을 것이다. 그 팀은 이런 점까지 계산에 넣었다.) 아이브가 양보한 것이 있다면 아이팟 윗면에 있는 파이어와이어 커넥터를 덮는 플라스틱 플립업 정도였다. 이것은 그 금속 접속면을 깨끗하게 유지하기 위해서는 어쩔 수 없는 선택이었다.

아이브는 또 흰색의 헤드폰과 이어버드를 요구했다. 흰색 헤드폰과 이어버드가 그 기기의 앞면과 잘 어울린다는 것이었다. 하지만 흰색에 비해 (흔히 사용하는) 검은 색 줄과 이어버드의 조달비용이 훨씬 적게 들었다. 아이브와 루빈스타인은 이런 문제로 종종 의견이 충돌했다. 루빈스타인은 비용을 중시했고 보다 실용적인 사고를 가지고 있었다. 그리고 아이브의 설계를 실행하는 최종적인 책임을 맡고 있었다. 하지만 잡스는 아이브를 거의 소울메이트로 여기고 있었다. 그는 아무리 하드웨어팀이 불만스럽게 여기더라도 아이브의 손을 들어주는 편이었다.

새로운 제품의 마케팅

2001년 10월 15일 애플은 기자들에게 쿠퍼티노 본사에서 열리는 행사에 참여해달라는 초청장을 발송했다. '돌아오는 목요일 (10월 23일) 애플은 획기적인 디지털 기기를 발표하기 위한 자리에 여러분을 초대합니다.' 그리고 그 문구 밑에는 '힌트: 단, 맥은 아닙니다' 라는 추신이 적혀 있었다.

그 초청장의 내용은 당연히 세상에 알려졌다. 열렬하고 충성스러운 소수의 맥 신봉자들 사이에서는 동요가 일어났다. 맥이 아니라고? 그렇다면 도대체 무엇이란 말인가? 다양한 추측들이 난무했다. 그 추측들 속에는 (디지털 허브의 아이디어를 확장한) 거실의 무선컨트롤러부터 시작해서 필기인식, 또는 초고속네트워킹까지 여러 가지가 포함되어 있었다. 10월 2일 애플의 상표권 등록과정에서 그 디지털 기기의 이름이 알려지게 되었다. 와이어드는 그 기기의 이름에 대한 기사를 쓰면서 무선접속이 가능할 것이라고 추측했다. 하지만 그 추측은 빗나가고 말았다.[4]

몇 년 전의 애플이었다면 몇 가지 구체적인 정보를 외부에 흘렸을 것이다. 그러나 잡스는 '입이 가벼우면 화를 당한다'라는 자신의 확고한 입장을 회사 전체에 전달했다. 직원들은 출시 예정인 제품의 세부사항을 누설하는 순간 해고 통지가 그들을 기다리고 있을 것으로 생각했다. 잡스는 출시를 앞둔 소비자 제품 생산 기업에게 보안은 생명이라고 얘기했다. 그는 출시할 제품에 대해 몇 달 전부터 하나 둘씩 조심스럽게 꺼내놓는 것을 탐탁지 않게 생각했다. 그가 보기에는 깜짝쇼를 벌이는 것이 훨씬 효과적이었다. 반면에 마이크로소프트는 출시 몇 달 전부터 고객들에게 출시할 새 제품에 대해 알려주어야 했다. 그래야지만 고객들이 그것을 구매할 계획을 세울 수 있었기 때문이다.

아이팟의 설계 모든 곳에 잡스의 흔적이 묻어 있었다. 예를 들어 어떤 곡이라도 세 번의 클릭만으로 찾을 수 있도록 한 것도 잡스가 고집을 부린 결과였다. 애플 전체의 미래가 이 제품에 달려 있었다. 따라서 잡스는 제품 개선을 위해 끊임없이 엔지니어들을 채찍질했다.

마이크 에반젤리스트Mike Evangelist는 애플의 DVD버닝 소프트웨어인 iDVD 부서에서 근무한 적이 있다. 그가 전하는 바에 따르면 아이팟 출시 바로 전날 잡스는 헤드폰을 아이팟 프로토타입의 단자에 꽂을 때마다 딸깍 소리가 나는 것이 너무 듣기 싫다고 불평을 했다고 한다. 잡스는 담당 엔지니어에게 "내일까지 이 헤드폰잭을 전부 교체해야겠어요. 이 문제를 해결할 방법을 한번 찾아보세요"라고 말했다. (에반젤리스트의 추측에 따르면 그 엔지니어는 언론에 제공될 샘플 헤드폰의 플러그를 일일이 손질해서 그 문제를 해결했던 것으로 보인다.) 잡스는 또 24시간 후에 진행될 프레젠테이션의 아주 세세한 부분까지 꼼꼼히 살펴보았다. 예를 들면 아이팟의 어두운 화면에 초점이 맞추어져 있는 카메라의 노출계가 하얀 본체 때문에 오작동하지 않도록 하는 방법 같은 사소한 문제들까지도 일일이 검토했다. 그리허설은 하루 종일 계속되었다. 그리고 행사 당일 한번 더 진행되었다. 잡스의 리허설은 보통 이런 일정이었다. 그의 프레젠테이션은 분 단위로 연출되고 진행되었다.

10월 23일 행사 당일, 기자들이 호기심 어린 눈빛으로 지켜보고 있는 가운데 잡스는 무대 위를 서성거리고 있었다. 그 무대는 작은 방 앞쪽에 설치되어 있었다.[5] 그는 우선 '디지털 허브'의 네 가지 콘셉트 (사진, 영화, DVD, 음악)에 대해 차례로 살펴보았다. 그러고 나서 그는 이 네 가지 분야를 검토한 후 어떤 기기를 만들 것인지를 결정했다고 언급했다. '우리가 결정한 분야는 바로 음악입니다. 왜냐고요? 우리 모두는 음악을 사랑합니다. 사랑하는 것을 한다는 것은 언제나 좋은 일 아니겠습니까?'라고 잡스는 말했다.

그리고 나서 잡스는 점점 규모가 커지고 있는 디지털 음악사업에서 어떤 업체도 아직 시장을 주도하지 못하고 있다는 사실을 언급했다. 그가 보기에는 이 사실이 더 중요했다.

잡스 물론 크리에이티브Creative Technologies나 소닉블루Sonic Blue와 같은 작은 회사들이 있기는 합니다. 그다지 성과를 내고 있지는 못하지만 소니와 같은 몇몇 큰 회사들도 있습니다. 하지만 그들 중 어느 누구도 아직 시장을 주도하지 못하고 있습니다. 아직 디지털 음악사업에 대해 제대로 된 방안을 찾아낸 업체는 없습니다. 하지만 애플은 해냈습니다. 애플이라는 브랜드는 환상적이 될 겁니다. 사람들은 애플이라는 브랜드를 믿고 애플의 훌륭한 디지털 전자기기를 구입하게 될 겁니다.

잡스의 이런 말은 당시로는 전혀 근거 없는 주장이었다. 그 분야에서 애플은 아직 변변치 못한 플레이어였다. 게다가 이제 막 집중재활치료를 끝낸 상태였다. 하지만 잡스는 너무나 당연한 사실인양 얘기했다.

잡스는 아이팟이 성공할 것이라고 예측했다. 그 예측을 뒷받침하는 논리는 프레젠테이션의 한 슬라이드에 나타나 있었다. 그 슬라이드는 75달러짜리 휴대용 CD플레이어, 플래시 기반 플레이어, MP3 재생 가능 CD플레이어 그리고 하드드라이브 기반 주크박스를 비교하고 있었다. 그 슬라이드에 따르면 75달러짜리 휴대용 CD플레이어는 10~15곡이 담겨 있는 CD를 재생한다. 따라서 한곡당 5달러의 비용이 든다. 플래시 기반 플레이어는 150달러에 10~15곡, 즉 한 곡당 약 10달러이다. MP3 재생 가능 CD플레이어는 150달러에 150곡, 한 곡당 1달러. 마지막으로 하드드라이브 기반 주크박스는 300달러에 1,000곡, 한 곡당 30센트이다.

잡스는 "우리는 이 모든 부분들을 검토했습니다"라고 말했다. 그런 후 그 슬라이드 화면의 표 맨 아랫부분을 가리키며 "여기가 우리가 있고 싶은 곳입니다. 이제 정확하게 여기로 우리를 데려갈 제품을 소개하려고 합니다. 바로 아이팟입니다"라고 말했다.

잡스는 다른 모든 애플 제품처럼 그 제품의 이름 앞에도 정관사를 붙이지 않았다. 애플 직원들 적어도 그 문화에 매우 익숙해진 직원들은 결코 'the' iMac 또는 'the' iPod 이라고 하지 않는다. 제품들은 사물의 이름이 아니라 아이의 이름처럼 불려졌다. 밥, 스티브, 아이팟, 아이맥.

잡스는 잠시 말을 멈추었다. 그리고 "아이맥, 아이북, 아이팟"이라고 말했다. 기자들 중 몇몇은 큰소리로 웃었다. "아이팟? 무슨 이름이 그래?"

아이팟의 최대 장점은 천 곡을 저장할 수 있다는 것이었다. 그것은 비약적인 발전이었다. 대부분의 사람들은 천 곡 이상을 가지고 있기가 쉽지 않았다. 잡스는 "사실 말이 천 곡이지 대단한 양이지요"라고 말했다.

잡스는 계속해서 아이팟이 가진 장점들을 강조해나갔다. 초간편 휴대성, 배터리수명, 파이어와이어의 빠른 전송속도. (USB1.1의 5시간과 비교하여) 파이어와이어로는 전체 저장용량을 음원으로 가득 채우는 데 10분도 채 걸리지 않는다는 구체적인 사실도 빼놓지 않았다. 그러고 나서 잡스는 거의 지나가는 말로 아이팟이 데이터 저장용으로도 사용될 수 있다고 언급했다. 당시 애플 내부에서는 음악 재생만 가능한 기기의 성공 가능성에 회의적인 시각이 지배적이었다. 이 특성은 그런 회사 내부의 의견을 반영한 것이었다. 도시바의 하세처럼 애플의 몇몇 사람들은 그 디스크가 오히려 휴대용 데이터 저장기기로 사용될 수 있을 것이라고 확신했다. 아이팟의 가격은 399달러였다. 아이튠즈도 함께 업데이트되었다. 업데이트된 아이튠즈에서는 아이팟의 접속시각을 확인할 수 있었다. 또한 음원, 달력 그리고 연락처 등을 아이팟과 자동으로 동기화할 수 있었다.

아이팟의 매끄러운 마무리와 디자인 때문에 아코스^{Archos} 6GB나 크리에이티브 랩스의 노마드^{Creative Labs Nomad}와 같은 뮤직플레이어들이 갑자기 거대해 보이기 시작했다. 맥 전용 소프트웨어는 문제없이 잘 실행되었다. 자동 업데이트 역시 원활했다. 하지만 잡스가 아이팟의 설계에 대해 기술 관련 언론으로부터 뜨거운 반응을 기대했다면 아마 실망했을 것이다. 기술전문가들은 기기에 구현된 기술을 중요시한다. 아이팟에 대한 그들의 평가는 그다지 긍정적이지 않았다. 롭 말다^{Rob Malda}라는 본명을 가진 CmdrTaco의 반응이 그런 평가를 대변했다. 그는 기술 관련 토론 사이트 슬래시닷^{Slashdot}의 운영자였다. 그 사이트는 '컴퓨터매니아를 겨냥한 뉴스 사이트'로 당시 가장 영향력이 큰 사이트 중의 하나였다. CmdrTaco는 '무선 접속도 되지 않는다. 노마드보다 용량도 적다. 별 신통치 않은 제품이다'라고 아이팟을 폄하했다.[6] 하지만 슬래시닷을 이용하는 사람들에게 맥을 통한 초간편 휴대용 하드드라이브라는 아이디어는 통했다. 몇몇은 아이팟을 개인데이터를 저장하고 원하는 컴퓨터에 접속해 사용하는 미래지향적인 개인컴퓨터로 여기기 시작했다. 물론 맥에만 접속할 수 있었다. 하지만 몇몇 괴짜들은 어느새 아이팟을 윈도우 버전으로 다시 포맷할 수 있을지를 고민하고 있었다. 다른 평론가들은 다소 뻔한 얘기기는 했지만 파이어와이어와 아이튠즈를 사용하고 싶어하는 사람들만으로도 이미 수많은 잠재적 구매자를 확보하고 있다고 지적했다. 그 지적에 따르면 애플은 그들의 지갑을 열기만 하면 되는 것이었다.

애널리스트들의 반응은 다양했다.7 IDC의 브라이언 마Bryan Ma는 (아이팟이) 너무 늦지 않게 성공할 수만 있다면 (애플이 원하는 대로) 맥의 판매량을 늘리는 효과가 있을 것이라고 생각했다. 그리고 그는 저장용량이 노마드에 비해 작다는 것이 결코 단점만은 아니라고 덧붙였다.

마 작은 저장 용량 덕분에 오히려 그 제품이 빛날 수 있는 겁니다. 내가 만일 크리에이티브 랩스의 엔지니어였다면 지금 신속하게 대응책을 마련하느라 정신이 없을 겁니다.

테크놀로지 비즈니스 리서치Technology Business Research의 팀 딜Tim Deal은 애플이 소니를 따라하고 있다는 것을 파악하고 있었다. 하지만 그는 아이팟의 가격이 지나치게 높은 것 같다고 얘기했다.

딜 애플은 소니처럼 다양한 제품을 공급하고 있지 않습니다. 게다가 뉴욕과 워싱턴에 대한 9.11 테러 공격으로 세계가 휘청거리고 있습니다. 이런 시기에 새로운 소비자 제품을 출시한다는 것은 사실 매우 위험천만한 일이기도 합니다. 가격이

딱히 매력적이지 않다면 더욱 그렇습니다.

한편 폴 그리핀Paul Griffin은 자신에게 새로운 기회가 생겼음을 알아차렸다. 그가 운영하는 그리핀 테크놀로지는 애플 기기용 커넥터를 생산하고 있었다. 이 회사는 애플이 최대 암흑기를 잘 넘기고 첫 아이맥이 출시한 이후로는 날로 사업이 번창하고 있었다. (아이맥의 출시로 사람들은 새로운 마우스를 구입하거나 기존 마우스에 필요한 커넥터를 구입해야 했다.) 그리핀은 아이팟용 제품을 생산해낼 수 있다면 이 뮤직플레이어의 출시는 큰 기회가 될 수 있을 것으로 생각했다.

그리핀 아이팟이 나에게는 다시 찾아온 큰 기회라는 것을 알았습니다. 저는 MP3 플레이어를 사용해왔고, 또 사용하려고 하고 있었지만, 사실 선택할 만한 것이 별로 없었습니다. 당시 다이아몬드 리오Diamond Rio를 가지고 있었는데 문제가 한두 가지가 아니었습니다. 이 플레이어를 사용해본 사람이라면 누구나 잘 알 겁니다. 일단 저장용량이 너무 적습니다. 겨우 10곡 정도만 저장할 수 있을 뿐입니다. 게다가 음원을 전송하는 데는 한도 끝도 없는 시간이 걸립니다. 10곡을 전송하는 데 무려 30분 정도나 걸립니다. 이 직렬통신은 지나치게 느립니다. 그런데 애플은 바로 이 문제를 정확하게 짚어냈습니다. 애플의 파이어와이어는 당시로는 필요 이상으로 전송속도가 빨랐습니다. 그 이유 때문에 그것을 가지고 있는 것은 거의 바보 같은 짓으로 취급되었습니다. 하지만 바로 이 파이어와이어덕분에 아이팟으로 음원을 빠르게 전송할 수 있었습니다. 아이팟이 출시되는 순간 저는 성공을 예감했습니다. 아이팟 시장은 아직 존재하지 않았습니다. 그리고 우리는 그런 제품의 액세서리 제품을 만들고 있었습니다. 하지만 다 잘 될 것이라는 것을 확신할 수 있었습니다. 리오를 사용해보고는 MP3가 하나의 기술이

될 것이라는 것을 알 수 있었기 때문입니다. 아이팟은 출시되는 순간부터 승자가 될 운명이었습니다.[8]

처음에는 아이팟의 성공이 불투명해 보였다. 2002년 1월 첫 분기의 실적을 발표할 때 애플은 아이팟을 별도의 항목으로 분류하지 않았다. 그리고 판매량에 대한 별도의 발표도 없었다.[9] (첫 분기의 판매실적은 1년 후의 판매 실적 발표 때 비교기준으로 알려지게 되었다. 그 발표에 따르면 대략 12만5천 여개) 애플이 실적보고서에 아이팟의 판매량을 구체적으로 나타내기 시작한 것은 2003년 여름분기 이후부터였다. 이런 애플의 행동은 표면적으로는 상대적으로 저조한 판매량에 대한 곤란한 질문을 회피하려는 전통적인 사례로 비쳐졌다. 하지만 그런 행동 뒤에는 의도적인 측면도 숨겨져 있었다. 아이팟 판매량이 너무 빠르게 성장하고 있었기 때문에 애플도 구글처럼 '거인에게 엉덩이를 내보이지 않기' 위해 최선을 다하고 있었던 것이다. 즉 마이크로소프트의 주목을 받게 되는 상황을 피하기 위한 애플 나름의 계략이었던 것이다. 엄청난 잠재성을 가진 시장에서 얼마나 좋은 성과를 내고 있는지를 광고해서는 절대로 안 된다. 상어들 사이에서는 조용히 헤엄쳐야 한다.

한편 레이몬드에서는

마이크로소프트 또한 소비자들에게 신제품을 내놓아야 한다는 점을 잘 알고 있었다. 2002년 1월, 당시 마이크로소프트 엑스박스 책임자인 로비 바흐 Robbie Bach 는 제이 그린 기자에게 마이크로소프트 본사를 소개하면서 "기술혁명이 사람들의 사업방식을 완전히 변화시켰습니다. 지금부터 5년에서 10년까지는 디지털 엔터테인먼트 혁명의 시대가 될 것입니다"라고 언급했다.

하지만 그의 생각은 당시로는 너무 앞서나가는 것처럼 보였다. 어떤 음반회사의 사업에서도 디지털 음원의 다운로드량은 거의 무시할 정도였다. 그에 반해 CD 매출액은 연간 약 15억 달러에 달하고 있었다. (물론 2000년에 들어서면서부터는 연 매출액이 감소하기 시작했다. 음반회사에게는 우려할 만한 일이었다.) 영화관이나 TV 이외에 영화를 제대로 감상할 수 있는 방법은 VHS 비디오테이프나 DVD를 이용하는 것이었다. 자신의 집에 초고속데이터망을 설치한 사람은 아직 없었다.

마이크로소프트는 그 당시 새 건물인 50동에 비밀작업실—비공식 실험 프로젝트를 위한 작업실—을 운영하고 있었다. 그 곳에서는 새로 만들어진 이홈eHome 부서 소속 200명의 엔지니어들이 마이크로소프트를 그린의 표현처럼 21세기의 소니로 만들기 위해 동분서주하고 있었다.

제이 알라드는 이제 엑스박스 부서의 선임 테크놀로지스트였다. 그는 1994년 빌 게이츠에게 인터넷이라는 아이디어의 중요성을 인식시키는 메모를 전달했던 바로 그 신입사원이었다. 바흐와 알라드는 '디지털가정'이라는 비전을 공유하고 있었다. 알라드는 "이것이야말로 마이크로소프트를 완전히 탈바꿈시킬 수 있는 방법입니다"라고 말했다. 디지털가정이란 마이크로소프트의 소프트웨어를 통해 가정의 모든 구성요소가 연결된다는 것을 의미했다. TV가 게임기에 말을 걸고, 게임기는 다시 컴퓨터에게 말을 걸고, 컴퓨터는 집안에 디지털화된 다른 모든 것에 말을 거는 것. 디지털가정은 잡스의 디지털 허브라는 아이디어와 유사했다. 하지만 이 개념이 훨씬 포괄적이었다. 그리고 PC 이상으로 엑스박스가 그 비전의 중심을 차지하고 있었다.

그린은 마이크로소프트가 수년간 소비자들의 성향을 제대로 파악하지 못했다고 지적했다. 그는 웹TV, 인터넷 음성전화와 더불어 대화형 TV를 그 대표적인 사례로 들었다. 웹TV는 막대한 개발비와 수년간의 마케팅 노력에도 불구하고 가입자 수가 백만 명에서 머물러 있었다. 인터넷 음성 전화는 1999년 출시한 지 겨우 1년 만에 중단되었다. 그리고 대화형 TV의 개발 역시 교착상태에 빠져 있었다. 당시 닌텐도 아메리카의 사장직을 막 그만 둔 미노루 아라카와Minoru Arakawa는 소비자제품 분야에서 마이크로소프트가 거금을 투자하고는 있지만 아직 초보 단계를 벗어나지 못하고 있다고 평가했다.

사실 마이크로소프트가 소비자에게 다가가려는 욕구를 가지게 된 것은 훨씬 더 이전으로 거슬러 올라간다. 1999년 3월 마이크로소프트의 정기 수련회에서 게이츠, 발머 그리고 바흐는 PC기술에 기반한 소비자용 기기에 대해 논의했었다. 그 논리는 매우 단순했다. 소비자들이 기업보다 숫적으로 훨씬 많다. 그리고 한 소비자에게 여러 기기를 판매할 수 있다. 따라서 소비자시장은 기업 시장보다 잠재 규모가 훨씬 더 크다는 것이었다. 소비자 시장을 잡아라! 그러면 수익과 장밋빛 미래가 보장될 것이다. 마이크로소프트의 엔지니어들이 50동 건물에 따로 떨어져 작업을 하고 있었던 것도 바로 이런 목적을 위한 것이었다. 그들은 디지털가정을 통해 마이크로소프트의 밝은 미래를 확보하려고 노력하고 있었다. 엑스박스는 그런 노력의 일환이었다.

하지만 이것은 마이크로소프트의 일반적인 전략과는 달랐다. 하드웨어 플랫폼이 아니라 소프트웨어 플랫폼을 개발하는 것이 정상이었다. 하지만 알라드는 전략을 바꿔야 한다고 게이츠와 발머를 설득했다. 알라드는 먼저 (마이크로소프트는 소프트웨어를 만들고 다른 회사는 하드웨어를 만드는) 수평적 모델이 게임기 시장에서는 통하지 않을 것이라는 사실을 이해시켜야 했다. 게임기 판매는 항상 손실이 동반하는 것이다. 게임 소프트웨어 판매를 통해서만 그 손실을 만회할 수 있다. 따라서 수평적 모델로는 결코 게임기의 기존업체를 몰아낼 수 없다. 게이츠와 발머는 닌텐도를 인수하는 것이 보다 간편한 방법이라고 제안했다. 하지만 알라드는 다시 한번 자신의 입장을 관철시켰다. 그리하여 엑스박스 프로젝트가 탄생했다. 지금까지 수십억 달러의 비용이 들어갔지만 아직 이익이 창출될 기미는 보이지 않고 있었다. 그러나 게임기는 원래 하드웨어 중에서도 항상 가장 손실이 많이 나는 제품이었다. 이익이 발생되는 것은 게임 소프트웨어에서였다.

2002년 그리핀은 아이팟이 출시된 지 한 달도 채 되지 않아 아이팟의 주변기기를 선보이기 시작했다. 그리핀은 직원들에게 아이팟을 살펴본 후 그 제품이 제공하지 않은 것 중에서 필요한 것이 없는지 고민해보라고 주문했다.

그리핀 우리 생각은 이런 식이었습니다. 나라면 아이팟으로 무엇을 하고 싶을까? 내가 이 새 뮤직플레이어를 가지고 있다면 무엇을 할 수 있으면 좋을까? 그래, 차에서 뮤직플레이어를 틀 수 있다면 좋겠어! 이것이 우리가 생각해낸 첫 아이디어였습니다. 바로 FM트랜스미터를 생산하는 것이었지요. 헤드폰 단자에서 나온 신호를 미니 FM트랜스미터를 통해 전송하면, 그 신호가 차량 라디오에 잡히게 되는 것입니다. 전력은 시가잭으로 공급합니다. 이름은 아이트립!

아마 이런 일을 해 본 사람은 지금까지 아무도 없었을 겁니다. 그것은 완전히 새로운 아이디어였습니다. 그 사실이 너무 뿌듯하고, 그 제품을 개발했다는 것이 자랑스러웠습니다. 그 제품을 위해 우리가 한 모든 일들이 마냥 대견할 뿐입니다. 제 기억에는 그 제품을 완성하고 제품명을 결정할 수 있었던 것은 맥월드 쇼 바로 전날 밤이었을 겁니다. 그것은 대단한 것이었습니다.

사람들은 자신을 채찍질하면서 자신이 할 일에 매진합니다. 우리도 그렇게 맥월드 쇼의 일정에 정확히 맞춰 그 제품을 개발해냈습니다. 몇 달 후 그 제품은 출시되었고, 마침내 대성공을 거두었습니다.

아이팟과 윈도우

만약 아이팟이 맥을 통해서만 사용될 수 있었다면 그렇게 큰 인기를 누리지는 못했을 것이다. 애플은 아이팟이 윈도우를 통해서도 사용이 가능하도록 적절한 방법이 필요했다. 일단 아이튠즈가 윈도우에서 실행되도록 하는 것은 까다로운 작업이었다. 또 원래 아이팟을 만든 목적과 완전히 배치되는 결과를 초래할 수도 있었다. 아이팟 사용을 위해 반드시 맥을 찾을 필요가 없어지는 것이다. 애플은 타협이 필요했다.

뮤직매치MusicMatch는 1997년 문을 열었다. 밥 오웨일러Bob Ohlweiler가 그 회사에 합류한 것은 1999년이었다. 인터넷 거품은 한창이었고, 시중에는 벤처자금이 넘쳐나고 있었다. 뮤직매치는 윈도우상에서 CD의 음원을 추출할 수 있었다. 그리고 그것을 MP3플레이어로 다시 전송할 수도 있었다. MP3플레이어는 그 당시 막 등장하기 시작했다. 뮤직매치의 MP3 인코더는 음악 라이브러리 관리시스템과 결합되었다. 취미 삼아 개발한 여러 윈도우용 MP3 인코더/라이브러리 시스템들에 비하면 뮤직매치의 기능은 월등했다.

2000년 3월 인터넷 거품이 붕괴되었을 때, 뮤직매치는 자원을 매우 신중하게 결집함으로써 그 위기를 잘 넘길 수 있었다. "사이트를 구경하러 오는 방문객만 있어도 대단한 것이라고들 생각했지요"라고 오웨일러는 말했다.[10] 하지만 뮤직매치의 최고경영자인 데니스 머드 Dennis Mud의 생각은 달랐다. 은행에 저축되어 있는 돈들은 서로 자신을 써달라고 아우성이었다. 사람들은 여전히 CD 음원을 추출하는 좋은 소프트웨어라면 기꺼이 돈을 지불할 용의가 있었다. 그런 좋은 소프트웨어가 나오기만을 학수고대하고 있었다. 이것이 그의 생각이었다.

아이팟의 출시는 뮤직매치팀의 관심을 끌었다. 그들은 곧바로 애플에게 (아이팟에게는 거대하고 미개척 시장인) 수많은 윈도우 사용자들이 아이팟을 사용할 수 있도록 뮤직매치를 수정하겠다고 제안했다.

애플은 처음에는 그 제안을 받아들이지 않았다. 애플은 여전히 아이팟을 통해 더 많은 맥을 판매하고 싶어했다. 하지만 경영진 사이에서는 이미 논쟁이 벌어지고 있었다. 왜 아이팟을 윈도우에게 넘겨줘야 합니까? 맥이 없어도 아이팟을 살까요? 윈도우에서 아이팟을 사용한 사람들이 맥을 구입하게 될까요? 잡스도 처음에는 이 제안을 수용하려고 하지 않았다. "내 눈에 흙이 들어가기 전에는 윈도우 사용자들이 아이팟을 쓰는 일은 없을 겁니다." 반면에 파렐은 "윈도우 PC를 통해서도 아이팟을 사용할 수 있어야 합니다"라고 줄기차게 주장했다. 결국 윈도우와의 결합으로 아이팟 시장이 20배 성장할 수 있을 것이라는 전망을 외면할 수는 없었다. 게다가 당시 경기침체는 회복의 기미가 보이지 않았다. 사실 더 많은 사람들이 애플 제품을 구입하게만 할 수 있다면 그곳이 지옥이라도 쫓아갈 판이었다.

2002년 7월 애플은 최대 20GB 용량의 2세대 아이팟과 윈도우용 아이팟을 동시에 선보였다. 윈도우용 아이팟은 뮤직매치의 소프트웨어를 통해 윈도우 PC와 접속할 수 있었다. 하지만, 오웨일러는 애플과의 관계가 오래 지속되기는 어렵다는 것을 잘 알고 있었다. 그는 "이 관계가 본격화되면 애플은 윈도우용 아이튠즈를 만들고 우리를 강압적으로 밀어붙일 거라는 것. 그것은 충분히 예상할 수 있는 상황이었습니다"라고 회상했다. 뮤직매치가 우려했던 것은 사람들이 뮤직매치에 회원가입하고 음원을 구입하기도 전에 윈도우용 아이튠즈가 출시될 수도 있다는 것이었다. 그렇게 되면 뮤직매치 소프트웨어의 업그레이드 버전은 판매가 어려워지는 것이었다. 오웨일러는 애플에서 많은 회의를 했다. 주로 엔지니어와 경영자들과 앞으로 출시될 제품의 세부사항에 대해서 논의했다.

오웨일러는 애플, 윈도우 기반 MP3 플레이어 제조업체들, 델과 같은 PC 제조업체들, 그들 각자의 야심이 충돌하는 시기가 다가오고 있다는 것을 직감하고 있었다. 델은 침체된 자신의 소비자 사업을 다시 일으킬 시장으로 뮤직플레이어 시장을 주시하고 있었다. PC 제조업체는 뮤직플레이어 소프트웨어가 필요했다. 그런 소프트웨어가 있다면 직접적인 소프트웨어 개발 비용을 절약할 수 있었다. 만일 마이크로소프트가 윈도우 미디어 플레이어와 함께 실행될 수 있는 소프트웨어를 이미 개발하고 있다면, 그런 소프트웨어를 직접 개발하는 것은 쓸데 없는 시간낭비가 되는 것이었다.

그런데 마이크로소프트가 이미 그 작업을 하고 있다는 사실이 밝혀졌다. 이제 PC 제조업체는 뮤직플레이어 자체만 공급하면 되었다. 수평적 모델이 MP3플레이어 시장에도 적용될 준비를 마쳤다. 애플 그리고 뮤직매치와 같은 제3의 소프트웨어 회사들은 사형선고를 눈앞에 두고 있는 것과 같았다. 마이크로소프트와 PC제조업체들이 이 시장에 진입하여 시장을 독차지하려고 하고 있었다. 그들은 규모의 경제를 무기로 어떤 저항도 물리칠 기세였다.

음반회사 역시 이 문제에 지대한 관심을 보였다. 그들은 특히 마이크로소프트가 개발하는 소프트웨어가 자신의 자산(CD로부터 추출된 음원)을 보호해줄 수 있을지에 촉각을 곤두세우고 있었다. 음반회사들은 파일 공유의 상징인 냅스터를 법정소송을 통해 진압했다. 하지만 보다 위협적인 파일 공유 형태가 이미 냅스터를 대신하고 있었다. 이 새로운 파일 공유 방식은 라임와이어LimeWire나 그록스터Grokster와 같은 진정한 의미의 P2P 시스템을 이용하는 것이었다. 이 시스템을 운영하는 중심적인 회사는 없었다. 음반회사들은 앞으로 음원을 불법 복제하는 개인들을 일일이 쫓아다녀야 할지도 모른다. 그것은 결코 그들에게 반가운 상황은 아니었다. 물론 몇 사람을 본보기로 처벌할 수도 있었다. 그것이 불법복제를 신속하게 해결하는 동시에 (자신들이 가격을 통제할 수 있는) 합법적인 다운로드 시장을 확대할 수 있는 한 가지 방식이라고 그들은 생각하고 있었다.

마이크로소프트는 음반회사의 요구를 줄곧 경청하고 있었다. 마이크로소프트의 전략은 음원을 직접 개발한 윈도우 미디어 오디오 포맷WMA으로 변환하는 것이었다. WMA 파일은 별도의 테스트 결과에서 적은 용량으로도 MP3 파일보다 음질이 좋다는 평가를 받았다. 디폴트 시스템인 윈도우 미디어 플레이어로 변환한 음원파일은 일종의 디지털 자물쇠인 디지털 저작권 관리DRM와 결합하여 뮤직플레이어로 전송되었다. 다른 컴퓨터로의 음원 복제는 불가능했다. 그리고 뮤직플레이어는 오직 한 대의 컴퓨터하고만 연동될 수 있었다. 이런 방식으로 보호되는 WMA파일은 파일 공유 네트워크에 업로드되어 다른 PC로 다운로드된다고 하더라도 재생될 수 없었다.

이것은 기발한 전략이었다. 그러나 몇 가지 문제가 있었다. 첫 번째 문제는 윈도우에서 CD 추출 작업을 하는 것은 소수의 사람들의 취미 정도에 머물러 있었다는 점이다. 그들은 추출 방법과 목적을 잘 이해하고 있었다. 또한 마이크로소프트의 교묘한 술책 특히 DRM에 대해서는 거의 전문가 수준이었다. (반독점소송에서 마이크로소프트가 유죄판결을 받았다는 사실이 대중적으로 널리 알려지면서, 마이크로소프트가 자신의 협력업체가 아니라 사용자의 이해를 최우선으로 생각한다는 신뢰는 이미 많이 무너진 상태였다.) 따라서 그들은 WMA파일을 재생할 수 있을 뿐만 아니라 MP3파일로의 변환도 가능한 뮤직매치와 같은 프로그램을 사용하고 있었다.

두 번째 문제는 마이크로소프트의 소프트웨어 자체가 신통치 않았다는 것이었다.

오웨일러 플레이어에서 실행시키기에는 마이크로소프트의 소프트웨어가 너무 무거웠습니다. 잘 작동하지도 않았습니다. 그 밖에도 여러 가지 자질구레한 문제들이 있었습니다. 드라이버들도 제대로 작동하지 않았고, 전송속도 역시 무척 느렸습니다.

전송속도가 느렸던 이유는 그 소프트웨어가 USB 1.1에 기반했기 때문이다. USB 2.0 스탠더드는 파이어와이어에 버금갈 정도로 빨랐다. 하지만 양산체제에 돌입하게 된 것은 2003년 말이나 되어서였다. 소비자 전자기기 특히 디지털 뮤직플레이어에 널리 사용되기까지는 좀더 많은 시간이 걸렸다.

문제는 이 두 가지만이 아니었다. 또 하나의 문제는 산업디자인과 관련 된 것이었다. 오웨일러는 애플 경영진과 토론하면서 제 3세대 아이팟의 프로토타입을 보았던 경험을 기억하고 있다. 뮤직매치팀은 그 과정에서 잡스의 버릇을 알게 되었다. 애플 엔지니어들 말에 따르면, 잡스는 불쑥 들어와 제품이 형편없다고 얘기하고는 곧바로 나가버리곤 했다는 것이다. "이건 덩치가 너무 큰 것 같군요" "이것은 부피가 너무 커요" (잡스가 애플 의 복도를 서성거리다 한 회의에 참석해서 최소한의 핵심적인 충고를 하고는 또 다 른 회의 장소로 이동하는 모습이 그려진다.) 애플 내에서 얼마나 제품의 품질 과 사용자 경험이 강조되고 있는지, 그리고 더 나은 제품을 만들기 위해 얼마나 엔지니어들을 채찍질하는지를 이보다 더 잘 보여줄 수 있는 것은 없는 것 같다.

그로부터 한 달 뒤, 오웨일러는 텍사스 주 오스틴에 위치하고 있는 델 컴퓨터의 본사에 있었다. 델은 성장을 거듭하고 있는 뮤직플레이어 시장 에 진입하기 위해 혈안이 되어 있었다. 델은 마이크로소프트의 소프트웨 어를 이용하고, (PC의 경우처럼) 자체 하드웨어를 개발하고, 자신의 구매협 상력을 이용하면 애플보다 낮은 가격을 책정할 수 있다고 판단했다. 그들 은 자신만만했고, 이제 시장을 차지하기만 하면 된다고 생각하고 있었다.

하지만 현실은 그렇게 녹록하지 않았다. 오웨일러는 아이팟과 같은 1.8 인치 하드 드라이버를 탑재한 델 DJ 플레이어의 프로토타입을 건네 받았 던 적을 떠올렸다. 그는 속으로 '이거 엄청나게 크군'이라고 생각했다. 물 론 그의 표현은 훨씬 완곡했다. 그는 "생각보다 커서 조금 놀랍습니다. 그 렇게까지 클 필요가 있을까요?"라고 말했다고 한다.

델의 플레이어는 아이팟의 기존모델보다 눈에 띄게 두꺼웠다. 아이팟 후속 모델과는 그 두께 차이가 더욱 벌어졌다. 물론 뮤직매치팀은 곧 출시될 아이팟의 디자인에 대한 보안을 철저히 지키겠다고 맹세한 상태였다. 이 약속을 깨트린다면 극도로 비싼 비용이 들어가는 법적 소송에 휘말릴 각오를 해야 했다. 또한 애플과의 관계 역시 청산될 가능성이 높았다. 애플은 공식발표 하루 전이라도 애플 디자인에 대해 누설했다는 사실이 발각되었을 경우에는 가차없이 그 공급업체와의 관계를 끊어버리는 것으로 유명했다.

델은 수평적 모델을 통해 자신의 역할을 수행했다. 히타치Hitachi와 도시바 두 공급업체로부터 부품을 조달 받아 그 비용을 줄였다. 하지만 이 조달 방식으로 인해 델 기기의 부피는 커질 수밖에 없었다. 도시바의 하드 드라이브는 커넥터가 측면에 있었고, 히타치의 하드드라이버는 커넥터가 밑면에 있었기 때문이다. 하지만 이런 이중하청 덕분에 가격을 40센트 하락시킬 수 있었던 것은 분명했다. 오웨일러는 "그것이야말로 두 회사의 핵심적인 차이였습니다. 애플은 산업 디자인과 그것의 구현 그 자체였습니다. 하지만 델의 중심을 차지하고 있던 것은 조달방식이었습니다"라고 회상했다.

음원, 저장되다

2003년 가을 애플은 3세대 아이팟을 선보였다. 이 모델이 델의 엔지니어들이 디자인에 대한 비교대상으로 삼아왔던 2세대 아이팟을 대체했다. 이 새 모델이 가진 한 가지 큰 특징은 기기 밑면에 있는 애플 전매특허의 30핀 독 커넥터였다. 이 커넥터를 통해 아이팟을 파이어와이어나 USB 2.0 포트에 케이블로 연결할 수 있었다. 아이팟을 구입할 때 원하는 케이블을 밝혀야 했다. 이 독 커넥터가 애플이 지배하고 이익을 획득할 수 있는 수십억 달러 규모의 산업이 시작되는 출발점이었다는 사실은 나중에 밝혀지게 된다. 당시로는 연결케이블을 선택 가능한 편의품 정도로밖에 보지 않았다. 사실 이 독 커넥터에는 훨씬 더 신중한 의도가 숨겨져 있었다. 이것은 아이팟으로 가는 입구가 될 것이다. 그리고 애플은 아이팟에 무언가를 넣고 빼는 것을 원하는 사람들에게 통행료를 받아낼 수 있게 될 것이다.

그러나, 영향력 면에서 훨씬 중요했던 것은 바로 아이튠즈 뮤직스토어였다. 아이튠즈 뮤직스토어야말로 그 이후 음반업체부터 애플, 마이크로소프트, 그리고 음악에 대한 사람들의 관점까지 폭넓은 영향을 미치게 된다. 이것은 아이팟에 대한 잡스의 꿈을 구현한 것이었다. 그 꿈은 바로 인터넷을 통해 원활하게 음원을 구입하는 것이었다. 잡스는 픽사와 넥스트에 근무하던 1995년에 이미 이런 포부를 공개적으로 밝힌 바가 있었다. 그는 와이어드의 게리 울프Gary Wolf에게 미래에는 인터넷이 손에 잡히는 상품뿐만 아니라 손에 잡히지 않는 상품, 즉 디지털 방식으로만 존재하는 상품까지도 판매하는 통로가 될 것이라고 얘기했다.

잡스 사람들은 앞으로 웬만해서는 직접 가게에 가지 않을 겁니다. 그들은 웹에서 바로 구매하게 될 것입니다. 웹을 소비자와의 직접적인 유통 경로로 생각하면 가장 정확할 겁니다. 그것이 정보이든 아니면 상품이든지 말이지요. 모든 중간상들을 건너뛰게 될 겁니다. 중간상은 아주 철저하게 배제될 것입니다.

잡스는 규모와 상관없이 동등한 기회를 부여하는 웹의 민주주의를 사랑했다. 이것은 매우 심오한 일이었다. 그리고 매우 좋은 일이기도 했다.

2002년 음반회사들이 그록스터와 라임와이어 때문에 안절부절 못하고 있는 동안 잡스는 자신의 계획에 동참하라고 음반회사들을 줄기차게 설득하고 있었다. 그는 다운로드를 통해 직접 음원을 판매할 계획이었다.

음반회사들은 처음에는 확신을 갖지 못했다. 2002년 1월 그들은 직접 프레스플레이PressPlay와 뮤직넷MusicNet이라는 가입형 음원서비스를 시작했다. 그들이 보유한 저작권(그리고 판매권 또는 라이선스)은 음반화된 음원의 80%에 해당되었다. 프레스플레이는 소니와 유니버설/비방디의 합작투자회사였다. 그리고 뮤직넷에는 EMI, BMG, 타임워너 그리고 리얼네트워크가 출자하고 있었다. 몇몇 음반회사들 특히 소니는 음악CD에 DRM을 도입했다. 그로 인해 소니가 제작한 CD의 음원은 추출이 불가능했다.

하지만 프레스플레이와 뮤직넷을 이용하는 것은 악몽 같은 경험이었다. 프레스플레이의 한 달 회비는 15달러였다. 그것은 CD 한두 장을 살 수 있는 금액에 해당되었다. 하지만 이 사이트가 제공하는 것은 음질 나쁜 스트리밍 서비스에 불과했다. 모든 음원을 다운로드할 수 있는 것도 아니었고, 다운로드한 음원을 모두 CD로 구울 수 있는 것도 아니었다. 매달 한 아티스트당 두 곡까지만 CD로 구울 수 있었다. 뮤직넷은 스트리밍 서비스와 다운로드 이용료로 매달 10달러를 청구했다. 다운로드된 음원은 다운로드된 컴퓨터에서만 재생될 수 있었다. 그리고 그 음원을 CD로 굽는 것 역시 불가능했다. 당시 미국 인구의 절반만이 인터넷을 사용하고 있었다. 그 중 4/5는 초고속데이터망이 아니라 전화회선을 이용했다. 이런 네트워크 환경에서 스트리밍은 최악이었다. 게다가 두 사이트는 서로 다른 DRM을 사용하고 있었다. 뮤직넷의 DRM은 리얼네트워크가 개발한 것이었다. 리얼네트워크는 마이크로소프트에서 독립해 나온 롭 글레이저Rob Glazer가 운영하고 있는 회사였다. 반면 프레스플레이는 마이크로소프트의 DRM을 사용하고 있었다.

평론가들은 이 음원서비스를 극도로 싫어했다. 이 사이트들의 서비스는 결코 좋은 조건으로 제공되는 것이 아니었다. 유료이면서 라디오로 음악을 듣는 것보다 나은 점이 없었다. 이런 서비스에 가입하느니 차라리 파일 공유 네트워크에서 원하는 음원을 불법적으로 다운로드 받은 것이 백배 나았다.

그러나 애널리스트들은 낙관적이었다. 주피터 리서치는 2006년 미국 음악산업의 온라인 판매 규모가 55억 달러에 달할 것으로 내다보았다. 이 금액은 당시 전체 음반시장의 약 30%에 해당하는 것이었다. 하지만 어떻게 거기에 도달할 수 있을지는 알 수 없었다.

잡스는 음반회사와의 협상에서 기대치를 낮게 잡았다. 크링글리는 나에게 "믿을지 모르겠지만 첫 해에 백만 곡의 음원을 판매하는 것이 애플의 목표였습니다. 이것이 애플과 음반회사 경영진이 함께 세웠던 기대치였습니다. 믿어지세요?"라고 말했다. 당시 기준으로도 정말 소박한 목표였다. 그것은 매년 판매되는 아이팟 한 대당 겨우 7곡을 판매하겠다는 것이었다. (그리고 사용되는 아이튠즈 한 개당 판매곡을 따지면 그 수치는 더욱 적어질 것이다.) 하지만 잡스는 아이팟 출시 전부터 협상을 해왔다. 아이팟 출시 이전에는 아이튠즈가 디지털 허브를 구성하는 유일한 음악부문이었다. 그것은 이미 많은 컴퓨터에 설치되어 있었다. 아이튠즈 뮤직스토어를 이용하는 데 아이팟이 꼭 필요했던 것은 아니었다.

잡스는 애플이 미약한 존재라는 사실을 적절히 활용하여 음반회사에 지나치게 낮은 가격을 제시했다. 이 협상에서 잡스는 혹시라도 뮤직스토어가 불법복제의 통로가 되더라도 단지 5%(애플의 시장 점유율)의 컴퓨터만 문제가 되는 것이라고 언급했다.

거대 음반회사인 유니버설과의 계약이 결정적이었다. 잡스는 유니버설의 최고경영자인 더그 모리스Doug Morris에게 계약을 제안했다. 그는 유니버설 산하의 인터스코프Interscope라는 레이블 책임자인 지미 아이빈Jimmy Iovine에게 협상을 일임했다. 아이빈은 그 당시 음반업계에 들이닥치고 있는 위협을 잘 알고 있었다. 또한 온라인의 잠재성 역시 확신하고 있었다. 아이빈은 잡스를 만났고 둘은 금세 의기투합했다. 아이빈이 모리스를 설득했고 결국 계약이 체결되었다. 드디어 일이 굴러가기 시작했다.

음반회사들은 그 계약조건을 묵묵히 수용했다. 하지만 음원에 DRM을 입힐 것을 요구했다. 오웨일러는 DRM을 설치하려는 음반회사들에 대한 자기 나름의 해석을 덧붙였다.

오웨일러 음반업계 종사자들은 언제나 지난 계약에서 손해를 보았다고 느낍니다. 따라서 다음 계약에서는 지난 계약에서 얻어냈어야 했다고 생각하는 조건으로 계약하려고 합니다. 음반회사들과 퍼블리셔는 의견이 다릅니다. 그래서 의견충돌이 일어나기 마련입니다. 하지만 둘 중 하나가 없어도 안 됩니다.

DRM의 목적은 일단 파일 공유를 방지하는 것이다. 또한 판매나 복제에 대한 저작권 보호가 전혀 없는 지역으로 음원이 전송되고 유통되는 것을 막으려는 것이기도 하다. 영화사들은 DVD의 지역코드 설정을 통해 이 문제를 효과적으로 해결했다. 미국에서 생산된 DVD는 지역코드가 다른 유럽에서는 재생될 수 없었다. 음반회사는 영화사의 선견지명을 마냥 부러운 눈으로 쳐다볼 수밖에 없었다.

물론 파일 공유 네트워크는 국경이라든지 지역 라이선스 계약이라든지 뭐 그런 것에 대해서 알지도 못했고 안중에도 없었다. 하지만 국제 CD 포맷에서는 어느 정도의 진전이 있었다. "소니는 미니디스크MiniDisc 포맷으로 일본에서 성공을 거두었습니다. 이 포맷에서는 음원 전체를 복제하는 것이 불가능합니다. 소니뮤직과 더불어 음반회사들은 이제 복제 방지 기술을 갖게 된 것으로 보였습니다. 더욱이 소니전자는 그 당시 거대기업이었습니다"라고 오웨일러는 말했다. 그래서 음반회사들은 뮤직플레이어와 음원추출 소프트웨어에도 유사한 복제방지 기술이 포함되어야 한다고 요구했던 것이다.

애플은 음반회사의 요구를 받아들였다. 하지만 널리 (그리고 무료로) 이용되는 마이크로소프트의 윈도우 미디어 제품과 같은 방식을 채택하지는 않았다. 이 사실은 중요했다. 그 대신에 잡스는 엔지니어들에게 전혀 새로운 시스템을 만들도록 했다. 그들은 이 시스템을 페어플레이FairPlay라고 불렀다. 이 시스템에서 아이팟은 하나의 맥하고만 연동될 수 있다. 따라서 아이팟에 저장된 음원을 다른 맥으로 전송하는 것은 불가능했다. (물론 서드파티 개발자가 이 문제를 해결하는 소프트웨어를 곧바로 개발하기는 했다.) 그리고 (DRM복제방지가 되어 있는) 구입음원은 단지 세 대의 승인된 컴퓨터에서만 재생할 수 있었다. 승인 받는 방법은 간단했다. 사용자가 아이튠즈 뮤직스토어에서 음원 구입 시 사용하는 사용자명과 패스워드를 컴퓨터에 입력하기만 하면 되었다. 하지만 여기서 중요한 것은 구입음원들을 CD로 구울 수 있다는 것이었다. 구입음원의 DRM을 제거하고 MP3파일로 변환할 수 있었다. 그리고 원한다면 파일 공유 네트워크에 올려놓을 수도 있었다. (한 연구에 따르면 뮤직스토어에 등장한 새 음원이 MP3파일로 파일 공유 네트워크에 업로드 되는 데까지는 채 몇 분이 걸리지 않는다고 한다.) 마이크로소프트의 소프트웨어에서는 불가능한 작업이었다. 이전에 잡스와 애플을 기습했던 바로 그 기술, 즉 CD 굽기가 쓸모 있다는 사실이 새삼 확인되었다. (아마 거의 모든 사람들일 것이라고 여겨지는데) DRM을 싫어하는 사람들에게 답은 간단했다. 음원을 CD로 구운 후 다시 인코딩하라.

오웨일러는 마이크로소프트의 엄격한 DRM 방식에서는 음원판매업자들이 각 콘텐츠에 대해 일일이 그리고 지속적으로 DRM 복제 방지를 관리해야 했다고 지적했다.

오웨일러 99센트짜리 한 곡당 비용을 제하고 나면 10센트의 마진이 남습니다. 그 10센트를 위해서 음원이 판매되는 내내 기술적 지원을 제공해야 한다고 생각해 보세요. 이에 비하면 애플의 컴퓨터 승인 모델은 훨씬 간단합니다. 음반업계가 디지털 음원 판매업자로서 장기적으로 생존할 수 있게 된 것은 다름 아닌 MP3파일을 허용하고 DRM을 배제하면서부터입니다.

아이튠즈 뮤직스토어는 마이크로소프트 모델과 또 다른 차이를 가지고 있었다. 음반회사들은 (보호받을 수 없는) MP3 포맷의 사용을 찬성하지 않았다. 반면에 애플 특히 잡스는 WMA 포맷을 찬성하지 않았다. 이론적으로는 아이팟에 내장된 칩셋이 WMA파일을 디코딩할 수 있었다. 그러나 실제로 그 기능이 실현되지는 못했다. 대신 아이튠즈는 음원을 MP3 포맷이나 Advanced Audio Codec^{AAC}으로 압축했다.

AAC는 PC 오디오의 정글 속에서 하나의 별종이었다. 아이팟 출시 당시 AAC를 재생할 수 있는 플레이어는 아이팟이 유일했다. 다른 기기는 전부 (아이팟이 재생하지 못하는) WMA와 (아이팟이 재생할 수 있는) MP3, 이 둘 중 하나를 이용하고 있었다.

교묘한 술책들이 오가며 수 차례의 협상이 진행되었다. 여러 가지 번거로운 일들이 마무리된 후, 마침내 2003년 4월29일, 아이튠즈 뮤직스토어가 온라인으로 음원을 판매하기 시작했다. (하지만, 애플의 컴퓨터에서만 가능했다.) 목표로 삼았던 100만 곡 판매와 (합법적인) 무료 다운로드는 겨우 일주일 만에 달성되었다. 음반회사들은 아이튠즈 뮤직스토어의 성공에 놀라움을 금치 못했다. 그 결과 애플은 단번에 미국과 전 세계에서 합법적으로 승인된 최대 음원 다운로드 사이트가 되었다. 그리고 한 달도 채 되지 않아 300만 곡이 다운로드되었다.

셀러브리티 마케팅

스티브 잡스는 음악인을 존경했다. 그에게 음악은 인간의 다른 어떤 시도보다도 특별한 것이었다. 밥 딜런Bob Dylan은 잡스에게 영웅이었고 존 바에즈Joan Baez는 한때 그의 연인이었다. 잡스는 비틀즈Beatles와 조니 캐시Johnny Cash의 음악을 즐겨 들었다. 음악에는 매우 놀라운 특징이 있다. 바로 음악인들이 유명하다는 것이었다. 잡스가 시도때도 없이 음악에 대한 사랑을 논했던 것은 결코 꾸며낸 말이 아니었다. 2001년 루빈스타인이 도시바의 자그마한 새 하드드라이버를 이용할 최선의 방법으로 카메라나 동영상만을 언급했다면 잡스는 그것을 아예 쳐다보지도 않았을지 모른다.

그리고 잡스가 존경해 마지않는 음악인들이 유명인이기에, 아이팟이 그들의 유명세에 편승할 법도 했다. 이 전략이 적시에 애플에게 승리를 안겨주게 된다.

애플은 일단 사람들이 아이팟을 주목하게 만들어야 했다. 그것은 시급한 문제였다. 2002년 애플의 컴퓨터 판매량이 감소하기 시작했다. 2003년 첫 세 달 동안 애플은 1998년 이후 처음으로 파산 직전까지 몰릴 정도로 실적이 악화되었다. 아이팟은 7만8천 대가 판매되었다. 비록 전 해의 같은 분기 대비 판매량이 37% 신장되기는 했지만, 전 세계를 열광의 도가니로 몰아넣을 정도는 아니었다.

바로 그 때 주목할 만한, 기막히게 운이 좋은 일이 발생했다. 오프라 윈프리는 당시 미국 TV에서 최고의 인기를 구가하고 있는 유명인 중의 유명인이었다. 2003년 5월 그녀는 자신이 진행하는 쇼의 계절 특집으로 '내가 좋아하는 것들Favorite Thing'이라는 프로그램을 선보였다. 이 프로그램에서 그녀는 자신이 개인적으로 좋아한다고 언급한 제품들을 방청객에서 선물로 나눠 줄 예정이었다.[12] 수많은 시청자를 거느린 가장 사랑받는 아이콘이 진행하는 쇼에 제품을 선보인다는 것은 엄청난 인기를 보장받는다는 것을 의미했다. 오프라가 그것을 좋아한다면 사람들도 당연히 좋아할 것이다.

2003년 5월 애플이 지독하게 형편없는 실적을 거둔 바로 그 분기가 지나자마자 휴렛팩커드의 디지털 카메라/프린터 독 컴비네이션, 룸바의 자동진공청소기, 리미스테르의 티샤 브라, 그리고 베버의 큐그릴과 카트 등이 포함되어 있는 목록에 15GB 아이팟의 이름도 버젓이 올라가 있었다.

애플이 손을 썼던 것일까? 공식적으로는 오프라가 그 제품을 실제로 좋아하지 않고서는 '내가 좋아하는 것들Favorite Thing'의 목록에 결코 포함될 수 없었다. (물론 그 목록에 제품이 포함된 회사는 방청객에서 나눠줄 물품의 비용을 떠안아야 했다. 그것은 사실 엄청난 마케팅 비용이었다.) 하지만 그 무렵 애플에 근무하는 지인이 나에게 귀띔해준 말을 보면, 애플은 그 당시 TV나 영화에 자신의 제품을 등장시키는 데는 비용을 지출하지 않았던 것으로 보인다.

4월부터 6월까지 애플은 30만4천 대의 아이팟을 판매했다. 전해 같은 분기에 비해 5배나 늘어난 판매량이었다. 나쁘지 않은 실적이었다. 하지만 분기별 15억 달러를 기록하고 있던 애플의 수입에서 아이팟이 차지하는 비중은 여전히 10%에도 미치지 못하고 있었다. 애플은 대부분의 수입을 컴퓨터 판매로 얻고 있었다. 그런 회사에게 아이팟은 한낱 부업처럼 보였다. 아이팟은 뭔가 더 많은 것이 필요했다. 잡스는 애플의 매킨토시 광고비 중 7억5천만 달러를 아이팟 광고비로 전환했다. 잡스도 나중에 인정한 것처럼, 당시 아이팟의 판매량으로만 판단할 때 그 정도 대대적인 광고비는 터무니없는 것이었다.

어떤 제품이 주목을 받으려면 주목을 받고 있는 누군가가 그 제품을 사용해야 한다는 것은, 마케팅 전문가들에게는 상식에 속하는 얘기이다. 잡스가 복귀하기 전 애플에서 근무했던 돈 노먼^{Don Norman}은 애플의 아이팟 마케팅은 소니의 전략을 그대로 모방한 것이라고 설명한다.

노먼은 사용성 전문가로 유명하다. 그는 사람들이 어떻게 대상들과 상호작용하는지를 분석해왔다. 그는 감정적 반응이 상품과 서비스의 선택, 구매 그리고 사용에 어떤 영향을 미치는지에 특히 관심을 갖고 있다. 우리의 선택은 이성적인 계산의 결과이다. 하지만 동시에 미처 깨닫지 못하는 감정적인 요인의 결과이기도 하다. 그런 감정적인 요소들은 우리의 반응들을 분석함으로써 알아낼 수 있다.

노먼 소니가 워크맨을 세상에 내놓았을 때, 그들의 마케팅홍보는 비즈니스스쿨에서 가르칠 정도로 고전적인 사례가 되었습니다. 소니는 통상적으로 기술에 대한 발표를 하지 않습니다. 대신 유명 영화배우, 연예인, 배우, 음악가 등 기술과는 전혀 관련이 없지만 대중들이 정말로 존경하는 사람들에게 워크맨을 나누어주었습니다. 그런데 그 사람들은 그것을 정말로 좋아했습니다. 소니는 그들이 '이것이 애플은 실제로 유명인들이 아이팟을 사용하도록 하는 집중프로그램을 진행했다. 그것은 적은 비용으로 큰 효과를 거둘 수 있는 방법이었다. 당시 경쟁업체에 비해 마케팅예산이 턱없이 부족했던 애플로서는 비용이 적게 드는 것 역시 중요했다. 애플의 마케팅팀은 자신들이 알고 있는 연락처를 총동원하여 유명인들과 접촉하기 시작했다. 하얀 헤드폰 줄을 귀에 걸고 있는 유명인의 사진들이 하나 둘씩 등장하기 시작했다. 그 기기를 자세히 들여다 볼 필요는 없었다. 하얀 헤드폰만으로도 그들이 아이팟을 사용하고 있다는 사실을 단번에 알아 볼 수 있었다. 애플은 유행의 물결을 타기 시작했다. 미국과 영국에서 유명인은 그 존재만으로도 하나의 뉴스거리였다. 그들에 대한 뉴스는 언제나 전 세계를 떠들썩하게 만들었다. 한편 이런 유명인들의 사전 조율된 외출과 사전 허용된 사진, 그리고 말 한마디에 사활을 거는 잡지들이 우후죽순처럼 생겨나고 있었다. 아이팟을 사용하는 유명인들은 좋은 뉴스거리였다. 그러다 데이비드 베컴 David Beckham과 빅토리아 베컴이 아이팟을 손에 쥐고 있는 모습이 카메라에 찍혔다. "베컴의 사진이 결정적이었습니다. 그 사진은 전 세계로 퍼져나갔습니다." 당시 애플 직원 중 한 명은 이렇게 기억하고 있었다. 크레이그 데이비드, 팻보이 슬림, 로비 윌리엄스, 디디 역시 아이팟을 가지고 있었다. 유명한 사람들은 모두 아이팟을 사용하고 있는 것처럼 보였다.

사실 전부는 아니었다. 2003년 8월 높은 판매부수를 자랑하는 영국의 일간 타블로이드 신문인 선Sun 지는 '게리가 아이팟이 없다니! 나는 믿을 수가 없다iCan't believe Geri hasn't got an iPod' 라는 조롱 섞인 머리기사를 실었다. 이 신문의 연예칼럼은 자주 사용하는 특유의 소문자 대문자 결합을 통해 수사적으로 '게리 할리웰이 아직도 아이팟 열풍을 알아채지 못하고 있는 유일한 유명인일까?IS Geri HaLLIWELL the only celebrity NOT th have caught on to the iPod craze yet?'라고 물었다. 이 칼럼은 '이 사진을 보십시오. 전 스파이스 걸스 멤버가 CD 워크맨으로 음악을 들으며 히로스 공항에서 프랑스 남부행 비행기를 기다리고 있습니다'라고 덧붙였다.[14]

그녀가 CD 워크맨이라니? 정말로 아이러니가 아닐 수 없었다.

아이팟은 주목 받기 시작했다. 한편 평론가들은 기다렸다는 듯이 델 DJ와 다른 뮤직플레이어에 비난을 퍼붓기 시작했다. 예상치 못했던 일이었다.

그 해 7월 오프라의 '내가 좋아하는 것들'이 다시 한번 방영되었다. 그 쇼가 방영된 이 후 몇 명의 시청자들은 오프라가 아이팟에 익숙하지 않은 것으로 보였다고 언급했다. 한 시청자는 그녀가 그 기기를 어떻게 작동하는지 전혀 모르는 것처럼 보였다는 시청소감을 시청자게시판에 남겼다.

그녀는 아이팟을 어떻게 켜는지도 알지 못했다. 기술자문이 버튼을 가리키고, 그녀가 아이팟을 실행시킬 수 있게 되었을 때 그녀는 몇 초 동안 몸을 덩실거렸다. 그리고는 못 믿겠다는 듯한 목소리로 "이 노래가 정말 이 기기에서 나오고 있는 거 맞아요?"라고 물었다. 그녀는 아이팟에 음원을 저장하는 방법도 모르고 있었다. 그녀가 아이팟에 대해 아는 것이라고는 눈곱만큼도 없어 보였다. 나는 너무 실망스러웠다.

(2005년에도 윈프리는 아이팟—이번에는 동영상재생도 가능한—을 '내가 좋아하는 것들'의 목록에 포함시켰다.)

그 해 7월부터 9월까지 3사분기에 애플은 33만6천 대의 아이팟을 판매했다. 이것은 전해 같은 분기 대비 두 배가 증가한 실적이었다. 9월 애플은 아이팟을 업그레이드하면서 용량을 확장했다. 그 달 말경 나는 파리에서 잡스를 만났다. 그는 늘 그렇듯이 아이튠즈 뮤직스토어의 성과에 대해서도 낙관적이었다.

잡스 스토어를 한다는 것이 쉽지 않다는 건 당신도 잘 아시잖아요? 단지 쉬워 보일 뿐이지요. 웹 브라우저만으로는 부족하기 때문에 사용자 기기를 위한 소프트웨어를 개발해야 합니다. 그리고 뮤직스토어는 많은 거래를 할 수 있어야 합니다. 우리는 이미 10억 달러에서 20억 달러 사이의 연 매출을 기록하고 있는 (애플 컴퓨터를 판매하는) 온라인 판매사이트를 가지고 있습니다. 그리고 아이팟을 가지고 있습니다. 이것은 판매량이나 판매액 면에서 최고의 뮤직플레이어입니다. 우리는 이 모든 것을 할 수 있는 유일한 회사입니다. 다른 어떤 회사도 뮤직플레이어와 소프트웨어인 주크박스를 모두 취급하고 있지는 않습니다. 그런 회사가 어디 있습니까? 한 회사에서 이 모든 것을 하는 것은 우리뿐입니다. 다른 업체들도 노력하고 있긴 하지만, 아마 그들은 생각했던 것보다 어렵다는 것을 깨닫고 있을 겁니다.

아이튠즈 뮤직스토어의 단순한 프론트엔드 뒤에는 복잡한 백엔드가 숨겨져 있었다. 애플은 온라인 스토어를 운영했던 경험이 있었기 때문에 수요를 관리할 줄 알았다. 음원을 판매하기 위해서는 신용카드를 승인하고 거래를 안전하게 진행해야 하며 엄청난 양의 데이터를 전송할 수 있어야 했다. 일단 판매가 되면 음원은 아이튠즈에서만 DRM을 제거할 수 있도록 인코딩 돼야 했다. 그리고 그것이 쉽고 원활하게 이루어져야 한다.

애플은 클라우드 서비스를 제공하고 있었다. 단지 그렇게 부르지 않았을 뿐이다. 하지만 클라우드 컴퓨팅에서 전문성을 획득해가고 있는 것은 애플만이 아니었다. 구글과 마이크로소프트 (그리고 별도로 아마존) 역시 그 분야에서 일가견을 이루어가고 있었다.

한 가지가 더. 애플은 노래 한 곡을 판매할 때마다 수십만, 수백만의 신용카드 번호를 획득하고 있었다. 그만큼 고객과의 관계도 구축하고 있었다.

윈도우용 아이튠즈

그로부터 한 달 정도 지난 2003년 10월 27일 델 DJ가 출시되었다. 델은 온라인 뮤직스토어를 운영하려는 생각에 골몰하고 있었다. 하지만 사람들의 시각은 회의적이었다. 델이 비록 자신의 컴퓨터를 판매하는 가장 큰 웹 스토어를 가지고 있기는 했지만, 소비자용 트랙 레코드 라이팅Track record writing 소프트웨어를 가지고 있지 못했기 때문이었다. 그 당시 윈도우 기반 온라인 뮤직스토어를 이용하는 것은 하나같이 불편했다. 그런 뮤직스토어의 핵심적인 과제는 뮤직플레이어가 어떤 DRM인코딩 음원이라도 재생할 수 있도록 하는 것이었다. 사용자들은 자신의 뮤직플레이어가 음원을 재생하거나 전송할 수 없다는 문구를 마주하게 된다면 어찌할 바를 모를 것이다.

게다가 델 DJ는 그 게임에 뒤늦게 참여했다. 델 DJ 출시 11일 전, 잡스는 아이튠즈에 한 가지 특징을 추가했다고 발표했다.

잡스 사람들은 우리가 아이튠즈에 무언가를 더 추가하는 일은 절대 없을 것이라고 여기고 있습니다. 절대 일어날 것 같지 않던 일이 일어났습니다. 저는 오늘 여러분에게 이 일이 일어났다는 사실을 알리려고 여기에 섰습니다. (슬라이드 화면을 가리키며) 이제 2세대 아이튠즈는 맥뿐만 아니라 윈도우에서도 실행될 수 있습니다. 그리고 이것은 시험판이 아니라 완성판입니다.

이것이 지금 진행되고 있는 게임의 모습입니다. 이것은 모든 기능을 완벽하게 다 갖추었습니다. 그리고 무료입니다.

잡스는 뮤직매치를 무시했다. 그는 뮤직매치가 불완전한 인코딩 기능과 제한적인 굽기 기능만을 제공함으로써 결국 사용자가 20달러짜리 업그레이드 버전을 구입하게 만든다고 비난했다.

하지만 사실 오웨일러가 지적했던 것처럼 애플도 뮤직매치와 크게 다르지 않았다. 애플은 수년간 줄곧 자신의 퀵타임QuickTime이라는 동영상 재생 프로그램을 기본적인 사양만 갖춘 채 무료로 배포했다. 그리고 보다 나은 기능을 갖추려는 사용자들에게는 업그레이드 비용을 요구했다.

애플이 윈도우용 아이튠즈의 완성판을 무료로 나누어줄 수 있었던 것은 애플이 시스템 전부를 보유하고 있었기 때문이다. 애플은 하드웨어, 소프트웨어 그리고 음원 중 어디에서 수익을 낼지를 스스로 결정할 수 있었다. 이 세 가지 중 하나라도 하지 않는 업체라면 다른 업체의 도움이 없이는 할 수 없는 일이었다.

윈도우용 아이튠즈는 3일 만에 자그마치 백만 개가 다운로드되었다. 뮤직매치가 두려워했던 상황이 전개되고 있었다. 뮤직매치는 사용자들에게 윈도우에서 아이튠즈가 아이팟을 장악하도록 내버려두어서는 안 된다고 호소했다. 그렇게 되면 앞으로 애플에게 일방적으로 휘둘리게 될 것은 불 보듯 뻔한 일이라는 것이었다. 하지만 불행하게도 뮤직매치는 아이튠즈와 견줄 만한 어떤 모습도 보여주지 못하고 있었다. 반면 아이튠즈는 엄청난 흡입력으로 미국의 사용자들을 끌어들이고 있었다.

당시 잡스는 윈도우용 아이튠즈 뮤직스토어의 출범으로 시장규모가 크게 확대될 것이라고 예상했다. 또한 내년 4월의 뮤직스토어 1주년 기념일까지 총 1억 곡이 판매될 것으로 내다보았다. 펩시와 제휴한 홍보행사도 진행되었다. 펩시를 구입하면 아이튠즈 뮤직스토어의 무료 다운로드권을 얻을 수 있었다.

10월에 애플은 디지털 뮤직플레이어시장의 70%를 차지하게 되었다. 9월 말까지 애플이 판매한 음원은 총 천만 곡이었다. 그런데 그 해 말경에는 2천5백만 곡까지 증가했다. 아이팟의 출시 직전 포춘지에 실렸던 잡스의 언급이 거만함이 아니라 선견지명으로 보이기 시작했다. 잡스는 인터뷰에서 "이것은 음악산업의 새로운 분기점으로 역사에 기록될 것입니다. 이것은 획기적인 사건입니다. 이 사건은 아무리 높게 평가하더라도 결코 지나치지 않습니다"라고 말했었다.[15] 음악산업이 구원을 받고 있는 것처럼 보였다. 하지만 그 구원자는 마이크로소프트가 아니었다. 그 주인공은 컴퓨터 시장에서 아주 작은 자리만을 차지하고 있던 소규모 업체였다. 그 회사는 2년 전까지만 해도 소비자 전자제품산업에서는 눈에 띄지도 않았던 무명의 존재였다.

마이크로소프트가 반격을 개시할 시간이 되었다. 그리고 예상대로였다. 선봉장을 맡은 사람은 디지털 미디어 담당 총괄매니저인 데이브 페스터 Dave Fester였다.[16] 10월말 이 회사의 사이트에는 의도적으로 그와의 질의 응답 세션이 만들어졌다. 그리고 윈도우 기반 아이튠즈가 (이제는 합법적인) 냅스터나 다른 윈도우 기반 서비스에 미칠 영향에 대한 질문이 게재되었다.

페스터 맥에서 실행되는 뮤직스토어 덕분에 아이튠즈는 초기에 어느 정도 언론의 조명을 받을 수 있었습니다. 하지만 윈도우 플랫폼은 그들에게 상당한 도전이 될 것입니다. 애플이 자신의 서비스 모델에 근본적인 변화를 꾀하지 않는 한 윈도우 기반 아이튠즈는 마냥 폐쇄적인 시스템에 머물게 될 것입니다. 그리고 아이팟 사용자들은 다른 서비스가 제공하는 콘텐츠를 이용할 수 없을 겁니다. (솔직히 아이팟 사용자들에게 이것이 무슨 문제일까?)

윈도우 사용자들은 음원서비스나 기기를 마음대로 선택하고 싶어합니다. 또한 CD로 굽거나 휴대용 기기에 담을 음원을 다양한 음원서비스로부터 자유롭게 선택할 수 있기를 기대합니다.

하지만 아이튠즈에서 음원을 구입했다면 그 음원은 윈도우 DRM을 사용하는 다른 뮤직플레이어에서는 재생할 수 없을 겁니다. 그런 기기가 무려 40개나 됩니다.

물론 그 음원을 CD로 구운 후 다시 변환하면 불가능한 것은 아니었다. 페스터는 사람들이 컴퓨터 운영체제, 뮤직라이브러리 소프트웨어, 뮤직플레이어 등 가치사슬의 각 단계별로 최적의 요소를 신중하게 선택하는 것처럼 묘사했다. 마치 오디오광들이 하이파이의 부품을 하나씩 별도로 선택하는 것과 유사하다고 본 것이다.

하지만 사람들은 대부분 그냥 패키지제품을 선택한다. 간단하기 때문에 일체형 하이파이시스템을 구입하는 것이다. 뮤직플레이어를 구입하면 함께 나오는 소프트웨어를 그냥 사용한다. 컴퓨터를 구입하면 설치되어 있는 운영체제를 그대로 사용한다. 마이크로소프트는 페스터와의 가상 인터뷰를 통해 PC 시장에서 그랬던 것처럼 '선택'과 이용할 수 있는 '서비스'의 폭이 중요한 판단기준이라고 규정하려고 했다.

하지만 음원관련시장은 그렇지 않았다. 그리고 그런 적도 없었다.

2천5백만 회의 다운로드는 매출로 따지면 2천5백만 달러 정도에 해당되는 것이었다. 그 정도 금액은 마이크로소프트에게는 대차대조표상의 반올림 오차에 불과한 것이었다. 아니면 몇 몇 큰 기업이나 정부와의 계약 금액에 해당되는 것이었다. 음원 다운로드 사업은 아직 시작된 지 얼마 되지 않았다. 마이크로소프트가 수평적 모델로 그 사업을 지배할 수 있는 여지는 아직 충분히 남아 있었다

마이크로소프트가 미진하나마 복수를 하기는 했다. 2003년 출시된 맥용 윈도우 미디어 플레이어 버전은 마이크로소프트의 WMA DRM의 버전 9로 인코딩된 음원을 재생할 수 없었다. 그리고 마이크로소프트는 2006년까지 새 버전을 출시하지 않았다. 그 결과 맥 사용자들은 WMA DRM을 사용하는 냅스터나 다른 서비스를 이용할 수 없었다. 하지만 맥 사용자는 소수에 불과했다.

마이크로소프트가 페스터와의 질의응답 세션을 준비하고 있던 당시, 휴렛팩커드의 최고경영자는 적극적인 성향의 칼리 피오리나Carly Fiorina였다. 그 무렵 그녀는 휴렛팩커드의 뮤직플레이어에 대한 표적집단조사의 결과를 검토하고 있었다. HP는 거대기업이었다. 세계 최대의 PC 제조업체였으며 레이저 프린터를 발명한 회사이기도 했다. 또한 창고기업의 원조였다. 하지만 그 뮤직플레이어는 표적집단에서 인기를 얻지 못했다. 그들은 아이팟을 더 선호했다. 결국 피오리나는 잡스와 접촉했고 애플과 계약을 체결했다. HP는 2004년 1월 CES에서 아이팟에 자신의 상표를 부착하여 판매할 것이라고 발표했다. 발표 당시 몇몇 평론가들은 HP의 아

이팟은 WMA와 윈도우DRM을 지원할 것으로 예상했다. 당시 HP는 마이크로소프트와 긴밀한 관계를 유지하고 있었다. 하지만 그 예상은 빗나갔다. 2004년 중반 HP의 아이팟이 시장에 나왔을 때, 그것은 단지 푸른색의 아이팟이었다. 그 외의 어떤 것도 아니었다.

페스터는 그 제품에 깊은 인상을 받지 못했다. HP의 발표 후 그는 "윈도우는 선택 그 자체입니다. 이 모든 것(인코딩소프트웨어와 뮤직플레이어)을 마음대로 뒤섞고 결합할 수 있어야 합니다. 음원서비스에서도 그와 같은 선택이 가능해야 합니다"라고 말했다. 이 사람이 2001년 4월 마이크로소프트가 윈도우 XP의 디폴트 인코딩 형식을 MP3가 아니라 WMA로 결정하는 것을 지지했던 바로 그 페스터다. "우리가 보기에 소비자들은 레코딩 포맷에 대해 그다지 관심이 없습니다." 사람들이 관심이 없는 이유는 그들이 애플의 포맷을 이미 사용하고 있었기 때문이다. 페스터는 바로 그 사실 때문에 더욱 우려하지 않을 수 없었던 것으로 보인다.

더 심각한 일이 일어나고 있었다. 윈도우용 아이튠즈가 출시된 이후 나는 아이팟을 상품으로 내건 대회의 개최자들을 점점 더 많이 만나게 되었다. 그들이 내게 공통적으로 하는 말은 사람들의 관심을 끄는 데 아이팟만 한 것이 없다는 것이었다. 휴대성, 스타일 그리고 사용의 편리성 이 세 가지가 합쳐진 아이팟은 거부할 수 없는 매력을 발산하고 있었다. 또한 아이튠즈 뮤직스토어도 사람들의 마음을 사로잡았다. 그것은 인터넷이 주크박스가 될 수 있다는 것을 보여주었다. 음반업계는 (당시 유망사업이었던) 휴대폰 벨소리와 더불어 자신에게 또 하나의 구원자가 나타난 것으로 여기기 시작했다.

독자들의 히트에 의존하는 (그래야만 그들이 광고를 볼 수 있기 때문에) 뉴스 사이트 운영자들은 머리 기사로 '애플'이나 '아이팟'을 다루려고 했다. 그 기사를 읽으려는 사람들을 자신의 사이트로 끌어 모을 수 있다고 생각한 것이다. 마냥 애플을 찬양하는 기사만을 쓸 수는 없었다. 애플의 극성팬만이 그 기사를 보는 것은 아니었기 때문이다. 뭔가가 진행되고 있었다.

아이팟이 고유의 이미지를 갖게 되었다. 그것은 바로 멋지다cool는 것이었다. 2003년 12월 영국의 옵저버Observer지는 '아이팟은 단지 하드디스크 저장기기 정도에 불과할 수도 있다. 하지만 지난 며칠 동안 아이팟은 매우 특별한 크리스마스 선물로 취급 받기 시작했다. 그리고 숭배자까지 거느린 선물용 소비자 제품이 되었다. 이것은 인터넷에서 가장 빠르게 판매되는 품목이다. 순식간에 매진되고 있다'라고 적고 있다.[17] 몇몇 온라인 판매 사이트에서는 크리스마스 주문을 제대로 충족시키지 못할 정도였다. 아이팟은 사람들의 호기심을 자극하는 낯선 제품에서 어느새 최고 인기제품의 자리에 등극했다.

2004년 1월 2일 가디언Guardian 지는 특집 섹션 첫 페이지의 주요 특집으로 아이팟의 매력을 분석했다. 그 신문은 아이팟을 비치보이즈Beach Boys 이후 가장 멋진 캘리포니아 주 출신으로 묘사했다. 그 기사는 한나라는 여성의 말을 인용하고 있었다. 자신을 포함한 6명이 함께 식사를 하러 갔는데 그중 3명이 아이팟을 가지고 있었다고 한다. 그녀는 "나는 소니의 미니디스크를 가지고 있는 사람과 마주보고 앉아 있었습니다. 진심으로 그에게 미안한 감정이 들었습니다"라고 말했다. 음반업계 종사자라면 엄격한 DRM시스템을 갖고 있는 미니디스크가 음반산업의 구세주가 되기를 희망했을 수도 있다. 하지만 이 기사에 실린 인용문을 보았다면 곧바로 생각을 고쳐먹었을 것이다. 아이팟은 멋졌지만 미니디스크는 그렇지 못했다. 그것은 코크와 펩시 중 하나를 선택하거나 여러 넥타이 중 하나를 선택하는 문제였다. 사람들은 아이팟을 더 좋아했다. 1995년 8월 마이크로소프트가 전 세계에 윈도우 95를 출시하는 그 순간부터 애플은 세상에서 잊혀진 존재가 되었었다. 이제 애플은 자신의 문제점이 아니라 자신의 제품으로 세상의 이목을 끌게 되었다.

아이팟 미니

피오리나가 CES에서 아이팟에 HP 상표를 부착하여 판매하기로 한 계약을 발표하기 바로 이틀 전, 잡스는 아이팟 미니의 출시를 발표했다. 그것은 완전히 새로운 형태의 아이팟이었다.[18] 피오리나와 계약을 체결한 후 잡스는 자신도 모르게 그녀에게 한 방 먹인 셈이 되었다. 4GB의 하드 드라이브를 가진 아이팟 미니는 원조 아이팟보다 저장용량은 적었다. 하지만 당시 판매 중인 어떤 모델보다도 작고 가벼웠다. 그리고 30핀 독을 사용했다. 그 이유는 아이팟 미니가 너무 얇아서 표준적인 USB나 파이어와이어 커넥터를 사용할 수 없었기 때문이다. 잡스는 현재 미국 뮤직플레이어 시장에서 애플의 점유율이 70%라는 통계를 인용하면서 '점유율을 5%만 높이면 좀더 듣기 좋겠죠?'라며 맥월드에 참가한 청중들에게 농담을 던졌다. 맥월드의 청중들은 언제나 잡스에게 열광하고 있었다.

2004년 2월부터 아이팟 미니의 판매가 본격화되었다. 많은 사람들이 아이팟 미니의 세련된 크기와 다양한 색상에 호감을 나타냈다. 이런 스타일은 아이맥에서도 어느 정도 통하기는 했다. 하지만 아이팟 미니에 대한 반응은 훨씬 뜨거웠다. 그런데도 경쟁업체들은 여전히 코웃음을 치고 있었다. 소니전자의 사장인 코미야마 히데키Komiyama Hideki는 비즈니스위크와의 인터뷰에서 "아무리 그래 봤자 결국 한 가지 기능밖에 없는 것 아닙니까?"라고 얘기했다.[19] 그런 반응에 대해 잡스는 "복잡한 기술을 단순화시킨다는 점에서 우리는 타의추종을 불허합니다. 이것이야말로 애플이 가진 최고의 기술입니다. 그 어떤 것보다도 가치 있는 기술이지요"라고 응수했다.

뒤이어 아이팟 미니의 액세서리들이 시장에 등장하기 시작했다. 애플도 하드웨어 생태계를 조성하고 있었다. 하지만 마이크로소프트의 방식과는 전혀 달랐다. 마이크로소프트는 윈도우가 설치된 PC를 생산하도록 직접적으로 PC제조업체들을 회유했다. 반면에 애플은 특별한 노력을 기울이지 않고도 생태계를 형성해나가고 있었다. 밑면에 있는 30핀 독과 윗면에 있는 9핀 리모컨이 주어지기만 하면 하드웨어 회사들이 거기에 맞는 액세서리를 앞다투어 생산해내려고 했다. 사람들은 그리핀의 FM튜너와 같은 장치를 개발할 수 있었다. 또는 주변기기를 통해 음악을 감상할 수도 있었다.

하지만 서드파티 하드웨어 개발자들은 불안한 마음을 감출 수 없었다. 마이크로소프트의 경우에는 (IBM의 PS2 또는 시리얼 마우스 커넥터와 같은) 오래된 하드웨어에 대한 지원을 계속 유지했다. 소비자들이나 기업들이 낡은 컴퓨터에 새 버전의 윈도우를 설치할 수도 있기 때문이다. 사업적인 관점에서 보면 이런 정책은 타당한 것이다. 이미 작성된 코드는 하드웨어와 달리 가치 하락 없이 계속 판매할 수 있는 것이었다.

하지만 애플은 소비자 전자제품 사업을 마치 패션사업처럼 취급했다. 1998년 출시된 첫 번째 아이맥은 그 이전의 애플 하드웨어와 완전히 단절했다. 애플 전용 커넥터를 버리고 더 광범위한 USB표준을 선택했다. (이런 애플의 선택을 계기로 그리핀의 사업이 크게 성장할 수 있었다. 이것이 그리핀의 사업이 번창하는 첫 번째 계기였다.) 2001년 애플은 넥스트가 개발한 유닉스 Unix기반 운영체제인 맥 OS X으로 컴퓨터 운영체제를 변경했다. 이것은 자신의 소프트웨어 생태계의 구성요소 중 제대로 자리잡지 못한 요소를 과감하게 도려낸 것이었다.

이런 애플의 성향 때문에 액세서리 제조업체들은 아이팟 독이 정말로 계속 유지될 것인지 아니면 조만간 변경될 것인지에 대해 궁금하지 않을 수 없었다. 그것이 단지 설계상의 일시적인 수정에 불과하다면 조만간 변경될 수도 있는 것이었다. 그리핀 자신도 애플의 중간경영진들에게 독과 리모컨에 대한 애플의 장기 계획을 설명해달라고 줄기차게 요청했다. 그 중 하나가 중단되면 판매가 불가능한 재고를 그대로 떠안아야 했기 때문이다. 애플은 새 아이팟 출시에 앞서서 기존 제품의 공급을 중단했다. 하지만 그러면서도 자신의 생태계에 속한 회사들에게 향후 계획에 대한 귀띔조차 해주지 않았다.

그리핀 문제였습니다. 생각해보세요. 애플은 항상 의사소통하려고 합니다. 그리고 자신이 할 수 있는 방법으로 도움을 주려고 합니다. 하지만 자신의 계획에 대해서는 일체 함구하고 있습니다. 당연히 그 문제에 대해서도 말해줄 수가 없는 것입니다. 향후 계획에 대해서 알려달라고 해도 마찬가지입니다. 그들은 그런 요구를 경청할 겁니다. 그렇다고 해서 그 요구를 들어주는 것은 아닙니다.

결국 그리핀은 애플로부터 확답을 얻지 못했다. 단지 가이드라인만 제시되었다. 그리핀은 여러 해에 걸쳐 아이팟, 아이폰 그리고 아이패드 모델에 수십 차례의 작은 수정을 해온 전문가였다. 그는 오래된 것을 과감하게 버리는 애플의 태도를 마음에 들어했다. 그는 낡은 유물을 계속 붙잡고 있다면 많은 면에서 제약이 있을 수밖에 없다고 말했다.

그리핀 (2003년 4월에 선보였지만 2005년 아이팟 나노와 함께 중단된) 아이팟 윗면에 있던 애초의 커넥터를 한번 떠올려보세요. 애플이 그 커넥터를 고수했다면 지금 그것 때문에 여러 제약을 받고 있을 겁니다. 그렇지 않았기 때문에 애플에게 훨씬 많은 선택의 여지가 있는 것입니다.

그들이 낡은 유물을 지원하는 데 너무 사로잡혀 있지 않은 것은 옳다고 생각합니다. 어떤 것은 고수하겠다고 그리고 어떤 것은 고수하지 않겠다고 밝혀버리면 그들은 어쩔 수 없이 그대로 하는 수밖에 없었을 겁니다. 따라서 그들의 개발 계획은 그만큼 축소되었을 겁니다.

그런 의미에서 그들이 단지 '말씀은 잘 알겠습니다만 저희로서는 어떤 것도 약속드릴 수 없습니다'라는 태도를 취한 것은 현명한 것이었습니다.

아이튠즈 뮤직스토어의 성장

한편 아이튠즈 뮤직스토어는 계속 성장하고 있었다. 2004년 3월에는 5천만 곡 다운로드라는 신기원을 이룩했다. 아이팟의 절반 이상이 윈도우 컴퓨터와 연결되어 사용되고 있었고, 아이튠즈의 절반 이상이 윈도우에 설치되어 있었다. 애플은 성공을 위해 1990년대 자신을 짓밟았던 윈도우 플랫폼을 이용하고 있었던 것이다. 4월 뮤직스토어는 1주년 기념일을 맞이하여 7천만 곡 다운로드라는 기록을 달성했다. 그리고 이익도 조금씩 발생하고 있었다. 한 곡당 다운로드 가격인 99센트 중 대부분은 신용카드회사와 음반회사의 몫으로 돌아갔다. 이 점을 감안할 때 이익이 발생하고 있는 사실만으로도 나름의 개가였다. 잡스는 이런 성과를 발표하면서 가입형 서비스에는 전혀 관심이 없다는 뜻을 다시 한번 밝혔다. 그는 사람들이 음원을 임대하기보다는 소유하려 할 것이라고 생각했다.

애플은 인터넷에서 규모가 얼마나 중요한 역할을 하는지를 여실히 보여주고 있었다. 애플은 카리스마 있는 리더가 이끄는 30년 전통의 회사였다. 뮤직플레이어를 직접 생산하고 있었고, 수십억 달러에 달하는 수입을 벌어들이고 있었다. 네티즌들은 애플의 일거수 일투족을 주시하고 있다. 그리고 광고 예산은 하루가 다르게 늘어나고 있었다. 당시 냅스터나 이뮤직 eMusic과 같은 소규모 업체들도 음원유통산업에 진입하고 있었다. 냅스터는 이제 합법적인 다운로드와 가입형서비스를 제공하는 사이트로 변신했다. 이뮤직은 냅스터와 같은 방식으로 MP3 음원을 제공하는 사이트였다. 하지만 이 소규모 업체들은 애플과 같은 방식으로 대중적인 관심을 유발할 수는 없었다. 애플은 인지도 높은 이름과 제품이 있었기 때문에 디지털 다운로드를 중요한 뉴스거리로 만들 수 있었던 것이다.

애플은 5일 만에 백만 곡이, 7달 만에 2천5백만 곡이 그리고 1년 만에 7천만 곡이 판매되었다고 자랑을 했다. 하지만 겉모습이 전부는 아니다. 이런 놀라운 판매량이 음반 산업의 진정한 구세주가 되지는 못했다. 음반 회사에게는 그런 음원 판매방식이 반드시 희소식만은 아니었던 것이다.

아이팟은 실제로 디지털음원의 다운로드가 폭발적으로 성장할 수 있는 마법의 경로가 아니었다. 2004년 1월 맥월드 엑스포에서 잡스는 뮤직스토어에서 2만9천5백 달러어치의 음원을 구입한 사람이 있다고 언급했다. 하지만 그 사람은 아주 예외적인 경우였다. 아이튠즈 뮤직스토어가 시작된지 1년이 되는 2004년 4월까지 (그때까지는 아직 미국에서만 이용 가능했는데) 총 7천만 곡이 다운로드되었다. 그리고 그 기간 동안 약 2백8십만 대의 아이팟이 판매되었다. 그 중 2백만 대의 아이팟은 아이튠즈 뮤직스토어가 문을 연 그 해에 판매되었다. 미국시장이 애플 사업의 약 절반을 차지하고 있었고 아이팟은 처음 미국에서만 판매되었다. 따라서 첫 해에 아이튠즈 뮤직스토어에서 음원을 구입한 것은 바로 이 2백만 대의 아이팟 사용자였을 것으로 추측해볼 수 있다.

다르게 표현하자면 평균적으로 아이팟 1대당 연 35곡을 다운로드했다는 것이다. 그것은 그 기간 동안 3.5장의 CD를 구입하는 것에 해당되는 수치였다. 이 수치는 미국의 일인당 평균 음반 구입량보다 조금 높은 수준에 불과한 것이었다. (아이튠즈로만 다운로드하는 경우까지 고려한다면 아이팟 1대당 평균은 더 낮아질 것이다.)

애플의 제품마케팅 책임자인 롭 쇼벤Rob Schoebon은 나중에 "그 규모는 미국의 합법적인 음원 판매의 1%에 불과합니다"라고 말했다. "하지만 겨우 1년 만에 1%를 확보했다는 것은 기술적으로 기존의 판도가 깨지고 있다는 것을 의미합니다. 당신도 알다시피 우리가 성장해나갈 여지는 충분합니다."[20]

아이튠즈 뮤직스토어를 통한 음원구입은 뮤직스토어로 인해 새롭게 창출된 것일까? 애플은 음악 산업의 성장에 기여한 것일까? 아니면 아이튠즈 뮤직스토어로 인해 CD구입이 감소하게 된 것은 아닐까? 뮤직스토어에서는 원하는 곡만 선택해서 구입할 수 있었다. 전체 음원을 어쩔 수 없이 다 구입해야 하는 CD의 수요가 감소할 수 있었다. 음반회사들은 점점 더 후자일 가능성이 높을 것으로 의심했다. 개별 곡을 선택할 수 있게 됨에 따라 음반 산업의 상징이었던 CD는 사실상 개별음원들로 원자화되고 있었다. 한편 불법복제와 구매자들의 무관심으로 인해 2003년 전 세계 음반사업은 다시 침체의 길로 접어들었다. 시장규모는 매년 거의 8%씩 하락하여 320억 달러 수준까지 줄어들었다. 하지만 음반업계가 우려하고 있는 것은 규모 자체보다는 경향이었다. 99센트짜리 아이튠즈 한 곡 판매가 10달러짜리 CD 구입을 대체하는 것이라면 음반업계로서는 매우 슬픈 소식이 아닐 수 없었다.

2004년 아이팟 판매가 본격적인 궤도에 올랐다. 1사분기 판매량은 전해 대비 10배가 증가했다. 그리고 2사분기에는 전해에 비해 3배가 증가했다. (2사분기의 전해 대비 증가율이 낮았던 이유는 오프라 쇼의 효과로 전해 같은 분기에 판매량이 일시적으로 급증했었기 때문이다.) 애플의 수입은 20억 달러에서 23억5천만 달러로 17% 증가했다. 그에 비해 이익은 6천백만 달러에서 1억6백만 달러로 74%나 증가했다. 분명히 무슨 일이 일어났고 있었다. 아이팟은 손쉽게 수익을 올릴 수 있었다. 아이튠즈 뮤직스토어는 충분한 규모 덕분에 판매되는 곡마다 이익을 내고 있었다. 애플은 또한 아이팟의 30핀 독에 연결되는 음원재생용 튜너나 독 커넥터 제조업체들에게 라이선스를 판매함으로써 수익을 올리고 있었다.

6월 잡스는 유럽(영국, 프랑스, 독일)에서도 아이튠즈 뮤직스토어의 문을 열었다. 첫 주에 80만 곡이 다운로드되었다. 그 중 45만 곡은 영국에서 다운로드된 것이었다. 내가 인터뷰한 OD2와 같은 영국회사들은 DRM을 입힌 윈도우 미디어 파일에 기반해 수년간 디지털다운로드 시장을 꾸준히 지켜왔다. 하지만 애플이 단 일주일 만에 자신을 시장의 선두주자에서 낙오자로 만들어버리는 것을 보고는 그대로 단념하고 말았다. 그들은 경쟁할 수 있는 브랜드를 가지고 있지 못하다는 사실을 뼈저리게 느꼈다.

그러나 동시에 아이튠즈 뮤직스토어의 출발이 자신들의 인지도를 높여주는 계기가 될 것이라고 확신했다.

오프라인의 소매업자들도 걱정할 만한 처지에 놓이기는 마찬가지였다. 아이튠즈 뮤직스토어가 생기기 전, 영국의 음반가게는 매주 약 50만에서 70만 장의 CD를 판매했다. 영국 아이튠즈 뮤직스토어는 이제 겨우 걸음마를 떼고 있는 수준이지만 거의 그것과 맞먹는 판매량을 기록하고 있었다. 음악은 계속 변화하고 인터넷에서 자신의 모습을 탈바꿈하고 있었다.

애플과 휴대폰

2004년 7월말 잡스는 애플직원들에게 이메일로 자신이 희귀한 췌장암으로 치료를 받아왔다는 사실을 알렸다. 대부분의 췌장암환자들은 6개월 이내에 사망한다. 그러나 잡스가 앓고 있는 암은 신경내분비암으로 희귀하긴 하지만 적절한 치료만 받으면 완치 가능한(따라서 생존 가능한) 성격이었다. (하지만 잡스는 자신이 적절한 치료를 받지 않았다는 사실은 밝히지 않았다. 그는 전년 10월 암 진단을 받고도 그 해 6월까지 수술을 거부하고 있었다.) 잡스는 치료 이후 당분간 집에서 업무를 보았다. 그 해 여름이 끝나갈 무렵부터 가끔씩 사무실로 출근했다. 그리고 10월 들어서면서 그는 다시 정상 출근을 하기 시작했다.

그 시기 애플이 모토로라Motorola와 공동 진행한 휴대폰 개발 프로젝트가 거의 막바지에 다다르고 있었다. 그 휴대폰에는 플래시 메모리를 이용한 음원 저장 기능이 있었다. 그 와중에 잡스는 애플이 직접 설계하는 독자적인 휴대폰 개발 프로젝트를 시작했다. 잡스는 7월 초 모토로라 행사에 모인 청중들에게 협력관계에 대한 소식을 전하면서 차세대 휴대폰에서는 아이튠즈의 음원을 전송받는 것이 가능하도록 할 것이라고 발표했다. 그는 또 애플이 모토로라의 대량판매시장 뮤직폰의 표준이 될 아이튠즈 모바일 뮤직플레이어를 개발할 것이라고 얘기했다. 이 언급에서 잡스가 휴대폰의 위력을 인정했다는 점을 분명히 읽을 수 있었다. 휴대폰은 당시 전 세계적으로 5억2천만 대나 판매되었다. 아이팟은 세상에 선보여진 후 아직 6백만 대도 채 판매되지 않은 상태였다. 휴대폰에 비하면 아이팟은 거대한 바다에 떨어지는 한 방울 물에 불과했다. 그러나 아이팟은 성장하고 있었다. 2004년 7월부터 9월까지 2백만 대의 아이팟이 판매되었다. 그것은 전해 판매량의 2배에 해당되는 것이었다. 아이팟의 시대가 도래하고 있었다.

하지만 마이크로소프트와 수평적 모델의 시대는 좀처럼 등장할 기미를 보이지 않았다. PC 사업모델의 뮤직플레이어 버전과 아이팟 킬러는 도대체 어디에 있단 말인가? 아이팟 킬러라는 표현은 2002년 10월 크리에이티브 테크놀로지의 MP3플레이어에 대한 분석에서 처음 등장했다. 그 후 매주 등장하는 새 뮤직플레이어마다 그 이름으로 불리었다. 평론가들은 아이팟 킬러가 분명히 등장할 것이라고 확신했다. 마이크로소프트는 (페스터와 같은 사람의 입을 통해) 단지 하나가 아니라 많은 아이팟 킬러가 등장할 것이라고 얘기했다. 마치 컴퓨터 분야에서 단 하나의 주도적인 컴퓨터가 있는 것이 아니라 많은 경쟁 컴퓨터가 있는 것처럼 말이다.

2004년 한 해 동안 아이팟과 자웅을 겨룰 많은 기기들이 등장했다. 하지만 애플은 여전히 시장을 거의 독차지한 채 선두자리를 굳건히 지키고 있었다.

훔친 음원

2004년 10월 3일 일요일 스티브 발머는 유럽 출장의 일환으로 런던을 경유했다. 다양한 회의에 참석하는 빡빡한 일정이었다. 그 일정 중에는 두 차례 언론과의 만남도 예정되어 있었다. 하나는 파이낸셜타임즈 Financial Times와의 단독인터뷰였다. 그리고 다른 하나는 신문 및 유명 온라인 사이트의 기술전문기자들과의 간담회였다.

그는 머릿속으로 많은 생각을 하고 있었다. 오라클은 인적자원관리 및 고객관계관리 시스템을 공급하는 피플소프트 Peoplesoft이라는 회사를 94억 달러에 인수하기 위해 입찰에 참여한 상태였다. 마이크로소프트도 입찰에 참여하고 싶어할 만한 그런 분야였다. 하지만 발머는 파이낸셜타임즈와의 인터뷰에서 그 입찰에 참여하지 않을 것이라는 의사를 내비쳤다. 대신 최고의 CRM 소프트웨어 업체인 독일의 SAP라면 인수를 고려해 볼 만하다고 언급했다. 오라클이 6월에 밝힌 것처럼 사실 마이크로소프트는 이미 2003년 비밀리에 SAP의 인수 입찰에 참여하고 있었다.

자신이 진행했던 수십억 달러짜리 사업계약에 대한 얘기를 뒤로 하고 발머는 간담회 장소로 향했다. 그는 그런 식의 만남에 능수능란했다. 어떤 주제라 하더라도 그보다 많이 아는 사람을 만나기는 쉽지 않았다. 특히 자신이 속한 산업에 대한 정보라면 더욱 그랬다. 간담회로 향하는 그의 얼굴은 자신감으로 가득 차 있었다.

발머는 기본적으로 정보기술과 마이크로소프트의 역할 그리고 특히 '통합기기'의 미래에 대해 낙관적으로 생각한다는 말로 얘기를 시작했다. "현재 스마트폰의 수는 비교적 적은 편입니다. 하지만 앞으로 증가하게 될 것입니다"라고 그는 말했다.

(윈도우 미디어 플레이어와 윈도우의 묶어 팔기, 그리고 윈도우 시스템의 정보공개 문제에 대해 진통을 겪고 있는) 유럽집행위원회의 반독점소송, 윈도우의 보안성 문제 (사이버공간에서도 나쁜 사람들은 있기 마련이다. 결코 사라지지는 않을 것이다), 브라우저 경쟁, 그리고 스팸 등에 대한 질문과 대답이 오고 갔다.

여러 질문 중에는 불법복제에 대한 것도 있었다. 간담회 참석자 중 한 명인 가디언지의 잭 쇼필드Jack Schofield는 이렇게 기록하고 있다.

기자 디지털저작권관리에도 불구하고 불법복제가 여전히 만연한 것에 대해서 어떻게 생각하십니까?

발머 DRM에 대해 먼저 얘기하겠습니다. 수년간 우리는 윈도우에 DRM을 설치해왔기 때문에 달리 새롭게 얘기할 것은 없습니다.

기자 (말을 가로 채면서) 그렇게 말씀하시지만 불법복제가 판치는 것을 막지 못한 것 아닙니까?

발머 물론 그렇습니다. 그러나 무엇으로도 그것은 불가능합니다. 사람들이 아이팟으로 듣고 있는 음원 중 가장 일반적인 포맷이 무엇인지 아십니까?

기자 아이팟이라······.

발머 훔친 겁니다. 훔친 것······.

기자 (혼란스러워하며) 아이팟에서 말입니까?

발머 예, 대부분의 사람들은 여전히 음원을 훔치고 있습니다. (웃음) 음원을 구입할 수 있고 복제가 불가능하다는 사실에도 불구하고 이런 상황은 변함이 없습니다. 제가 보기에 모든 문제는 이미 해결되었습니다. 애플이 아이팟이나 아이튠즈에서 여러 가지 멋진 일을 해냈다는 점에는 의심의 여지가 없습니다. 하지만 우리가 이런 기술을 개발하더라도 음원을 얻을 수 있는 다른 형태가 존재하는 한 사람들이 음원을 훔칠 수 있는 방법은 항상 있기 마련입니다. 이것이 현실입니다.[21]

그 당시 48세였던 발머가 말하고자 했던 바를 요약하면 이렇다. 그 해 7월 출시된 가장 용량이 큰 40GB 아이팟은 (그 당시 아이팟으로는 사진을 볼 수 없었다는 사실을 감안하면) 8,000곡 정도의 음원을 저장할 수 있었다. 그런데 25세 이하의 사람들이, 대부분의 아이팟 사용자들이 그 나이에 해당될 텐데, 그렇게 많은 음원을 합법적인 절차를 거쳐 소유할 수 있을 거라고는 생각하기 어렵다. 따라서 논리적으로 그 음원 대부분은 틀림없이 훔쳤을 것이다. 즉 파일 공유 시스템으로부터 다운로드 받았을 것이다. 이것이 발머의 얘기였다.

이 내용 자체는 전혀 틀린 얘기가 아니었다. 하지만 소비자를 상대하는 조직의 최고경영자라면 두 가지 코끼리 함정을 피해야 한다는 것 정도는 인식하고 있었어야 했다.

첫 번째로 아이팟 사용자들에게 그들은 도둑이 누구인지 알고 있을 거라고 얘기하는 것은 마케팅 방법으로서는 영 형편없는 것이었다. 그 사람들이 자신의 회사가 향후 출시한 제품을 구입하기를 원한다면 더욱 그렇게 해서는 안 되었다. 그런 표현은 언론이 신나서 '발머가 아이팟 사용자들은 음원도둑이라고 말했다' 식의 머리기사를 작성할 때나 사용하는 것이다.

두 번째로 대다수의 아이팟 사용자들은 윈도우 PC를 사용하고 있었다. (이것은 잡스가 유럽의 아이튠즈 뮤직스토어를 시작하면서 확인해준 사실이다.) 즉 발머에게 도둑으로 몰려서 모욕감을 느낀 사람들은 다름 아닌 발머의 회사에서 생산한 소프트웨어를 사용하고 있는 사람들이었다. 따라서 그들은 이중으로 감정이 상했을 수 있다.

4월 유럽 스토어의 출범 당시 잡스는 발머와는 매우 대조적으로 표현했다. 이 사실은 매우 흥미롭다. 그는 "불법복제는 다운로드시장 중에서 가장 큰 부문을 차지하고 있습니다. 이것을 이해해야 합니다. 그리고 더 나은 제품을 공급하려고 해야 합니다"라고 말했다. 그는 적의를 드러내기 보다는 회유하려고 했다.

하지만 발머의 진짜 실수는 아이팟 사용자들이 느끼는 아이팟에 대한 충성심을 미처 파악하지 못했다는 데 있었다. 가디언지 특집란에 등장한 여성은 미니디스크를 가지고 있는 자신의 친구에 연민을 느꼈다. 하지만 그 여성은 사실 잠재의식 속에서 자신이 아이팟을 소유하고 있다고 우쭐 거리고 있었을지도 모른다. 발머는 이런 정서적 애착과 애정의 대상이 공 격받았을 때 사람들이 나타내는 감정적 반응에 대해 제대로 이해하지 못 하고 있었던 것이다.

파일 공유를 통한 절도에 분통을 터트리는 기업 고객을 상대하는 데 더 익숙한 사람이었다면 그의 태도는 매우 자연스러운 것일 수도 있었다. 그 곳에 있었던 사람들이 음반업계의 경영자들이었다면 상황은 전혀 달 랐을 것이다. 그들은 불법복제 문제에 대한 묘책을 기대하며 발머의 말 한마디라도 놓칠세라 귀를 쫑긋 세우고 있었을 것이다. 하지만 소비자들 을 대상으로 기사를 작성하는 많은 기자들에게 그는 단지 서툴다는 인상 만을 남기고 말았다.

발머는 "일단 사람들이 음원을 훔치는 이유는 돈입니다. 하지만 그것 만은 아닙니다. 기존의 DRM음원을 이용하는 것이 불편하다는 점도 하 나의 이유입니다"라고 얘기했다. "앞으로 계속 DRM을 개선할 것입니다. 크래킹이 더욱 어렵도록 할 것입니다. 그리고 정말로 훨씬 쉽게 사용할 수 있도록 할 것입니다." 그는 그 작업이 수월하지는 않을 것이라는 점에 동 의했다. 한 가지 근거로 자기 자녀의 사례를 언급했다. "하물며 제 12살짜 리 아이조차도 원하는 장소에 원하는 음악을 모두 저장해놓을 수 없다는 얘기를 듣고 싶어하지 않습니다."

발머의 얘기를 수긍하면서 또 다른 기자가 질문했다. "마이크로소프트는 디지털미디어기기와 홈엔터테인먼트 분야에서 티핑포인트Tipping Point에 접근해 있습니까?"

발머 내가 생각하기에 우리는 티핑포인트에 근접해 있습니다. 임계질량을 갖는 기기를 보유할 수 있게 되면 그 점에 도달하게 될 겁니다. 수요의 폭발적인 증가가 있을 겁니다. 사람들은 이 새 기기의 적절한 가격대가 어느 정도 일지를 정말로 잘 몰랐습니다. 300달러나 400달러에서는 그런 기기의 수요가 성장하는 것이 너무 어려웠습니다. 하지만 200달러에서는 아마도 가능할 것으로 보여집니다.
사람들은 애플을 언급합니다. 나는 애플을 무척 존경합니다. 하지만 애플이 티핑포인트에 도달할 것 같지는 않습니다. 애플은 임계질량에 도달할 수 있는 것이 없습니다. 애플은 물량이 충분치가 않습니다. 그들은 세계 어느 곳에서도 판매량이 충분하지 못합니다. 특히 몇 나라에서는 더욱 그렇습니다. 임계질량은 PC나 차세대 동영상 기기로부터 발생해야 할 겁니다.

발머는 지금 와서 보면 흥미로운 또 하나의 발언을 했다. 어느 기자가 "마이크로소프트의 스마트폰 판매량이 쉽게 늘고 있지 않습니다. (마이크로소프트는 총 판매량이 6백만 대에 도달한 2005년이 될 때까지 스마트폰의 판매실적을 발표하지 않았다. 그 정도로 그 포켓 PC 기반 휴대폰의 판매량은 너무 적었다.) 그 동안 애플과 다른 회사들이 휴대용 뮤직플레이어시장의 주도권을 차지했습니다. 이에 대해 어떻게 대처하실 계획이십니까?"라고 물었다.

발머는 그 질문에 대해 다음과 같이 대답했다.

발머 시간이 흐르면 사람들은 대부분 작은 하드드라이브가 내장된 휴대폰을 가지고 다니게 될 겁니다. 그 휴대폰은 많은 음원을 저장할 수 있을 겁니다. 휴대폰은 연간 약 6억 대 정도 판매됩니다. 그렇다면 우리는 얼마나 많은 휴대폰을 판매하고 싶을까요? 우리는 보다 설득력 있는 가치제안을 해야 합니다. (RIM의) 블랙베리는 틈새시장의 지위를 차지하고 있습니다. (그 당시 전 세계적으로 2백만 명의 사용자가 있었다.) 하지만 그것은 사람을 잡아둘 정도로 매력적인 기기는 아닙니다. 전화번호를 잘못 입력하기가 쉽지만 익스체인지Exchange를 이용하는 데는 편리한 기기입니다. 우리는 블랙베리보다 좀더 큰 키보드가 탑재된 기기의 폭발적 성장을 보게 될 겁니다.

이 언급에서 일단 발머의 세일즈맨 정신을 엿볼 수 있다. 전화도 하고 음악도 들을 수 있는 통합기기를 구입하게 만드는 설득력 있는 방법을 찾기 위해 이 주제 저 주제를 넘나들며 끊임없이 떠들어대는 발머의 모습이 그려진다. 하지만 이 언급에서 보다 흥미로운 점은 발머가 기술적인 선견지명이 부족했다는 사실이다. 일단 대부분의 사람들이 작은 하드디스크가 탑재된 휴대폰을 가지고 다닐 것이라는 언급에서 드러난다. 애플은 이미 가동부를 갖지 않은 아이팟용 솔리드 스테이트 플래시메모리 공급업체를 사들였다. 그리고 내가 4년 전 하세를 만났을 때 그는 1기가바이트 플래시 칩이라는 아이디어를 소개했었다. 그 용량이면 약 250곡을 저장하기에 충분했다. 애플과 공동개발중인 모토로라폰도 플래시메모리에 음원을 저장할 수 있도록 할 계획이었다. 그리고 당시 어떤 기술전문가라도 플래시메모리의 가격이 하드 드라이브처럼 매년 1/2씩 하락할 것이라는 정도는 알고 있었다.

다음으로 보다 큰 키보드를 탑재한 기기의 폭발적 성장을 예측하는 대목은 단기적 사고의 전형을 보여주고 있다. 그것은 프로세싱 파워의 거침없는 성장을 무시하고 있는 발언이었다. 터치 기반 컴퓨팅이 아직은 실험실 신세를 면치 못하고 있었지만 이미 구상 단계에 있었다. 그 해 노키아는 터치스크린폰을 만들었다. 그리고 핑거워크FingerWork라는 작은 회사도 2001년과 2005년 사이에 스크린에 다중터치시스템을 적용하려고 시도하고 있었다. 이미 한 컨퍼런스에서 프레젠테이션까지 했었다. 그 산업의 미래를 한 눈에 꿰뚫고 있는 기술전문가, 또는 엔지니어라면 이정도 사실은 알고 있었을 것이고, 그런 기술변화의 방향 역시 인식하고 있었을 것이다.

하지만 당시 보다 부각된 것은 이런 발머의 취약점이 아니라, 아이팟과 불법복제에 대한 발머의 발언이었다. 그 발언이 여러 뉴스사이트로 계속 퍼져나가면서 인터넷은 사람들의 분노로 들끓었다. 사실 그 이야기 자체가 중요한 것은 아니었다. 사람들은 엄청나게 부유한 사람에게 도둑으로 몰렸다는 사실에 분노하고 있었던 것이다.

발머는 그 주에 이루어진 다음 번 인터뷰에서 자신의 실수를 인정했다. 그는 "내가 무슨 말을 했는지 정확히 기억나지는 않습니다. 하지만 적절치 못한 발언이었던 것으로 사료됩니다"라고 유럽의 몇몇 기자들에게 말했다. 하지만 (자신의 컴퓨터에서 뮤직플레이어로 음원을 전송하는 간단한 시스템인) 아이팟이 제공하는 것과 (디지털뮤직플레이어 세계의 윈도우가 될 수도 있었던) '야누스Janus'라는 DRM시스템을 만들려는 마이크로소프트의 활동간에는 점점 더 격차가 벌어지게 된다.

두 얼굴

디지털플레이어 시장에서 애플의 지배력은 점점 강화되고 있었다. 레이몬드에 위치한 마이크로소프트 본사 내부에서는 이런 상황에 대처해야한다는 인식이 점점 팽배해지고 있었다. 월마트^{Wal-Mart}와 베스트바이^{Best Buy}의 대표가 마이크로소프트를 방문하면서 이 문제에 대한 관심은 더욱증폭되었다. 월마트는 미국 최대의 소매유통업체였고 베스트바이는 미국최대 전자제품 소매유통업체였다. 그들은 마이크로소프트가 애플의 경쟁상대가 될 수 있는 제품을 공급해주길 원했다. 애플은 그 유통업체들을통해 아이팟을 판매하려고 하지 않았다. 따라서 그들은 애플 킬러까지는아니어도 애플과 어깨를 나란히 할 만한 제품을 소비자에게 공급해야 했다. 그리고 마이크로소프트는 그런 초대를 외면할 이유가 없었다.

애플이 이 두 거대 유통망을 통해 판매하지 않겠다고 결정한 것은 선뜻 이해가 되지 않을 수 있다. 화를 자초하는 것처럼 보였다. 그 거대하고강력한 유통망을 통한다면 판매량이 엄청나게 증가할 수 있지 않을까?하지만 그것은 잡스와 쉴러가 이전부터 줄곧 고민해왔던 문제였다. 정신나간 짓 같아 보였던 결정이 사실은 신중한 브랜딩전략과 소매전략의 기막힌 조합이었다. 이 결정은 먼저 애플이 고수해온 브랜딩전략의 일환이었다. 아이팟은 전자제품계의 패스트푸드가 아니었다. 그것은 고급제품으로 자리잡고 있었다. 아이팟을 설계할 때, 아이브는 사람들이 아이팟에대해 사적이고 감정적인 반응을 보이기를 원했다. 또한 사적인 소유물로느끼기를 바랐다. (일단 아이팟을 소유하면 원하는 노래를 하나 둘씩 추가함에따라 아이팟은 점점 자신만의 것이 된다.)

애플의 경영진은 월마트를 통해 판매될 소비자 전자제품에게 어떤 운명이 기다리고 있을지를 잘 알고 있었다. 월마트를 통해 판매되는 순간 값싸고 날림이라는 낙인이 찍혀버린다. 아이팟은 신중한 고려 없이 결정된 매장의 공간에 진열될 것이다. 그렇게 진열된 아이팟은 차츰 쇼핑객들의 손때를 타게 될 것이다. 그리고 결국에는 닳고 허름한 그저 그런 제품으로 쇼핑객들의 눈에 비치게 될 것이다. 결국 쇼핑객들은 가격을 살펴보거나 아니면 사양에 대한 체크박스를 쭉 훑어보고는 순식간에 아이팟과 다른 제품 중의 하나를 선택해버릴 것이다.

이런 선택은 아이팟에게는 유리할 것이 하나도 없다. 아이팟이 선택되지 못할 가능성이 아주 높다. 일단 아이팟의 체크박스에는 녹색체크가 너무 적고 빨간색 ×표는 너무 많다. 게다가 아이팟은 비싸다. 애플이 보기에는 다른 경쟁제품이 아이팟보다 분명히 뒤처지는 제품일 것이다. 하지만 아이팟이 경쟁제품에 비해 10달러 이상 비싼 것은 사실이다. 베스트바이의 경우에도 상황은 별반 다르지 않을 것이다. 애플 직원들은 그 기기를 단지 진열대 위에 올려놓기만 해서는 안 된다고 생각했다. 체크박스에는 아이팟으로 얼마나 쉽게 음원을 동기화하거나 구입할 수 있는지가 전혀 나타나 있지 않다.

따라서 애플은 이런 대형 소매유통업체의 진열공간을 임대하지 않았다. 대신에 특히 TV 광고를 통해 적극적으로 아이튠즈와 아이팟을 홍보했다. 경쟁업체들은 TV 광고를 전혀 하고 있지 않았다. 그 당시 주피터 리서치에 글을 기고하던 조 월콕은 "TV 황금시간대에 애플의 기발한 광고를 여러 차례 보고 나면 마치 아이팟밖에 없는 것처럼 느껴집니다"라고 얘기했다.[22]

경쟁 MP3 플레이어가 판매되는 대형유통업체로 편입되지 않고 그 외부에 머물러 있는 전략에는 또 다른 장점이 있었다. 다른 제품과의 비교 자체를 거부함으로써 다른 제품들의 경쟁을 일류가 아닌 이류로 여겨지 도록 만들었다. 뮤직플레이어에 관심이 있는 사람이라면 아이팟에 대해 들어본 적이 있을 것이다. 아이팟은 유명인들이 사용하고 있었고 오프라 의 '내가 좋아하는 것들'의 목록에도 포함되어 있었다. 대형유통업체의 매 장에 진열된 뮤직플레이어들을 쭉 훑어보면서 아이팟을 발견하지 못한 쇼핑객은 그 플레이어들이 아이팟만큼 좋지 않은 것이라고 결론 내릴 것 이다. 이것은 미묘한 문제였다. 하지만 애플은 그런 미묘한 메시지를 포착 하여 브랜딩 작업을 하는 데 일가견이 있었다.

다른 한편 대형유통업체를 통해 아이팟을 판매하지 않겠다는 결정 이 면에는 애플의 소매전략도 자리잡고 있었다. 애플은 웹사이트와 몇몇 지 정 소매업체를 통해 판매하는 것 이외에 2001년부터는 소매 매장을 직접 운영하기 시작했다. 그 매장에는 아이팟과 아이맥이 나란히 진열되었다. 또한 적극적으로 구입을 권유하기보다는 고객들이 제품을 직접 체험할 수 있도록 내버려두었다. 사람들은 마음대로 애플 매장을 돌아다니며 둘 러볼 수 있었다. 매장에는 가격 인하를 선전하는 대형포스터도 붙어 있지 않았다. 매장은 마치 고급자동차의 전시실 같은 느낌이었다. 이 매장에 진 열되어 있는 것이 고급 자동차가 아니라 컴퓨터보다 크지 않은 하얀색 제 품들이라는 차이만 있을 뿐이었다. 아이팟을 직접 체험할 수 있는 기회를 제공함으로써 실제로 아이팟을 구입할 가능성을 높였다. 그리고 다른 제 품과 함께 진열하지 않음으로써 가격과 특성을 비교할 여지를 없애버렸 다. 애플이 처음 매장을 열겠다고 발표했을 때 소매업 애널리스트들은 잘 못된 신념이 빚어낸 어리석은 결정이라고 폄하했다. 하지만 잡스는 2000년 대형유통업체인 타깃Target으로부터 자신이 직접 채용한 론 존슨Ron Johnson이 잘 해낼 것이라고 믿고 있었다. (존슨은 매장이 열리기 전까지 가명으로 일했다. 따라서 경쟁업체들은 이 사실을 전혀 몰랐다. 이것도 애플의 전형적인 신비주의 전략의 일환이었다.)

애플의 매장은 여러모로 기분을 들뜨게 만드는 요소를 가지고 있었다. 직원들은 판매수당에 연연해하지 않았다.

존슨 지루하지도 않고 힘들지도 않습니다. 우리 직원들은 상품을 옮기면서도 고객들의 문제를 살펴야 합니다. 하지만 그 일을 하면서 '내가 갑자기 사람들의 삶을 풍요롭게 만든다!'는 느낌을 갖게 됩니다. 그럴 수 있는 직원들을 선별하고, 동기부여하고, 교육하고 있습니다.[23]

잡스는 매일 오전 9시부터 12시 사이에 경영자 회의를 소집했다. 방문고객 수 등 매장의 실적은 15분마다 본사로 보고되었다. 어떤 의미에서 애플 매장은 애플이 가지고 있는 철학의 궁극적인 표현이기도 했다. 제품을 만들어라! 그리고 어떤 중간단계도 거치지 않고 직접 소비자의 손에 전달하라! 매장을 들어오는 고객들의 발자국소리가 애플의 임원 회의실에서도 들리고 있었다.

애플의 결정에 영향을 미친 또 한 가지 사실은, 애플이 곤경에 처해 있을 때 월마트와 베스트바이가 애플을 지원하지 않았다는 것이다. 애플은 회사로서 유감을 표명하는 방법을 잘 알고 있었다. 물론 그 유통업체가 애플의 브랜딩전략과 잘 맞아떨어졌다면 그 모든 것은 단지 과거의 일로 치부되었을 것이다. 하지만 그렇지 않았던 것이다. HP는 2004년 중반 자신의 브랜드로 생산된 아이팟을 월마트를 통해 판매할 수 있게 되었다. 하지만 월마트가 아이팟 미니를 판매할 수 있었던 것은 2005년 1월이 지나서였다.

한편 소매유통업체들의 긴급한 요청을 받은 마이크로소프트는 지배적인 위치를 차지하기 위한 첫 번째 계획을 수립했다. 음원에다 동영상까지 제공함으로써 애플을 뛰어넘어라. 이것이 그 계획의 핵심이었다. 첫 결과물은 포터블 미디어 센터PMC였다. 그 이름만 보면 하드웨어 같다. 하지만 그것은 음원과 사진뿐만 아니라 영화와 기타 동영상까지 저장할 수 있는 휴대용 기기에 필요한 소프트웨어였다. 2004년 9월부터 크리에이티브, 삼성Samsung 그리고 아이리버iRiver의 PMC제품이 등장하기 시작했다. (아이리버는 미국에서는 전혀 알려져 있지 않았다. 하지만 극동아시아에서의 성공에 힘입어 전 세계 MP3플레이어 시장에서 점유율 2위를 차지하고 있던 회사다.)

마이크로소프트에서 PMC를 공동 개발했던 브라이언 킹Brian King은 "그것은 대단한 기회였습니다. 당연히 별 고민 없이 그 기회를 붙잡았습니다"라고 얘기했다. 마이크로소프트는 기자회견을 통해 가정에서는 물론, 이동 중에도 다양한 오락을 즐길 수 있는 디지털 기기의 새 시대가 열렸다고 선언했다. 그 새 브랜드는 바로 플레이포슈어PlaysForSure였다. 주 소비자층으로 잡은 것은 출퇴근자와 장거리 여행객이었다. 그들은 길고 지루한 자동차나 버스여행 또는 비행기나 기차여행 동안 PMC를 사용하고 싶어할 것이다. 가격은 약 500달러. 하지만 PC의 경우처럼 수평적 시장에서 수요가 충분하다면 가격은 분명 하락할 것이다. 그것은 소프트웨어이자 하드웨어였다. 그렇다면 콘텐츠는 어디에 있는가?

마이크로소프트의 답변은 윈도우 XP 컴퓨터 안에 있다는 것이었다.

하지만 그것은 오답이었다. 일단 자신의 PC에 동영상 콘텐츠라고 할 만한 것이 있는 사람들은 별로 많지 않았다. 그리고 많이 있더라도 그것을 휴대용 기기에 전송하지 않았을 것이다. 또한 전송했다 하더라도 많이 보지는 않았을 것이다. 왜냐하면 가정용캠코더로 촬영한 동영상은 긴 자동차 여행 동안 감상하기에는 분량이 너무 짧았기 때문이다. 마이크로소프트는 메이저리그 베이스볼과 야구경기 동영상 제공 계약을 체결했다. 그리고 시네마나우CinemaNow와는 온라인 영화 임대서비스 계약을 체결했다. 시네마나우는 그 기기에 재생 가능한 총 200편의 영화와 TV 프로그램을 제공하기로 했다. 하지만 그것은 보통 할리우드에서 제작되는 영화의 4개월치 분량에 불과했다. 심지어 시네마나우의 부사장이었던 브루스 에이슨Bruce Eisen조차도 뉴욕타임스와의 인터뷰에서 처음부터 그것은 틈새시장이었다고 인정했다.[24] 당시 윈도우모바일 담당 부사장이었던 토드 워런Todd Warren은 같은 신문과의 인터뷰에서 그 품목의 미래에 대해서 전혀 확신이 서지 않았다고 말했다.

PMC에게는 미래가 없었고, 결국에는 시장에서 종적을 감추고 말았다. 킹, 워런 그리고 그들의 팀은 이미 다른 기기로 장편의 동영상을, 합법적으로, 그리고 싼 가격에 감상할 수 있다는 사실을 고려하지 못했던 것이다. 휴대용 DVD 플레이어의 가격은 약 100달러였다. 그리고 월 단위로 계속 가격이 하락하고 있었다. PMC로 컴퓨터간에 동영상 파일을 복사하는 것은 불가능했지만, DVD는 모든 호환기종에서 재생이 가능했고, 콘텐츠도 훨씬 많았다. PMC는 이런 사용상의 이점을 제공할 수 없었다.

PMC는 사용의 편리성보다 기술을 앞세운 전형적인 사례였다. 사람들이 이동 중에 동영상을 보고 싶어한다는 것은 사실이다. (그래서 애플은 동영상 재생이 가능한 아이팟을 출시하게 된다.) 하지만 중요한 것은 사용의 편리성과 콘텐츠의 다양성이다. 겨우 단일 종목의 경기영상과 200편의 영화를 제공하는 것으로 사람들의 관심을 끌기에는 역부족이었다. 게다가 사람들은 쉽게 사용할 수 있기를 원했다. DVD는 휴대용 DVD플레이어에 넣기만 하면 되었고 그것은 쉬운 일이었다. 반면에 PMC로 영화를 전송하는 것은 지루하고 짜증나는 일이었다.

이제 남겨진 전쟁터는 음악이었다. 마이크로소프트는 (두 얼굴을 가지고 문을 지키는 로마 신의 이름을 딴) 야누스라는 소프트웨어를 개발했다. 그리고 2004년 중반 발머의 그 당혹스러운 인터뷰가 있던 바로 그 무렵, 뮤직플레이어 제조업체와 소프트웨어 회사들에게 이 사실을 공표하였다.

야누스는 윈도우에서 실행되었다. 그리고 가입형서비스에 회원으로 가입해야 했다. 그것은 몇 년 전 프레스플레이나 뮤직넷(아이튠즈뮤직스토어가 급성장하자 조용히 사라졌다)과 유사했다. 월회비를 납부하면 음악을 들을 수 있고 회원을 탈퇴하면 음악을 들을 수 없다. 뮤직플레이어 회사와 가입형서비스가 모두 야누스를 채택해야 했다. 음악을 듣기 위해서는 음원사이트, 뮤직플레이어 그리고 컴퓨터에 각각 소프트웨어가 설치되어있어야 했다. 이 야누스로 인해 플레이포슈어라는 브랜드는 더욱 지루하고 따분한 것이 돼버렸다.

2004년 11월 와일드스트롬은 아이튠즈 뮤직스토어와 다른 모든 서비스의 표준이 호환 불가능한 상황이 지속된다면 그들 모두의 미래가 심각한 위험에 처할 수 있다고 지적했다. 그는 당시 비즈니스위크에 기술 관련 글을 기고하고 있었다. 애플의 페어플레이, 리얼네트워크의 힐릭스 Helix 그리고 이제 마이크로소프트의 야누스까지, 어떤 것도 다른 서비스의 DRM 복제방지 음원을 재생할 수가 없었다. 하지만 와일드스트롬은 조만간 마이크로소프트가 시장을 지배하게 될 것이라고 확신하고 있었다.

와일드스트롬 10월 초 윈도우미디어 10과 야누스가 출시됐습니다. 마이크로소프트가 소비자를 위해 상황을 단순화시키는 절차를 밟은 것이죠. 물론 자신에게 유리한 방식이기는 했지만요.

그들은 윈도우 미디어 음원을 판매하는 사이트와 그 음원을 재생할 수 있는 기기에 붙일 '플레이포슈어'라는 로고를 만들었습니다. 냅스터, 뮤직매치, 월마트, 델, 크리에이티브, 아이리버, 게이트웨이Gateway, (그 사업에 새로 등장한) 버진 일렉트로닉스Virgin Electronics 등이 그 멤버들이죠.

사실 이런 뮤직플레이어들 중 아이팟만큼 쉽게 사용할 수 있는 것은 없습니다. 웹사이트도 아이튠즈 뮤직스토어만큼 편리하게 이용할 수 있는 곳도 없습니다. 그리고 어떤 경쟁업체도 애플만큼 마케팅에 뛰어나지도 못합니다.

하지만 그 격차는 점점 줄어들고 있습니다. 소비자들의 관심은 원하는 음원, (멀지 않은 미래에) 영화 그리고 동영상을 자신이 선택한 기기에서 편리하게 감상하는 것입니다. 마이크로소프트의 큰 텐트 접근방식은 지금의 난국으로부터 벗어날 수 있는 탈출구를 제공할 것입니다. 아마도 애플은 거기에 포함되지 않을 겁니다.[25]

그러나 마이크로소프트의 텐트에는 여러 가지 문제가 있었다. 사람들은 겉만 번지르르한 것을 좋아하지 않았다. 플레이포슈어는 곧바로 소문만 요란한 잔치가 되어버렸다. 플레이어들은 제대로 작동하지 않았다. 음원을 전송하려고 하면 먹통이 되기도 했다. 끔찍한 경험을 했다는 블로그들이 늘어났다. 그 중에는 당시 주피터리서치의 영향력 있는 기술

전문 애널리스트인 마이클 가텐버그Michael Gartenberg도 포함되어 있었다. 또 제이슨 던Jason Dunn도 그 중 한 명이었다. 그는 마이크로소프트가 MVP로 선정한 작가이자 컨설턴트였다. 여기서 MVP는 전 세계 기술커뮤니티에 특별한 기여를 한 가장 뛰어난 전문가most valued professional를 의미한다. 마이크로소프트는 그에게 MVP의 칭호를 부여하면서 'MVP가 전달하는 정보는 가장 높은 가치를 지닌 것이다. 따라서 모든 사용자들이 기술을 최대한 활용할 수 있도록 하는 데 큰 기여를 할 것이다'라는 의미를 부여했다.

다음은 그런 던이 전해 주는 정보다. 그는 냅스터에서 음원을 다운로드 받아, PC에서 윈도우 미디어 플레이어 10으로 재생했다.

> 던 매주 여덟 번에서 열 번 정도는 갑자기 재생이 중단되면서 재승인을 요구하더군요. 패스워드를 저장하겠냐는 질문에 항상 체크를 하는데도 말이죠.
> 게다가 믿기 어려울 정도로 느리고 쉽게 장애가 발생했습니다. 정말 울고 싶은 심정이 된 적이 한 두번이 아니었습니다. 게다가 냅스터의 고객서비스는 문제를 해결하는 데 전혀 도움이 되지 않았습니다.[26]

이런저런 문제를 해결한 후 그는 간신히 그의 플레이어로 음원을 옮겨 담을 수 있었다. 하지만 결국에는 CD로 변환하고 말았다. 이런 경험을 한 사람이 그뿐만이 아니었다. 당연히, 가입형서비스 가입자가 늘어나는 것은 쉽지 않았다. (그들이 심지어 사적인 자리에서조차 가입자 수를 자랑하지 않는 것을 보면 이것은 분명한 사실로 보인다.) 냅스터는 디지털음악계에서 애플 다음으로 인지도가 높았지만, 결국은 휘청거릴 수밖에 없었다.

2005년 1월 라스베이거스에서 열린 국제전자제품박람회The International Consumer Electronics Show, 이하 CES에서 게이츠는 기조연설을 했다. 그의 연설은 코미디언 코난 오브라이언Conan O'Brien의 공연으로 분위기가 달아오른 가운데 진행되었다. 그는 당시 플레이포슈어 로고가 붙은 디지털 미디어 플레이어가 50개가 넘는다고 발표했다.[27]

오브라이언은 게이츠에게 "보통 마이크로소프트는 소비자 제품에 취약하다는 인식이 있는 걸로 알고 있는데요. 그런 평가가 적절하다고 생각하시는지?"라는 뼈 있는 농담을 건넸다. 이에 대해 게이츠는 윈도우, 그리고 인기 있는 비디오게임인 헤일로Halo를 언급했다. 또한 젠 마이크로Creative Zen Micro와 리오 카본Rio Carbon은 지난 크리스마스 때 완전 매진됐었다는 얘기까지 덧붙였다. 하지만 월정액 가입형 서비스가 앞으로 크게 유행하게 될지는 좀더 지켜보아야 한다고 말했다.

딱히 언급된 적은 없지만, 게이츠의 회사가 엑스박스 이전에 생산한 소비자 전자제품은 리브랜드된 컴퓨터 마우스와 키보드뿐이었다. 회사 수입의 대부분은 소프트웨어 판매에서 나왔다. 그럼에도 불구하고 여러 해동안 게이츠는 불쑥 나서서는 소비자 전자제품 제조업체들에게 소비자 전자제품의 미래에 대한 자신의 예상을 얘기하곤 했다. 이 사실은 줄곧 하나의 아이러니였고, 게다가 그의 예상은 잘 맞지 않았다. 게이츠는 이번 기조연설에서 SPOT 손목시계(기본적으로 날씨를 알려주는 손목에 차는 컴퓨터)와 거실, 침실, 부엌이 서로 연결되는 통합된 '미래의 가정'을 선보였다. (게이츠가 2008년 회사를 그만둔 뒤에도 이런 아이러니는 끝나지 않았다. 스티브 발머가 그 역할을 대신했다.)

게이츠의 연설을 지켜보면서 당시 주피터 리서치의 가텐버그는 "게이츠가 얘기한 50개가 넘는 플레이어에 아이팟은 포함되지 않았더군요. 저는 플레이포슈어가 잘 될지 의구심이 들었습니다"라고 말했다. 그는 플레이포슈어가 너무 복잡하다고 지적했다. 어떤 플레이어는 콘텐츠를 다운로드만 할 수 있었다. 또 어떤 플레이어는 다운로드는 되지 않고 음원을 직접 들을 수만 있었다. 그리고 어떤 음원은 다운로드되지 않고 직접 들을 수만 있었다. 설명서를 자세히 살펴보지 않고서는 어떤 것이 어떤 것인지 도무지 구분할 수가 없었다.

가텐버그는 "제 짧은 생각으로는 어떤 DRM을 사용하는 어떤 소스로부터 온 어떤 콘텐츠가 어떤 플레이어에서 재생되는지를 알아내는 코딩 시스템이 필요하다는 사실은 결코 좋은 것이 아닙니다"라고 지적했다. 그는 곧바로 아이팟의 경쟁제품들을 테스트하기 시작했다. 그리고 다음과 같이 적었다.

가텐버그 저는 그나마 뛰어난 편에 속한다는 샌디스크SanDisk의 산사Sansa e 100을 테스트하기 시작했습니다. 여기에도 플레이포슈어 로고가 붙어 있었지만 가입형 음원은 재생하지 못하더군요. 이유를 알아내는 데는 채 몇 분도 걸리지 않았습니다. 로고를 자세히 살펴보니 이 기기는 다운로드 음원만 재생할 수 있고, 가입형 음원은 안 되더군요. 이럴 수가……

저만 그런 것이 아닙니다. 지난 여름에도 마이크로소프트의 최고임원진 중 한 사람이 애널리스트와 기자들 앞에서 같은 실수를 범하는 바람에 그 방에 있던 모두가 한바탕 웃는 소동이 벌어졌습니다. 저도 그 자리에 있었습니다. 문제는 이런 일을 소비자들도 겪는다는 겁니다. 소비자들도 가입형 콘텐츠와 다운로드 콘텐츠를 구분하는 문구들을 주의 깊게 살펴보지 않을 수 있습니다. '그 파일 다운로드한 것 아니었나?' '내가 산 기기에서는 재생되지 않네' 가입형 콘텐츠와 다운로드 콘텐츠의 로고가 똑같아 보인다면 쉽게 이런 상황이 벌어질 수 있겠지요.[28]

이것은 쓸데없이 복잡한 것이 무엇인지를 제대로 보여주는 사례였다. 이와 대조적으로 애플의 음원 공급은 단순함의 대명사였다. 이것을 구입하라! 그러면 당신의 컴퓨터나 아이팟에서 재생할 수 있다. 질문은 받지 않겠다.

2010년에 나는 와일드스트롬에게 마이크로소프트가 뮤직플레이어 시장을 지배할 것이라는 그의 예상이 틀린 이유가 무엇이라고 생각하느냐고 물어보았다.

와일드스트롬 마이크로소프트와 나는 한 가지 똑같은 실수를 범했습니다. 우리 모두는 가입형서비스가 그 당시보다 그 이후에 훨씬 더 많은 인기를 누리게 될 것이라고 믿었습니다. 그렇게 되지 못한 이유는 부분적으로 그 음악 산업이 가입형서비스의 가격을 너무 높게 책정했다는 데 있습니다. 휴대기기 한 대당 한 달에 15달러였습니다. 또 저는, 아마 마이크로소프트도 마찬가지라고 생각하는데 애플의 혁신속도를 과소평가했습니다. 애플은 아이튠즈와 아이팟이 초기부터 가지고 있던 이점을 잘 활용했습니다. 플레이어(아이팟), 인터페이스 소프트웨어(아이튠즈) 그리고 소매업체(아이튠즈 뮤직스토어)를 통제함으로써 처음부터 끝까지 뛰어난 사용자경험을 제공하는 자신의 장점을 잘 살렸습니다.

하지만 마이크로소프트도 저를 실망시켰습니다.

플레이포슈어라는 아이디어 자체가 나쁜 것은 아니었습니다. 그런 좋은 아이디어를 망쳐버린 것은 마이크로소프트의 형편없는 솜씨였습니다. 마이크로소프트는 기기간 호환성이라는 약속을 지키지 못했습니다. 다중기기 디지털 저작권 관리시스템을 괴롭히는 일반적인 문제죠. 게다가 마이크로소프트의 협력업체들이 선보인 많은 플레이어들은 사실 뛰어난 것이 아니었습니다. 여하튼 아이팟보다는 못한 것으로 여겨졌습니다. 델과 게이트웨이는 그 사업에 전념하고 있지 않았고, 버진 일렉트로닉스는 시작했다고 보기조차 어려웠습니다.

아무리 그래도 마이크로소프트에는 매우 뛰어난 프로그래머들이 근무하고 있었다. 그리고 그들은 제대로 된 소프트웨어를 만들 수 있는 능력을 가지고 있었고 또 만들어왔다. 그런데 왜 야누스는 문제가 발생한 것일까?

윈도우 사용자들이 아이튠즈처럼 야누스를 다운로드할 수 있는 것은 아니었다. 야누스는 하드웨어인 뮤직플레이어, 소프트웨어인 미디어 플레이어, 그리고 사람들이 구입하는 음원에 내장되어 있었던 것이다. 만약 사용자들이 야누스가 마음에 들지 않으면 야누스를 둘러싼 생태계 전체를 포기하는 수밖에 없었다. 이 생태계는 윈도우 미디어 플레이어, 디지털플레이어 제조업체, 그리고 가입형서비스 사이트로 이루어져 있었다. 만약 이 세 가지 중 하나라도 문제가 발생하면 야누스는 실행되지 않았다.

예를 들어 뮤직플레이어에서 펌웨어가 잘못되었다거나, 미디어 플레이어가 예전 버전이면 실행이 되지 않았다. 또 가입형서비스 사이트의 음원을 인코딩하는 야누스가 너무 최신 버전이어도 문제가 발생할 수 있다. 어느 누구도 전체를 다 통제할 수는 없었다. 궁극적으로는 어느 누구도 책임이 없는 것이었다.

마이크로소프트가 야누스에 대해 어떤 실수를 하게 되면 사용자와 뮤직플레이어 제조업체는 모두 큰 곤란을 겪게 된다. 하지만 마이크로소프트 자체는 사소한 손해만 감수하면 된다. 손해는 야누스 음원 판매사이트에 윈도우 서버를 판매하지 못하게 된다는 정도에 불과하다. 어떤 사용자도 뮤직플레이어가 제대로 작동하지 않는다고 해서 (윈도우)운영체제 자체를 바꾸지는 않을 것이다. 대신 아이튠즈를 설치하려고 할 것이다. 이처럼 마이크로소프트에 미치는 영향은 작았던 반면에 다른 협력업체에 미치는 영향은 엄청났다.

이와 대조적으로 애플은 아이팟, 아이튠즈 그리고 아이튠즈 뮤직스토어에 대해 세세하게 신경써야 했다. 그 중 하나라도 문제가 발생하면 사용자들은 애플이 눈치채지 못하도록 그냥 내버려두지 않을 것이다. 당장 그 제품을 구입하지 않거나 다운로드하지 않을 것이다. 그것은 바로 애플의 손익 변화로 연결되고, 월요일 아침 부서장 회의에서 보고될 것이다. 물론 15분마다 업데이트되는 각 매장의 방문고객 수와 판매실적에도 금방 나타날 것이다.

야누스에 어떤 오류가 발생하면 오류지점을 찾기 위해 시스템 전체를 검토해야 한다. 플레이어 제조업체로부터 뮤직플레이어가 매장으로 운송되고, 거기서 최종사용자가 뮤직플레이어를 구매하여 사용할 때까지 전 과정을 살펴야 한다. 몇 개월이 걸릴지 모르는 일이다. 오류가 발생하더라도 어디에서 발생한 것인지를 알 수 있는 방법은 없어 보인다. 윈도우의 버전에 있는 것인지, 아니면 윈도우 미디어 플레이어에 있는 것인지, PC나 PC에 설치된 소프트웨어에 있는 것인지, 그것도 아니라면 디지털 플레이어의 펌웨어나 소프트웨어에 있는 것인지, 마지막으로 야누스에 있는 것인지. 또 공급사슬을 따라 오류를 찾아내려면 여러 회사가 관여해야 한다. 마이크로소프트의 두 개 부서(윈도우에 대해서는 고객 담당부서, 야누스에 대해서는 디바이스부서), PC제조업체, 뮤직플레이어 제조업체 그리고 음원 공급업체. 그나마 운이 좋아서 마지막 두 업체가 같다 하더라도 최소한 세 회사가 관여해야 한다. 결국에는 별 뾰족한 수 없이 서로 얼굴만 붉히고 끝날 가능성이 높다.

정리해보면 야누스에는 적절한 피드백을 해줄 시스템이 없었다. 이것은 소비자 전자제품이 성공하기 위해서 반드시 필요한 것이었다.

야누스에 음원을 제공하는 냅스터와 같은 회사들은 소비자에게 무엇을 제안하고 있는 것이었을까? 심지어 그 회사들조차 확실치가 않았다. 냅스터의 전 직원이 나에게 전한 바에 따르면 일단 냅스터는 목표를 매우 단순하게 생각하고 있었다. '한 달에 단돈 10달러로 세상의 모든 음악을 주머니 속으로'가 그것이었다.

하지만 이 제안은 별로 매력적이지 않았다.

> 냅스터 전 직원 돌이켜 생각해보면 사람들이 세상의 모든 음악을 듣고 싶어할 것 같지는 않습니다. 소수의 예외적인 음악감상자들 말고는 보통 일부 한정된 음악에만 관심을 가지기 마련입니다. 따라서 가입형서비스를 통해 사람들에게 음원을 판매하기는 어려운 일입니다. 반면에 (아이튠즈처럼) 한 곡씩 구입할 수 있는 서비스는 훨씬 간단합니다. 그냥 원하는 음원만 구입하여 감상하면 됩니다.

물론 사람들은 자신이 보유하고 있는 CD의 음원을 추출해서 듣거나 아니면 (여전히 번창하고 있는) 파일 공유를 통해 많은 음원을 구할 수도 있을 것이다.

또한 뮤직플레이어에 있는 가입형 콘텐츠에는 기한만료의 예고나 위협이 항상 뒤따라 다닌다. 가입형 음원서비스는 '빨리 요금을 납부하세요 그렇지 않으면 재갈을 물려 버릴 겁니다'라고 협박한다. 협박으로 사업을 일으킬 수 있는 것은 마피아밖에 없다. 모바일 인터넷으로 스트리밍 서비스를 언제 어디서나 제공받을 수 없는 상황에서 가입형서비스가 동력을 얻기는 쉽지 않았다. 이것이 냅스터가 가진 또 하나의 문제였다. 냅스터는 수입을 얻기 위해서 더 많은 고객들을 유치해야 했다. 하지만 사람들은 '세상의 모든 음악을 주머니 속으로'라는 아이디어에 도통 관심이 없었다. 사람들은 도대체 무엇에 관심이 있는 것일까? 그 회사의 가장 뛰어난 인재들은 냅스터의 새롭고 독창적인 제품을 내놓기 위해 회의에 회의를 거듭했다. 그동안 광고회사는 냅스터의 결정이 나기만을 손꼽아 기다렸다.

가텐버그의 의견이 옳았다. 플레이포슈어는 확실한 실패작이었다. 사람들은 가입형서비스를 좋아하지 않았다. 이것은 또 아이튠즈 뮤직스토어와 라이선스 계약을 맺도록 음반회사를 설득하기 위해 잡스가 했던 말이다.

또 다른 요인도 존재했다. 소매업체들은 아이팟을 판매하고 싶어했다. 그 이유는 그리핀의 아이트립, 케이스, 스피커 독과 같은 액세서리에 있었다. 보통 소매업체들은 아이팟 판매가격의 15%를 마진으로 가져간다. 그에 반해 주변기기에 대해서는 25%, 케이스에 대해서는 50%의 마진을 얻는다. 100달러의 아이팟을 60달러의 스피커독, 30달러의 케이스와 함께 판매한다면 아이팟만 판매했을 때보다 세 배 이상 이익을 얻는다. 반드시 아이팟을 판매할 필요도 없었다. 아이팟을 구매하여 재고로 보유하는 선불비용을 감당하는 것은 다른 매장의 몫이었다. 스피커독, 충전기, FM튜너 그리고 케이스만 지나가는 고객에게 판매해도 큰 마진을 얻을 수 있었다. 게다가 이 제품들은 재고비용도 훨씬 낮았다.

그것은 하드웨어 생태계에서 선순환을 만들어냈다. 2005년 말에는 애널리스트들이 주목할 정도로 액세서리 시장의 규모가 커졌다. NPD 그룹의 스티브 베이커Steve Baker는 당시 아이팟에 지출되는 3달러당 1달러가 액세서리 구입에 사용되었다고 평가했다. 그에 따르면 케이스, 자동차 충전기, 튜너(그리핀의 원조제품과 수많은 복제품들)와 같은 품목의 매장판매액은 총 8억 5천만 달러에 달했다. 인터넷 판매 규모에 대해서는 자신도 가늠하기 어렵다고 덧붙였다. 최소한 매장판매의 약 절반 정도로 추산하는 것이 타당해 보인다. 10달러에서 30달러 정도하는 간단한 케이스 판매가 전체 액세서리 판매의 1/4 이상을 차지했다. 베이커는 또 2005년에 비해 2006년에 액세서리에 지출된 금액이 두 배 증가했다고 추산했다. 애플은 이것이 자신에게 좋은 상황이라는 것을 알고 있었다. 당시 애플의 국제 아이팟 마케팅 담당 부사장이었던 그레그 조스위악은 "이것은 대단한 것입니다. 소비자들이 그 액세서리를 보게 되면 더욱 더 아이팟을 사고 싶어 할 것입니다"라고 말했다.[29]

반면에 소규모 뮤직플레이어를 지원하는 생태계는 존재하지 않았다. 그런 뮤직플레이어의 시장점유율은 너무 낮았다. 제조업체가 플레이어를 생산하는 것이나, 소매업체가 그 플레이어를 재고로 보유하는 것은 수익성이 없었다. '선택의 여지'는 브랜드 충성도를 파괴했다. 모든 플레이어가 별 차이가 없다면 어떤 하나만을 고수해야 할 이유가 없지 않은가? 단지 원하는 것을 제공하는 가장 저렴한 플레이어를 선택하기만 하면 되는 것이다. 사람들은 PC처럼 가격에만 기반하여 뮤직플레이어의 구입을 결정할 것이다. 그렇게 되면 제조업체의 마진은 사라지게 될 것이다.

뮤직플레이어 시장에서는 수평적 시장구조가 하드웨어 회사들에게 유리하게 작용하기보다는 불리하게 작용했다. 마이크로소프트는 제조업체와 플레이포슈어 음원을 제공하기 위해 서버를 운영하는 회사들로부터 라이선스 수수료를 받고 있었기 때문에 그런 영향을 거의 받지 않았다. 아이팟과 연동하기 위해서 여전히 PC가 필요했다. 따라서 마이크로소프트의 손익은 악화되지 않았다. 윈도우는 계속 판매되었다. (2004

년 PC시장은 17% 성장했다.) 기업들은 여전히 오피스를 구매하고 있었다. 마이크로소프트는 이런 독점적 지위로부터 수십억 달러의 이익을 얻고 있었다. 엔터테인먼트 및 디바이스라는 한 작은 부서에서 무엇이 발생하고 발생하지 않았는지는 그 회사의 입장에서 지극히 사소한 문제에 불과했다.

상승일로의 아이팟

2005년 8월 무렵에도 디지털음원시장에서 마이크로소프트와 협력업체들의 사정은 별반 달라지지 않고 있었다. 2005년 6월까지 세달 동안 애플은 2004년 같은 기간에 비해 7배 증가한 6백10만 대의 아이팟을 판매했다. 그 결과 애플은 11억 달러의 수입을 기록했다. 판매량은 분기마다 백만 대 이상씩 증가하고 있었다. 아이튠즈 스토어는 5억 곡 이상을 판매했고, 매달 약 5천만 곡씩을 판매하고 있었다. 애플이 아이튠즈 스토어와 다른 제품의 판매로 수입을 얻게 됨에 따라 애플 전체 수입에서 컴퓨터가 차지하는 몫은 이제 절반 이하로 줄어들었다. 아이팟은 상승일로에 접어들었다.

가텐버그는 "마이크로소프트는 계속 이것저것 '여러 기능들'을 강조했습니다. 반면에 애플은 줄곧 음악에만 초점을 맞추었습니다. 이 차이가 바로 문제였습니다"라고 언급했다. 그가 언급한 것처럼 당시 마이크로소프트 기기들은 MP3를 재생할 수 있고 냅스터, 리얼 또는 야후의 가입형 서비스를 이용할 수 있었다. 또한 동영상과 심지어 TV 생방송 스트리밍도 가능했다. 게다가 RSS 웹 리더, 이메일, 웹, 게임, GPS(위치확인),

지도 그리고 기타 여러 기능을 갖추고 있었다. 이 정도면 충분하지 않은 가? 그는 충분한 것이 아니라 너무 많고, 너무 혼란스럽다라고 말했다. "그 사이에 진짜 이야기는 음악이었습니다. 그리고 아이팟, 아이튠즈 그리고 아이튠즈가 가능한 애플의 새 휴대폰만 알면 된다는 강조였습니다."

그가 생각하기에 진짜 문제는 게이츠와 페스터 그리고 나머지 마이크로소프트의 팀이 해결책이라고 여겼던 수평적 모델이었다.

> 가텐버그 생태계는 수많은 부분으로 이루어져 있습니다. 하드웨어인 플레이어부터 플레이어용 소프트웨어까지, 그리고 뮤직스토어와 가입형서비스부터 인터넷 통신사까지. 그러나 어느 것도 공격을 주도하지 못하고 있습니다. 이번에도 상황을 주도하는 것은 우위를 점하고 있는 애플입니다. 마이크로소프트와 협력업체들은 애플의 움직임에 대처하는 데만 급급한 모습입니다.[30]

애플은 언제나처럼 그 자리에 그대로 머물러 있지 않았다. 애플은 아이팟용 게임을 판매하기로 결정했다. 이것은 이후 아이폰에 등장하는 본격적인 사업모델의 서곡이었다.

생태계

2004년 11월 나는 대니카 클리어리Danika Cleary에게 애플이 서드파티 개발자에게 아이팟용 소프트웨어 개발을 허용할 계획이 있는지를 물었다. 그는 당시 아이팟 국제 마케팅 담당 사장이라는 거창한 이름의 직책을 맡고 있었다. (기술적으로 이것을 'API 노출'이라고 한다. 여기서 API는 Application Programming Interface의 약자이다. API는 지정된 재료만으로 요리하는 즉석요리사와 같다. 예를 들어 주소록 API는 '이름이 DA로 시작한다'라는 문의를 받아들여 그 조건을 충족시키는 연락처의 목록을 돌려준다. 그러면 서드파티 소프트웨어는 그것을 어떤 방식으로든 활용할 수 있게 된다.)

처음부터 아이팟은 MP3를 재생하는 기능 이외에도 여러 기능을 가지고 있었다. 거기에는 시계, 알람이 되는 달력, 연락처 기능 등이 포함되어 있었다. 게임을 포함시키기만 한다면 아이팟으로 게임도 할 수 있다. 사실 원조 아이팟에도 이미 게임이 있었다. 브릭Brick으로도 알려진 브레이크아웃Breakout 게임의 일종으로 공을 튕겨 벽돌을 깨는 게임이었다. 조심스럽게 숨겨져 있었지만 곧바로 사람들이 발견하고 말았다. 2003년 중반 출시된 3세대 아이팟에는 두 개의 게임이 추가되었다. 혼자서 할 수 있는 카드게임인 솔리테르Solitaire와 패러슈트Parachute라는 게임이었다. 패러슈트는 낙하산을 타고 내려오는 군인을 총으로 저격해 떨어뜨리는 게임이었다.

여러 게임이 가능하다는 것은 운영체제가 존재한다는 것을 의미했다. 개발자들이 프로그램을 개발(그리고 아마도 판매까지)할 수 있는 새로운 분야가 생긴 것이었다. 여하튼 국제적인 아이튠즈 스토어가 있는데, 그것을 통해 아이팟용 게임을 판매하지 말란 법은 없지 않은가?

그렇다면 애플은 API를 노출할 생각을 하고 있었을까? 클리어리는 회사 내부에서 API 노출에 대한 논의가 진행되어 왔다는 점을 내비쳤다. (여기서 '논의'는 '언쟁argument'을 의미한다.)

클리어리 지금 아이팟은 매우 간단합니다. 그리고 모든 사람들은 똑같은 아이팟을 사용하고 있습니다. 기본적으로 아이팟은 뮤직플레이어입니다. 아이팟이 성공할 수 있었던 것은 단순함과 사용의 편리함 덕분이었습니다. 우리는 사용자의 경험을 망치고 싶지 않습니다. 그래서 API를 노출하지 않기로 결정했습니다.

애플은 다른 업체들보다 선수를 칠 수 있었다. 당시 게임과 앱을 직접 다운로드할 수 있는 온라인 스토어가 있는 휴대용기기 업체는 없었다. 하지만 2006년 9월까지는 아무 일도 일어나지 않았다. 그때가 되어서야 애플은 9개의 아이팟 클래식용 게임을 공급하기 시작했다. 아이튠즈 뮤직 스토어에서 구입하고 다운로드 받을 수 있었으며, 가격은 4.99달러부터 시작되었다. 외부 게임 퍼블리셔인 일렉트로닉 아츠Electronic Arts, 남코Namco, 프레시게임Fresh Game이 게임을 공급했다. (결국 2009년 무렵에는 게임의 종류가 50개에 달하게 되었다. 그리고 게임을 공급하는 게임 퍼블리셔도 애플을 포함해 18개나 되었다.)

왜 애플은 아이팟 중심의 소프트웨어 생태계를 구축하려고 하지 않았을까? 매트 드랜스Matt Drance는 매우 단순한 이유였다고 나에게 얘기했다. 당시 그는 개발 전도사(에반젤리스트)로 앱을 프로그래밍하는 사람들을 대상으로 활발한 강연활동을 하고 있었다. 최선의 경험을 제공할 것이라는 확신이 들기 전까지 애플은 아무것도 하지 않을 것이라는 게 그의 주장이었다. "분명히 애플은 서드파티 소프트웨어에 관심이 있었습니다. 애초부터 그런 소프트웨어를 포함하고 있었습니다." 하지만 그가 말하는 것처럼 개발자의 소프트웨어 개발키트SDK를 통해 API를 공개할 경우 문제가 복잡해질 수 있다.

드랜스 그것을 공개하지 않은 이유는 그들이 아이팟 SDK를 매우 빠르게 개선시키고 있었기 때문인 것 같습니다. 만약 협력업체가 소수라면 큰 문제없이 통제할 수 있을 겁니다. (게임개발업체인) 일렉트로닉 아츠 등 다섯 개 개발업체를 불러서 '좀 바꿔야 할 것 같습니다. 참여할 수 있겠습니까? 참여한다면 다음 출시를 준비할 수 있도록 돕겠습니다'라고 얘기하면 됩니다.

하지만 십만 명의 개발자가 있는 생태계라면 빠르게 움직이는 것이 훨씬 더 어려울 겁니다. 아마 이런 관점에서 애플이 API의 노출을 꺼린 것이 아닐까라는 생각이 듭니다.

그는 2004년과 2005년 당시 앱스토어의 이용이 불편했던 점도 한 가지 이유였다고 말한다. 2005년 4월에도 미국과 영국의 초고속데이터통신망을 통한 인터넷 접속은 전체 인터넷 접속의 절반을 조금 넘긴 수준에 머물고 있었다. 유튜브가 시작된 것은 2005년이었다. 그 이전에 웹에서 동영상 스트리밍 서비스를 즐길 수 있을 정도의 초고속 인터넷 접속이 가능했던 사람은 소수에 불과했다. 드랜스는 다음과 같이 말했다.

드랜스 지금의 앱스토어는 풍부한 앱 라이브러리, 앱의 직접 체험, 무선을 통한 설치와 전송 그리고 사용의 편리성을 두루 갖추고 있습니다. 하지만 2004년의 앱스토어를 이런 현재의 모습과 같다고 착각하면 안 됩니다. 그 당시에는 어디서나 고속무선기술을 사용할 수 있었던 것이 아닙니다. 이런 상황도 한 가지 이유였을 것 같습니다. 애플은 항상 '이런 시장을 만든다면 사용자 경험은 어떨까? 그것은 어떤 모습일까?'라고 생각하니까요.

물론 유선 초고속데이터통신망을 통해 설치할 수는 있었다. 그러나 그는 의미심장한 말을 덧붙였다. "전체 앱스토어라는 것은 그들이 아주 오랜 시간 동안 생각해온 것입니다." 그렇다면 얼마나 오래되었다는 것인가? "아마 아이팟에 어떤 일들이 일어났는지를 보면 알 수 있을 겁니다. 그것은 서드파티 소프트웨어를 위한 파일럿 프로그램이라고 할 수 있습니다."

스크래치

2005년 9월 애플의 '특별행사' 초대장은 독특한 모티브를 가지고 있었다. 이 초대장은 청바지 특히 오른쪽 주머니에 초점이 맞춰져 있었다. 그것이 무엇을 의미하는지는 도통 종잡을 수가 없었다. 온라인 토론게시판에는 수많은 추측들이 난무했다. 프레젠테이션이 진행되는 동안 잡스는 늘 그렇듯이 패기만만한 모습이었다. 물론 락커ROKR라는 모토로라폰을 소개할 때, 잠시 평정을 잃어버리긴 했다. 락커는 음원을 저장하고 재생할 수 있는 아이팟 스타일의 휴대폰이었다. 잡스가 눌러야 할 버튼을 찾지 못해 쩔쩔매는 바람에 모토로라폰에 대한 발표가 순조롭지만은 않았다. 그 행사에 참석한 기자들은 과연 모토로라폰의 소개가 전부일까 라고 고개를 갸우뚱거렸다. 그러면서 뭔가 더 있지 않을까 하는 기대를 하고 있었다. 그 때까지 잡스는 '한 가지 더'로 유명했다. 언제나 깜짝쇼를 펼쳤다.

아이튠즈는 다운로드시장에서 82%의 점유율을 기록하고 있었다. 또한 아이팟은 미국에서 2천만 대가 판매되었다. 그것은 미국 시장의 74%에 해당되는 것이었다. 그런데 겨우 모토로라폰의 소개라니. 뭔가 말이 되지 않았다. 도대체 뭐가 대단한 뉴스란 말인가? 아니면 이번에는 그저 사소한 뉴스에 그치고 말 것인가?

잡스는 갑자기 "청바지에 있는 이 작은 주머니가 왜 필요한지 생각해 보신 적이 있으십니까?" 라고 물었다. 그는 "나는 항상 그 이유가 궁금했습니다. 이제 그 이유를 알게 되었습니다"라고 말하며 자신의 주머니에서 아이팟 나노iPod nano를 꺼내들었다. 나는 런던에서 위성으로 그 장면을 지켜보고 있었다. 미국 청중들은 열화와 같은 환호를 보냈다. 잡스는 흡족해하는 모습이었다. 그것은 어쩌면 그의 가장 대담한 발표였을지도 모른다. 나노는 놀랄 만한 것이었다. 2GB 또는 4GB의 플래시 스토리지를 가진 아주 작은 기기로 400 또는 800곡을 저장할 수 있었다. 나노의 발표와 동시에 아이팟 미니의 생산은 중단되었다. 아이팟 미니는 출시된 지 겨우 21개월밖에 안 된 애플의 가장 성공적인 제품이었다. 하지만 나노가 미니를 대체했다.

테스트용으로 받은 나노는 너무 작고 가벼웠다. 게다가 화면이 작은데도 가독성이 높았다. 나는 깊은 인상을 받았다. 하지만 나는 화면에 금세 흠집이 나버린 것을 발견했다. 아무리 지우려 해도 없어지지 않았다. 당시 사용하고 있던 (나노 이전에 출시된) 아이팟 클래식과 나노와의 차이는 놀라웠다. 아이팟 클래식의 화면은 여전히 흠집 하나 없이 깨끗해 보였다. 하지만 나노의 화면은 밝기는 했지만 (아마 밝아서인지 모르겠지만) 온통 흠집으로 도배되어 있었다.

그로부터 일주일 정도 후에 열린 파리 맥월드 엑스포에서 잡스는 기조연설을 했다. 그 후 나를 포함한 여러 기자들과 대화를 나누었다. 화기애애한 분위기 속에서 잡스가 대화를 주도해나갔다. 그는 나노에 대한 좋은 반응에 무척 고무되어 있는 모습이었다. 그는 애플이 자신의 제품에 대해 얼마나 냉정한지를 얘기했다. 전년 2월에 출시되었던 아이팟 미니는 잡스가 실컷 자랑할 겨를도 없이 벌써 중단되고 말았다.

잡스 나노에 대한 작업은 이미 1년 전, 아니 그 전에 시작했습니다. 당시 아이팟 미니가 전 세계적으로 성공을 거두고 있었지만, 우리는 미니를 나노로 대체하기로 했습니다. 대단히 어려운 결정이었습니다. 우리끼리는 그것을 '심장이식'이라고 불렀습니다. 그리고 그 심장이식은 축제 시즌 바로 직전에, 이런 제품들이 가장 많이 팔리는 시기로 정했습니다. 아마 사람들은 우리보고 미쳤다고 생각했을 겁니다. 이 계획을 위해서는 6개월 전에 미니의 부품생산을 중단해야 합니다. 그리고 나노가 제시간에 확실하게 준비될 수 있도록 해야 합니다. 생산이 가능하게 될 때까지의 과정은 정말로 험난한 길입니다. 하지만 우리는 해냈습니다. 그리고 마침내 출시 준비를 마칠 수 있었습니다.

그의 얼굴은 성공에 대한 기쁨으로 환하게 빛났다. 그런데 왜 그 기기의 출시를 파리에서의 기조연설 때까지 기다리지 않았을까? "축제 시즌 전까지는 한주 한주가 중요합니다. 더 이상 기다릴 수가 없었죠."

잡스는 또 즐거움이 가득한 얼굴로 아스 테크니카Ars Technica라는 사이트가 나노를 얼마나 못살게 굴었는지 얘기해주었다. 그 사이트는 나노를 딱딱한 지면에 떨어뜨려보기도 하고, 의자에 깔고 앉아 보기도 하고, 빠르게 달리는 차 안에서 밖으로 던져보기도 했다고 한다. 그래도 나노가 계속 작동하자, 차로 밟고 지나가보기도 하고, 40피트 정도 공중으로 던졌다가 그대로 콘크리트 바닥에 떨어지도록 해보기도 했다고 한다. 그제서야 나노의 작동이 멈췄다고 한다.[31]

몇몇은 전혀 이해할 수 없다는 눈치였다. "도대체 아이팟 미니의 공급은 왜 중단하신 겁니까?"라고 한 기자가 물었다. 잡스는 "이미 나노가 있기 때문입니다"라고 바로 대답했다.

많은 사람들이 락커에 별다른 흥미를 느끼지 못하고 있다는 점도 지적되었다. 겨우 190곡을 담을 수 있는 휴대폰을 개발한 이유가 무엇이냐는 질문에 잡스는 "우리는 아이튠즈를 운영하고 있습니다. 아이튠즈에 도움이 될 수 있는 무언가를 배울 수 있을 것이라고 생각합니다"라고 함축적으로 대답했다. "모토로라는 우리와 다르게 휴대폰을 생산합니다. 따라서 나는 미래의 제품을 구상할 수 있습니다. 조금씩 시도해가면서 배워나가는 것입니다." 돌이켜보면 그는 당시 개발 중이던 아이폰에 대해 넌지시 언급하고 있었던 것 같다. 하지만 아이폰 출시가 1년도 채 남지 않았다는 사실은 결코 털어놓지 않았다.

그는 심지어 애플에 대한 엘리베이터 피치(회사에 대한 30초짜리 요약)를 하려는 모습도 보였다. "애플은 누구를 위한 회사일까요? 애널리스트일까요?"라고 잡스는 질문했다. "아닙니다. 화성인을 위한 회사입니다." 이것이 자신의 질문에 대한 잡스의 대답이었다.

그는 지체 없이 말을 이어갔다. "애플의 핵심에는 위대한 공학기술이 있습니다. 하지만 단순히 최고의 공학기술만을 의미하는 것은 아닙니다." 그는 잠시 적절한 표현을 생각해내려는 듯 말을 멈추었다.

잡스 애플만의 고유한 능력은 줄곧 정말로 복잡한 기술을 최종사용자가 쉽게 이해하고 사용할 수 있도록 해왔다는 데 있습니다. 애플이 세계의 어느 회사보다 앞서 있다는 것은 바로 이 능력 덕분이라고 생각합니다. 우리는 이 능력을 컴퓨터에서 여러 차례 발휘했습니다. 그리고 지금은 뮤직플레이어와 음원생태계에서 발휘하고 있습니다.

기술이 점점 정교해지고 복잡해짐에 따라 더욱 많이 이 능력이 요구되고 있습니다. 복잡한 기술을 단순하게 만들 수 있는 회사의 능력은 과거 어느 때보다도 훨씬 더 중요합니다. 애플은 이런 면에서 세계 최고라고 생각합니다. 그리고 이 능력에 대한 수요는 날이 갈수록 증가하게 될 것입니다.

아이폰과 아이패드는 아직 출시되지 않은 상태였다. 이 두 제품은 각기 다른 개발단계에 놓여 있었다. 이 점을 감안하여 그의 언급을 돌이켜보면 제법 흥미롭다. '복잡한 기술을 단순하게 만드는 것' 이것이 애플의 신념이다. 하지만 당시 이것을 실제로 확인할 수 있는 것은 컴퓨터와 아이팟 뿐이었다. 하지만 애플 컴퓨터의 사용자는 극소수에 불과했다. 그리고 아이팟은 야누스 기반시스템과 비교하기 전까지는 특별히 복잡한 기술을 구현하고 있는 것처럼 보이지 않았다.

그 인터뷰가 끝나고 얼마 지나지 않아서 나는 루빈스타인과 쉴러를 만났다. 함께 방으로 걸어 들어오면서 나는 나노를 가지고 테스트해보고 있다고 얘기했다.

루빈스타인 마음에 드시던가요?

나 쉽게 흠집이 생기더라고요.

루빈스타인 아니 그럴 리가요? 가장 단단하다는 폴리카보네이트 플라스틱과 강철로 만들어졌는데요.

나 이틀 만에 화면에 흠집이 나버리더군요.

루빈스타인 혹시 주머니에 키를 같이 넣고 다니셨나요?

나 아마도 그랬을 걸요. 다른 사람들도 다들 그렇게 얘기하더라고요.

루빈스타인은 어깨를 으쓱거렸고 우리의 대화는 다른 주제로 넘어갔다. 우리는 애플이 아이팟에 어떤 기능을 포함시키고 어떤 기능을 배제할지에 대해 얘기했다. 그리고 아이팟의 성공이 맥 사업에 어떤 영향을 미칠지에 대해서도 대화를 나누었다.

"아이팟의 수입이 맥의 수입을 앞지르게 되면 어떻게 될까요? 이제 꼬리가 개를 흔들기 시작하는 건가요?" 라고 나는 물었다. 쉴러와 루빈스타인은 맥 제품과 맥용 소프트웨어를 계속 개발하고 있다고 있다는 사실을 강조했다. 애플이 자신의 기원을 포기할 의향이 없다는 사실을 내비친 것이다.

그리고 나서 그들은 잡스처럼 애플의 제품 철학에 대해 설명했다. 그는 애플이 컴퓨터에서든 아이팟에서든 항상 이 철학을 고수했다고 말했다.

쉴러 우리는 제품에 구현할 기술에 대해 매우 신중하게 고려합니다. 우리가 제품에 새로운 기능을 포함시키는 이유는 고객에게 필요하기 때문입니다. 그리고 많은 사람들이 원하기 때문입니다. 많은 경쟁업체들은 무조건 많은 기능만을 고집합니다. 그것이 그들이 곤란을 겪는 이유입니다. 더 나은 제품을 파는 것보다 그저 기능이 다양한 제품을 판매하는 것이 훨씬 쉬운 일입니다. 하지만 우리는 정말로 훌륭하다는 생각이 들기 전까지는 새로운 기능을 제품에 절대로 포함시키지 않습니다.

루빈스타인 재미있는 사실은 언론과 애널리스트들이 중요하다고 생각하는 것과 고객들이 중요하다고 생각하는 것이 다르다는 것입니다. 고객들은 당신과 같은 언론인들과는 다르게 세상을 바라봅니다.

쉴러는 적극적으로 자신의 의견을 개진하는 고객들 덕분에 애플의 경영진은 지속적으로 고객의 목소리를 들을 수 있다고 덧붙였다.

쉴러 사람들은 우리에게 이런저런 부분들을 얘기합니다. 주로 이메일이지요. 매일 엄청난 이메일이 도착합니다. 제품의 설계는 유기적이고 반복적입니다. 애플은 정말로 제품중심의 회사입니다. 세계 최고의 제품을 만들려고 합니다. 또한 매우 창조적인 기업문화를 가지고 있습니다.

애플의 침묵

그러나 나의 그 경험(흠집)은 애플이 제품의 대성공을 위한 파우스트식 거래를 제대로 맛보게 되는 사건의 전조였다. 이 사실은 얼마 지나지 않아 분명해졌다.

몇몇 아이팟 나노의 화면이 정말로 쉽게 흠집이 난 것이다. 루빈스타인과 쉴러를 만난 지 하루가 채 지나기도 전에 나는 한 나노 사용자로부터 전화를 받았다. 그는 나노의 화면이 유난히 쉽게 흠집이 난다고 불평을 했다. 그리고는 나에게 온라인 애플 지지 토론게시판 하나를 알려주었다. 그곳에는 벌써 188개나 되는 글이 올라와 있었다. (이후에 BBC가 '애플의 충성스러운 팬'으로 묘사한) 또 다른 나노 사용자인 매튜 피터슨Mattew Peterson은 나노를 조심스럽게 다루었는데도 겨우 4일 만에 화면이 깨져버린 것을 알고는 ipodnanoflaw.com이라는 사이트를 개설했다.[32] 이 사이트가 개설된 것은 나노가 출시된 지 일주일 정도밖에 안 된 9월 15일이었다. 피터슨은 그 사이트의 머리글로 '아이팟 나노 = 불량품'이라는 제목의 글을 게재했다. (그 사이트 이름은 이후 상표권 문제로 flawedmusicplayer.

com으로 변경되었다.) 나를 포함한 몇몇 사람들이 흠집 문제를 집중적으로 다루었다. 어떤 사람들은 피터슨의 사이트에 대한 기사를 작성했다. 그 주제는 빠른 속도로 웹사이트에 퍼져나가기 시작했다.

또 BBC를 포함한 주요언론의 조명을 받게 되었다. BBC는 투데이^{Today}라는 영향력 있는 아침 토크 프로그램에서 이 문제를 다루었다. 워싱턴포스트는 '화면의 작은 문제가 아이팟 나노의 치명적인 오류가 되고 마는가?'라는 다소 수사적인 물음을 던졌다.[33]

애플은 일체의 언급을 사양했다. 일반적으로 문제가 발생하면 어떤 조직이라도 그 즉시 대변인을 내세워 입장을 발표하고, 그 내용은 뉴스나 온라인 매체를 통해 사람들에게 알려지기 마련이다. 따라서 애플의 이런 태도는 특이하게 비쳐졌다. 몇몇은 이런 태도를 두고 애플이 암묵적으로 자신의 잘못을 시인한 것이라고 해석했다. 또 어떤 사람들은 애플이 거만하다고 생각했다. 거만이라는 이 단어는 그림자처럼 애플을 따라다녔다.

애플 입장에서는 자신의 의지와는 전혀 상관없이 언론의 대대적인 조명을 받게 된 것이 처음이었다. 따라서 애플은 평상시 자신의 꼼꼼한 제품 출시와 언론통제 방식으로 이 상황에 대처할 수 없었다. 성명서의 내용을 생각해내는 동안 격렬한 반응에 침묵으로 일관하는 수밖에 없었다. 그리고 애플의 이런 대응은 그 후 이런 문제에 대한 애플의 전형적인 대처방식이 돼버렸다. 그 후 아이폰 그리고 아이패드로 인해 애플은 더욱더 대중의 시선을 한 몸에 받게 된다. 그리고 이런 격렬한 반응에 대처해야 할 상황도 빈번하게 일어나게 된다. 그 문제가 불거지고 5일 동안 애플은 어떤 발언도 하지 않았다. 심지어 '지금 조사 중이니 조금만 참고 기다려주십시오'라는 말조차 하지 않았다.

그러나 내부에서는 '품질위원회'라는 위기관리팀이 소집되었다. 이 팀은 잡스가 복귀하기 전부터 회사 내에 이미 존재하고 있었다. 일종의 법원 역할을 하는 이 팀은 가장 먼저 이 문제가 얼마나 중대한지에 대한 판단을 내렸다. 초기 일부 제품에 국한되는 문제라는 판단이 서자 적극적인 대처를 하기 시작했다. 쉴러와 다른 대변인들이 나서서 언론매체를 대상으로 대변인 성명서를 발표했다. 쉴러는 일회생산분에서 화면이 너무 쉽게 깨지는 문제가 발생했다고 인정했다. 하지만 출시된 제품의 0.1% 미만이라고 덧붙였다. 흠집과 관련한 고객의 항의전화는 거의 없었고, 광범위한 문제는 아니라는 것이었다. 그는 "화면에 흠집이 나는 것이 우려되는 ('곤란을 겪고 있는'으로 표현하지 않았다는 점에 주목하라) 고객들은 아이팟 나노를 보호하는 케이스를 구입하시면 됩니다. 그런 케이스는 이미 시중에 많이 나와 있습니다"라고 말했다.

이 성명의 혜택을 본 것은 소매업자들이었을 것이다. 하지만 이 성명 덕분에 애플과 새 기기의 이미지가 확실하게 확립될 수 있었던 것도 사실이다. 루빈스타인과 마찬가지로 쉴러는 나노의 화면이 4세대 아이팟과 똑같은 단단한 폴리카보네이트로 되어 있다고 주장했다. (4세대 아이팟은 6월에 출시된 컬러스크린 기기였다. 그러나 동영상 감상이 가능한 아이팟이 출시되면서 그 다음 달에 바로 공급이 중단되었다.)

달랑 그 성명서 한 장이 애플이 발표한 전부였다. 그 성명서의 내용은 결국 일회 생산분에서만 문제가 발생, 항의전화는 별로 없음, 같은 재질, 우려되는 사용자는 케이스를 사야함이었다. 비공식발언off the record 같은 것은 전혀 없었다. 애플은 자신의 입장을 정했고 그것을 그대로 고수했다. 그 후 10월에 애플의 분기 실적이 발표되는 동안 쿡은 다시 흠집 문제에 대한 질문을 받았다. 그는 앵무새처럼 거의 같은 얘기를 반복했다. '그 문제를 거론하는 전화는 거의 오지 않고 있습니다. 흠집 문제가 많은 아이팟에서 발생한 것은 아니라고 여겨집니다. 그것은 4세대 아이팟과 같은 재질로 만들어졌습니다. 우려되는 고객분들께서는 당장 시중에서 구입할 수 있는 케이스를 사용하시기를 바랍니다.' 쿡은 또 출시 한 달이 지났지만 나노의 공급이 여전히 수요를 쫓아가지 못하고 있다고 언급했다.

언론의 폭풍 같은 관심에 대한 애플의 대응방식(그 폭풍이 찻잔 안에 그치든 그렇지 않든 간에)은 흥미롭다. 애플은 그 엄청난 관심에 전혀 주눅들지 않았다. 하지만 이런 애플의 계획적인 접근방식은 구글과 극명한 대조를 보이고 있다. 래리 페이지는 언론의 요청을 결코 좋아하지 않았다. 그렇지만 구글의 홍보담당 직원들은 곧바로 기자들에게 전화를 걸어 구글 관련 소식을 파악하고 있는지 또는 구글에게 불리할 수 있는 조사가 시작되었는지를 알아내려고 했다. 홍보담당 직원들의 전화는 항상 비밀리에 이루어졌다. 그것은 마치 별도의 정견 발표 없이 자신의 의사를 전달하고자 할 때 정치공보비서관들이 주로 사용하는 '정부 관계자에 따르면' 방식과 같았다.

애플은 기자들에 대해 전혀 다른 방식을 취했다. 애플이 잡스의 생각을 그대로 반영하고 있다면 우리가 알기에 접근 방식은 단 한 가지밖에 없었다. 애플이 만든 모든 것은 위대하다. 새 제품은 애플이 지금까지 만든 것 중 최고이다. 불편한 질문들은 회피했고 '노코멘트'로 일관했다.

시간이 흐르면서 애플의 가치와 수입이 증가함에 따라 애플 직원들은 점점 더 비밀을 중시하게 되었다. 내부정보를 외부에 누설하는 것은 바로 해고를 의미했다. 이 규율은 1997년 잡스가 애플로 복귀하면서 함께 도입되었다. 언론을 위한 소규모 브리핑 같은 것도 일체 없었다. 정보는 신뢰할 수 있는 사람들끼리만 긴밀하게 공유했다. 외부 하청업체들도 가능한 한 끝까지 그 정보를 알지 못했다. 어떤 때는 그들도 일반 사람들과 거의 같은 시간에 새 제품에 대해 알게 되곤 했다. 잡스는 언론을 기쁘게 하는 데 전혀 신경쓰지 않았다. 잡스가 언론과 관계 맺는 모습을 보고 있으면, 그가 언론을 필요악이라고 생각한다는 것을 쉽게 확인할 수 있다. 그는 언론을 결코 두려워하지도 않았고 환심을 사려고도 하지 않았다. 어떤 사람에게는 그것이 거만으로 비쳐졌을 것이다. 하지만 애플에게 그것은 하나의 사업적 전략이었다.

애플 최고의 실적을 올리다

2005년의 재무 성과는 애플에게 몇 가지 기쁨을 안겨주었다. 9월 말까지의 회계연도에 애플은 역대 최고의 실적을 올렸다. 매출은 139억 달러였고 이익은 13억 달러였다. 그 중 4분기 매출이 37억 달러로 이 역시 신기록이었다. 이 회사는 마침내 그 이전에 가장 실적이 좋았던 1995년도의 그림자에서 벗어날 수 있게 되었다. 마이클 스핀들러Michael Spindler가 최고 경영자 자리에 있던 1995년에는 110억 달러의 매출을 올리기는 했지만 이익은 겨우 4억2천4백만 달러에 그쳤다. 그 이후 애플은 더 이상 밀려날 수 없을 지경까지 밀려났다. 그리고 세상에 완전히 잊혀진 존재로 전락했다. 이제 애플은 다시 돌아왔고 과거 그 어느 때보다 거대해져 있었다.

2005년 매출과 1995년 매출의 차이는 전적으로 애플의 한 가지 품목으로 설명될 수 있었다. 컴퓨터 판매에서 발생하는 매출은 전체 매출의 절반 이하였고 아이팟의 매출은 약 1/3이었다. 나머지 약 30억 달러는 소프트웨어와 아이튠즈 뮤직스토어와 같은 '서비스부문'에서 발생한 것이었다. 아이튠즈 뮤직스토어는 규모면에서 가장 작았지만 성장속도면에서 가장 빨랐다. 아이튠즈 뮤직스토어 하나만으로도 거의 10억 달러의 수입이 창출되었던 것이다.

전면전

스티브 발머가 이 수십억 달러 규모의 디지털 사업을 그냥 지나쳤을 리가 없다. 마이크로소프트가 그 시장에서 큰 몫을 차지하고 있지 못한 상황에서는 더욱 그랬다. 2006년 초 아이팟은 지속적인 성장세에 있었다. 그리고 플레이포슈어와 그것에 기반한 가입형 서비스가 애플의 그 자그마한 상자(아이팟)만 바라보고 있는 고객들의 마음을 전혀 돌려세우지 못하고 있는 실정이었다. 마이크로소프트 내부의 사람들은 이런 상황에 골치를 썩고 있었다. 피터 크눅은 "휴대폰에 음악재생기능을 추가할 것인지, 아니면 새로운 기기로 아이팟과 전면전을 펼칠 것인지를 두고 큰 논쟁이 벌어졌습니다"라고 회고했다. 그는 20여 년간 마이크로소프트에서 근무했고 2001년부터 2008년 봄까지 윈도우모바일 부서를 이끌었던 인물이다. 크눅은 "발머와 로비 바흐(엑스박스와 윈도우모바일 사업을 총괄하는 엔터테인먼트 및 디바이스 담당 책임자)는 적극적으로 그 논쟁에 참여했습니다. 하지만 빌 게이츠는 그렇지 않았습니다. 빌은 정말로 회사를 떠날 준비를 하고 있었습니다"라고 말했다. 그의 말에 따르면 게이츠는 의사결정에 참여하려고 하지 않았다.

마이크로소프트는 월마트와 베스트바이를 만족시킬 수 없었다. 수평적 모델은 실패했다. 발머는 엔터테인먼트 및 디바이스 담당 책임자들과 일종의 전쟁회의를 소집했다. 기존 전략을 고수할 경우 결과는 불 보듯 뻔했다. 아이팟은 경쟁업체들을 여지없이 무찌르고 있었다. 반면에 플레이포슈어는 제대로 성과를 내지 못하고 있었다. 발머는 애플과 경쟁할 수 있는 것이 필요하다면 목소리를 높였다. 그는 손가락으로 딱딱 소리를 내며 '플레이어가 필요합니다. 우리가 직접 개발하는 플레이어 말입니다'라고 말했다.

그는 단기적으로는 강력한 브랜드명을 가진 자체 플레이어로 아이팟과 경쟁해야 한다는 확고한 입장을 가지고 있었다. 하지만 장기적으로는 그가 2004년 언급했던 것처럼 음악을 재생할 수 있는 휴대폰을 생산하는 것이 타당한 전략이라고 생각하고 있었다. 마이크로소프트의 풍부한 자금사정으로는 두 가지 전략을 동시에 진행하는 데 전혀 무리가 없었다.

그의 의사는 아래로 전달되었다. 그리고 그 책임은 알라드에게 맡겨졌다. 그는 미래의 상황을 파악하고 대처하는 능력이 뛰어나다는 인정을 받고 있었다. 2006년 3월 시작된 그 프로젝트의 이름은 아르고Project Argo였다.

알라드는 자체 플레이어를 생산해 애플을 넘어서려면 5억 달러의 투자가 필요하다고 예상했다. 그는 마이크로소프트가 보유하고 있는 소프트웨어의 높은 품질, 브랜드 파워 그리고 유통역량이라면 이 일이 충분히 가능할 것으로 내다보았다. 이것은 2년 전 크리스 페인이 검색에 대해 했던 주장과 놀라울 정도로 닮아 있었다. 물론 이번에는 규모가 훨씬 작고 제품 수명도 훨씬 짧은 시장에 보다 높은 가격표를 붙인 셈이긴 하지만 말이다. 어찌됐든 2004년 10월에 발머 자신이 시간이 지나면 사람들이 음악을 많이 저장할 수 있는 작은 하드드라이브가 탑재된 휴대폰을 가지고 다닐 것이라고 기자들에게 얘기한 적이 있지 않은가?

엔터테인먼트 및 디바이스 부서내 논쟁에서 크눅은 자체 뮤직플레이어 개발은 큰 실수이며 많은 비용을 초래할 것이라고 주장했다. "윈도우모바일 업무를 담당하고 있는 우리 모두는 '한번 생각해보십시오. 당신들은 다른 모든 하드웨어사업에서도 언제나 진입비용을 과소평가해왔습니다'라고 말했습니다." 크눅은 210억 달러의 비용으로 여전히 이익조차 내지 못하고 있던 엑스박스를 그 한 가지 사례로 들었다.

크눅 5억 달러로 애플을 넘어뜨릴 수 있다고 얘기하면 당장 기분이야 좋겠지요. 하지만 그뿐입니다. 그것은 불가능합니다. 시장진입비용을 전혀 계산에 넣고 있지 않습니다. 이 새 브랜드를 알리려면 사람들에게 일단 홍보해야 합니다. 누군가가 그것을 대신해줄 수는 없습니다. ODM (실제로 플레이어를 만들고 그 위에 마이크로소프트의 로고를 붙이는 실제 제조회사: Original Device Manufacture)이 결코 홍보에 투자하지 않을 겁니다. 결국 당신이 그것을 해야 합니다.

물론 잘되면 이익을 낼 수도 있겠죠. 하지만 한번 상상해보세요. 당신이 애플과 경쟁해야 하는데 당신한테는 애플만큼 광범위한 제품군이 없습니다. 애플이 어떤 제품의 가격을 낮추려고 하겠습니까? 바로 당신과 경쟁하는 제품일 겁니다.

그러나 마이크로소프트에서 보다 입김이 센 사람들은 전면전을 고집했다. 전면전을 벌이려는 생각은 그 회사에서는 하나의 밈meme(유전자가 아니라 모방 등에 의해 전달되는 문화)처럼 되어버렸다. 이 밈은 동시에 검색부문에서도 구글과의 전면전을 다시 한번 계획하고 있었다. 구글은 검색시장에서 뮤직플레이어 시장에서의 애플만큼이나 지배적 지위를 누리고 있었다. "과거를 회상하며 우리는 전면전을 벌여 로터스Lotus를 넘어뜨렸다. 월드퍼펙트WorldPerfect에게도 승리했고, 노벨Novell 역시 전면전을 통해 쓰러

뜨렸다. 당연히 그 전략을 계속 고수해야 하지 않겠는가? 이렇게 얘기하는 것이 마이크로소프트의 전형적인 모습이었습니다." 크눅은 고개를 가로저었다. "하지만 그것이 애플에게는 통하지 않게 됩니다."

준^{Zune}을 엑스박스에 통합하다

마이크로소프트가 다시 디지털음원 경쟁에 뛰어들려고 하고 있었다. 알라드와 그의 팀은 아이팟, 아이튠즈 스토어 그리고 애플을 물리칠 수 있는 방법을 찾는 데 골몰하고 있었다. 일단 한 가지 중요한 결정은 내려졌다. 그것은 새 뮤직플레이어가 플레이포슈어를 사용하지 않는다는 것이었다. 따라서 이전에 플레이포슈어 음원을 구입했던 사람들은 이 새 기기에서 그 음원을 재생할 수 없게 된다. 마이크로소프트의 입장에서 선택의 여지는 무척 많았다. 하지만 알라드의 의도는 이 뮤직플레이어를 2세대 엑스박스 360과 결합하려는 것이었다. 엑스박스 360은 이미 대성공을 거둔 마이크로소프트의 대표적인 소비자용 소프트웨어였다. 그것은 2005년 출시된 이후 열광적인 환호를 받으며 차세대 게임 분야를 거의 독차지하다시피 하고 있었다. 중요한 경쟁업체인 소니와 닌텐도는 아직 모습을 드러내지 않고 있었다.

알라드의 팀은 아이팟에는 없는 기능을 추가하기로 했다. 그 기능은 와이파이 접속을 통해 이 뮤직플레이어 사용자끼리 음원과 사진(아직 동영상은 아니지만)을 공유할 수 있게 하는 것이었다. 이 뮤직플레이어 사용자가 충분히 많아진다면 음원은 마치 바이러스처럼 돌아다닐 수 있게 되는 것이다. 물론 한 사람의 음원을 다른 사람이 복제할 수는 없다. 그렇게 된다면 음반회사는 기절초풍할 것이다. 복제를 방지하기 위해 당연히 DRM이 내장되었다. 다른 기기에 공유된 음원(심지어 음원제공자가 직접 작곡한 것이라도 하더라도)은 세 번 재생되고 나면 자동으로 삭제된다. 이제 마이크로소프트는 자신의 스토어를 통해 판매할 수 있는 음원의 라이선스를 확보해야 했다.

　음반회사들은 마이크로소프트의 약점을 알아차리고는 맹렬한 비난부터 퍼붓기 시작했다. 소니의 하워드 스트링거Howard Stringer부터 워너뮤직의 에드가 브론프만Edgar Bronfman 그리고 유니버설의 더그 모리스까지 음반 회사의 경영자들은 강도의 차이가 있긴 했지만 일제히 같은 내용의 불평을 쏟아내기 시작했다. 애플기기는 자신들에게 저작권이 있는 (CD로부터 추출한) 음원을 저장하는 데 사용되고 있다. 하지만 자신들은 그것으로부터 아무것도 얻지 못하고 있다. 이것이 그들의 불만이었다. 따라서 알라드가 그 뮤직플레이어에 음원을 판매할 수 있는 권리를 확보하려고 찾아왔을 때 유니버설은 판매되는 플레이어 한 대당 1달러의 로열티를 요구했다. 그리고 끝내 그 요구를 관철시켰다. 마침내 음반회사들은 어느 정도의 보상을 받게 된 것이다. (이 협상의 성공에 고무된 유니버설은 이후에 잡스에게도 유사한 벼랑 끝 전술을 펼쳤다. 2007년 중반 유니버설은 애플이 보다 좋은 가격조건을 제시하지 않는다면 아이튠즈 뮤직스토어에서 음원 판매를 할 수 있는 라이선스를 철회하겠다고 협박했다. 잡스는 이것을 유니버설의 허세라고 치부해버렸다. 음원 판매를 완전히 철회하면 음반회사도 연 2억 달러의 수입을 포기해야 하는 것이다. 하지만 유니버설은 결국 재계약 하지 않았다. 그러나 음원은 '애즈이즈as is' 조건에 기반해 여전히 이용 가능했다.)

　6월 마이크로소프트의 뮤직플레이어 프로젝트에 대한 얘기들이 새어나가기 시작했다. 그 팀이 고심 끝에 붙인 브랜드 명은 '준'이었다. 이것은 '애플'과는 최대한 구분될 수 있는 이름이었다. 이 기기에는 와이파이 기능이 포함되어 있었다. 따라서 2006년 8월 미국 연방거래위원회 FCC의 신뢰성 적합시험을 통과해야 했다. 그 신청 과정에서 기자들의 눈에 포착된 것이었다. 슬래시닷에는 이 기기의 기능에 대해 다음과 같은 반어적인 평가가 내려졌다. '무선, 노마드보다 많은 저장공간, 하지만 변변치 못함'[34]

기술평론가들은 준의 몇 가지 아이디어에 대해서는 호평했다. 하지만 색상(갈색)과 제약들에 대해서는 미심쩍은 눈길을 거두지 못했다. 특히 음원 공유에 대한 제약은 많은 사람들에게 특이하다는 인상을 남겼다. 그 기기를 사용하는 것은 기본적으로 불편했다. 그리고 애플은 2006년 1사분기부터 3사분기까지 매 분기마다 8백만 대 이상의 아이팟을 판매했다. 이런 악조건 속에서도 알라드는 전쟁터로 향할 군대를 규합하고 있었다. 2006년 10월 그는 준의 개발을 담당하는 230명의 그의 팀에게 스티브 잡스의 유튜브동영상이 링크된 이메일을 보냈다. 링크된 잡스의 동영상은 1980년 대의 다큐멘터리 영상이었다. 그 동영상에는 잡스가 제대로 된 제품을 만들어내지 못하는 마이크로소프트의 무능을 비웃는 내용이 담겨 있었다.

잡스 마이크로소프트의 유일한 문제는 단지 취향이 없다는 것뿐입니다. 그들에게는 취향이란 것 자체가 없습니다. 약간이 아닙니다. 전혀 없습니다. (골똘히 생각하는 듯이 몇 초간 말을 멈춘 후) 그들은 새롭게 생각하지 못하고 제품에 문화를 입히지 못합니다. 이런 의미에서 취향이 전혀 없다는 것입니다. 나는 마이크로소프트의 성공 때문에 슬픈 것이 아닙니다. 그들의 성공에는 전혀 개의치 않습니다. 그들은 스스로 자신의 성공을 쟁취한 것입니다. (미묘하게 사람을 깔아뭉개는 듯이) 하지만 그들이 삼류제품을 만든다는 사실은 도저히 참을 수가 없습니다.[35]

이후 잡스는 게이츠에서 전화를 걸어 "미안해요. 내가 공개적으로 그렇게 말하지는 말았어야 했는데, 유감스럽게 생각하고 있어요"라고 사과했다. 게이츠는 사과해줘서 고맙다고 사과를 받아들였다. 하지만 잡스는 무심결에 "그러나 사실인 것은 맞지 않나요?"라고 말해버렸다.

알라드는 잡스가 자신의 말을 취소하는 모습을 꼭 보고 싶다고 이메일에 적고 있다. "이것은 사실상 선전포고입니다. 그는 우리 모두에게 얘기하고 있는 것입니다. 우리가 뭘 제대로 모른다고 얘기하고 있는 것입니다."

한 달 후 준은 겨우 8개월의 잉태기간만을 거친 채 매장에 진열되었다. 그 기간은 원조 아이팟의 개발기간과 같았다. 하지만 어떤 하드웨어 제품에게도 짧은 기간이었다. 더욱이 마이크로소프트의 제품으로서는 경이로울 만큼 짧은 기간이었다. 그런 짧은 일정을 소화해냈다는 사실만은 높이 살 만했다. 하지만 유감스럽게도 그 결과는 신통치 못했다. 애널리스트들은 첫 해에 아마 3백만 대가 팔릴 것으로 내다보았다. 그들은 또한 (크눅이 처음부터 경고했던 것처럼) 멀지 않은 미래에 손실을 보게 될 것으로 예상했다.

한 인터뷰에서 알라드는 준을 다른 것으로 가기 위한 하나의 중간단계라고 말했다. 그 기기의 유효기간은 모든 음원을 클라우드에 저장하고 어떤 기기, 어떤 시간에도 그 음원에 접근할 수 있을 때까지만이라는 것이었다. 준은 단지 그 뒤에 등장할 훨씬 포괄적인 것의 불가피한 대리물이었다. 하지만 이 인터뷰에서 알라드가 말했던 내용은 그다지 관심을 받지는 못했다. 한편 발머는 기기의 제품명에는 그다지 신경이 쓰이지 않아서 그냥 엑스박스 음악기계Xbox Music Machine로 지으려는 마음을 참느라 혼났다고 농담을 던졌다.

그들의 논평을 종합해보면 그들이 생각했던 준의 미래를 알 수 있다. 그것은 엑스박스와의 통합이었고 클라우드와의 결합이었다. 엑스박스와의 결합은 마이크로소프트가 미래 가정의 거실에 대해 오랫동안 생각해온 것이기도 했다.

마이크로소프트의 이 결정으로 플레이포슈어의 라이선스를 가지고 있던 업체들은 뒤통수를 맞은 꼴이 되었다. 그들에게 준은 그야말로 짜증나는 존재였다. 아이리버의 미국 CEO인 조너선 사세Jonathan Sasse는 자신의 소프트웨어 공급자와 경쟁해야 하는 것이 꼭 나쁜 것만은 아니라고 말은 했지만, 준이 기존의 기기들과 직접적으로 경쟁하게 됐다고 인정했다. 분기당 6억 달러 이상의 음원을 판매하고 있던 아이튠즈 뮤직스토어로부터의 압박과 준이 플레이포슈어를 더 이상 지원하지 않는 상황이 겹치면서, 플레이포슈어를 사용하는 사이트들은 마땅히 의지할 곳을 잃어버렸다. 시장을 주도하는 업체도, 소프트웨어 공급자도, 이 소프트웨어를 더 이상 믿지 않게 되었다. 이 사이트들은 하나 둘씩 문을 닫기 시작했다. 냅스터는 2010년 중반 이 소프트웨어의 사용을 중단했다. 이제 이 소프트웨어를 사용하는 서비스는 완전히 자취를 감추게 되었다.

화이트 크리스마스

2006년 크리스마스는 준이 출시된 이후 처음 맞이하는 축제시즌이었다. 언뜻 봐서는 조짐이 좋아 보였다. 첫 주에 미국 소매판매량에서 준은 2위를 차지했다. 그러나 이 기록은 애플스토어와 아마존 같은 온라인 판매사이트에서의 판매는 반영되지 않은 것이었다.[36] 이 점을 감안하지 않더라도 대단한 성공을 거둔 것은 아니었다. 미국 시장조사 전문업체 NPD는 준이 소매판매량의 9%, 뮤직플레이어 매출의 13%를 차지했다고 추산했다. 아이팟은 63%, 매출의 72.5%였다. 준이 아이팟보다 기기당 더 높은 매출을 올린 것은 사실이었다. 하지만 애플이 취급하는 기기의 범위는 가격이 저렴한 셔플shuffle까지 포괄할 정도로 광범위했다. 뿐만 아니라 전체 아이팟 판매의 절반은 미국 이외의 지역에서 이루어지고 있었다. 반면 준은 미국 내에서만 판매되고 있었다.

12월 초 마이크로소프트는 출시 후 1년간 백만 대 판매를 예상하고 있었다. (이것은 2007년 6월말까지의 판매를 의미한다.) 준의 마케팅 담당 이사인 제이슨 레인도프Jason Reindorp는 그 수치를 생각만 해도 기분이 매우 좋았다고 말했다. 그 예상에 따르면 준은 30GB 이상 하드드라이브가 탑재된 MP3 플레이어시장의 약 10~15%를 차지하게 된다. 그렇게 되면 그 시장에서 애플과 마이크로소프트 두 업체의 점유율은 총 98%에 육박하게 되는 것이었다. 이 상황은 1997년 잡스가 게이츠를 방문하여 두 회사가 힘을 합하면 데스크톱시장을 지배할 수 있을 것이라고 설득했던 장면을 연상시킨다.

준이 클라우드 접속서비스로 가는 중간단계라는 알라드의 언급은 별다른 반향을 불러일으키지 못했다. 당시 그런 서비스가 전혀 없었기 때문이다. 게다가 다른 회사들은 그런 장기적인 전략을 추구할 수가 없었다.

준은 뛰어난 하드웨어가 아니었다. 존 스컬리는 다른 제품에 비해 그다지 특별하지 않은 제품을 사람들이 원하도록 만드는 것의 중요성과 방법을 잡스에게 일러주었던 인물이다. 그런 그 역시 준에 대해서는 별다른 인상을 받지 못했다.

스컬리 2007년 1월 준 출시 행사가 진행되는 CES에 갔었던 것으로 기억됩니다. 하지만 그 행사는 너무 지루했습니다. 사람들은 구경하러 가지도 않았습니다. 시작도 하기 전에 이미 실패한 것이나 다름없었습니다. 이미 시들어버린 야채를 슈퍼마켓에 진열하는 것과 같다고 할까요? 누구도 그 근처에는 얼씬도 하지 않았습니다.

물론 준을 담당하는 사람들은 분명히 매우 뛰어날 것입니다. 그러나 문제는 그것이 완전히 다른 철학에 기반해 개발되었다는 것입니다. 마이크로소프트에 대한 전설적인 표현이 하나 있습니다. 그들이 세 번 제품을 수정한다는 것입니다. 그리고 이것은 대부분 사실입니다. 마이크로소프트의 철학은 제품을 일단 생산하고 나서 개선하는 것입니다. 스티브 잡스는 결코 그런 방식으로 일을 하지 않습니다. 그는 제품이 완벽하기 전까지는 절대로 생산하지 않습니다.[37]

발머는 그 상황을 전혀 다르게 바라보고 있었다. 잡스가 아이폰의 출시를 발표함으로써 스마트폰 업계를 완전히 뒤집어놓은 바로 그 직후인 2007년 1월, 발머는 CNBC 비즈니스 뉴스와의 인터뷰에서 준의 판매실적에 대해 질문을 받았다. 기존 업무와의 시너지를 언급하면서 그는 이렇게 덧붙였다.

발머 잘은 모르겠지만 대부분의 평가는 우리가 고급기기시장의 약 20~25%의 점유율을 기록할 것이라고 예상하고 있는 것 같습니다. 저가상품시장에서의 실적 때문에 실망하지는 않습니다. 하지만, 아시다시피 249달러 이상의 기기에서 우리의 시장점유율은 거의 20%였습니다. (두 문장 사이에서 나타난 비율의 축소는 예민한 부분이다.)

우리는 게임을 하고 있다고 생각합니다. 열심히 혁신에 주력하고 있습니다. 예 맞습니다. 우리가 현재 지배자는 아닙니다. 그(애플)가 게임의 지배자입니다. 하지만 가장 중요한 것은 우리가 추진하게 될 아젠다를 그 역시 신경 쓰지 않을 수 없다는 것입니다.[38]

크눅은 애플이 마음만 먹으면 언제든지 가격인하를 통해 준을 몰아낼 수 있을 거라 예상했다. 하지만 애플은 그냥 무시해버렸다. 크게 걱정할 필요가 없었던 것이다. NPD의 수치들을 살펴보면 준은 미국시장의 약 2%를 얻고 있었다. 세계시장에서는 전혀 실적이 없었다. 그리고 준 뮤직스토어 역시 주목할 만한 실적을 내지 못하고 있었다. 반면에 2006년 애플의 아이튠즈 뮤직스토어는 11억5천 곡을 판매했고 그로부터 20억 달러의 매출을 올렸다.

마이크로소프트는 소프트웨어와 하드웨어 생태계의 환상적인 조합을 최대한으로 활용해 자신의 독점적 지위를 공고화했었다. 그런데 놀랍게도 그 마이크로소프트가 준을 둘러싼 하드웨어 생태계를 조성하는 데는 실패하고 말았다. 그리핀은 이렇게 회고했다.

그리핀 우리도 준과 관련된 일을 잠시 한 적이 있습니다. 그들도 애플과 같은 형태의 생태계를 조성하려고 했습니다. 애플과 마찬가지로 액세서리와 연관된 기회를 얻을 수 있기를 바랬습니다. 누구도 그것에 대해서는 부정하지 못할 겁니다. 나는 개인적으로 그 플레이어를 정말 좋아하지 않았습니다. 그래도 마이크로소프트니까 어느 정도 시장점유율은 차지할 거라고 생각했습니다.

그들은 우리에게 '당신이 이 액세서리를 만드세요'라고 말했습니다. 당연히 독점적인 합의라고 생각했지요. 하지만 그들은 저뿐만 아니라 모든 사람들에게 그 일을 맡겼습니다. 그들은 우리에게 정직하지 않았습니다. 그리고 많은 사람들이 구두로 전달된 마이크로소프트의 제안만 믿고 모험을 했습니다. 그리고 결국 아무 것도 얻지 못한 채 자취를 감추고 말았습니다. 마이크로소프트는 그 제품에 대한 미래의 생태계를 완전히 망가트렸습니다.

생태계를 조성하기는커녕 모든 것을 다 짓밟아버렸다는 것이다.

그렇다면 제품의 변화가 있기 마지막 몇 분 전까지도 액세서리 제조업체에게 알려주지 않는 애플의 방식보다 이 마이크로소프트의 방식이 더 나쁜 것이었을까? 그리핀은 애플의 방식을 존중하고 그가 애플 입장이었어도 마찬가지였을 거라고 말한다. 하지만 준은 좋아하지 않았다.

그리핀 준은 눈에 확 들어왔고, 게다가 마이크로소프트 제품이었습니다. 많은 기능들이 계속 추가되고 있었고 거의 모든 기능을 갖추었습니다. 하지만 애플의 기기가 훨씬 더 세련되었고 간단하게 사용할 수 있었습니다. 애플의 기기는 사용이 편리했기 때문에 성과를 낼 수 있었습니다. 이 점은, 특히 화면이 매우 작을 경우, 대단히 중요한 요소였습니다.[39]

황혼

2009년 7월 애플은 4월부터 6월까지의 재무 성과를 발표하였다. 애플의 실적은 더욱 좋아졌다. 그러나 한 가지 예외가 있었다. 아이팟의 판매량이 감소한 것이다. 그 분기까지 아이팟의 판매는 매년 최대 10배까지 26분기 연속으로 증가해왔었다. 그 후 처음 나타나는 판매량의 감소였다. 최고재무책임자인 피터 오펜하이머Peter Oppenheimer는 당연하다는 듯이 말했다.

판매량의 감소는 그 다음 분기 그리고 또 그 다음 분기에도 계속되었다. 아이팟의 시대가 끝난 것이다. 아이팟은 여전히 지배적인 시장점유율을 가지고 있었지만 시장의 규모 자체가 줄어들고 있었다. 스티브 발머가 5년 전에 예상했었던 것처럼 사람들은 이제 자신의 휴대폰에 저장된 음악을 듣고 있었다.

판매수치를 살펴보면 아이팟의 실질적인 판매량의 증가는 2004년 1월에 처음 발생했다. 그 후 2년 동안 계속 판매량이 급격히 증가하다가 2006년부터 안정세로 돌아섰다. 수백 퍼센트 성장에서 수십 퍼센트 단위로 내려간 것이다. 당시 마이크로소프트는 수평적 모델에 여전히 얽매어 있었다. 알라드가 도전을 감행하려고 했던 시기는 이미 그 부문이 한바탕 사춘기적 성장기를 겪고 난 후였다. 그는 폭발적인 성장의 시기가 지나가버린 시장에 브랜드에 대한 열광을 주입하려고 안간힘을 쓰고 있었던 것이다. 이미 지나가버린 파도를 타려는 서퍼처럼 마이크로소프트는 조금의 이익이라고 얻으려고 최대한 열심히 손으로 물을 저어야 하는 신세였다.

그 파도가 지나가버릴 때까지, 애플은 이미 2억8백만 대의 아이팟을 판매했다. 그러고 나서 판매량은 계속 제자리 걸음이었다. 2011년 1사분기가 끝날 무렵까지 총 3억 7백만 대의 아이팟이 판매되었다. 매년 약 5천만 대를 팔았고, 판매량은 5%씩 감소하고 있었다. 만약 애플이 자기 잇속만 챙기려 했다면 그 제품의 생산을 질질 끌고 가다가 2021년 아이팟 출시 20주년 기념일 정도에 중단시킬 수도 있었을 것이다. 하지만 애플은 인터넷이 가능한 아이팟 터치와 나노에 주력하기 시작했다. 아이팟 터치는 2011년 중반 판매량의 절반을 차지하고 있다. 이제 160GB 아이팟 클래식과 2GB 아이팟 셔플은 사람들의 관심 밖으로 밀려나고 말았다.

한편 아이튠즈는 음악, 영화, TV쇼 그리고 TV 시리즈물을 판매했다. 또한 팟캐스트, 대학 강의, 오리지널 아이팟을 위한 게임, 그리고 마지막으로 아이폰, 아이팟 터치, 아이패드용 앱을 제공하는 플랫폼이 되었다. 아이팟은 출시된 이후로 소매업체와 주변기기 업체에게 수천만 달러를 선사했다. 또한 이것은 두 가지 다른 극적인 효과를 유발했다.

첫 번째는 음반회사와 관련된 것이다. 음반회사는 LP판으로 발매되었던 앨범을 CD로 재발매했다. 음반회사는 그 수입으로 자신의 배를 불렸고 1990년대를 유유자적하며 보낼 수 있었다. 음반회사들은 과거의 사업 모델이 온라인에서는 통하지 않는다는 것을 알아차렸다. 인터넷은 모든 것을 개별적인 부분으로 원자화하는 경향이 있다. 앨범은 맨 처음 각 면에 20분 가량 저장할 수 있는 LP판을 위해 발명되었다. 그리고 그 후 가공할 만한 74분의 재생시간을 갖는 CD를 위해 개조된 포맷이었다. 하지만 인터넷의 습격에는 살아남을 방도가 없었다. 그것은 개별 곡으로 쪼개지고 말았다. 이제는 아이튠즈가 음반가게와 거의 동의어가 되어버렸다. 음반회사의 상황은 그나마 괜찮은 편에 속했다.

두 번째 효과는 음반매장과 관련된 것이다. 음반매장들은 속속들이 폐업을 하고 있다. 음반매장들은 우선 온라인 소매업체들의 CD 가격 인하에 대처할 수 없었다. 또 애플 서비스의 경쟁상대가 되지 못했다. 애플서비스는 언제든지 30초 샘플을 들은 후 앨범 중에서 정말로 마음에 드는 두 곡 내지 세 곡만을 즉시 구입하고 다운로드할 수 있었다. 그것은 매우 매력적이었다.

음반회사들은 운이 좋았다고 여길지도 모른다. 애플이 등장해서 음원을 쉽게 구입할 수 있도록 하지 않았다면 그들의 운명은 어떻게 되었을까? 잡스가 음반회사와 협상하고 있었을 당시 거의 어느 누구도 프레스플레이와 같은 온라인 음원서비스를 이용하려고 하지 않았다. 많은 사람들은 CD를 구입하거나 파일 공유 네트워크를 이용했다. 파일 공유 네트워크에서는 원하는 음원을 무료로 얻을 수 있었다. 그런 상황에서 아이팟이 등장하지 않았다고 상상해보라. 음반회사들은 마이크로소프트, 디지털 뮤직플레이어 그리고 DRM이 탑재된 곡에 기대를 걸 수밖에 없었을 것이다. 하지만 2004년까지도 마이크로소프트는 DRM이 여러 플레이어에서 다 잘 작동할 수 있도록 하지 못하고 있었다.

따라서 음반회사들은 앨범의 분할로 손해를 보긴 했지만 온라인에서 계속 음원을 판매할 수 있다는 점에서는 이익을 본 것이었다. 대단한 것은 아니지만 그래도 가까스로 일종의 사면을 얻어낸 셈이었다. 2011년 6월 스티브 잡스는 애플이 무료 아이클라우드iCloud 서비스의 일환으로 새로운 유료서비스를 제공할 것이라고 발표했다. 이 서비스를 통해 문서와 데이터를 기기간 동기화할 수 있게 된다. 이 서비스의 1년 요금은 25달러이다. 아이튠즈 매치가 회원의 아이튠즈 라이브러리를 검색하여 이미 아이튠즈 뮤직스토어에 있는 (그 당시 최대 천4백만 곡) 음원이라면 그 음원을 자신의 다른 어떤 기기와도 공유할 수 있도록 하겠다는 것이었다. 만일 아이튠즈에 없다면 아이클라우드에 업로드되게 될 것이다. 확인이 된 것은 아니지만 여러 군데에서 들려오는 소문으로는 애플이 이 계약을 확정짓기 위해 음반회사에게 약 1억 달러를 지불했다고 한다. 이것은 양쪽 모두에게 달콤한 승리였다. 마침내 음반회사는 발머의 표현을 빌리면 이 모든 훔쳐진 음원에 대한 일정 정도의 자기 몫을 챙기게 된 것이다. 한편 애플의 이 발표로 구글과 아마존은 모두 울분을 삭여야 했다. 이 둘은 클라우드에서 자신만의 '뮤직라커Music locker'서비스를 발표하려고 하고 있었다. 하지만 애플처럼 이용하기가 편리한 것도 아니었고 음반회사와 협력관계를 형성하는 데도 난항을 겪고 있었다.

경로 또는 전략?

마이크로소프트 외부 사람들이 보기에 리브랜딩은 제품이 이미 정점을 지났다는 신호였다. 그 이후로는 판매의 감소와 암흑기만이 뒤따를 뿐이었다. (빙은 예외였다. 이것은 윈도우라이브서치라는 영혼의 암흑기를 견뎌내고 살아남아 산뜻하고 고객지향적인 이름과 초점을 되찾게 되었다.) 2007년 12월 마이크로소프트는 보다 광범위한 유형의 미디어를 포괄하기 위해 플레이포슈어 프로그램을 윈도우 비스타 인증Certified For Windows Vista으로 리브랜딩했다. 사람들은 올 것이 왔다고 생각했다. 2008년 4월 마이크로소프트는 8월말부터 MSN 뮤직 스토어 구입 음원을 위한 플레이포슈어 인정 서버의 제공을 중단하겠다고 발표했다. 그것은 폐기되고 있었다.

2011년 초 준은 아직 북아메리카 이외 지역에서는 출시되고 있지 않았다. 그 무렵 사람들은 준의 마름모꼴 로고는 여전히 마이크로소프트의 슬라이드에 등장하고 있지만 준의 이름은 나타나지 않는다는 사실을 알아차리게 되었다. 푸대접 받고 있다는 사실을 확인한 것이다. 그것은 리브랜딩과 중단을 알리는 전주곡이었다. 마름모꼴 로고 주변에 엑스박스 브랜드가 더욱 뚜렷이 나타나기 시작했다. 이전에 준을 엑스박스 음악 기계라고 불렀던 발머의 농담이 이제는 단순한 농담이 아니라 말 그대로 현실이 되어가고 있었다. 사람들이 한번쯤은 음원을 구매해 본적이 있을 법한 준 스토어는 엑스박스와 윈도우폰에서 마켓플레이스Xbox Live Music Marketplace라는 새로운 브랜드명을 가지게 되었다. 준은 이렇게 클라우드에 저장된 음원이라는 알라드의 아이디어로 그 전체 콘셉트를 바꿔가고 있었다.

2011년 중반 크링글리는 나에게 이렇게 말했다.

크링글리 마이크로소프트는 시장점유율에서 1위나 2위가 아니면 전혀 관심이 없다는 점에서 GE와 비슷합니다. 그런 기준에 따르면 준은 성공한 것으로 여겨질 수도 있습니다. 하지만 마이크로소프트는 추격하는 데 능숙하지 못합니다. 애플은 너무 멀리 앞서 있었습니다. 나는 애플 직원들이 경쟁에 대해 나누는 대화에서 준의 이름을 들어본 적이 없습니다. 그들은 오히려 소니에 대해 더 많은 우려를 표명했습니다. 잡스가 소니를 좋아했기 때문이었죠. 하지만 소니도 더 이상 왕년의 소니가 아니었습니다.[41]

마이크로소프트는 몇 가지 불편한 진실을 마주해야 했다. 마이크로소프트는 소프트웨어 개발에서 애플에게 패배했다. 애플은 보다 작고 긴밀하게 조정되는 하드웨어를 가지고 있었다. 그리고 훨씬 적은 규모의 팀, 적은 자금, 빠듯한 기한으로 성과를 냈다. 마이크로소프트는 가장 먼저 DRM을 개발하여 음반회사를 흐뭇하게 만들었다. 하지만 사용자도 만족하는 DRM을 가진 첫 번째 회사는 애플이었다. 세상에서 가장 좋은 DRM은 아니었지만 애초에 그럴 필요 자체가 없었다. 사람들을 방해하지만 않으면 되는 것이었다. 하지만 대부분의 DRM은 그렇지 못했다. 그것에 대한 보상은 스티브 잡스가 원했던 가장 달콤한 것, 바로 그의 오랜 적수 빌 게이츠에 대한 승리였다. 그리고 음원을 판매하는 수십억 달러짜리 사업과 세계 무대에서 완전히 새로워진 지위라는 보너스까지.

Digital
WARS
제5장

스마트폰

—

모바일과 마이크로소프트 │ 안드로이드 │ 락커ROKR의 진퇴양난

아이폰, 그게 뭔데? │ 그냥 걸어 들어가다 │ 타격 │ 무료 데이터 │ 무너진 꿈들의 서랍 │ 개발자들과 아이폰

공짜 점심 │ 모두를 위한 앱 │ 앱, 수익이 나다 │ 플래시? 아! │ 질투 │ 패자들 │ 안드로이드의 부상

특허 전쟁 │ 앱 특허 │ 티핑포인트 │ 혁명은 손안에서 이루어질 것이다

모바일과 마이크로소프트

영국에서 작은 사업체를 운영하던 피터 크눅이 마이크로소프트에서 근무하기 시작한 것은 1990년 10월이었다. 그의 사업체는 지역의 PC(MS-DOS를 사용하고 있는. 윈도우 3.0이 이미 도입되긴 했지만 아직 널리 사용되고 있지는 않았다.)들을 서로 연결시켜주는 지역 네트워크 서비스를 제공하는 회사였다. 사업규모는 점점 커지고 있었지만, 그는 결국 회사를 매각했다.

크눅 그 사업을 계속할 수도 있었습니다. 하지만 마이크로소프트에 자꾸 마음이 끌리더군요. 그 회사는 당시로는 상상조차 할 수 없는 대담한 목표를 내세우고 있었습니다. 모든 책상과 가정에 PC를 보급하겠다는 것이었습니다. '모든 책상' 은 그나마 상상할 수 있었지만, '모든 가정'은 정말로 터무니없어 보였습니다. 당시 5천 파운드나 하는 PC는 괴짜들이나 가지려고 기를 쓰는 기기였습니다. 친구들 중에도 마이크로소프트를 알고 있는 사람은 아무도 없었어요. 기껏해야 로터스, 워드퍼펙트WordPerfect 그리고 워드프로세싱 프로그램인 워드스타WordStar의 이름 정도나 알고 있을 뿐이었습니다. 나는 세상을 바꾸는 데 동참하고 싶었습니다. 그것이 내가 마이크로소프트 입사한 이유였습니다.[1]

1997년 크눅은 마이크로소프트의 아시아 사업을 담당하게 되어 4년 동안 도쿄에 머물게 되었다. 그는 거기서 휴대폰의 영향력에 깊은 인상을 받았다. 당시 일본에서는 아이모드i-mode가 자리를 잡아가고 있었고, 그로 인해 빠른 데이터 전송이 가능했다. 일부 일본인들의 삶은 (아이모드폰에서 이루어지는) 인터넷을 통한 지속적인 정보의 업데이트를 중심으로 돌아가고 있었다.

크눅은 계속 새로운 일을 추구하는 성향을 가진 인물이었다. 2001년 그가 마이크로소프트 본사로 복귀했을 때 스티브 발머는 그에게 새로운 업무를 부여했다. 그 업무는 새 영업팀을 구성하여 모바일 제품을 판매하는 것이었다. 마이크로소프트의 모바일 제품들은 통틀어서 윈도우모바일이라고 불렸다. 기회는 분명했다.

크눅 휴대폰은 플랫폼으로서 PC와 동일한 특성을 가질 수 있는 것이었습니다. 우리가 맡은 업무는 다양한 하드웨어(휴대폰)에서 실행될 수 있는 소프트웨어를 판매하는 것이었습니다. 그 소프트웨어는 모바일용 오피스나 데이터베이스를 비롯한 여러 소프트웨어의 기반이 되는 것이었습니다.

인터넷 사업에서 출발부터 순탄치 않았던 PC의 경우와는 달리 마이크로소프트는 모바일 인터넷 사업에 대해서는 만반의 준비를 하고 있었다.

휴대폰의 판매방식은 PC의 판매방식과는 전혀 다르다. 이동통신사가 꼭 필요하다. 기지국, 승인시스템, 요금청구 등 통화에 필요한 인프라를 취급해야 하기 때문이다. 그들은 네트워크에 접속하는 모든 것을 통제하는 게이트키퍼. 이동통신사가 휴대폰의 고유 IMEI번호를 차단해버리면 그 휴대폰 사용자는 통화를 전혀 할 수가 없다. 마찬가지로 이동통신사가 어떤 제조업체의 휴대폰을 취급하지 않으면 그 제조업체는 고객을 일체 확보할 수 없다. 이와 달리 PC의 경우에는 직접판매, 소매업체를 통한 판매, 기업과의 계약 등이 모두 가능하다. 따라서 고객에게 도달할 수 있는 통로는 한 가지만이 아니다.

2007년 1월까지 이동통신사를 가장 기쁘게 했던 회사는 핀란드의 노키아Nokia였다. 이 회사는 매출이나 판매량 면에서 명실상부한 세계 최대의 휴대폰 제조업체였다. 2006년 4사분기에 노키아는 전 세계에 걸쳐 총 1억6백만 대의 휴대폰을 판매했다. 매출은 71억 유로로 노키아 그룹 전체의 60%에 해당되었다. 그 한 해 동안 노키아가 판매한 휴대폰은 총 3억 4천7백만 대였다.[2]

또한 노키아는 스마트폰이라는 아이디어의 개척자이기도 했다. 스마트폰은 통화 이상의 기능을 지닌 휴대폰이었다. 그것은 휴대용 컴퓨터처럼 작동할 수 있었다. 내장 프로그램을 실행시킬 수 있었고 웹 브라우징이 가능했다. 또한 이메일도 주고받을 수 있었다. 이 아이디어가 구현된 첫 결과물은 1996년에 출시된 커뮤니케이터Nokia Communicator였다. 그 후 노키아가 본격적으로 스마트폰을 생산하게 된 것은 2007년부터였다. 그 해 한 해 동안 판매된 스마트폰 8천만 대 중 3천9백만 대가 노키아 제품이었다. 그리고 스마트폰 시장 규모는 매년 대략 두 배씩 성장하고 있었다.

노키아의 여러 경쟁업체들 중 대표적인 업체는 팜Palm이었다. 휴대용 컴퓨터를 만들던 이 회사는 여기에 통화 기능을 추가했다. 노키아와는 정반대의 경로를 밟아온 것이었다. 2005년까지 팜의 역사는 험난하기 이를 데 없었다. 팜과 핸드스프링Handspring이라는 두 회사로 분할되었다가 그 후 다시 통합되었고, 다시 하드웨어와 소프트웨어 회사로 나뉘어졌다가 또다시 합쳐지는 우여곡절을 겪어야 했다. 팜의 트레오Treo라는 스마트폰은 미국에서 인기를 누리고 있었지만, 팜은 트레오의 낡은 운영체제 때문에 골치를 앓고 있었다. 그 운영체제는 팜 파일럿Palm Pilot과 같은 통화기능이 없는 PDA에서만 잘 작동했다. 결국 2004년 1월 팜의 최고경영자인 에드 콜리건Ed Colligan은 더 이상 운영체제를 개발하지 않겠다고 결정했다. 이로써 팜의 모바일 운영체제는 사실상 사장되고 말았다. 통화기능이 없는 PDA 시장의 규모는 축소되고 있었다. 휴대폰이 PDA가 가지고 있던 기능을 하나 둘씩 흡수하기 시작했다. 달력이나 심지어 이메일까지. PDA에게는 더 이상의 미래가 없었다. 하지만 스마트폰의 미래는 밝게 빛나고 있었다.

콜리건은 여러 차례의 회동과 이메일 교환을 통해 마이크로소프트와 윈도우모바일 라이선스 계약을 위한 협상을 시작했다. (그 계약 협상자들의 나이와는 어울리지 않게 마이크로소프트의 암호명은 '우드스탁', 팜의 암호명은 '퍼플헤이즈' 그리고 윈도우모바일이 탑재된 트레오의 암호명은 '헨드릭스'였다.) 콜리건은 다른 라이선스계약자들과는 달리 팜이 운영체제를 직접 수정할 수 있어야 한다는 조건을 내걸었다.

2005년 9월 두 회사의 제휴가 발표되었다. 마이크로소프트의 입장에서 팜과의 제휴는 하나의 위대한 정복이었다. '모바일 시장의 판도를 깨트리려는 10여 년간의 숙원을 이루어낸 쾌거'였다. 이것은 당시 CNET에 모바일 시장에 관한 기사를 기고하던 이나 프라이드Ina Fried의 표현이었다.[3] 계약조건에는 팜이 윈도우모바일의 인터페이스와 몇 가지 특성을 직접 수정할 수 있는 권한이 포함되었다. 예를 들어 전화를 건 사람에게 '전화를 받을 수 없습니다'라는 음성 메시지를 보내는 대신에 아예 통화를 차단하도록 한다거나, 음성메시지를 보다 쉽게 처리할 수 있도록 한다거나 하는 수정권한이 그 조건에 포함되었다. 미국에서는 기기들이 (CDMA 네트워크의 부속시스템인) EV-DO 3G 데이터 네트워킹 시스템을 사용하고 있었다. 따라서 이 기기들의 가격은 소매가 500달러 근방인 트레오650의 기존 가격대보다 높을 수밖에 없었다.

또한 콜리건은 윈도우모바일이 팜의 중심이 될 것이라고 말했다. 팜은 (노키아와 소니 에릭슨이 사용하는) 오픈소스 심비안Symbian이나 또는 무료 오픈소스 운영체제인 리눅스에는 전혀 관심이 없었다. (모바일용 리눅스는 아직 완성도가 높지 않았다. 또한 설득력 있는 지지자도 없었다.) 그는 마이크로소프트와의 제휴를 발표하는 연설에서 "우리는 우리가 상정하고 있는 것에 주력할 것입니다. 그것은 윈도우의 사용자 경험에 익숙한 고객들을 위한 것입니다. 우리는 이 기기들을 가지고 더 많은 회사들과 계약을 체결할 것입니다"라고 말했다.[4]

애널리스트들도 동의했다. 2006년 2월 리서치회사인 가트너의 애널리스트 닉 존스Nick Jones는 만 명 이상의 개발자가 윈도우모바일용 애플리케이션을 개발하고 있다고 밝혔다. 그리고 그것은 심비안(노키아)이나 캐나다의 블랙베리 제조업체 RIM의 운영체제 등 다른 경쟁 모바일 운영체제보다 훨씬 많은 숫자라고 덧붙였다.[5]

안드로이드 Android

2005년 9월 마이크로소프트와 팜의 제휴 발표는 한 구글직원의 관심을 끌었다. 애플에서 근무한 적이 있는 앤디 루빈Andy Rubin이었다. 한 달 전 구글은 그가 두 번째로 설립한 모바일 관련 신생업체인 안드로이드를 인수했다. (그가 설립한 첫 번째 모바일 업체는 데인저Danger로 힙톱Hiptop 폰을 생산했다. 나중에 마이크로소프트에게 매각된다.) 래리 페이지는 구글의 미래가 모바일에 달려 있다고 생각했다. 에릭 슈미트는 페이지만큼 확신이 없었다. 그런 이유로 페이지는 슈미트에게는 일언반구의 상의도 없이 구글의 공동 설립자인 세르게이 브린과 함께 안드로이드를 인수해버렸다.

크눅처럼 그들도 컴퓨터의 능력을 가진 휴대폰이 PC보다 훨씬 더 많아지게 될 것으로 예상했다. 휴대폰의 연산 능력도 무어의 법칙에 따라 18개월마다 거의 두 배로 증가하고 있었다. 또한 점점 더 많은 사람들이 그 기기를 구입하고 있었다. 2004년의 휴대폰(스마트폰이 아니라) 판매량은 6억 8천 대였다. 그리고 그 수치는 매년 약 15%씩 늘어나고 있었다. 가트너는 2009년 휴대폰 판매량이 10억 대에 이를 것으로 내다보았다.[6] 무선접속은 이제 저렴해지고 널리 이용될 것이다. 구글이 정복해야 할 또 하나의 영역이 생겼다. 바로 모바일 시장이었다.

페이지, 브린 그리고 루빈은 기존의 추세를 감안하면 언제쯤 PC보다 스마트폰에서 더 많은 검색이 이루어지고 사람들이 더 많은 곳에서 자주 스마트폰을 사용하게 될지를 추산해낼 수 있을 것이라고 생각했다. 스마트폰은 데스크톱이나 노트북과는 달리 한 장소에 머물며 사용하는 것이 아니다. 따라서 사용자가 검색하고 브라우징을 할 때마다 그들의 위치에 대한 더 많은 정보를 얻을 수 있게 된다. 더 많은 데이터를 얻을 수 있기 때문에 검색 결과와 광고의 대상 설정이 더욱 정확해질 것이다. 그렇게만 된다면 검색시장에서 구글의 주도적 위치는 더욱 강화될 것이다.

이처럼 2005년에 구글과 마이크로소프트는 모두 인터넷의 미래가 모바일에 있다는 것을 알고 있었다. 하지만 미래에 대한 그들의 생각은 다소 차이가 있었다. 마이크로소프트는 모바일을 익스체인지와 같은 수익성 높은 백엔드 소프트웨어의 부속물로 이용하기를 원했다. 그러나 구글은 모바일 사용자가 구글을 통해 검색하도록 할 수가 없었다. 왜냐하면 휴대폰 제조업체들이 구글의 경쟁업체(마이크로소프트가 분명한데)로부터 천문학적인 금액을 받고 이 소프트웨어를 디폴트로 설정할 것이기 때문이다. 그리고 사용자들 대부분은 디폴트 설정을 변경하려고 하지 않을 것이다. (구글도 이미 연 수백만 달러를 지불하고 모질라Mozilla의 파이어폭스FireFox나 애플의 데스크톱 브라우저인 사파리에 구글 검색을 디폴트로 설정했다. 구글 역시 이런 사람들의 성향을 이용하고 있었다.)

그렇게 된다면 구글에게는 그야말로 악몽이 되는 것이었다. 한눈에 봐도 알 수 있는 마이크로소프트의 야망, 그리고 팜과 같은 회사와의 협력을 감안한다면 그 당시 윈도우 라이브라고 불렸던 마이크로소프트의 검색엔진은 수많은 휴대폰의 디폴트 검색엔진이 될 수 있는 상황이었다. 물론 마이크로소프트가 모바일 검색의 최고 자리에 오르기 위해 수십억 달러의 자금을 불법적으로 사용했다고 반독점 규제당국에 호소할 수도 있었다. 하지만 그것은 그저 추격전략이 될 수 있을 뿐이었다. 마이크로소프트가 법원에서 비난을 당하더라도 (또는 당하고 있는 동안에) 구글은 이미 패배의 쓴 잔을 마시고 있을 수도 있는 것이다. 그것도 가장 중요한 최신의 컴퓨팅 플랫폼 시장에서 말이다. 그렇게 돼버리면 반독점재판의 결과 따위가 무슨 소용이 있겠는가?

구글이 자신의 미래를 보호하는 유일한 길은 휴대폰 제조업체가 원하는 무언가를 제공하는 것뿐이었다. 그것은 바로 휴대폰용 무료소프트웨어였다. 그럴 경우 구글 검색이 그 소프트웨어에 포함되는 것은 너무나 당연했다.

락커^{ROKR}의 진퇴양난

2004년 1월 스티브 잡스는 모토로라의 신임 최고경영자인 에드 잰더^{Ed} ^{Zander}에게 전화를 걸었다. 둘은 잰더가 선마이크로시스템스에 있을 때 만난 적이 있었다. 잡스는 그에게 제휴를 제안했다. 그 내용은 모토로라가 휴대폰을 만들고 싱귤러^{Cingular: 현재 AT&T}가 이동통신사로 참여하고 애플은 음악 소프트웨어를 개발하는 것이었다.[7]

애플이 기기 설계를 직접 통제하지 않은 것은 이 경우가 처음이자 마지막이었다. 애플의 입장에서 그것은 어쩔 수 없는 선택이었다. 애플은 아이팟에서 성공을 거두고 있었지만, 소비자 전자제품 분야에서는 여전히 미약한 존재였다. 그리고 휴대폰사업은 거대하고 복잡했다. 애플은 그 사업에 문외한이었다. 독자적으로 그 시장에 진입할 수 있는 힘을 가지고 있지 못했다.

실적 회복을 위해 모토로라에 영입된 잰더는 레이저^{RAZR}와 같은 디자인 상품이 엄청난 성공을 거둘 수 있을 것으로 판단했다. 이 제품은 2003년 7월 전임 최고경영자인 크리스 갤빈^{Chris Galvin} 하에서 출시되었고 두께가 얇은 것으로 유명했다. 따라서 잰더는 디자인 솜씨로 명성이 자자한 애플과 손을 잡는다면 모토로라에게 분명히 이득이 될 것이라고 생각했다. 락커의 시작이었다.

그러나 락커는 요란하기만 한 잔치였다. 여러 회사들이 공동으로 설계에 참여하는 경우에 흔히 나타나는 상황이었다. 모토로라 내부의 지인은 모토로라의 관료조직이 설계 과정을 방해하기만 했다고 전해주었다. 애플은 거의 무의식적으로 사용자 경험에 초점을 맞추었다. 하지만 모토로라는 그럴 수 있는 준비가 전혀 되어 있지 않았다. 결국은 일종의 위원회를 통한 제품 생산이 되어버렸고, 그 결과 끔직할 정도로 타협적인 락커가 탄생하고 말았다.

락커는 전화 키패드가 있는 아이팟 같았다. 단 품질은 엉망진창이었다. 표면적으로는 소비자를 최우선으로 내세웠지만 실제로는 그것과 거리가 멀었다. 예를 들어 이런 식이었다. 그 휴대폰에 몇 곡의 음원을 저장할 수 있도록 할까라는 문제에 대한 답은 최대 100곡까지였다. 그 휴대폰의 출시로 인해 아이팟의 판매가 감소할 것을 걱정했기 때문이다. 음원을 어떻게 전송할 것인가라는 문제에 대한 답은 아이튠즈가 설치되어 있는 컴퓨터에서 USB 케이블을 통해 전송한다는 것이었다. 잡스가 아이튠즈 음원의 매출과 (그리 크지는 않지만) 이익을 놓치고 싶어 하지 않았기 때문이다. 그는 이동통신사가 3달러에 음원을 판매하는 것을 그냥 보고만 있을 수 없었던 것이다. 애플의 조너선 아이브가 이끄는 디자인 팀은 결국 새로운 휴대폰이 아니라 아이튠즈의 인터페이스를 설계했던 셈이다.

그런 타협에도 불구하고 락커는 2005년 3월 출시를 앞두고 있었다. 그러던 중 싱귤러의 데이터 부서가 USB 접속에 대해 알게 되었다. 그리고 그 휴대폰을 취급하지 않겠다고 으름장을 놓았다. 그들은 무선으로 음원을 판매하고 싶어했다. 하지만 싱귤러는 아이튠즈와의 연계가 그들에게도 도움이 될 것이라는 논리에 설득 당하고 말했다. 대신 락커는 보조금 지급 대상에서 제외되었다. 이제 그 휴대폰을 구입하려면 250달러의 제 값을 다 치러야 했다. 또한 월 정액제도 이용할 수 없었다.

잡스는 이런 지연, 타협 그리고 정치적 공작에 잔뜩 짜증이 나 있었다. 그는 그러다가 모바일시장에 진입할 수 있는 좋은 기회를 놓쳐버릴 수 있다고 생각했다. 2005년 5월 결국 그의 불만이 부분적으로 터져 나왔다. 그는 한 컨퍼런스에서 "우리는 포춘 500에 해당하는 기업들에게 컴퓨터를 판매하는 데 크게 성공하지 못했습니다. 애플에게는 최종 사용자에 도달하기 위해 기업이라는 구멍을 통과하는 재주가 그다지 없습니다. 회사가 500개나 되는 경우에도 제대로 하지 못했다면, 회사가 4개밖에 안 되는 경우에 어떻게 될지 충분히 상상하실 수 있을 겁니다"라고 분명하게 밝혔다.[8] (미국에는 4개의 주요 통신사가 있었다. 싱귤러(이후에 AT&T로 바뀜), 버라이즌Verizon, T 모바일T-mobile, 스프린트Sprint가 그 회사들이다.)

잡스의 이 표현만큼 애플의 정서를 잘 드러낸 것도 흔치 않을 것이다. 바로 중간단계를 다 배제하고 고객과 직접 거래하겠다는 것이다. 이런 그의 생각은 계속해서 표출된다. 애플은 소프트웨어와 하드웨어 등 애프터마켓을 창출해낼 수 있다면 그것을 굳이 마다하지는 않을 것이다. 하지만 기기와 소프트웨어를 사용자 손에 직접 전달했을 때보다 좋은 결과를 얻을 수 있다고 생각했다. 이것이 애플의 모든 직원이 이해하는 애플의 목표였다. 바로 그 이유 때문에 애플은 직영매장을 연 것이다. 사람들의 손에 제품을 직접 건네줘라!

결국 2005년 9월 초 락커가 (훨씬 더 주목 받은 아이팟 나노와 함께) 출시되었다. 하지만 락커의 디자인은 특별하지 않았다. 이렇게 형편없어 보이고 아이팟과 휴대폰의 가장 안 좋은 특성만을 모아놓은 것 같은 제품을 도대체 누가 구입하겠는가? 그런 질문에 대해서는 누구도 정답을 알 수는 없다.

잡스의 프레젠테이션 하이라이트가 락커가 아니었다는 사실을 아는 순간, 고객들은 아무도 이 휴대폰을 구입하지 않을 것이다. 게다가 잡스가 그 프레젠테이션에서 락커를 선보였을 때 문제가 발생했다. 원래대로라면 잡스가 통화를 마치면, 그 전에 듣고 있던 음원이 자동으로 재생되어야 했다. 하지만 그렇지 못했고, 그는 "이런 내가 버튼을 잘못 눌렀군요"라고 덧붙여야 했다.

너무나 많은 버튼들, 하지만 충분하지 못한 기능. 한 달이 채 지나기도 전에 락커는 일반 신제품에 비해 6배나 높은 반품률을 기록했다. 젠더는 한 인터뷰에서 "사람들은 아이팟과 같은 기기를 찾고 있었습니다. 하지만 그것은 아이팟이 아니었습니다. 그 점에서 마케팅 메시지를 놓쳤던 것 같습니다"라고 언급했다. 정확하게 락커가 무엇이었는지는 여전히 의문스럽다. 아이팟이 아니었다면(그것은 분명히 아니었다) 도대체 락커는 무엇이었을까? 단지 또 하나의 휴대폰이었을까?

　더군다나 경쟁이 없었다면 모를까, 2006년 초에는 노키아 N91이 출시될 예정이었다. 노키아 N91은 700달러 전후의 가격으로 4기가바이트의 (회전)드라이브가 탑재되어 있었다. 그래서 아이팟 미니처럼 1,000곡까지도 저장할 수 있었다. 만일 노키아가 음반회사와 아이튠즈 방식의 계약을 맺을 수만 있었다면 휴대폰으로 음악을 감상하려는 고객들을 확보할 수도 있었을 것이다.

　하지만 노키아의 관심은 휴대폰 사용자들에게 있지 않았다. 그들은 노키아의 휴대폰을 구매하는 사람들, 즉 이동통신사에게 초점을 맞추고 있었다. 모바일 시장에서의 엄청난 영향력에도 불구하고 노키아는 음원서비스를 휴대폰으로 가져올 수 없었다. 일단 미국의 통신사가 그것을 그냥 보고만 있지는 않았다. 게다가 이 핀란드 회사에는 잡스만큼 뛰어난 협상력을 가진 인물이 없었다. (반면에 음반회사들은 자신들과 음원라이선스 계약을 맺으려는 신참자를 맞이할 만반의 준비를 이미 끝마치고 있었다.)

　결국 애플의 첫 번째 휴대폰 시장 진입 시도는 부끄러운 실패로 끝나고 말았다. 락커는 고객과 통신사에게 철저하게 외면당했다. 그 실패를 계기로 모토로라의 휴대폰 사업은 하락세로 접어들었다. 잰더는 잡스가 락커을 푸대접한 것에 대해 분통을 터트렸다. 잡스는 그 출시행사에서 아이팟 나노를 소개하는 데 주력했다. 젠더는 2주 후 열린 한 포럼에서 "나노? 개나 줘버리시지. 도대체 나노가 뭔데? 누가 1,000곡씩이나 듣는다고……"라고 얘기했다.[9] 그는 사람들이 음악재생뿐만 아니라 훨씬 더 많은 기능을 가진 기기를 원한다고 말했다. 그리고 보다 발달된 이동통신망을 가진 나라들의 사례를 보더라도 이 사실은 분명하다고 덧붙였다. (크뉵과 생각이 같았다면 일본을 염두에 두고 있었을 것이다.) 모토로라의 홍보팀은 젠더가 단지 농담한 것뿐이라고 무마하기 위해 진땀을 흘려야 했다. 그러나 아무도 믿지 않았다.

락커는 애플에게 고통스러운 학습과정이었다. 모토로라가 뮤직플레이어에 대해 배운 (또는 알 필요가 있었던) 것보다는 애플이 휴대폰에 대한 구상과 관련하여 훨씬 많은 것을 배웠다. 핵심적인 교훈은 통신사의 지원과 사주를 받은 휴대폰 제조업체가 모든 것을 망쳐놓을 수 있다는 것이었다. 오로지 믿을 수 있는 것은 자기 자신뿐이다.

아이폰, 그게 뭔데?

잡스는 락커가 출시되기 전에 (심지어 싱귤러가 데이터 전송에 대해 예민한 반응을 보이기도 전에) 이미 그것이 자신이 원하는 모바일 사업 방식이 아니라는 것을 잘 알고 있었다. 와이어드의 프레드 보겔스타인에 따르면 2005년 2월 잡스는 싱귤러의 최고경영자인 스탠 시그먼Stan Sigman에게 애플의 휴대폰 생산계획을 제시했다. 싱귤러는 당시 미국 최대의 이동통신사였다.[10] 잡스는 애플이 혁명적인 제품을 생산할 계획이며 싱귤러와 독점계약을 맺고 싶다고 제안했다. 시그먼은 잡스의 제안을 받아들였다. 잡스는

(2000년 11월 컴덱스Comdex에서 빌 게이츠가 자랑한 것에 영감을 받아) 터치스크린 태블릿을 개발하고 있었던 그의 팀에게 돌아와서는 계획수정을 통보했다.

2006년 말 애플이 휴대폰 생산을 앞두고 있으며 이번에는 락커처럼 형편없지 않을 것이라는 소문이 돌기 시작했다.

팜의 콜리건은 크게 신경 쓰지 않는 눈치였다. 2006년 11월 기자들과 만나는 자리에서 그는 애플이 휴대폰 시장에서도 아이팟과 같은 성공을 거둘지에 대한 기자의 질문을 그냥 웃어넘겼다.

콜리건 우리는 수년간 최적의 휴대폰을 생산하기 위해 연구하고 고민해왔습니다. PC 제조기업은 그것을 알 수 없을 겁니다. 그들은 이 시장에 쉽게 진입할 수 없을 겁니다.[11]

힘겨운 역경을 이겨낸 그로서는 당당할 만했다. 게다가 이제는 자신감도 가질 수 있었다. 2006년 12월 2일에 끝나는 회계분기에서 팜의 순이익은 1천3백만 달러였고 매출은 3억9천3백만 달러였다. 그리고 팜은 61만 7천대의 스마트폰을 판매했다. 그것은 전년 대비 42%, 전분기 대비 8%가 증가한 수치였다. 콜리건은 오랜만에 순풍에 돛을 단 듯한 기분에 젖어들 수 있었다.

그 당시 한창 잘나가고 있던 또 하나의 회사는 RIM, 블랙베리로 유명한 캐나다 회사였다. 블랙베리는 무선호출기가 발전한 것이었다. RIM은 무선호출기에서 큰 회사들의 이메일 송수신이 가능하도록 방법을 개발했다. (그 회사들은 별도의 비싼 서버를 설치하고 RIM의 전용 휴대폰을 사용해야 했다.) 이메일은 사실 무선호출기 메시지였다. 단지 암호화가 보다 강화됐다는 사실만 차이가 났다. 이메일 기능, 이동 중에도 쉬운 접속 그리고 고정된 쿼티QWERTY 자판 덕분에 블랙베리는 정말로 쓸모 있는 최초의 스마트폰이 되었다. 그 기기를 가장 먼저 사용했던 것은 금융회사였다. 그들은 블랙베리의 암호화 덕분에 수백만 달러가 걸린 계약의 세부 정보가 외부로 유출되지 않을 것이라고 확신할 수 있었다. 또한 암호잠금 기능과 원격삭제 기능 덕분에 그 휴대폰을 분실하는 경우에도 비밀이 새나갈 염려를 하지 않아도 되었다. 2006년 12월까지 RIM의 매출은 8억 3천5백만 달러로 팜의 두 배, 이익은 1억7천6백만 달러로 팜의 10배 이상이었다.

2006년 말까지 수 년간 마이크로소프트는 모바일 사업에 관여하면서 그 시장을 장악하고 싶어했다. 제조업체들은 PC의 윈도우처럼 라이선스를 구입하여 윈도우모바일을 휴대폰에 설치할 수 있었다. 그리고 그 휴대폰은 통신사나 소매업체에 판매되었다. 그 후 다시 휴대폰 사용자들에게 판매되거나 렌트 또는 리스되었다. 마이크로소프트는 휴대폰 제조업체들에게 개발 지원과 직접적인 자금 지원까지 제공했다. (마이크로소프트의 회계연도인) 2005년 7월부터 2006년 6월까지 마이크로소프트는 595만 개의 윈도우모바일 라이선스를 판매했다. 그리고 그 다음 회계연도인 2006년 7월부터 2007년 6월까지 천백만 개의 라인센스를 판매했다. 윈도우모바일이 상승세에 접어든 것이다.

유망한 모바일 운영체제 중에서 윈도우모바일의 기능이 가장 다양했다. 이 운영체제는 처음부터 마이크로소프트의 이메일 포맷을 처리하고 웹브라우징과 인터넷 접속을 할 수 있도록 설계되었다. 게다가 오피스 포맷의 서류들을 편집하고 업로딩할 수 있었다. 빌 게이츠는 모바일 인터넷의 잠재성을 알아차렸고 그 시장으로 가는 문을 통제하고 싶어했다.

하지만 통신사들 사이에서는 우려의 목소리가 높았다. 그들은 PC 제조업체들에게 무슨 일이 일어났었는지를 너무나 잘 알고 있었다. PC제조업체들이 아주 작은 이익을 서로 차지하기 위해 아웅다웅하는 동안 마이크로소프트는 여유있게 돈을 긁어 모으고 있었다.

그사이 루빈은 자신의 명함에 구글의 로고가 새겨지자마자 휴대폰 제조업체들의 대접이 확연히 달라졌다는 것을 피부로 느낄 수 있었다. 그런 대접은 독립사업체를 운영하던 시절에는 꿈도 꾸지 못했던 것이다. 그는 트레오나 블랙베리처럼 키보드를 탑재한 스마트폰 전용 소프트웨어를 개발하려는 계획을 진행하고 있었다.

그냥 걸어 들어가다

호러스 데디우Horace Dediu는 2001년 콘텐츠 유통 부문의 기술담당매니저로 노키아에서 근무하기 시작했다. 그 부서의 업무는 전자책(중단된 계획) 또는 음원과 같은 콘텐츠를 판매하는 것이었다. 그 후 그의 팀은 심비안 S60 소프트웨어를 담당하는 모바일소프트웨어팀으로 흡수되었다. 노키아는 윈도우모바일처럼 심비안 S60 소프트웨어의 라이선스를 판매하고 싶어했다.

당시에는 마이크로소프트에 대한 통신사들의 두려움, 휴대폰 제조업체의 협상력 부족, 그리고 기존 네트워크로부터 마지막 한 푼까지 짜내려는 통신사의 욕심, 이 세 가지가 한데 얽혀서 데이터 중심의 휴대폰으로 진화하는 것을 가로막고 있었다.

첫 직장경력을 마이크로소프트에서 쌓았던 데디우에게 맡겨진 업무는 경쟁분석이었다. 그는 향후 10년간 휴대폰 시장의 변화에 대해 예측했다. 10년 후에는 어떤 운영체제가 존재하고 있을까? 무엇이 그 운영체제들의 영역을 결정할까?

데디우 저는 사실상 마이크로소프트를 분석하는 애널리스트였습니다. 마이크로소프트가 어떤 방식으로 모바일 시장을 장악하려고 하는지를 파악하는 것이었지요. 모든 사람들, 심지어 통신사들까지도 마이크로소프트를 두려워했습니다. 그회사가 모바일에서도 PC 시장에서 윈도우를 가지고 했던 행위들을 반복할 수 있으니까요. 2003년부터 2005년까지 저는 그 문제를 다루었습니다.

10년 후 모바일 운영체제는 마이크로소프트, 리눅스 그리고 (오픈소스이긴 하지만 쉽게 공개하지 않는 노키아의) 심비안만이 남아 있을 것으로 예상했습니다. (그예상은 정확했다. 구글의 안드로이드는 기본적으로 리눅스의 한 버전이다.) 운영체제의 시장점유율 변화와 휴대폰 판매량에 대해서도 예측해보았죠. 하지만 우리는 단기적으로는 너무 낙관적이었고 장기적으로는 지나치게 비관적이었습니다.[12]

2004년에서 2005년 사이에 그는 다시 부서를 옮겼다. 새로 옮긴 곳은 엔터프라이즈 부서로, VOIP와 관련해 장애를 확인하고 통신사의 동향을 살피는 업무였다. (VOIP는 voice over internet의 약자로, 음성신호를 데이터 패킷으로 인코딩하여 인터넷을 통해 전송하는 것을 의미한다. 데이터전송이 가능한 휴대폰에서는 이것이 일반적인 휴대폰 통화에 비해 훨씬 저렴했다. 따라서 이 서비스는 통신사의 입장에서는 눈에 가시 같은 존재였다.)

2006년 말이 되면서 애플이 휴대폰을 출시할 것이라는 소문은 더 이상 무시할 수 없는 지경이 되었다. 회사의 공식적인 지시가 있었던 것은 아니지만 데디우는 애플 애널리스트가 되어 있었다. 그는 애플이 시장에서 무엇을 할 수 있을지, 그리고 그것이 노키아의 사업에 어떤 영향을 미칠지에 대해 검토하고 있었다.

소문은 틀리지 않았다. 애플 내부에서는 실제로 휴대폰이 개발되고 있었다. 그것이 바로 아이폰^{iPhone}으로 불리게 될 휴대폰이었다. 하지만 당장 출시할 수 있을 정도는 아니었다. 200명 전후의 사람들로 구성된 팀이 2005년 중반부터 이 작업에 매달리고 있었지만, 그들은 큰 문제들을 가지고 있었다. 한 팀은 소프트웨어를 개발하고 다른 팀은 하드웨어를 개발했다. 끝까지 두 팀이 함께 일하는 것을 본 사람은 없었다. 그 개발작업은 철저한 보안 속에서 진행되고 있었다.

하드웨어 개발작업은 두 방향으로 진행되었다. 전화번호 입력 방식과 관련하여 한 팀은 스크롤 휠을, 다른 한 팀은 터치스크린을 사용하는 시도를 하고 있었다. 소프트웨어팀도 다시 두 팀으로 나뉘었다. 파델이 이끄는 팀은 아이팟 OS를 휴대폰용으로 확대하고 있었다. 스콧 포스탈^{Scott Forstall}이 이끄는 15명 미만의 팀은 맥 OS X의 '레오파드^{Leopard}'버전을 개발하고 있었다. 최종적으로 소프트웨어 쪽에서는 포스탈의 팀이 승리했다. 비즈니스위크에 따르면 포스탈이 잡스식 비밀주의를 고수하는 바람에, 다른 경영진과 팀들은 심사가 뒤틀렸었다고 한다.[13] 하드웨어 쪽에서는 터치스크린이 승리를 거두었다. 스크롤 휠로 전화번호를 입력하는 것은 너무 불편했다.

이제 그 휴대폰을 생산하기만 하면 됐다. 애플은 기존의 모든 휴대폰회사들, 마이크로소프트 그리고 구글의 루빈과는 처해 있는 상황이 사뭇 달랐다. 애플은 휴대폰 소프트웨어를 만들어본 경험이 전무했다. 또한 라디오나 트랜지스터와 같은 제품의 경쟁적인 수요를 다루어본 경험도 없었다. 애플은 이 문제를 당장 극복해야 했다. 하지만 그런 열악한 상황에서도 애플은 뛰어난 인터페이스를 가진 하나의 완결된 휴대용 컴퓨터를 만들고 싶어했다. 그들은 출시기한이 1월이라는 것을 알고 있었다. 잡스가 맥월드의 무대에서 이 기기를 선보이기를 원했기 때문이다. 시간에 쫓기며 혁신적인 기기를 개발한다는 것은 결코 즐거운 경험이 아니다. 맥월드에서의 발표까지 4개월 동안 그 팀원들이 느낀 작업 스트레스는 전혀 경험해보지 못한 새로운 차원의 것이었다. 와이어드의 보겔스타인은 다음과 같이 적고 있다.

보겔스타인 애플의 복도에서는 일상적으로 언성과 고함이 오고 갔습니다. 엔지니어들은 밤샘 코드작업으로 기진맥진한 상태에서 귀가해 잠시 눈을 붙인 다음, 다시 며칠을 일에 매달려야 했습니다. 한번은 연이은 야근에 짜증이 난 프로덕트매니저가 자기 사무실로 들어가면서 문을 너무 세게 닫아버리는 바람에 문고리가 휘어졌죠. 결국 그녀는 그 안에 갇혀버리는 신세가 되었습니다. 밖에 있던 사람들이 알루미늄 야구방망이로 문을 부수고 구출해 냈죠.[14]

지난 2년 동안 애플의 엔지니어들은 터치스크린 태블릿을 개발하려고 노력했다. 하지만 터무니 없는 가격 때문에 개발을 보류할 수밖에 없었다. 그러나 터치스크린폰은 소비자들이 구매할 수 있을 정도의 가격이었다. 드디어 터치시스템이 실험실 밖으로 모습을 드러내고 있었다. 애플은 또 핑거워크라는 회사를 인수했다. 이 회사는 정전식 스크린을 사용하는 멀티터치시스템을 개발하고 있었다. 정전식 스크린은 서로 살짝 분리된 두 개의 필름으로 구성되어 있으며 그 사이로 전류가 흘렀다. 손가락과 같은 전도체가 가까이 오게 되면 전기장의 변화가 발생한다. 전도체의 위치는 스크린의 가장자리에 배치된 전선망에 의해 감지된다. 이것 때문에 스크린 가장자리가 검은색을 띠는 것이다. 잡스는 터치스크린뿐만 아니라 아이폰이 정말로 다른 제품과 차별되기를 원했다. 그는 아이폰 전체에 단 하나의 버튼만 있어야 한다고 요구하고 있었다.

아이폰은 거대한 공학적 시도였다. 애플의 소프트웨어 엔지니어들은 경험이 전혀 없는 터치스크린 소프트웨어를 만들어야 했고, 맥 OS X 운영체제를 휴대폰의 훨씬 제한적인 저장공간에 적합하도록 다시 작성해야 했다. 이 작업에 앞서 먼저 맥의 Power PC RiSC 칩 대신 인텔 칩에서 실행될 수 있도록 맥 OS X을 다시 작성해야 했다. 이렇게 재작성된 프로그램을 다시 ARM 아키텍처를 사용하는 칩에서 실행될 수 있도록 재컴파일해야했다. ARM 아키텍처는 저전력이라는 장점 때문에 모든 휴대폰과 스마트폰에서 사용되고 있었다. 아이팟을 개발할 때와는 달리 이 모든 것을 애플이 직접 해야 했다.

어쨌든 일은 순조롭게 진행되어갔다. 100개 이상의 프로토타입이 제작되어 비교테스트를 거쳤다. 그리고 마침내 2007년 1월 9일 화요일, 스티브 잡스는 그 휴대폰의 출시를 발표하기 위해 샌프란시스코에 마련된 무대에 올랐다. 수십 명의 기자들은 라스베이거스에서 열린 연례 CES의 첫날을 완전히 포기한 채 잡스의 발표만을 목이 빠져라 기다리고 있었다. (그 이름은 이제 거의 확실해 보였다. 아이맥, 아이팟 그리고 아이폰.)

아이러니하게도 잡스가 아이폰의 출시를 발표하는 바로 같은 시각, 한때 잡스의 적수로 여겨졌던 마이클 델은 CES의 무대에 올라있었다. 그는 거기서 20인치 스크린을 탑재한 신개념 노트북을 선보였다. 그는 또 영화 오스틴파워the Austin Powers의 닥터 이블Dr. Evil로 분한 마이크 마이어스Mike

Myers의 도움을 받으며 클라우드 백업서비스를 소개했다. 그들이 무대에 올랐던 시점에 델의 가치는 300억 달러, 애플의 가치는 730억 달러였다. (애플의 기업가치는 그 전 해 1월 델을 앞지르기 시작한 후 7월에는 완전히 델을 능가했다. 잡스는 재빠르게 회사 전체에 '마이클 델은 미래를 예측하는 데 완벽하지 않았습니다. 오늘 주식시장의 종가 기준으로 애플이 델보다 가치가 높았습니다'라는 내용의 이메일을 보냈다.) 라스베이거스에서 델의 성과는 처참했다. '그 캐릭터가 인기 있었던 5년 전이었다면 재미라도 있었을 텐데'라고 한 참가자가 말했다. 그 캐릭터는 아마 마이어스를 두고 하는 말이었을 것이다.[15]

샌프란시스코에서 잡스는 무대 위를 서성거리다가 간단한 말로 프레젠테이션을 시작했다. "와주셔서 감사합니다. 우리는 오늘 또 한 번의 역사를 만들 것입니다."[16] 그리고 나서 빠른 속도로 몇 가지 사실을 발표해나갔다. 아이튠즈 뮤직스토어는 지금까지 20억 곡을 판매했다. 판매속도는 점점 빨라지고 있다. 매일 5백만 곡이 판매된다. 애플은 이제 미국에서 온 오프라인 통틀어 4번째로 큰 음원소매업체가 되었다. 애플이 아마존보다 더 크다. 그리고 파라마운트 제작 영화도 판매할 예정이다. 그 밖에도 준이 차지하고 있는 위치를 조롱 섞인 말투로 언급했다. 그의 말에 따르면 11월 아이팟의 미국시장 점유율이 62%인데 반해 준의 점유율은 겨우 2%에 불과했다. 그리고 나서 그는 애플TV를 선보였다. 그것은 사실 스트리밍 영화 서비스를 제공하는 TV였다.

프레젠테이션이 시작된 지 26분이 지났을 때 그는 잠시 말을 멈추었다. 그리고 본론으로 들어갔다.

잡스 가끔 모든 것을 변화시키는 혁명적인 제품이 나타납니다. 애플은 지금까지 그래왔다고 생각합니다만, 자신의 직업에서 그런 제품을 단 하나만이라도 개발해낼 수 있다면 그 사람은 억세게 운이 좋은 겁니다.

음, 오늘 우리는 세 개의 혁명적인 신제품을 소개하려고 합니다.

첫 번째는 터치조작 와이드스크린 아이팟입니다. (자주 그랬던 것처럼 관중들이 술렁이기 시작했다.)

두 번째는 혁명적인 휴대폰입니다. (사람들은 거의 일어설 기세였다. 그리고 한편으로는 소문으로만 나돌던 휴대폰이 마침내 등장하게 되었다는 말에 안도의 한숨을 내쉬었다.)

그리고 세 번째는 획기적인 인터넷 통신기기입니다.

그러나 이것들은 별개의 기기가 아닙니다. 이해하시겠습니까? 이것은 별개의 기기가 아닙니다. 이것은 하나입니다. 우리는 이것을 아이폰이라고 부릅니다. 오늘은 애플이 휴대폰을 재발명하는 날입니다.

이 말을 마친 후 그는 빠르게 기존 스마트폰들이 얼마나 놀라울 정도로 비슷한지에 대해 언급했다. 기존의 기기들은 전부 화면 밑에 고정되어 있는 버튼으로 조작했다.

잡스 각각의 애플리케이션은 약간씩 다른 사용자 인터페이스를 원합니다. 그리고 자신에게 최적화된 버튼집합을 원합니다. 그런데 만일 6개월 후에 아주 훌륭한 아이디어가 떠오른다면 어떻게 될까요? 아무리 수선을 피우더라도 버튼을 추가할 수는 없습니다. 이 휴대폰들은 이미 시중에 출시되었기 때문입니다.

여러분은 이 문제를 어떻게 해결하겠습니까? 우리가 이미 이 문제를 해결했다는 것은 밝혀졌습니다. 우리는 20년 전에 이미 컴퓨터에서 이 문제를 해결했습니다. 원하는 어떤 것도 나타낼 수 있는 비트맵 스크린과 한 가지 포인팅 디바이스를 가지고 말이죠.

이것이 잡스의 전형적인 모습이었다. 잡스는 다른 어떤 요소가 아니라 상호작용을 강조했다. 그는 배터리의 수명, 통화 품질, 안테나의 민감성, 스토리지, 스크린 크기 등에 대해 얘기하지 않았다. 애플의 휴대폰이 다른 휴대폰과 구분될 수 있는 것은 바로 그 휴대폰과의 상호작용이 갖는 특성이었다.

잡스 우리가 하려는 것은 이 모든 버튼을 없애는 겁니다. 그리고 단 하나의 스크린을 만드는 겁니다. 거대한 스크린을 말이죠.

그러면 그것을 어떻게 조작할까요? 별도의 스타일러스요? 그것은 항상 휴대해야 하고 잘 보관해야 합니다. 잃어버릴 수도 있습니다. 스타일러스를 원하는 사람은 별로 없습니다.

우리는 우리가 가지고 태어난 포인팅 디바이스를 사용할 것입니다. 바로 우리의 손가락 말입니다. (잡스는 다시 내용을 정리하면서 그것이 애플의 역사에 얼마나 잘 부합하는지를 강조했다.)

우리는 운 좋게도 여러 가지 혁신적인 사용자 인터페이스를 시장에 선보일 수 있었습니다. 마우스, 아이팟의 클릭휠, 이제 멀티터치. 그 각각은 다시 혁명적인 제품을 가능하게 했습니다. 맥, 아이팟, 이제 아이폰.

그 위에 이제 소프트웨어를 추가하려고 합니다. 모바일폰용 소프트웨어는 이제 겨우 걸음마를 뗀 수준입니다. 변변치 못한 상태지요. 오늘 여러분에게 소프트웨어의 돌파구를 제시하려고 합니다. 이 소프트웨어들은 다른 어떤 휴대폰에 있는 것보다 최소한 5년은 앞선 것들입니다.

그는 계속해서 그 휴대폰의 기능을 소개했다. 브라우저, 이메일, 구글 맵, 핀치 pinch(두 손가락으로 화면을 확대 또는 축소하는 것), 텍스트 확대를 위한 더블 태핑, 실시간 블로깅 등. 엔가젯Engadget의 라이언 블록Rian Block은 "사람들은 완전히 몰입했습니다. 전부 몸이 앞으로 쏠려 있었고 엉덩이를 의자에 붙이지 못했습니다. 이런 프레젠테이션은 난생 처음이었습니다"라고 언급했다.[17]

잠시 후 조명을 받으며 구글의 에릭 슈미트가 등장했다.

> 슈미트 우리는 애플의 거대한 두뇌집단과 구글과 같은 회사의 개방형 프로토콜을 최종사용자를 위한 환경에 집어넣을 수 있습니다. 적어도 구글의 관점에서는 애플과 꾸준히 협력관계를 유지했습니다. 그리고 아주 많은 데이터서비스업체와도 협력해왔습니다. 이것은 완전히 새로운 세대의 출발입니다.
> 스티브, 축하합니다. 이 제품은 큰 성공을 거둘 것입니다.

슈미트는 정말로 그렇게 되기를 바랐다. 구글이 바로 아이폰의 디폴트 검색엔진이었다.

잠시 후 잡스는 무대로 돌아왔다. "인터넷 커뮤니케이션, 아이팟, 휴대폰. 이 세 개를 통합하면 실생활에서 무엇을 할 수 있는지를 한번 보여드리죠." 그는 휴대폰으로 음악을 재생하기 시작했다. "음악을 듣는 동안 전화가 온다면? 음악은 사라지고 전화가 들어옵니다." 잡스와 쉴러가 통화하는 동안 이메일로 사진을 교환했다. 그리고 통화를 마쳤다. 잡스가 어떤 버튼도 누르지 않았는데 음악이 다시 재생되었다. 수년간의 노력이 결실을 맺는 순간이었다. 그리고 (견디기 어려울 정도로 타협적이었던) 락커의 실패에 대한 쓰라린 기억을 일거에 날려버린 순간이었다.

잡스는 "오늘 이후 어느 누구도 휴대폰을 지금과 똑같은 방식으로 바라보지 않을 것입니다"라고 언급했다 그리고 나서 2년 약정 휴대폰 가격을 소개했다. 4GB 모델은 499달러, 8GB모델은 599달러였다.

당시 싱귤러의 최고경영자였던 스탠 시그먼은 아이폰을 직접 보지도 않고 계약을 체결했다고 청중들에게 말했다. 그 이유는 자신의 비전을 전달하는 스티브에게 거부할 수 없을 정도로 강한 신뢰를 느꼈기 때문이었다고 한다.

그 말 자체는 사실이었다. 하지만 시그먼과 싱귤러는 1년 이상 애플과 힘겨운 협상을 벌여오면서 줄곧 너무 많은 것을 양보한 것은 아닌가라는 우려를 표출해왔다. 시그먼은 이런 속사정에 대해서는 슬쩍 얼버무리고 넘어가버린 것이다.

그는 모토로라 레이저가 누리는 인기를 보면서 성공한 휴대폰이 얼마나 중요한 것인지를 알게 되었다. 이미 포화상태인 시장에서 고객을 빼앗아 올 방법은 최고의 모델을 확보하는 것이었다. 또한 데이터 중심의 사업모델로 전환하고 싶어했다. 애플과의 협력은 그 일환이었다. 하지만 그는 곤란한 문제에 직면해 있었다. 바로 잡스가 유례없는 통제권을 행사하려고 한다는 것이었다. 잡스는 아이폰의 가격은 물론, 소프트웨어의 업데이트 일정까지도 자신이 결정하기를 원했고, 싱귤러가 아이폰에 자체 로고를 부착하는 것도 반대했다.

그렇다면 애플은 아이폰이 얼마나 판매될 것이라고 생각했을까? 잡스는 슬라이드 한 장을 화면에 띄웠다. 그 슬라이드에는 다양한 품목의 판매량이 나타나 있었다. 게임기 2천6백만 대, 디지털 카메라 9천4백만 대, MP3 플레이어 1억3천5백만 대, PC 2억9백만 대 그리고 그 다음으로 휴대폰.

잡스 전 세계 휴대폰 시장의 규모는 약 10억 대입니다. 이것이 우리에게 말해주는 것은 무엇일까요? 1%의 시장점유율이 천만 대에 해당된다는 것입니다. 이것은 거대한 시장입니다. 1%의 시장점유율만 확보해도 천만 대나 판매할 수 있습니다. 이것이 2008년 우리의 목표입니다. 아이폰의 첫 1년 동안 1%의 시장을 차지하는 겁니다. 그리고 거기서부터 다시 시작하는 겁니다.

사실 2006년 스마트폰시장 규모는 약 8천만 대였다. 따라서 천만 대면 12.5%에 해당되는 것이었다. 애플의 경쟁상대는 모든 휴대폰 제조업체가 아니라, 최고사양을 갖춘 스마트폰 생산업체였다. 특히 RIM, 노키아, 소니 에릭슨과 같은 심비안 라이선스 업체, 그리고 윈도우모바일 라이선스 업체가 애플의 주요 경쟁상대였다. 스마트폰 시장의 규모는 매년 두 배씩 성장하고 있었다. 이 점을 감안하더라도 애플은 2008년에 그 시장의 3~10%씩이나 얻으려는 것이었다. 잡스의 목표는 겉보기보다 훨씬 더 원대한 것이었다. 애플은 실제로 과감한 모험을 하고 있었다. 잡스는 거대한 시장을 한눈에 알아 보고, 처음부터 그 시장에 관여하고 싶어했다. 2006년 10월 애플이 아이폰 개발에 한참 박차를 가하고 있을 때 가트너는 스마트폰 시장 규모가 2006년에는 66% 성장한 8천백만 대에 도달할 것으로 예측하고 있었다. 아이팟의 경우에도 그랬던 것처럼 애플은 스마트폰 시장이 막 성장하려고 하는 순간에 향후 빠르게 성장하게 될 바로 그 시장을 목표로 삼고 있었던 것이다. 마이크로소프트는 매년 천백만 대 전후의 윈도우모바일 라이선스를 판매하고 있었다. 그리고 그 규모도 계속 성장하고 있었다. 이 사실을 감안할 때, 잡스의 선언은 등장과 동시에 마이크로소프트와 어깨를 나란히 하겠다는 의지를 표명한 것이었다.

잡스의 프레젠테이션을 지켜보던 매트 드랜스는 매우 놀랐다.

드랜스 그가 아이폰에 대해 발표하는 순간 나는 그것에 대해 전혀 듣지 못했다는 사실을 도저히 믿을 수가 없었습니다. 화가 난 것이 아니라, 그저 경외감에 사로잡혀 있었을 뿐입니다. 스티브는 그것을 준비하는 데 2년 반이 걸렸다고 얘기했습니다. 정말? 2년 반 동안이나 그 사실을 알아챌 수 없었단 말인가? 그런 개발을 하려면 매우 큰 팀이었을 텐데 말입니다. 하지만 사실이었습니다. 애플은 보안을 철저하게 유지할 수 있었던 것입니다.[18]

모바일 시장의 선두주자였던 노키아는 새로 등장한 경쟁제품에 대해 어떤 생각을 하고 있었을까? 테로 오잔페라 Tero Ojanpera는 직접 써보기 전까지는 평가를 유보하겠다고 얘기했다. 그러면서도 그는 그다지 새로운 것은 없다며 슬그머니 자신의 의견을 밝혔다.

오잔페라 인터넷 브라우징 같은 기능은 이미 2년 전에 우리가 도입한 것입니다. 터치스크린이 그나마 흥미롭기는 합니다만, 이미 많은 기기가 터치스크린을 탑재하고 있습니다.[19]

그러나 2주 전 헬싱키에서 선보인 2007년 출시 노키아 제품들은 하나같이 내장형 키보드를 탑재하고 있었다.[20]

토미 에이호넌Tomi Ahonen은 과거에 노키아의 3G 사업컨설팅부서의 책임자였고 지금은 전기통신관련 독립 컨설턴트로 활약하고 있는 인물이다. 그는 아이폰의 사용자 인터페이스가 '직관적이며 혁명적'이라고 생각하지만, 아이폰이 '심각한 문제'를 가지고 있다고 얘기했다. 카메라의 사양(200백만 화소)이 낮고, 플래시가 되지 않는다. 그리고 동영상 촬영도 불가능하다. 또 3G접속도 되지 않고 배터리 교체도 불가능하다. 물론 그는 다음과 같이 덧붙였다.

에이호넌 나는 아이폰을 좋아합니다. 지금 애플의 흠을 잡으려는 것이 아닙니다. 그들은 통신사와 일체의 상의도 없이 비밀리에 이것을 개발해야 했습니다. 18개월 전 설계를 시작하면서 어떤 사양을 갖출지를 계획했을 겁니다. 적절한 화면크기, 카메라 해상도, 무선기술 프로세서 속도, 배터리 지속시간 등을 고민했겠죠. 스마트폰은 지금까지 시도했던 것 중 가장 복잡한 설계입니다. 그러면서도 애플은 첫 시도에서 거의 완벽한 수준으로 만들어내야 했습니다. 애플 컴퓨터에서 주식회사 애플로 바뀐 이상 뉴턴 PDA식의 실패를 다시 겪어서는 안 됐던 것입니다.

하지만 그는 "이것은 하나의 랜드마크 기기입니다. 이 산업에 활기를 불어넣을 것입니다"라는 말을 덧붙였다.[21]

노키아 내부에서는 데디우가 잡스의 프레젠테이션을 지켜보고 있었다. 그는 애플이 분명히 노키아의 사업에 엄청난 영향을 미칠 것으로 판단했다. 노키아가 제대로 대처하지 못한다면 심각한 타격을 받을 수도 있다고 내다보았다.

데디우 구내식당 주변을 걸으며 사람들에게 '엄청난 일입니다. 우리에게 큰 영향을 미칠 겁니다'라고 얘기했습니다. 그런데 아무도 귀를 기울이지 않더군요.

부아가 난 데디우는 애플이 감행한 모바일 급습에 노키아가 어떻게 대처할지 예측하는 글을 자신의 블로그asymco.com에 작성했다. 그것이 자신의 블로그에 올린 그의 첫 포스팅이었다. 노키아는 당시 시장의 선두주자로 애플보다 1년 앞서 터치스크린폰을 개발했다. 그 글의 제목은 '노키아의 경쟁적 대처에 대한 평가'였다.[22] 2007년에 대한 그의 예상은 이랬다. "첫해에 어떤 대응도 하지 않을 것이다. 절차의 변화도 없을 것이다. 로드 맵의 변화도 없을 것이다. 또한 사업평가도 전혀 없을 것이다. 애플을 경 쟁자로 여기지 않을 것이다."

사실 당시 애플이 중요한 업체가 될 거라고는 생각하는 사람은 아무도 없었다. 2007년 1월 10일 잡스의 발표가 있은 그 다음날 스티브 발머는 CNBC의 스콧 와프너Scott Wapner와의 인터뷰에 응했다.

와프너 스티브, 아이폰과 준에 대해 물어보아도 될까요? 준은 어느 정도 시장 견 인력을 얻고 있습니다. 그런 가운데 스티브 잡스가 맥월드에서 아이폰을 선보였 습니다. 그것을 본 순간 당신은 어떤 반응을 보였나요?
발머 (큰 소리로 웃으며) 500달러라고요? 100% 보조되는 겁니까? 무슨 다른 계획 이라도 있는 건가요? 이건 세상에서 가장 비싼 휴대폰입니다. 기업고객들은 아예 거들떠보지도 않을 겁니다. 키보드가 없어서 이메일을 주고 받는 기기로는 별로 이기 때문이죠. 뭐 잘 팔릴 수도 있고 아닐 수도 있겠지요. 우리에게는 우리 나름 의 전략이 있습니다. 우리도 오늘 아주 훌륭한 윈도우모바일 기기를 시장에 내놓 았습니다. 99달러에 모토로라 Q폰을 구입할 수 있게 되었습니다. 기능도 매우 뛰 어납니다. 음악을 재생할 수 있고 인터넷도 할 수 있습니다. 이메일을 보낼 수도 있고 인스턴트 메시지를 주고 받을 수도 있습니다. 나는 그것을 보면서 '그래, 우 리의 전략이 훌륭해. 정말 최고야!'라고 얘기합니다.

아이폰에 대한 이런 회의적인 시각은 발머에게만 국한된 것이 아니었 다. 일주일 후 블룸버그 칼럼니스트인 매튜 린Mattew Lynn은 '아이폰은 사치스러운 싸구려 보석일 뿐이다. 몇몇 기기 매니아들이나 관심을 가질 법하다'라고 적었다.[23] 그는 '아이폰이 모바일 산업의 구조와 직면과제를 근본적으로 변화시키지는 않을 것이다'라는 포레스터Forrester의 애널리스트 찰스 골빈Charles Golvin의 한 달 전 기사를 인용하며, 아이폰이 '파티에 너무 늦게 합류'했고 애플은 통신사와 일하는 데 익숙하지 않다고 주장했다. "영국의 통신사는 휴대폰에 보조금을 지급하고는 통화와 데이터 전송에 터무니없는 요금을 물리려고 합니다. 하지만 애플은 다른 회사와 일하는 데는 영 서툰 편입니다. 그것을 잘한다면 그건 애플이 아니라 마이크로소프트겠지요." 그리고 마지막으로 노키아와 같은 경쟁업체들이 통신사가 아이폰을 판매하지 않도록 조장하는 계약을 체결함으로써 아이폰을 공격할 것이라고 주장했다. 아이폰은 어쨌든 아이팟을 보호하기 위해 개발된 '방어적 제품'이었다. 왜냐하면 휴대폰 제조업체들이 뮤직플레이어를 휴대폰에 추가함으로써 아이팟이 공격을 받고 있었기 때문이었다. 그러면서도 린은 모바일 산업도 변화가 필요했다고 말했다. "모바일 산업은 통신사와 몇몇 제조업체들간의 은밀한 카르텔이 되어가고 있었습니다. 아이폰이라는 외부자가 불러일으킨 신선한 경쟁의 바람이 이 산업에 확실히 도움이 될 수 있습니다."

애플은 분명히 외부자였다. 그리고 다른 회사들과는 전혀 다른 사고방식을 가지고 있었다. 시그먼은 이 사실을 이미 알고 있었다. 그리고 다른 통신사들도 곧 알게 된다. 그러나 애플로 인해 곧 모든 세대의 휴대폰 사용자가 휴대폰 화면과 상호작용하는 방식을 완전히 새롭게 생각하게 된다.

돈 노먼이 설명하는 것처럼 중요한 영향을 미친 것은 터치라는 요소였다.

노면 인간의 감정은 많은 부분이 사물과 다른 사람을 만지는 것을 중심으로 형성되어 있습니다. 나는 마우스와 키보드로 조작되는 컴퓨터라는 관념을 가지게 되었을 때 정말로 뭔가 큰 것을 잃어버렸다고 생각합니다. 그 관념은 그야말로 관념일 뿐이지 실제가 아니었습니다. 휴대폰의 경우에도 마찬가지였습니다. 휴대폰에는 많은 메뉴가 있었고 사람들은 메뉴와 눌러야 할 버튼 때문에 정신이 없었습니다. 그것은 단지 하나의 기술로만 느껴졌습니다. 반면 아이폰은 음……

이것은 즐거움 같은 것이었습니다. 버튼을 누르지 않고 쓸어 넘기면서 다음 페이지로 산뜻하게 넘어갈 수 있습니다.

'친밀감'이란 단어나 좀더 적절할 것 같군요. 이것을 단지 한쪽으로 쓸어 넘긴다 생각하지 말고 어루만진다고 생각해보세요.[24]

그 전환은 하나의 지각변동이었다. 그리고 좀처럼 멈출 줄 모르는 지진 같았다. 통신사들은 어떤 회사가 자신들보다 중요하게 될 수 있다는 것을 알게 되었다. 이제 그들은 더 이상 고객을 유치하기 위해 휴대폰을 선택할 수 없게 되었다. 상황은 역전되었다. 이제 통신사를 선택하는 것은 고객이고 그 기준은 어떤 한 휴대폰의 취급여부였다. 이 상황은 시그만이 아이폰에게 바랬던 바로 그것이었다. 하지만 그도 구체적인 방법에 대해서는 전혀 준비가 되어 있지 않았다.

애플은 음반회사에게 했던 것을 통신사에게도 똑같이 하려고 하고 있었다. 애플은 (데이터를 상품화하고 하드웨어에서 수익을 얻는) 자신의 사업모델이 결코 그들에게 위협이 아니라는 점을 강조했다. 또한 애플은 여전히 작은 업체이며 발생할 수 있는 이득은 크지만 실패의 짐은 모두 애플이 부담하게 될 것이라고 설득했다. 하지만 결국 통신사의 사업에 큰 지장을 주려고 하고 있었다.

여름에 마침내 아이폰이 출시되었을 때, 평론가들은 자신들의 평가기준을 가지고 아이폰의 기술적 사양을 꼼꼼히 따져보았다. 그들의 평가는 그다지 긍정적이지 않았다. 2007년 6월 PC 월드 PC World의 숀 킹 Shawn King 은 이렇게 평했다.

> 킹 애플은 아이폰의 카메라 기능에 대해 거의 어떤 정보도 제공하지 않고 있습니다. 다 그럴만한 이유가 있어서였죠. 다른 카메라폰이 가진 한계를 그대로 가지고 있는 200만 화소 카메라에, 플래시 기능도 없고 줌 기능도 없습니다. 움직이는 물체거나 어두운 상태에서는 이미지를 제대로 포착하지도 못합니다. 디지털 줌과 동영상 촬영 기능이 있는 500만 화소 카메라가 차고 넘치는 상황인데, 아이폰은 초점도 고정되어 있고, 스틸사진만 찍을 수 있습니다.[25]

오스트렐리안 Australian의 이언 그레이슨 Ian Grayson은 아이폰 카메라에 대해 보잘것없으며, 다른 휴대폰에 한참 미치지 못한다고 평가했다. 아이폰에는 3G나 텍스트 메시지 전송기능도 없었다.[26]

대신 평론가들은 아이폰이 아이브가 원조 아이팟에 입힌 디자인 감성을 그대로 담고 있다고 언급했다. 보이지 않는 이음새, 부드러운 금속재질의 뒷면, 교체불가능한 배터리. (뒷면을 열고 배터리를 교체하면 이음새가 구부러지고 제품의 통합성이 깨지기 때문이다.) 대부분 다른 휴대폰은 가격을 낮추려고 금속처럼 보이게 칠한 플라스틱을 사용했다. 그리고 이음새도 그다지 신경을 쓰지 않았다. 아이폰은 비쌌다. 하지만 비싼 값을 했다. 화면의 반응속도는 빨랐다. 휴대폰의 골칫거리였던 이메일 설정도 간단했다. 가상의 키보드는 전혀 새로운 경험이었다. 그리고 (가상 키보드에서는 타이핑이 정확하지 않을 수 있기 때문에 필요한) 자동수정기능은 의외로 매력적이었다. 이런 기능들이 다른 기기들과 얼마나 큰 차별화를 이루었는지는 몇 해가 지나고 나서야 합당한 평가를 받게 되었다. 어쨌든 아이폰 구입자들은 어디서나 어루만지며 인터넷을 할 수 있다는 점을 무척 좋아했다.

타격

당시 마이크로소프트 시절을 회상하며 크눅은 이렇게 말했다.

크눅 몇몇 통신사들이 기겁을 하고 찾아와 이렇게 말했습니다. '아이폰과 상대할 제품이 필요합니다. 신제품을 주세요.' 그들은 마이크로소프트에 찾아와서는 이런저런 사양을 갖춘 기기를 만들어 달라고 말하곤 했습니다. 그 요구를 들어주려면 전체 로드맵을 완전히 새로 짜야 했습니다. 솔직히 우리는 소비자에게 전혀 관심을 기울이지 않고 있었습니다. 그것이 큰 문제였습니다. 그 문제를 계속 나몰라라 할 수도, 그렇다고 갑자기 그 문제에 달려들 수도 없었습니다.

크눅은 그런 요구들을 거절했다. 윈도우모바일은 업무용이었고 아이폰은 아니었다.

RIM에게 아이폰의 등장은 충격 그 자체였다. 직원이었던 한 사람은 그 당시 회사가 안주하는 분위기에 젖어 있었다고 전한다. 그는 다음과 같이 말했다.

RIM 전 직원 아이폰이 등장할 때까지만 해도 우리들은 전부, 전화와 무선 기능을 동시에 갖춘 너무 커진 PDA와 같은 기기를 두고 논쟁을 벌이고 있었습니다. 모든 사람들은 현재 기술적으로 가능한 파워밀도(주어진 크기의 배터리에 저장할 수 있는 에너지의 양)로는 도저히 일반적인 컴퓨터 작업을 할 수 없다고 가정하고 있었습니다. 또 하나 가정하고 있었던 것은 현재 통신망의 대역폭이나 지연시간으로는 모든 기능을 갖춘 브라우저와 끊김이 없는 인터넷 서비스가 불가능하다는 것이었습니다. 심지어 (앤디 루빈이 설립하고 그만두었던) 데인저도 블랙베리를 개선하는 작업 정도에 만족하고 있는 상황이었습니다.

또 다른 직원이 나에게 전해준 얘기에 따르면 공동 CEO인 마이크 라자리디스Mike Lazaridis가 주최하는 분기별 비전회의도 평상시와 별 차이가 없었다고 한다. "특별히 주목할 만한 것은 없었습니다. 사람들은 우리를 좋아하고 우리의 기기를 가지고 싶어한다. 따라서 우리는 특별히 할 것이 없다라는 생각이었던 것입니다." 아이폰 출시에 앞서 라자리디스는 새 휴대폰을 선보였다. 하지만 그것 역시 키보드조작 휴대폰이었다. 그리고 아이폰이 등장했다.

RIM 전 직원 그것은 한마디로 공포였습니다. 당시만 해도 우리 회사는 가장 뛰어난 사람들이 일하고 있었습니다. 처음에 우리 엔지니어들은 아이폰에 대한 설명을 있는 그대로 믿지 않았습니다. 그저 광고용 전시 제품이겠거니 했던 거죠. 잡스가 설명했던 기능을 수행하려면 엄청난 전력이 필요하다고 생각했거든요. 배터리 수명이 하루를 넘기기 어려울 것이라는 의견이 지배적이었습니다. 하지만 처음 아이폰을 분해해보고 그것이 아주 작은 논리기판을 가진 배터리라는 사실을 발견했을 때……
그것은 말도 되지 않았습니다. 정말로 기발했습니다. 나는 여기 있는 사람들이 아이폰의 진가를 제대로 인정하지 않고 있다고 생각합니다. 그들은 이 산업의 많은 저명한 사람들이 불가능하거나 아니면 10년 뒤에나 가능하다고 여겼던 놀라운 일을 해냈습니다. 그것도 지극히 짧은 시간 내에 말입니다. 가장 먼저 떠오른 생각은 전력과 프로세싱에 대해 그렇게 명확해 보이는 가정들이 완전히 잘못되었다는 것을 어떻게 입증할 수 있었는가 하는 것이었습니다. 도저히 생각하기 어려운 일이었습니다. 애플은 이 모든 사람들을 조롱하듯이 '우리는 불가능해 보이는 먼 미래의 일을 오늘 할 수 있습니다'라고 말한 것이었습니다.

또 다른 RIM의 전 직원은 아이폰의 출시 이후에 열린 회의에서 라자리디스가 곧 출시될 휴대폰을 선보였다고 회상한다. 라자리디스의 표현에 따르면 그것은 '이전에는 생각지도 못했던 다양한 기능, 아이폰보다 나은 기능들을 가진 휴대폰'이었다고 한다. 그러면서도 라자리디스는 "우리는 다른 제품을 그저 따라 하는 기기를 만들지 않습니다"라고 말했다고 한다. 그 직원도 그 말에 동의하기는 했다. "이미 밝혀진 것처럼 그것은 확실히 다른 제품을 그저 따라 하는 휴대폰이 아니었습니다. 다른 제품에 못 미치는 것이었죠."

2007년 여름 다국적 통신사인 보다폰Vodafone은 유럽의 아이폰 판매 독점계약 체결에 실패한 이후 라자리디스와 접촉했다. 그 회사는 즉시 아이폰의 경쟁제품을 개발해줄 것을 제안했다. 그러면 자신이 그 제품을 판매하겠다는 것이었다. RIM은 애플이 수년에 걸쳐 개발했던 터치 인터페이스를 겨우 몇 개월 내에 개발해야 했다. 2008년 말 첫 번째 블랙베리 스톰이 미국과 유럽시장에 등장했다. 그것은 클릭하듯이 세게 눌러야 하는 터치스크린을 탑재하고 있었다. (아주 이상한 느낌이었다.) 그러나 와이파이 기능은 갖추고 있지 않았다. (라자리디스는 회로에 여유공간이 없었기 때문이라고 말했다.) 하지만 그것은 아이폰보다 아주 조금 더 좋은 카메라가 탑재되어 있었고, 아주 약간 더 큰 용량을 가지고 있었다. 2세대 아이폰 3G와 크기나 무게는 같았지만 배터리 수명은 좀 더 길었다. (그렇게 주장했다.) 2세대 아이폰 3G가 블랙베리 스톰의 경쟁제품이었다.

사양 면에서는 스톰의 승리였다. 하지만 블랙베리 스톰의 사용자 경험은 끔직했다. 스톰은 실패작이 되었고, 회사는 충격에 휩싸였다.

RIM 전 직원 이 사건이 당시 회사의 분위기를 여실히 보여주고 있습니다. 우리가 만들면 사람들은 살 것이다. 일단 사양 면에서 훨씬 더 다양한 기능을 포함했기 때문이다. 게다가 블랙베리고, 친구들이 아직 가지고 있지 않다면 사용의 편리성이나 기능성 따위는 뒷전일 것이다. 이것이 그 당시 분위기였습니다. 우리에게 가장 큰 충격은 쉽게 사용할 수 있는 아이폰의 터치스크린을 사람들이 더 좋아했다는 사실입니다.

RIM의 사업은 여전히 성장하고 있었다. 하지만 아이폰의 등장은 극적인 효과를 발휘하게 된다. 아이폰으로 인해 모바일 웹이 본격적으로 도입된 반면, 블랙베리의 브라우저는 한심하기 짝이 없었다. 웹사이트는 제대로 보이지 않거나 아예 화면이 뜨지도 않았다. 아이폰처럼 화면의 일부를 확대하기 위해 손으로 화면을 늘리거나 두드리는 능력은 전혀 생각지도 못했던 것이었다. 이메일을 작성하는 데는 여전히 블랙베리의 키보드 조작기능이 훌륭했다. 하지만 아이폰은 휴대폰에 전혀 새로운 차원을 도입했다.

노키아는 상대적으로 RIM만큼 그렇게 심기가 불편하지 않았다. 데디우가 예상했던 것처럼 그 자신을 제외하면 노키아의 사람들은 사실 무엇이 위협인지조차 모르고 있었다.

한편 구글 내부에서는 아이폰으로 인해 훨씬 더 많은 일들이 일어났다. 구글도 아이폰 출시 이전에 키보드조작 휴대폰 개발계획을 세웠었다. 루빈의 팀은 아이폰의 등장으로 그 개발계획이 심각한 문제에 직면했다는 것을 알아차렸다. 그 팀은 곧바로 키보드조작 안드로이드 인터페이스의 개발을 중단했다. (물론 개발하고 있던 것은 결실을 맺을 때까지 진행했다.) 대신 터치조작 인터페이스 개발을 시작했다. 그 프로젝트의 암호명은 '수너Sooner'였다. 루빈은 터치가 미래라는 것을 내다볼 수 있었다. 애플은 실제로 모든 것을 변화시켰다. 그 이전에 어느 누구도 인터넷을 손으로 어루만질 수 있도록 한 적은 없었다.

아이폰으로 인해 타격을 입은 또 하나의 집단은 통신사였다. 그들은 휴대폰 제조업체와 사용자 중간에 놓여 있는 존재였다. 당시 그들은 휴대폰 및 데이터 전송계약의 가격 및 요금 설정, 소프트웨어 업데이트의 일정, 휴대폰 브랜딩 등 모든 것을 통제하고 있었다. 노키아와 다른 휴대폰 제조업체 내부에서는 휴대폰을 사용하는 소비자를 만족시킨다는 생각보다 통신사를 기쁘게 해야 한다는 생각이 더 지배적이었다. 하지만 중간단계를 배제하게 하는 시기가 무르익었다. 잡스가 싱귤러와 맺은 계약은 이동통신사의 역사에 전례가 없는 것이었다. 아이폰의 브랜딩과 마케팅, 소프트웨어 업데이트의 일정을 전부 애플이 결정했다. 그것은 자신이 판매하는 모든 품목의 프레젠테이션을 자신이 직접 진행하는 잡스의 희망이 반영된 것이었다. 자신의 넥타이를 다른 사람이 판매하게 내버려두지 않았다.

무료 데이터

그 해 1월 맥월드 연설에서 스티브 잡스가 아이폰과 관련하여 한 가지 언급하지 않은 사실이 있었다. 그것은 아이폰의 데이터 전송 계획이었다. 이 문제는 아직 해결되지 않은 상태였다. 이것은 사용자들이 매달 얼마만큼의 데이터를 사용할 수 있을지에 대한 계약문제였다. 통신사들은 음성통화, (SMS로도 알려진) 텍스트 메시지 전송, 멀티미디어 메시지 전송MMS으로 이어졌던 황금알 낳는 거위의 다음 주자로 데이터 전송 계약을 생각하고 있었다. 하지만 고객들은 (보다 빠른 패킷기반 접속으로 이동한) 3G 데이터 제공의 등장을 열광적으로 환영하지는 않았다. 그 접속에 대해 통신사가 부과할 데이터 요금을 걱정하고 있었던 것이다. 사람들은 초고속 데이터망 접속에 익숙해져 있었다. 그들에게 3G 데이터 요금의 부과는 마치 전화회선으로 인터넷에 접속하고 사용시간별로 돈을 내던 (인터넷의) 중세시대로 돌아가는 것과 같은 것이었다. 게다가 데이터 크기에 따른 요금제는 더 안 좋았다. 이메일이나 웹페이지의 크기를 사전에 정확하게 예상하기가 어렵기 때문이다.

싱귤러(AT&T로 이름을 바꾼)와 여러 차례 협상을 거친 후, 애플은 마침내 고르디우스의 매듭을 잘라버렸다. 무제한 데이터 전송이 가능해진 것이다. 애플은 음성통화계약에 추가로 매월 20달러의 요금을 지불하면 데이터를 무제한으로 전송을 할 수 있는 계약이 가능하다고 발표했다. 이 발표를 접하는 순간 코엔Cowen&Co의 애널리스트인 숀 파르베즈Shaun Parvez의 입에서는 자신도 모르게 "무제한이라고? 그렇게 하려면 비용이 엄청날 텐데! 이런, 이건 정말로 거저군"이라는 말이 튀어나왔다.[27] (보겔스타인에 따르면 애플과 AT&T는 복잡한 수입공유시스템을 가지고 있었다. AT&T가 아이튠즈 다운로드 수입 중 일부를 가져가는 대신 애플은 AT&T의 아이폰 가입자가 지불하는 월 요금 중 일부를 자신의 몫으로 챙겼다.)

그 20달러는 결국 AT&T가 입을 타격에 대한 가격이었다. 시그먼은 자신도 모르는 사이에 통신사를 모바일 세상의 게이트키퍼에서 '말 못하는 파이프' 신세로 전락시키고 말았다. 여기서 '말 못하는 파이프'란 그들이 쉽게 추가적인 가치를 얻어낼 수 없는 상품(인터넷 패킷)의 단순한 전달자라는 의미이다. 그 후 수년간 통신사들은 이 처지에서 벗어나려고 발버둥치게 된다.

한 예로 무제한 데이터 서비스를 사용하는 아이폰 사용자들은 굳이 통신사로부터 맵서비스를 구입할 필요가 없었다. 충분히 많은 데이터를 무료로 전송할 수 있다면 휴대폰에서 앱을 통해 구글맵을 사용하면 되는 것이었다. 원조 아이폰에는 GPS 칩이 내장되어 있지 않았지만, 사용자들은 구글맵에 가장 가까운 도로명을 입력하여 자신의 위치를 알아낼 수 있었다.

통신사들은 전자맵 접속에 요금을 부과하고 싶어했다. 따라서 아이폰, 구글맵 그리고 무료데이터 전송은 그들에게 재앙과 같은 것이었다. 그들은 그 수입의 흐름 바깥으로 내동댕이쳐졌다. 맵을 판매하는 게 아니라 단순한 데이터만을 판매하고 있었다. 특히 노키아에게 최악의 상황이었다. 노키아는 2007년 10월 지도제작회사 나브테크Navteq을 81억 달러에 인수했다. 노키아는 그것을 전 세계의 통신사에게 서비스 이용자 한 명당 매달 1달러의 요금을 받고 판매할 계획이었다. (구글 안드로이드폰이 등장하게 되면서 상황은 더욱 악화되었다.)

심지어 이런 상황에서도 애널리스트들은 발머와 마찬가지로 599달러라는 가격이 아이폰의 발목을 잡을 수도 있을 것으로 예상하고 있었다. 그들은 미국에서 새 휴대폰 구입에 100달러 이상을 지불하는 사람은 전체 휴대폰 사용자의 겨우 15%에 불과하다는 사실에 주목했다. (파르베즈는 애플이 2007년에 3백만 대, 2008년에는 천만 대의 아이폰을 판매할 것이라고 예상했다. 실제로 애플은 2007년에 백3십만 대, 그리고 2008년에는 천5백3십만 대를 판매했다. 그 역시 데디우처럼 단기적으로는 너무 낙관적이었고 장기적으로는 지나치게 비관적이었다.) 결국 애널리스트들이 옳았다는 것이 입증되었다. 새로운 회계분기가 시작되는 2007년 9월5일 애플은 4GB 아이폰의 공급을 중단하고 8GB모델의 가격을 599달러에서 399달러로 인하했다. 그 가격 인하는 이미 8GB아이폰을 구매한 25만 명을 순식간에 바보로 만들어버렸다. 뉴욕타임스는 '6월에 그것은 신의 휴대폰God Phone, 하지만 어제 그것은 얼간이 휴대폰Chump phone'이라고 보도했다.[28]

다음날이 되자 이전 분기에 높은 가격으로 아이폰을 구매했던 사람들로부터 수백 통의 항의 메일이 쇄도했다. 잡스는 놀라울 정도로 방어적이면서도 공격적인 답장을 보냈다.

> 잡스 이것이 기술이 변화하는 환경에서의 삶입니다. 다음 번 가격 인하나 더 나은 제품을 기다리고만 있다면 결코 기술이 구현된 제품을 구입할 수 없을 겁니다. 더 나은 그리고 더 저렴한 제품들은 항상 등장할 준비를 하고 있기 때문입니다.[29]

그는 사과를 했고 한 가지 양보를 했다. 비싼 가격으로 아이폰을 구입했던 사람들이 추가적으로 애플 제품을 구입할 경우에 100달러의 공제를 받을 수 있게 한 것이었다. 은행에 수십억 달러를 쌓아놓고 있는 회사로서는 최대 2천7백만 달러가 드는 이 제안은 홍보비용으로 따지면 저렴한 것이었다. 여하튼 이런 상황으로 인해 일부 사람들은 애플이 더 이상 가격 인하를 하지 않을 것이라는 확신이 들 때까지 아이폰 구입을 자제하려고 안간힘을 썼다. (크리스마스 세일도 없었고 그 이후 더 이상의 깜짝 세일이 없자 2008년 초 이런 우려는 사라졌다.)

아이폰의 등장은 모바일 산업에게는 중요한 사건이었다. 그리고 구글에게는 하나의 버팀목이 되었다. 애플은 그 산업의 구조를 자신이 원하는 방향으로 변화시키는 데 힘을 쏟았습니다. 너무 그래서인지 2010년 무렵 통신사들은 애플의 행위에 아주 질려 있었다. 한 영국 휴대폰 통신사의 경영자는 나에게 이렇게 말했다. "애플은 동네 놀이터를 호령하는 골목대장 같습니다. 누구나 그의 친구가 되기를 원합니다. 그런데 어떤 날은 토닥거려주고, 또 어떤 날은 쌀쌀맞게 굽니다. 누구는 저 구석에 쭈그려 앉아 있고, 또 누구는 그의 총애를 한 몸에 받고 있습니다. 예를 들면 가격 인하, 또는 추가적인 공급과 같은 뭐 그런 것 말이지요."

또 한 사람은 아이폰의 등장이 사실상 이번 세기 초 통신사의 3G서비스에 대한 투자를 인정해준 것이라고 말했다. "어쩌면 통신사업은 데이터 서비스를 잉태하고 있는 만삭의 임신부와도 같았습니다"라고 그는 논평했다. 통신사는 이미 데이터 전송에 대한 준비가 되어 있었다. 그러나 어느 누구도 사람들이 그것을 사용하도록 유도하지 못하고 있었다. 보통 사람이 피처폰으로 이메일과 웹을 사용하는 것은 설정부터 APNs, 패스워드까지 복잡하기 이를 데 없는 고역이었다. 하지만 스마트폰에서는 이 과정이 전혀 필요 없었다. 이미 다 되어 있는 상태로 판매된다.

아이폰은 이미 잉태되어 있었던 데이터 전송서비스의 출산을 돕는 매우 솜씨 좋은 산파였다. UK 네트워크는 2001년 3G 접속망을 구매하기 위해 지불한 225억 파운드를 사실상 결손 처리한 상태였다. 그 회사의 입장에서는 많은 사람들이 데이터서비스를 이용하도록 할 수 있는 휴대폰이 필요했다.

그렇다면, 블랙베리는 그 역할을 못하고 있었나? 노키아폰은? 또는 윈도우모바일폰은? 한 업계 종사자의 말에 따르면 어떤 것도 그 역할을 못하고 있었다. (그는 자신의 이름이 알려지지 않도록 해달라고 부탁했다. 자신의 말이 회사업무에 영향을 미칠 수도 있다는 이유였다.) 오직 애플만이 그 역할을 해냈다.

익명의 업계 종사자 중요한 영향을 미친 것은 브라우징 경험이었습니다. 웹페이지를 보려고 하더라도 텍스트를 알아볼 수 없다면 무슨 소용이 있겠습니까? 아이폰은 풀투줌pull-to-zoom 기능을 도입했고 그것이 결정적인 영향을 미쳤습니다. 그 밖에 여러 가지 앱도 큰 역할을 했습니다. 또 아이폰은 별도의 매뉴얼이 없는 유일한 휴대폰이었습니다. 애플은 정말로 기발했습니다. 애플은 구매자들이 자신도 모르게 서비스를 구매하게 만듭니다.

한 모바일 회사의 경영자는 2007년 말 올리페카 칼라스부오Olli-Pekka Kallasvuo가 최고경영자로 있던 노키아를 방문했다. 거기서 그는 사용의 편리함과 바람직함 사이의 차이를 확실하게 깨달을 수 있었다. 그는 칼라스부오에게 아이폰이 시장에 주목할 만한 일을 하고 있다고, 세 살짜리 아이도 쓸 수 있다고 말했다. 하지만 칼라스부오는 "우리는 세 살짜리 아이를 위한 스마트폰을 만들지 않습니다"라고 경멸하듯 쏘아붙였다.

그 방문객은 노키아가 현재 심각한 문제를 안고 있다는 것을 확신하게 되었다. 단지 한 경쟁업체가 노키아의 잠재적 시장을 장악해 나가고 있다는 것만이 아니었다. 보다 심각한 문제는 그 경쟁업체가 얼마나 위험한 존재인지 깨닫지 못하고 있다는 것이었다. 그 회사 내에서 데디우는 이 사실을 일깨우기 위해 끊임없이 노력했다. 하지만 그 역시도 성공하지 못했다.

한편 애플은 전 세계 이동통신사에게 관심을 보이고, 또 그들로부터 관심을 받기 시작했다. 애플이 파트너를 고르는 기준은 능력, 의지뿐만 아니라 애플과의 문화적 조화였다. 영국의 오투O2는 이 과정에서 텔레포니카Telefonica를 모회사로 둔 혜택을 톡톡히 누렸다. 텔레포니카는 유럽 전역을 기반으로 하는 회사로 애플과의 주요 협상을 담당했다. 그리고 그 과정에서 이 회사의 고객지향적 방식이 애플과의 계약 체결에 큰 도움이 되었던 것이다.

모바일 산업에서 일했던 사람에게 2007년 이후 상황이 얼마나 완벽하게 변했는지를 설명하는 것은 쉽지 않은 일이다. 2007년 이전에는 휴대폰 제조업체들이 통신사가 정한 계약조건에 감히 토를 달 수 없는 상황이었다. 그나마 계약조건에 대해 얘기할 수 있었던 유일한 기업은 노키아뿐이었다. 그런 노키아마저도 사용자 데이터를 모으려는 목적으로 통신사를 제외한 채 뮤직폰을 도입하려다 실패한 적이 있다. 통신사는 이 사업을 중단할 것을 강하게 요구했고, 그 후 노키아는 순응하는 조직이 돼버렸다.

그들은 최대한 자신의 공급망을 강화하면서 기존의 일들을 점진적으로 개선하는 데만 주력하게 된다. 그리고 노키아는 이 두 가지만으로도 충분하다고 여기고 있었다.

무너진 꿈들의 서랍

2007년 7월 말, 회사에서 물러날 준비를 하고 있던 게이츠가 뉴욕타임스와 인터뷰를 가졌다. 그는 구글이 자체 소프트웨어와 서비스로 휴대폰 시장에서 성공할 것이라는 견해를 한마디로 일축했다. 차라리 아이폰이 성공할 것이라는 데는 동의했다. 하지만 구글의 성공 가능성에 대해서는 고개를 가로저었다.

> 게이츠 도대체 구글이 시장에 내놓은 제품 중에서 수익을 낸 것이 몇 개나 있습니까? 지금까지 약 30여 개의 제품을 선보였습니다. 하지만 수익을 창출한 것은 단 한 가지뿐입니다. (엄밀히 말하자면 두 가지였다. 검색엔진에서 애드워즈, 그리고 블로거 Blogger와 같은 비非검색제품에서 애드센스.) 그런데 당신은 지금 소프트웨어를 보지도 않고 그들이 세계 최고의 휴대폰을 생산하게 될 것이라고 예상하고 있지 않습니까? 게다가 그 소프트웨어는 무료가 될 것이고요.[30]

또 다시 그 단어가 등장했다. 무료. 마이크로소프트의 사전에는 무료 소프트웨어라는 공짜 점심은 없다. 반면에 그 단어는 언제나 그림자처럼 구글의 뒤를 따라다닌다. 구글은 소매업체가 남겨둔 팁을 챙기는 웨이터와 같다. 그리고 그 수입은 쏠쏠하다.

게이츠는 소프트웨어의 품질이 성공을 거두는 데 얼마나 중요한지를 강조했다.

> 게이츠 왜 아이팟, 아이폰, 엑스박스 360, 구글검색이 사람들에게 사랑을 받을까요? 그 마법의 비밀은 엑스박스나 아이폰의 부품에 있는 것이 아닙니다. 바로 소프트

웨어에 있습니다. 휴대폰은 점점 더 소프트웨어 집약적인 모습을 띠고 있고, 더 나은 소프트웨어를 요구하게 될 것입니다. 이런 상황에서 우리가 딱히 어떤 도전에 직면하게 될 것이라고는 생각하지 않습니다.

결국 그가 하고 싶은 말은 '마이크로소프트는 훌륭하다. 그리고 윈도우모바일은 무엇이 등장해도 문제없다'였다.

하지만 당시에도 준이나 엑스박스 때처럼 수직적 통합을 추구해야 하는지, (잡스의 표현을 빌리면) 기기 전부를 소유하려고 해야 하는지에 대한 격렬한 논쟁이 벌어졌다고 크눅은 전한다. "로비 바흐, 제이 알라드, 스티브 발머는 그 전략을 너무 좋아했습니다. 빌의 생각은 달랐지만, 그는 사실상 회사를 떠나고 있는 상황이었습니다."

윈도우모바일에도 문제가 점점 심각해지고 있었다. 휴대폰 제조업체가 추가적인 버튼이나 기능을 원하면 크눅은 그 요구를 기꺼이 받아주었다. 그리고 윈도우모바일팀에게 주문대로 제작해주라고 지시했다. 이런 수정이 가능할수록 당연히 더 많은 판매가 뒤따를 것이다. 기업고객이라면 더더욱 그럴 것이다.

하지만 제조업체가 요구할 때마다 수정해 줄 경우 윈도우모바일의 코드베이스를 조화롭게 유지하는 것은 그만큼 힘들어진다. 버전에 따른 재고관리코드가 늘어날수록 개발자들에게는 부담이 되었다. 윈도우모바일의 재고관리코드는 결국 수백 개에 달하게 되었다. 그 각각에 대해서 업데이트할 때마다 새 코드가 기존 함수를 손상시키지는 않는지 일일이 회귀검사를 통해 확인해야 했다. 그리고 문제가 발생하면 또 다시 수정작업을 해야 했다.

마이크로소프트 전 직원 표준 화면 사이즈라는 것은 존재하지 않았습니다. 휴대폰 제조업체들은 각자 다른 종류의 스크린을 구성했습니다. 메모리 용량과 처리능력도 각양각색이었습니다. 이 점이 특히 개발자들을 괴롭혔습니다. 제조업체들은 애플리케이션을 부차적인 것으로 치부했습니다. 그래서 가능한 한 저렴하고 낮은 품질의 프로세서와 최소한의 메모리만을 사용했습니다. 앱의 속도는 당연히 느릴 수밖에 없었죠. 레드먼드 어딘가에는 윈도우모바일 휴대폰 제조업체의 다양한 모델들이 가득 찬 서랍이 있었습니다. 사람들은 그것을 '무너진 꿈들의 서랍'이라고 불렀습니다.

이런 사정으로 인해 흉물스러울 정도로 많은 제품들이 양산되었다. 그 휴대폰들은 전부 윈도우모바일이 실행되는 정식 제품이었지만, 통일된 모습을 갖추고 있는 것은 아니었다.

그런 휴대폰 중에서 선택해야 한다는 것은 통신사에게도 선뜻 내키지 않는 일이었다. 통신사 판매직원들은 윈도우모바일을 외면하기 시작했다. 게다가 관리코드 문제로 인해 마이크로소프트의 엔터테인먼트 및 디바이스 부서의 불만은 날로 높아져만 갔다.

이 문제만이 아니었다. 윈도우모바일로 기업과 계약을 맺는 데는 성공했을지 모르지만 사용자들의 인기를 얻지는 못하고 있었다. 마이크로소프트도 이미 1999년부터 소비자에게 관심을 기울여야 한다고 생각하고 있었고, 발머와 엔터테인먼트 및 디바이스 부서도 이 문제를 인식하고 있었다.

엔터테인먼트 및 디바이스 부서가 내놓은 아이디어는 마이크로소프트가 직접 소비자에게 초점을 맞춘 휴대폰을 생산하는 것이었다. 제이 알라드는 음원재생 이상의 기능을 가진 클라우드 기반 휴대폰이라는 아이디어를 추진하고 싶어했다. 준이 그 출발점이었다. 2007년 알라드는 준 사업 매니저인 릭 톰슨Rick Thompson과 함께 핑크pink라는 암호명의 프로젝트를 시작했다. 목적은 클라우드에 저장된 음원에 접근할 수 있는 윈도우모바일 스마트폰을 개발하는 것이었다. 주 고객층은 젊고, 인터넷에 능숙한 소비자로 잡았다. 또한 애플의 아이팟(지금의 아이폰)처럼 독자적인 뮤직스토어를 갖출 계획이었다.

크눅에 따르면 발머와 알라드는 스마트폰 사업에 진입하는 데 따른 비용, 어려움 그리고 타이밍을 지나치게 과소평가했다. 그것은 엑스박스, 검색엔진, 2006년 준 MP3 플레이어 사업에서 최고경영진이 저질렀던 잘못을 또다시 반복하는 것이었다.

크눅 준은 애초에 전 세계 출시를 계획했었습니다. 하지만 그 범위가 북아메리카로, 그리고 다시 미국 출시로 계속 축소되었습니다. 운용자금과 제조비용이 얼마나 많이 드는지를 뒤늦게 깨달았던 것입니다.

준의 실패 원인은 윈도우 미디어 플레이어가 모든 음원을 재생할 수 없었다는 것이다. 심지어 마이크로소프트의 기존 뮤직스토어와도 호환이 되지 않았다. 크눅은 자신의 의견에 동조해준 윈도우모바일 재무책임자 멜빈 플라워스Melvyn Flowers와 함께 핑크 프로젝트를 막고자 했다. 준의 실패 사례만 지적해도 가능할 것이라 생각했다.

하지만 크눅과 플라워스는 패배했다. 당시 프리미엄 모바일 경험Premium Mobile Experience이라는 새 부서를 책임지고 있던 알라드는 핑크 프로젝트를 계속 추진했다. 그런 가운데 알라드는 데인저를 주목하게 되었다. 데인저는 루빈이 1998년 설립한 회사였다. 그는 그 후 안드로이드를 만들기 위해 그 회사를 떠났다. 데인저가 생산한 사이드킥Sidekick과 힙톱Hiptop이 라는 휴대폰은 하나의 유행이었고, 사용자 중에는 패리스 힐튼과 같은 유명인도 포함되어 있었다. 알라드는 데인저를 인수하고 싶어했다. 이 회 사는 이미 통신사와의 관계가 잘 확립되어 있었고, 통신사와의 요금 설정 등도 잘 알고 있었다. 그것이 바로 알라드의 팀에 필요했던 요소들이었다. 또 데인저는 휴대폰 하드웨어 제작에 정통한 회사였다. 엑스박스 부서는 준을 개발할 당시 하드웨어 제작 자체가 하나의 고유한 기술이라는 사실 을 절실히 깨달았다.

알라드는 마이크로소프트가 독자적인 생태계를 조성할 필요가 있다고 주장했다. 이 생각은 엑스박스 때에도 제기되었었다. 그리고 그 생태계 대 부분은 하드웨어를 판매하기 위해 반드시 필요하다고 주장했다. 모바일 에서 수익이 발생할 수 있는 것은 소프트웨어가 아니라 하드웨어이기 때 문이다. 그는 발머에게 데인저를 인수하라고 적극적으로 권유했다.

크뉵과 플라워스는 알라드의 계획에 동의하지 않았다. 이유는 여러 가 지였다. 인수비용도 너무 많이 들어가는 데다, 인수를 하고 나서도 회사 전체를 통합하는 작업은 대단히 어렵다. 하드웨어 제작은 마이크로소프 트의 전문분야도 아니다. 알라드의 계획은 (기본 소프트웨어는 같다고 하더라 도) 핑크와 윈도우모바일의 사용자경험이 일치하지 않는 문제를 초래하게 될 것이다. 그렇게 많은 자금을 모바일에 투자할 바에야 차라리 핵심 플 랫폼에 투자하는 것이 훨씬 낫지 않겠는가?

하지만 발머는 알라드의 손을 들어주었다.

개발자들과 아이폰

한편 개발자들은 아이폰을 바라보며 군침을 흘리고 있었다. 아이팟용 애플리케이션을 개발한다는 것도 흥미로운 아이디어이기는 하지만, 아이폰은 그야말로 컴퓨팅 플랫폼이었다. 메일, (브라우징을 위한) 사파리safari, 주소록, 달력, 구글맵스, 유튜브 등 별도의 앱이 존재한다는 것은 운영체제가 있다는 것이다. 그렇다면 아이폰용 프로그램을 작성할 수도 있다. 비록 제한적이었지만 서드파티 개발자가 아이팟용 게임을 작성한 것과 똑같은 것이다.

프로그램을 실행하면서 통화도 할 수 있었다. 휴대폰 통신망으로 인터넷에 접속할 수도 있었다. 인터넷 접속이 가능한 휴대용 컴퓨터. 그것이 바로 아이폰이었다. 메일과 사파리는 단지 하나의 프로그램일 뿐이다. 그 이전의 노키아나 블랙베리와 같은 휴대폰과 아이폰의 차이는 바로 이점이었다.

개발자들은 아이폰용 애플리케이션 개발하고 싶어 안달이 날 지경이었다. 아이팟 때와는 비교도 되지 않았다. 그들의 문의가 쇄도했다. SDK는 도대체 어디 있는 거냐? APIs을 위한 가이드는 또 어디에 있느냐? 그것이 있어야 그 경이로운 기기에서 어루만질 수 있는 앱을 개발해낼 수 있을 것 아니냐? 아이폰 기본 앱만 쓴다면 제한적이고 따분한 일반 폰과 무슨 차이가 있겠느냐?

다른 플랫폼은 이미 앱을 제공하고 있었다. 심비안폰에는 칼로리 측정기, 만보기, 패닉 알람, 운동량 측정기, 생체 인증, 얼굴인식, 전자지갑 등의 앱이 있었다. 그리고 이 모든 것을 완성하는 것으로 6GB의 음원이 있었다.

잡스는 일단 걱정부터 앞섰다. 2007년 1월 아이폰 출시행사를 마친 직후 그는 뉴스위크와 가진 인터뷰에서 "휴대폰 사용자들은 자신의 휴대폰이 개방형 플랫폼이 되는 것을 원치 않습니다. 또한 싱귤러는 몇몇 애플리케이션으로 인해 미국 서부해안 네트워크에 장애가 발생하는 것을 바라지 않습니다"라고 말했다.[31] 5월경에는 그의 입장이 다소 누그러진 것처럼 보였다. "우리는 서드파티 개발자가 앱을 개발할 수 있게 하면서도 아이폰의 보안을 유지할 수 있는 방법을 찾을 것입니다. 하지만 그 전까지 아이폰의 보안에 대해서만큼은 어떤 타협도 있을 수 없습니다."

드랜스는 개발자 에반젤리스트 입장에서, 아이폰 발표 이후 개발자들의 반응이 그 이전과는 180도 달라졌다고 얘기한다.

드랜스 애플에서 5년 반을 일하는 동안 저는 맥 응용프로그램 개발을 위한 프로그래밍 언어인 오브젝티브 C Objective-C를 누구에게도 판매할 수 없었습니다. 맥용 프로그램 개발에 대해 얘기하는 사람은 눈을 씻고 찾아봐도 없었습니다. 어느 누구도 이 잘 알려지지도 않은 새 프로그래밍 언어를 배우려고 하지 않았습니다. 물론 저야 잘 알고 있었지만 말이죠. 그것을 판매하기란 낙타가 바늘구멍에 들어가기만큼 어려운 것이었습니다. 그런데 갑자기 아이폰이 등장하자 사람들은 너도나도 (애플 매킨토시용 프로그램을 작성하는 프로그래밍 언어인) 코코아Cocoa 앱을 만들겠다고 난리를 치기 시작했습니다.[32]

그의 말에 따르면 아이폰용 서드파티 소프트웨어 개발에 대한 첫 공식 요청이 이루어진 것은 1월 잡스가 원조 아이폰에 대한 프레젠테이션을 채 마치기도 전이었다고 한다.

6월, 잡스는 서드파티 개발자가 아이폰 소프트웨어 개발에 참여하는 방법을 찾았다고 밝혔다. 아이폰 판매가 시작되기 며칠 전 샌프란시스코에서 열린 애플의 세계 개발자컨퍼런스WWDC에서 그는 다음과 같이 말했다.

잡스 우리는 아이폰의 보안을 유지하면서도 개발자들이 훌륭한 아이폰용 앱을 개발할 수 있도록 하는 (따라서 아이폰의 기능도 그만큼 확대할 수 있는) 해결책을 내놓으려고 노력했습니다. 그리고 제법 괜찮은 해결책을 찾아냈습니다. 이제 그 해결책에 대해서 얘기하겠습니다. 휴대폰용 애플리케이션을 개발하는 획기적인 방법! 그것은 바로 아이폰에 완전한 기능을 가진 사파리 엔진이 있다는 사실에 착안한 것입니다.

여러분들은 아이폰에 설치되어 있는 앱과 똑같이 보이고 실행되는 놀라운 Web 2.0과 AJAX앱을 만들 수 있습니다. 이런 앱들은 아이폰의 서비스와 완벽하게 통합될 수 있습니다. 통화를 하는 앱, 이메일을 확인하는 앱, 구글 맵에서 위치를 확인하는 앱. 그 어떤 것도 가능할 것입니다. 유통에 대해서는 걱정할 필요가 없습니다. 개발한 앱을 인터넷 서버에 올려놓기만 하면 됩니다. 또한 쉽게 업데이트할 수도 있습니다. 바로 서버에서 업데이트하면 됩니다.[33]

잡스는 개발자들이 멋진 앱을 만들어 놓으면, 사용자들이 브라우저를 통해 앱에 접근하고 사용하게 될 것이라고 설명했다. 순간 침묵이 흘렀다.

개발자들은 실망감과 분노를 느꼈다. 자신들이 뭔가 부당한 대우를 받고 있다고 생각했다. 분명히 애플의 개발자들은 앱을 만들었다. 잡스는 그것에 대해 자랑까지 했었다. 따라서 APIs는 당연히 존재하고 있었다. 그리고 앱 개발자들을 위한 SDK 역시 틀림없이 존재하고 있었다. 그 후에 데어링 파이어볼Daring Fireball 사이트를 운영하는 독립(그리고 전문)블로거인 존 그루버John Gruber는 잡스의 제안이 '모욕적'이었다고 표현했다. 그가 그렇게 표현한 이유는 잡스가 제안한 방식이 아이폰용 앱을 개발하는 방법이 아니었기 때문이다.[34] 그리고 그는 개발자들이 그냥 기만당하고만 있을 수는 없었다고 얘기했다. 그가 운영하는 데어링 파이어볼 사이트는 애플(그리고 다른) 관련 뉴스에 대해서 의견을 나누는 넥서스로 알려져 있다. 그루버는 잡스가 차라리 방법을 계속 찾고 있지만 아직 발표할 단계는 아니라고 말했어야 한다고 생각했다. (사실 잡스는 '서드파티 개발 앱' 하면 침입이나 불완전성을 연상했다. 그리고 그것이 아이폰을 망칠 수도 있다고 우려하고 있었다. 당시에도 쉴러와 포스탈이 아이폰의 핵심은 앱이라고 잡스를 계속 설득 중이었다.)

드랜스도 그 WWDC의 청중들 속에 있었다. 그는 웃으며 "나는 그 컨퍼런스가 끝난 후 귀가 따갑도록 잔소리를 들어야 했습니다"라고 말했다. 하지만 상황은 더욱 악화되었다. 그 후 그는 돌아다니며 개발자들에게 웹 앱을 개발하라고 권장해야 했다. 과연 당시 그는 애플이 서드파티 개발 앱을 위한 SDK를 개발하고 있다는 사실을 알고 있었을까? 그는 "생각 좀 해봐야겠는데요. 그 해에는 정신이 하나도 없었거든요"라고 얼버무렸다. 그렇다면 이런 질문은 어떨까? 그는 언제 SDK가 준비되고 있다는 사실을 알게 되었을까?

그는 웃으면서 "당시 일들을 일일이 확인해보지 않고는 답변 드리기가 어렵습니다. 그냥 뭐 그 발표가 있기 전이라고 해두죠"라고 말했다.

10월에 잡스는 애플 사이트에 자신의 입장을 표명하는 글을 올렸다.

잡스 이것 한 가지만 언급하도록 하겠습니다. 우리는 아이폰용 서드파티 개발 네이티브앱이 나오길 원합니다. 2008년 2월에는 개발자들에게 SDK를 제공할 예정입니다. 사실 서로 완전히 상반되는 두 가지를 동시에 하려고 하기 때문에 SDK의 제공이 늦어지고 있습니다. 개발자들에게 앞선 개방형 플랫폼을 제공하는 것. 그리고 바이러스, 악성코드, 사생활 침해로부터 아이폰 사용자를 보호하는 것. 이두 가지를 동시에 하는 것은 결코 쉽지 않습니다.

그는 노키아는 이미 심비안 폰에 어떤 서드파티 개발 앱도 탑재하지 못하도록 조치를 취했다고 언급했다. 애플은 아이폰(아이팟)용 APIs 중 일부만 이용할 수 있게 할 계획이었다. 윈도우 PC에서처럼 악성코드가 급속하게 퍼지지 않도록 하기 위한 나름의 조치였다.

잡스 이 방식이 분명 아이폰을 완전히 개방하는 것에는 못 미칩니다. 하지만 올바른 방향이라고 믿습니다. 단 몇 개월만 참으면 됩니다. 그러면 그 후 수 년간 훌륭한 서드파티 앱들이 안전하고 신뢰할 수 있는 아이폰에서 실행될 수 있다는 보상을 받게 될 겁니다.

그러나 10월의 이 발표로 서드파티 개발자들의 불만이 완전히 사라진 것은 아니었다. 이 발표는 SDK 자체가 아니라 앞으로 SDK를 제공하겠다는 약속만을 전달한 것이었다.

소프트웨어 개발자들이 아이폰 SDK을 기다리고 있는 동안 아이팟을 중심으로 조성되었던 하드웨어 생태계는 새로 등장한 아이폰을 중심으로 재조성되기 시작했다. 그리핀과 다른 액세서리 제조업체들은 곧바로 제품들을 만들어냈다. 그 제품들은 다시 애플에 대한 홍보대사 역할을 톡톡히 했고 아이폰을 더욱 주목 받게 만들었다. 아이폰에 관심이 없는 사람에게도, 휴대폰을 팔지 않는 매장에서도 아이폰의 체취가 느껴지고 있었다.

공짜 점심

2007년 11월 구글은 개방형 휴대폰 동맹Open Handset Alliance: OHA의 출범을 발표했다. 그 이름 자체가 너무 어마어마해서 처음 잠시 동안은 그것이 무엇을 의미하는지 정확하게 이해하기가 어려웠다. 그것은 휴대폰제조업체라면 누구라도 구글이 개발한 모바일 운영체제를 무료로 사용할 수 있다는 구글의 제안이었다. 총 34개의 회사가 그 운영체제를 지원했다. 거기에는 HTC, 모토로라, T 모바일 그리고 (휴대폰 소프트웨어에서 핵심적인) 퀄컴Qualcomm 등이 포함되어 있었다. 그들은 그 아이디어를 대대적으로 환영했다. 세계 최대 통신사인 차이나 모바일China Mobile의 부사장은 그 개방형 모바일 플랫폼으로 인해 중국의 스마트폰 보급이 가속화될 것이라고 말했다.

페이지와 브린은 그것이 구글폰이 아니라 구글폰을 위한 플랫폼이라는 사실을 강조했다. "구글폰이 출시될 예정입니까?"라는 USA투데이 기자의 질문에 앤디 루빈은 "G-폰은 수천 종의 서로 다른 구글폰이라고 생각하시면 됩니다. 그 중 어떤 것은 마음에 들고 또 어떤 것은 마음에 들지 않겠지요"라고 대답했다.

개방형 휴대폰 동맹은 검색, 앱 등에서 구글이 핵심이 되는 휴대폰을 생산하는 방법이었다. 그것은 휴대폰에 대한 구글의 이중적인 전략 중 하나였다. 이를 통해 구글은 전혀 새로운 모바일 경험을 제공하려고 했다. 다른 하나는 (주로 애플과의) 휴대폰 협력관계를 통해 휴대폰에 구글맵과 같은 앱을 탑재하는 것이었다. 라이선스는 최대한 개방한다. 제조업체들은 운영체제의 소스코드에 접근할 수 있다. 이것이 구글이 애플이나 마이크로소프트와 다른 점이었다. 그들은 운영체제의 소스코드를 매우 엄격하게 보호하고 있었다. 그 기자회견 일주일 후 구글이 가장 먼저 한 일은 바로 SDK를 공개하는 것이었다.

마크 헤드룬드Marc Hedlund는 당시 오라일리O'Reilly에 블로그를 운영하던 기업가였다. 그는 애플이 개발자에게 먼저 다가가는 개방형 플랫폼에게 당하게 될 것이라고 생각했다.

헤드룬드 애플은 개발자들을 자신의 플랫폼으로 끌어들이기 위한 어떤 행동도 취하지 않고 있습니다. 애플이 자신의 역사를 반복하고 있다고 생각합니다. 애플은 마이크로소프트와의 경험에서 전혀 교훈을 얻지 못한 것 같습니다. 구글이 이번에 그 교훈을 애플에게 가르쳐주게 될지 사뭇 궁금합니다.[36]

애널리스트들의 반응은 조심스러웠다. 포레스터 리서치의 골빈은 CNET과의 인터뷰에서 "개방형 휴대폰 동맹의 활동은 시장에 큰 영향을 미칠 것으로 예상됩니다. 하지만 그 효과는 천천히 나타나게 될 것입니다" 라고 얘기했다. "안드로이드 플랫폼을 사용하는 휴대폰들이 물밀 듯이 밀려오고 있지만 그 비중은 아직 적은 편입니다."[37]

그렇다면 마이크로소프트는 개방형 휴대폰 동맹에 대해서 어떻게 생각했을까? 발머는 시큰둥한 반응을 보였다. 그는 "물론 그들의 활동은 곧바로 신문에 몇 줄 보도되겠지요. 하지만 (우리와) 직접적으로 비교하기는 어렵습니다"라고 대답했다.

발머 윈도우모바일 휴대폰은 150종이 넘습니다. 그리고 그 휴대폰을 판매하는 통신사도 전 세계적으로 100개가 넘습니다. 올해 아마도 2천만 개의 윈도우모바일 라이선스가 판매될 것입니다. 적어도 스마트폰에서는 매우 인상적인 실적입니다. 우리는 큰 힘을 얻었습니다. 물론 구글을 지켜보아야겠지요. 그들이 곧 기자회견을 합니다. 하지만 우리에게는 수백만의 고객들, 훌륭한 소프트웨어, 그리고 많은 하드웨어 기기들이 있습니다. 그렇다면 그들은…… 여하튼 그들이 우리의 세계에 온 것을 진심으로 환영합니다.[38]

그가 말했던 것처럼 윈도우모바일 라이선스 판매는 빠르게 증가하고 있었다. 2007년 6월까지의 회계연도 동안 천백만 개의 윈도우모바일 라이선스가 판매되었다. 그것은 전 회계연도의 5백9십5만 개의 두 배에 달하는 수치였다. 마이크로소프트가 공개한 수치들을 기초로 내가 계산한 바에 따르면 2007년 10월에 판매된 윈도우모바일 라이선스는 백4십만 개 이상이었다. 그리고 판매량은 매달 7만7천 개씩 증가하고 있었다. (내가 이 수치들을 크눅에게 제시했을 때 그는 특별히 부정하지는 않았다.) 연 2천만 개의 라이선스 판매를 정말로 눈 앞에 두고 있었다. 게다가 윈도우모바일 라이선스 판매의 성장속도는 전체 스마트폰 시장의 성장속도를 능가하고 있었다. 이대로라면 마이크로소프트는 모바일 인터넷에도 데스크톱에서처럼 자신의 존재를 확실히 각인시키게 될 것이다. 그와 더불어 생태계도 장악하게 될 것이다. 분명히 시장의 가장 큰 몫을 차지하고 있는 것은 노키아와 심비안이었다. 하지만 윈도우모바일에게는 엔터프라이즈 시스템 관련 애플리케이션을 개발하는 서드파티 개발자들이 있었다.

하지만 휴대폰 제조업체들의 우려는 점점 커지고 있었다. 크눅의 회고에 따르면 이미 2002년부터 휴대폰 제조업체들은 마이크로소프트가 모든 것을 차지해버리고 자신들은 결국 빈털터리 신세가 될까 봐 속을 태우고 있었다. 그가 모토로라를 방문했을 때, 이런 대화가 오갔다고 한다.

크눅 저는 그들과 논쟁에 휘말리게 되었습니다. 휴대폰 제조업체들하고는 으레 벌어지기 마련인 그런 논쟁이었죠. 그들의 얘기는 대충 이런 것이었습니다. 어떻게 하면 우리 스스로 우리의 운명을 통제할 수 있을 것인가? 어떻게 제품의 차별화를 가져올 것인가? 우리는 휴대폰을 통해 많은 수익을 얻고 있다. 하지만 당신들의 손에 놀아나서 모바일 사업이 PC사업과 같이 돼버리면 어떻게 하는가? PC업계에서 델과 HP에게 무슨 일이 일어났는지 보지 않았는가? 우리는 그들과 같은 신세가 되고 싶지 않다. 그것을 피하려면 어떻게 해야 하는가? (크눅은 이런 반응들에 대해 대처방식을 잘 알고 있었다.)

나는 우선 이렇게 말했습니다. 알겠습니다. 하지만 여러분이 모든 것을 독자적으로 해낼 수 있으면 그 제품을 한번 나에게 보여주세요. 그렇지 않다면 우리 함께 일하는 것이 어떻겠습니까? 우리는 잘 해낼 수 있을 겁니다.

심비안은 휴대폰 제조업체에게 전혀 매력적 대안이 되지 못했다. 노키아가 그것을 장악하고 있었기 때문이다. 성장하고 있는 시장에 진입하려는 휴대폰 제조업체들에게 이제 남은 대안은 리눅스 뿐이었다. 하지만 그것은 몇몇 중국 휴대폰 제조업체들에게는 괜찮았을지 모르겠지만 사실너무 형편없었다.

이렇게 마이크로소프트와 휴대폰 제조업체간에 불신이 가시지 않고 있는 가운데 바로 구글과 안드로이드가 등장한 것이었다. 이 모델은 휴대폰 제조업체들에게 매력적으로 보일 수밖에 없었다. 라이선스비용도 전혀 없었고 휴대폰 생산량을 입증할 필요도 없었다. 단지 레퍼런스 디바이스를 만들어서 구글의 승인을 받기만 하면 되었다. 이 승인 절차만 거치면 소매업체나 통신사를 통해서든, 아니면 직접판매든 자신이 원하는 방식대로 원하는 만큼 판매할 수 있었다. 소스코드를 이용할 수 있기 때문에 인터페이스를 직접 수정할 수도 있었다. 소스코드에 원하는 대로 추가하거나 축소함으로써 차별화를 꾀할 수도 있었다. 구글은 마이크로소프트가 요금을 부과했던 바로 그것을 상품화하고 있었다. 발머가 윈도우모바일의 실적을 자랑하고 있던 순간에도 사실 통신사와 휴대폰 제조업체들은 이미 윈도우모바일로부터 거리를 두고 있었다. 그렇다고 그들이 이전에 윈도우모바일을 진정으로 받아들였던 것도 아니다. 발머가 인용한 수백만 개의 윈도우모바일 라이선스 판매라는 것은 정확히 휴대폰 제조업체들이 구매한 라이선스였다. 그것이 반드시 휴대폰 판매량을 의미하는 것은 아니었다.

이 사실은 윈도우모바일과 관련된 메리 조 폴리 기자의 경험담, 보다 정확하게는 윈도우모바일폰을 사용할 수 없었던 사연에서도 확인할 수 있다. 그녀는 기자로서 수년간 마이크로소프트를 상세하게 다루었다. 따라서 어찌 보면 윈도우모바일은 그녀가 가장 잘 아는 분야였다. 하지만 그녀는 윈도우모바일폰을 사용해 본 적이 없다.

폴리 휴대폰을 바꿀 때마다 나는 윈도우모바일폰을 우선적으로 사려고 했습니다. 하지만 결국 그것을 구입하지 못했죠. 통신사 대리점에 가서 윈도우모바일폰을 사겠다고 하면 그들은 '왜 그걸 사려고 하세요? 잘 작동하지도 않습니다. 여차하면 반품인데다가 지나치게 복잡합니다. 가능하다고 되어 있는 기능조차 제대로 실행되지 않습니다'라고 계속해서 문제점들을 지적했습니다. 그리고 사러 갈 때마다 마치 앵무새처럼 똑같은 말을 반복했습니다. (문제의 통신사는 버라이즌으로 미국에서 두 번째 규모를 자랑하고 있었다.) 물론 그 플랫폼을 좋아하고 그 플랫폼을 위해 개발하고 그것에 충성도를 가지고 지지하는 사용자층과 개발자층이 존

재하는 것은 사실입니다. 하지만 그들은 자신들만의 작은 공간에만 머물러 있을 뿐입니다.[39]

결국 그녀가 사게 된 것은 (대부분 LG전자가 생산한) 피처폰이었다. 그녀는 버라이즌 직원이 스마트폰을 사용할 필요가 전혀 없다고 얘기했던 것을 떠올렸다. "그들은 그나마 이메일이라도 할 수 있다면 괜찮은 편이지만 제대로 되지도 않는다고 이야기하더군요. 사지 마라, 사면 반품할 것이다, 사용해보면 쳐다보기도 싫을 것이다 라고 만 얘기했습니다."

그녀는 윈도우모바일폰에 대한 이런 무시가 마이크로소프트 내부까지도 확산되었다고 얘기한다.

폴리 심지어 그 휴대폰을 사용하고 있거나 가지고 있는 마이크로소프트 직원들에게 물어보더라도 그 대답은 '괜찮은 편이에요, 썩 훌륭하지는 않아요, 정말 싫어요, 내다버릴 수만 있다면 원이 없겠어요' 따위였어요. 놀랍기도 하고 당혹스러웠죠. 그들은 사람들이 이 플랫폼을 좋아하지 않는다는 것을 틀림없이 알고 있었습니다. 버라이즌뿐만 아니라 다른 사람들도 좋아하지 않는다는 것을 말이죠.

나는 마이크로소프트도 사람들의 의견을 조사하니까 틀림없이 그 사실을 알고 있었을 거라고 생각했다. 하지만 그녀가 보기에 크눅은 그 사실을 제대로 알지 못했던 것 같다고 한다.

폴리 크눅은 매년 마이크로소프트 협력업체 컨퍼런스, TechED 그리고 여러 마이크로소프트 전시회에서 강연을 했습니다. 매번 그는 이렇게 자랑하더군요. '이 모든 휴대폰들을 한번 보십시오. 우리에게는 너무나 많은 종류의 휴대폰이 있습니다. 이 사실은 바로 윈도우모바일이 모든 사람들에게 사랑 받고 있다는 증거입니다' 그러나 그것들은 매년 똑같은 것을 반복해서 보여주는 것 같았습니다. 뭔가 개선된다는 느낌이 없었습니다. 또한 특성이나 기능, 아니면 사용의 편리성 면에서 자리를 잡아가고 있다고 여겨지지도 않습니다.

2008년 2월 11일 마이크로소프트는 데인저와 인수계약을 체결했다고 발표했다. 알라드의 생각이 관철된 것이다. 정확히 같은 시간 크눅은 바르셀로나에서 열린 모바일 월드 콩그레스ᴹᵂᶜ에서 강연을 하고 있었다. 그에게 한 가지 희소식이 전해졌다.

크눅 2007년 한 해 동안 윈도우모바일이 천4백만3천 개가 판매되었다고 합니다. 덕분에 우리는 당당히 RIM을 앞질렀습니다. 또 애플의 아이폰과도 상당한 격차를 벌일 수 있게 되었습니다.
그리고 이제 한 회계연도 동안 2천만 개의 라이선스를 판매한다는 목표에 한 발자국 더 다가섰습니다. 지금 여러분들과 이 소식을 함께 나눌 수 있어서 저는 가슴이 벅찹니다.[40]

나중에 밝혀진 바에 따르면 크눅이 강연하던 바로 그 시기가 윈도우모바일 라이선스가 가장 많이 팔렸던 시점이었다. 내 추산에 따르면 가장 많이 팔린 달의 판매량은 175만 개였다. 그 후로는 판매량이 그 수치에 도달하지 못했다. 참고로 2007/2008년 회계연도에 마이크로소프트가 실제로 판매한 라이선스는 천7백8십만 개였다.

최근에 나는 크눅에게 판매량이 그 수치 이상으로 증가하지 못한 이유를 물어보았다. 그의 대답은 간단했다. 바로 스티브 발머 때문이라는 것이다.

MWC 2008이 끝난 지 얼마 되지 않아 발머는 자신의 사무실로 크눅을 불렀다. "당신은 지금까지 많은 일을 해왔습니다. 이제 다른 일에 대해 생각해볼 때도 된 것 같습니다. 윈도우도 괜찮을 것 같고 아니면 서비스 업무도 좋을 듯 합니다." 스티브는 크눅에게 다른 업무를 맡길 생각을 하고 있었다.

하지만 크눅은 발머와 같은 생각이 아니었다. 적어도 아직은 아니라고 생각하고 있었다. "지금까지 거의 6년 동안 모바일 업무를 해왔습니다. 나는 이 일이 좋습니다. 신나고 재미있습니다. 그동안 이 일은 많이 성장했고 그 성공에는 제가 공헌한 부분도 적지 않다고 생각합니다." 크눅은 한편으로는 마이크로소프트에서 거듭되는 좌절로 힘들어하고 있었다.

크눅 윈도우모바일이 무無에서 출발해 거의 2천만 개를 판매할 정도로 성장하게 되면서 회사의 다른 부서로부터 너무나 많은 주목과 관심을 받게 되었습니다. 이점이 제가 해결해야 할 문제 중 하나였습니다. 우리는 발머, 게이츠, (부서 총괄 최고 기술책임자인) 크레이그 먼디Craig Mundie, (크눅의 부서를 흡수한 엔터테인먼트와 디바이스 담당 책임자인) 로비 바흐와 정기적인 검토회의를 가졌습니다. 회의 때마다 모두들 한마디씩 거들었습니다. 어느새 우리의 지위는 그들이 벌어놓은 수입에 기생하던 존재에서 너도나도 '당신이 할 일에 대해 얘기해 주고 싶다'라는 말을 할 정도의 존재로 180도 바뀌었습니다. 우리가 무엇을 할지에 대해 얘기해 주는 15개의 서로 다른 목소리가 있었습니다. 아무리 이해하려고 해도 좀처럼 이해가 되지 않습니다. 심지어 빌과 스티브도 생각이 같지 않았습니다. 예를 들면 이런 식입니다. 회의가 시작되었습니다. 중간에 빌이 통화하러 나간 사이 스티브가 한 가지 얘기를 합니다. 스티브가 전화를 받으러 나가면 이번에는 빌이 돌아와서는 스티브와 정반대의 얘기를 합니다. 그곳에 있던 우리 팀원들은 모두 우리에게 원하는 것이 무엇인지 도무지 종잡을 수가 없다고 투덜거리곤 했습니다. 그리고 우리끼리 그냥 결정해버리고 말았습니다.

한편 데인저 인수 작업이 본격화되었다. 이제 크눅은 알라드와 인수된 새 팀이 기존 업무를 계속해나가면서도, 주력제품과 경쟁할 제품을 생산하기 위해 윈도우모바일부서와 통합하고 협력하도록 해야 하는 정치적 과제를 처리해야 했다. 그가 기존의 부서에 계속 머무른다면 그에게는 끔찍한 일이 될 것이다. 그렇다고 해서 회사내의 다른 부서를 이동하는 것은 그 자신이 원하지 않는 것이었다.

모바일 업무를 그만두라는 발머의 요구가 크눅에게는 하나의 전환점이 되었다. 2008년 3월 발머와의 만남 직후 그는 마이크로소프트를 떠나 보다폰에 입사했다. 그 회사는 세계 최대 다국적 이동통신사 중 하나로 소프트웨어로의 사업 다변화를 도와줄 경험 있는 인물이 필요했던 것이다.

바로 그 때부터 윈도우모바일의 라이선스 판매량이 하락하기 시작했다. 거의 곧바로 크눅의 후임이 결정됐음에도 불구하고 이미 접어든 하강세를 다시 돌이킬 수는 없었다. 크눅은 그 하락의 원인으로 사업의 연속성이 깨진 사실을 들었다. 새로 윈도우모바일 부서의 책임을 맡은 앤디 리스Andy Lees는 4년간 서버와 툴 마케팅 그리고 솔루션 부서를 이끌었다. 하지만 그는 휴대폰과는 잘 맞지 않는 인물이었다. 게다가 사업의 주안점도 달랐다. 그것은 발머의 입김이 작용한 것이었다. 리스는 발머의 전반적인 의도에 맞춰 소비자를 사업의 중심에 두었다. 윈도우모바일의 주고객이었던 기업들보다 소비자들이 수적으로 많았기 때문이었다.

크눅은 상당히 중요한 회사 내 구조조정이 있었다고 말한다. "최고경영진이 전부 교체되었습니다. 윈도우모바일 라이선스 판매량이 더 이상 증가하지 못한 원인에는 무엇보다도 이 요인이 자리잡고 있습니다. 그 구조조정 이후 영업부문이 갈피를 못 잡기 시작했던 것입니다."

그는 휴대폰 제조업체들도 이런 혼란을 감지하고 있었다고 말한다. 그랬기 때문에 새로 등장한 구글에게 문호를 개방한 것이라고 보았다. 그 이전에는 휴대폰 제조업체들이 자신에게 전화를 걸어서 이런저런 것은 어떻게 해야 하느냐고 문의를 해왔지만, 구조조정 이후에는 그들의 태도가 변했다는 것이다. '새로 온 친구는 우리에게 뭔가 얘기해주지 않을 거야. 그는 자신이 무엇을 하고 싶은지를 알아내는 데도 적잖은 시간이 걸린 텐데 뭐. 막 출시하려고 했던 기기는 어떻게 하지? 그나마 쉬운 길을 택하는 것이 나을 거야. 그래 그 기기를 출시하지 말아야겠어.'

크눅 그 변화로 인해 자연스럽게 휴대폰 제조업체들도, 통신사도, 결국에는 모든 사람들이 자신의 일에서 손을 떼고 말았습니다. 이것이 바로 실제로 벌어진 일입니다. 어느 누구의 책임도 아니었습니다. 이 모든 것을 가져온 것은 변화 자체였습니다.

따라서 윈도우모바일을 고사 직전까지 몰고 간 것은 아이폰의 등장이라기보다는 안드로이드의 등장이었다. 구글은 이번에도 낮은 가격을 부과함으로써 다시 한번 마이크로소프트를 당혹스럽게 만들었다. 어떻게 공짜 제품과 경쟁을 할 수 있겠는가? 하지만 애플은 그 혜택을 톡톡히 누렸다. 윈도우모바일의 최전성기(2007년 7월부터 2008년 6월까지)동안 애플은 5백41만 대의 아이폰을 판매했다. 하지만 그 다음 7월부터 6월까지의 기간 동안에는 2천25만 대의 아이폰이 판매되었다. 그것은 윈도우모바일을 2백만 대 이상 능가하는 판매량이었다.

절대적인 판매량 면에서 보면 아이폰은 모바일이라는 대양에 떨어지는 물 한 방울 같은 존재였다. 하지만 아이폰 사용자들은 매우 적극적인 모바일 웹 사용자였다. 웹사이트들은 이 사실에 주목하기 시작했다. 천만 명에 이르는 블랙베리와 윈도우모바일폰의 사용자들과 비교할 때 아이폰 사용자들이 엄청난 시간 동안 웹을 활용하고 있었다. 모바일 인터넷은 본격적인 성장궤도에 올랐다. 그리고 애플이 그것을 장악하게 되었다. 구글이 모바일 브라우저인 사파리의 디폴트 검색엔진이 되도록 한 계약은 곧 구글이 내린 가장 뛰어난 결정중의 하나로 평가 받았다. 2007년 크리스마스에 아이폰과 인터넷이 가능한 아이팟 터치의 포장을 뜯은 사람들이 전원을 켜고 그것을 사용하기 시작했다. 애플의 이 기기들은 아직 전체 모바일 기기에서 작은 비중만을 차지하고 있었다. 하지만 그 후 24시간 동안 다른 어떤 모바일 기기보다도 이 기기들을 통해 월등히 많은 검색이 이루어졌다. 정보를 신주단지 모시듯 하는 구글 내부에서는 모바일 플랫폼의 위력을 새삼 실감하게 되었다. 그로 인해 루빈의 안드로이드 프로젝트의 중요성이 그 어느 때보다도 부각되었다.

모두를 위한 앱

애플의 아이폰용 SDK의 발표는 개발자들을 흥분의 도가니로 몰아넣었다. 애플은 아이튠즈의 새 부문, 즉 아이튠즈 앱스토어를 통해 앱을 유통시키기로 했다. 또한 애플이 모든 앱을 검사하고 앱 가격의 30%를 가져가겠다고 발표했다. 이 발표에 대해 개발자들은 처음에 시큰둥한 반응을 보였다. 하지만 그들이 가진 대안은 잘 꾸며진 웹페이지를 만드는 것뿐이었다. 그것은 기존에 탑재된 앱만큼 빠르게 실행되어야 하고, (수익을 올리려면) 효율적인 지불시스템을 갖추어야 했다. 개발자들은 이런 웹페이지 개발을 원하지 않았다. 그래서 처음부터 애플에게 SDK를 요구했던 것이다. 속도 면에서 웹페이지가 기존 앱을 따라잡을 수는 없다. 웹페이지는 전적으로 인터넷 접속에 의존해야 하는 반면, 앱은 이미지를 캐쉬용도로 저장하고 필요할 때 데이터만 다운로드 받으면 된다. 물론 대부분의 게임들은 인터넷 접속 자체가 필요 없었다. (많은 개발자들이 게임을 만들려고 하는 이유가 이것이다.) 게임개발자들이 가능한 한 실리콘밸리 근처에 있으려고 했던 것처럼, 즉 다른 소프트웨어를 통해 실행되기보다는 프로세서에 의해 직접 실행될 수 있는 코드를 만들려고 했던 것처럼 아이폰용 앱 개발자들 역시 마찬가지였다. 7대 3의 수입 분배는 그들에게 최선은 아니었다. 하지만 그런대로 받아들일 만한 것으로 여겨졌다.

앱스토어의 가장 큰 장점은 가시성이었다. 앱스토어는 앱을 찾을 수 있는 유일한 곳이다. 음원이나 동영상을 구입하기 위해서는 등록하기만 하면 된다. 등록한 사람은 번거로운 절차 없이 앱을 쉽게 구입할 수 있다. 심지어 컴퓨터를 통하지 않고 무선으로 직접 앱을 구입할 수도 있다. 앱을 판매하기 위해 개발자는 99달러의 가입비용을 지불해야 한다. 그리고 앱 개발 소프트웨어는 맥에서만 실행되었다. (이 점 때문에 맥의 판매가 증가했다. 맥의 판매는 나머지 PC 시장보다 훨씬 빠르게 성장하기 시작했다. 그런 판매량의 증가를 가져온 당사자들은 다름 아닌 잠재적 개발자들이었다.)

하지만 앱에는 많은 제약이 가해졌다. 앱을 화면에 나타나지 않게 하면서 계속 실행시킬 수는 없었다. 이것은 메모리와 배터리를 절약하기 위한 조치였다. (또한 아마 틀림없이 그럴 것이라고 여겨지는데, 스파이 애플리케이션을 방지하기 위한 것이기도 했다. 그 애플리케이션은 사람들의 키 누름을 인식하여 그 정보를 엉뚱한 목적으로 이용하려는 웹사이트에 보내는 역할을 했다.) 사용자들이 여러 개의 작업이나 앱들을 동시에 실행시킬 수 있는 방법은 없었다. 기본적으로 사용자들이 지켜보고 있는 바로 그 앱만 실행할 수 있기 때문이었다. 이론적으로는 스마트폰이 가능한 한 여러 작업을 동시에 할 수 있다. 하지만 이것이 현실이었다. 그루버도 이것에 대해 언급했다.

> 그루버 아이폰은 자원이 매우 제약되어 있습니다. 배터리, RAM 메모리, 그리고 CPU 사이클 모두 말이죠. 서드파티 앱이 화면에 나타나지 않고도 실행될 수 있다면 이 세 가지 모두에서 문제가 발생할 수 있습니다. RAM에는 확실히 문제가 발생할 것입니다. 앱은 실행되는 순간 메모리를 차지할 수밖에 없습니다. 게다가 아이폰의 RAM은 겨우 128MB밖에 안됩니다. 스왑 스페이스도 전혀 없습니다. 앱이 화면에 나타나지 않은 채 어떤 작업을 하고 있다면 CPU의 처리능력과 배터리의 수명에도 역시 문제가 발생할 것입니다. 그리고 솔직히 그 앱들이 어떤 작업도 하지 않는다면 굳이 그 앱들을 계속 실행시킬 이유는 없지 않겠습니까?[41]

그러나 이런 이유로 개발자들의 의욕이 꺾이지는 않았다. 애플에 근무하는 그루버의 정보원이 전한 바에 따르면 첫 2주 동안 무려 만 명이나 되는 개인과 회사가 지원했다고 한다. 2주 동안 만 개의 판매용 앱 개발이라는 이 기록은 지금도 깨지지 않고 있다.

안드로이드도 역시 광범위한 개발자들의 관심을 끄는 데 성공하고 있었다. 안드로이드는 개발자들의 아이디어를 지원하는 천만 달러의 종자기금을 마련했다. 2008년 4월 거의 2천 개의 지원이 있었다. 그 중 2/3는 미국 이외의 지역으로부터 온 것이었다. 그들은 안드로이드 접속을 이용하여 (구글은 인터넷 클라우드가 언제 어디서나 이용 가능하다고 확신하고 있었다.) photo-enhanced driving, on-the-fly mash-ups with maps 그리고 passive surveillance on your family's whereabout 같은 앱 아이디어를 제출했다. 아직 안드로이드가 탑재된 휴대폰은 판매조차 되고 있지 않았다. 그런데도 이미 블랙베리용 앱의 절반에 가까운 안드로이드용 앱이 존재하고 있었다. 그리고 그 종류는 한단고Handango 사이트에서 이용할 수 있는 윈도우모바일 용 앱의 1/10에 해당되는 것이었다. 안드로이드는 출시 되기 전부터 이미 거대한 모습이었다.

앱, 수익이 나다

아이폰용 앱은 2008년 7월부터 등장하기 시작했다. 그리고 곧바로 엄청난 수익을 창출할 수 있다는 것을 보여주었다. 세가Sega의 슈퍼 몽키볼Super Monkey Ball은 아이폰이 어떻게 기울어지는지를 인식하는 두 축의 가속도계를 이용한 게임으로, 첫날에만 11,000회의 다운로드를 기록했고 그 판매수입으로 11만 달러를 벌어들였다. (그 중 7만6천 달러가 세가의 몫으로 돌아갔고 나머지 3만4천 달러는 애플이 가져갔다.) 개발자들은 멀리서 돈이 쏟아지는 소리를 들을 수 있었다. 그러나 일단은 사람들에게 알려지는 것이 급선무였다.

그런데 애플은 이상한 행동을 하기 시작했다. 애플은 특별한 이유도 없이 기존의 아이폰 앱과 기능상 큰 차이가 없는 앱을 금지한다. 예를 들면 메일 프로그램, 브라우저, 팟캐스트 다운로드 앱 이런 것들은 앱스토어에서 판매할 수 없다는 것이었다. 개발자들의 항의가 빗발쳤다. 애플이 거부에 대한 기밀유지협약을 내세우며 개발자들은 공개적으로 항의할 수 없다는 입장을 밝히자 그들의 분노는 더욱 거세졌다.

하지만 여전히 개발자들을 유인하기에는 충분한 수익이 앱스토어에 기다리고 있었다. 2008년 7월 애플은 아이폰 3G를 출시하면서 가격을 절반으로 낮추었다. 그리고 (좀더 빠른 데이터 접근이 가능한) 3G 접속과 GPS 기능을 추가했다. 이를 통해 시장점유율을 높이려던 애플의 목적은 별무리 없이 달성되었다. 3G 접속이 가능해지고 아이튠즈 앱스토어가 문을 연 2008년 7월부터 2009년 6월까지 아이폰 판매량은 2007/2008 같은 기간에 비해 4배나 증가한 2천25만 대였다. 반면 그 기간 동안 스마트폰 시장의 성장률은 20% 미만에 그쳤다. (신용위기가 들이닥치는 바람에 모바일 시장의 전체 규모는 실제로 축소되었다.) 2009년 7월까지 6만5천 종의 앱에 대해 총 15억 회의 다운로드가 이루어졌다. 수년 전에 이루어진 아이튠즈 뮤직스토어에 대한 투자가 분명히 빛을 보고 있었다. 앱은 음원과 비슷한 정도로 다운로드되고 있었다. 앱을 승인하는 추가적인 작업(40명의 정규직 직원이 매달려야 하는 만만치 않을 작업)뿐만 아니라 기타 많은 업무들이 있었지만, 애플은 분명히 수익을 내고 있었다. 스마트폰은 단지 이메일이나 웹브라우징을 위한 것만이 아니었다. 이제 스마트폰은 거의 모든 기능들을 포함하고 있었다. 피처폰은 (계산기, 손전등, 카메라, 촬영기, 뮤직플레이어, 달력 등) 다른 기기가 가지고 있던 기능을 흡수했다. 반면에 스마트폰은 프로그래밍될 수 있는 모든 것을 흡수할 수 있었다. 맵은 단지 그 시작에 불과했다.

플래시? 아!

아이폰이 가진 한 가지 특징이 사람들로부터 주목을 받았다. 플래시 flash동영상을 재생하지 않는다는 것이었다. 플래시 동영상은 웹의 많은 광고와 게임에서 찾아볼 수 있다. (브라우저에서 뛰어오르고 빙빙 돌고 하는 그런 종류의 광고들은 모두 플래시 기반 애니메이션이다.) 데스크톱 PC에서 사람들이 몇 시간이고 쉼 없이 몰두하는 게임들이 아이폰에서는 움직이지 않는 파란 사각형이나 아니면 검은 화면으로 표현된다. 플래시 포맷을 소유하고 있는 회사는 어도비Adobe이다. 플래시가 브라우저에 널리 퍼지게 된 것은 순전히 이 회사의 끊임없는 노력의 결과이다. 데스크톱 브라우저의 99%에 플래시 플러그인이 설치되어 있다. (하드웨어인 플래시메모리와 혼동해서는 안 된다.) 또한 이런 데스크톱의 대부분에 윈도우가 설치되어 있다. 따라서 어도비는 특히 윈도우에서 가장 잘 실행되도록 플래시를 작성했다. 플래시 플러그인은 무료지만, 플래시 기반 콘텐츠를 제작하거나 제공하는 데 사용되는 소프트웨어는 유료였다. 그것은 마이크로소프트의 윈도우 미디어 오디오 전략과 유사한 것이었다.

하지만 스마트폰에서는 사정이 달랐다. 플래시는 프로세서 집약적이었고 그로 인해 배터리가 쉽게 방전되었다. 또한 애플의 소프트웨어팀은 (사용자들로부터 자동으로 받게 되는 장애신고를 통해서) 브라우저가 멈추는 현상이 나타나는 것이 주로 플래시를 사용하는 페이지 때문이라는 사실을 알게 되었다. 높은 사양의 데스크톱에서도 그렇다면 훨씬 낮은 사양의 프로세서를 사용하는 휴대폰은 더 말할 것도 없을 것이다. 따라서 휴대폰에 플래시를 설치할 경우 끔찍한 사용자 경험을 초래할 것이라는 사실은 불 보듯 뻔했다. (가장 먼저 사용하게 될 스티브 잡스에게는 특히 그럴 것이다.) 또한 난생 처음 휴대폰을 생산하는 애플의 입장에서는 전력을 많이 사용하는 프로그램을 선뜻 포함시킬 수가 없었다. 따라서 플래시가 훨씬 효율적이고 강력해지지 않는 한 아이폰에 포함되는 것은 어려웠다. 분명히 2006년 아이폰의 출시에 맞춰 이런 일이 일어나는 것은 불가능했다.

애플이 어도비의 플래시를 아이폰에 포함시키지 않으려는 데는 또 다른 이유도 있었다. 그것은 어도비가 개발을 완전히 통제하려고 한다는 것이었다. 잡스는 맥 OS X용 포토샵이나 기타 소프트웨어의 수정에 대한 어도비의 태도가 지나치게 비타협적이라고 여겼다. 그는 어도비의 그런 태도에 불만이 가득했다. 애플의 핵심 시장을 형성하는 그래픽 디자이너들은 이 문제가 해결될 때까지 컴퓨터의 업그레이드를 보류하고 있었다. 이런 상황이 플래시의 경우에도 똑같이 발생할 수 있었다. 만약 아이폰에 플래시가 포함되었는데 그 작동이 제대로 이루어지지 않는다고 해보자. 어도비가 그 문제를 바로 해결하려고 하지 않을 수도 있고, 오히려 아이폰보다는 심비안이나 윈도우모바일용 플래시를 개선시키는 데 주력할 수도 있다. 애플은 곤란해질 것이고, 또한 어도비에게 쩔쩔매는 신세가 돼버릴 것이다.

애플의 기업문화를 한마디로 표현하면 다른 회사에게 절대 구속당하지 않는다는 것이었다. 1997년 잡스가 복귀하여 내부 프로젝트들을 중단할 당시 그는 이미 존재하고 있는 것을 직접 다시 개발하려고 시간낭비 하지 말고 개방형 소스 프로젝트에 기반해 개발하자는 입장을 취했다. 그는 애플로 복귀한 그 해 WWDC에서 "우리는 10%만 직접 개발하고 나머지 90%는 이미 존재하는 것을 가져다 쓰면 됩니다. 중요한 것은 무엇을 직접 할 것인지, 그리고 무엇을 가져다 쓸 것인지를 제대로 구분해내는 것입니다"라고 말했다. 당시 외부개발자들에게 애플은 가치는 있지만 폭넓게 사용할 수는 없는 기술만을 고집스럽게 개발하는 회사로 인식되어 있었다. 그런 상황에서 잡스의 이 언급은 신선하게 받아들여졌다. 잡스는 "우리가 모든 것을 직접 개발해야 한다는 관념이야말로 우리를 망쳐왔습니다"라고 말을 이어갔다. 그는 자신이 핵심적인 차이라고 생각하는 점을 강조했다. "애플은 다르다는 인식 자체가 중요하다고 생각하지 않습니다. 애플이 지금보다 훨씬 더 나은 회사로 여겨지기를 진심으로 바랍니다."

그러나 플래시를 포함시키지 않으면 당장 한 가지 문제에 부딪치게 된다. 유튜브에 올라와 있는 대부분의 동영상을 아이폰이 재생할 수 없다는 것이다. 유튜브는 최대 접속수를 자랑하는 동영상 사이트로 동영상이 대부분 플래시 포맷으로 인코딩되어 있었다. 유튜브 동영상을 재생할 수 없다면 아이폰의 매력은 반감될 수밖에 없었다.

하지만 유튜브를 인수한 구글의 최고 경영자 에릭 슈미트는 애플의 이사이기도 했다. 안드로이드 프로젝트가 빠르게 진행되고 있었지만, 그는 아이폰을 통해 스마트폰의 거대한 변화가 시작되고 있음을 포착할 수 있었다. 유튜브는 아이폰 브라우저에서 직접 재생될 수 있도록 자신의 콘텐츠를 H.264 포맷으로 변환하는 거대한 프로젝트를 시작했다. H.264는 라이선스 판매가 광범위하게 이루어진 포맷으로 애플이 저작권을 가지고 있다.

몇몇 평론가들은 아이폰에 플래시가 없다는 사실을 비난했다. 이 사실은 온라인 광고주들에게도 문제가 되었다. 그들이 플래시를 사용한 광고를 제작한다면 애플 기기를 사용하는 사람들은 그것을 보지 못할 것이다. 한편 애플은 개발자들에게 HTML5를 사용할 것을 권유하고 있었다. HTML5는 웹의 마크업Markup 언어인 HTML의 후속 버전으로 개발된 지 얼마 안 된 상태였다. HTML5는 많은 부분에서 플래시와 같은 기능을 제공했다. 움직이는 대상, 동영상, 소리, 매끄러운 모서리, 그림자 등. 그러나 HTML5의 저작권은 설정되어 있지 않았다. 구글 역시 자신의 새로운 브라우저인 크롬chrome이 HTML5와 호환되도록 추진했다.

그루버는 애플이 절대로 아이폰에 플래시를 포함하지 않을 것이라고 말했다. 그는 데어링 파이어볼에 '모바일 시장은 데스크톱 시장과는 달리 넓게 개방되어 있다'라고 적고 있다.

> 그루버 모바일 OS시장에서 마이크로소프트는 독점의 지위를 누리기는커녕 1위 자리도 넘보지 못하고 있습니다. 그리고 (데스크톱에 비해) 모바일 세계에서는 플래시를 찾아보기조차 어렵습니다. 애플이 뭐 때문에 어도비의 플래시가 모바일 웹의 표준이 되도록 돕겠습니까? 플래시가 모바일 세상에서 지배력을 가지게 된다면 그때 가서 추가해도 늦지 않습니다. 하지만 지금으로서는 애플이 플래시가 없는 미래를 추진할 가능성이 높습니다.[42]

애플은 소프트웨어 전체를 통제하고 있었다. 구글이 H.264 포맷의 동영상을 제공하기만 하면 동영상 감상의 가장 큰 장애는 사라지게 된다. 그러고 나면 다른 동영상 콘텐츠 제공사이트들이 얼마나 빨리 콘텐츠를 HTML5 친화적인 H.264 포맷으로 변환시킬 것인가라는 문제만 남게 된다.

플래시를 둘러싼 이런 대립은 '모바일 인터넷'의 향후 진행 방향과 주도권을 둘러싼 힘겨루기를 보여주는 가장 중요한 사례일지도 모른다. 안드로이드폰에서는 플래시가 실행된다. 루빈, 페이지 그리고 브린은 일찍부터 줄곧 휴대폰 하드웨어의 연산능력이 개선됨에 따라 초기의 문제들은 결국 해결될 수 있을 것이라고 믿고 있었다. (이것은 플래시에만 해당되는 것이 아니었다. 빠른 스크롤링과 같이 초기 휴대폰에서는 잘 실행되지 않던 안드로이드 내 많은 하위 소프트웨어들이 보다 빠른 하드웨어가 만들어짐에 따라 매우 효율적인 요소가 되었다.)

사실 애플이 아이폰에 플래시를 포함하지 않기로 한 결정은 보다 근본적 선택에서 나온 것이다. 애플은 두 가지 방안 중 하나를 선택할 수 있었다. 하나는 사용자 경험을 완전히 통제하는 것이고, 다른 하나는 사용자 경험을 개선하기 원하는 누구에게나 운영체제를 개방하는 것이었다. 1980년대 매킨토시는 첫 번째 방식을 선택한 것이었다. 윈도우와 관련된 마이크로소프트의 선택은 두 번째 방식에 해당되는 것이었다. 이 두 가지 방식은 양립 불가능한 것이다. 애플은 결국 아이폰에서 플래시가 실행되지 않도록 결정했다. 사용자 경험을 제한한 것이다. 그렇다고, 윈도우나 안드로이드처럼 두 번째 방식을 택했다고 해서 모든 사용자들이 자신의 휴대폰이나 컴퓨터로부터 최선의 경험을 얻을 수 있는 것은 아니다. 판매되는 많은 종류의 기기 중에서 고객들이 (광고, 제품 평, 친구들의 권유 등의 도움으로) 최선의 제품을 골라내는 수밖에는 없다.

안드로이드폰 중 플래시를 별도의 앱이 아니라 브라우저에서 직접 지원한 첫 번째 제품은 2009년 7월에 출시된 HTC였다. 하지만 기기평가 사이트인 엔가젯의 제품 평에 따르면 그 휴대폰의 사용은 그다지 즐거운 경험이 아니었다. 그 안드로이드폰에는 하드웨어 액셀러레이션 acceleration 이 없었기 때문에 플래시는 메인 CPU에서 실행되어야 했다. (하드웨어 액셀러레이션은 계산을 위해 그래픽 칩에 있는 여분의 프로세싱능력을 사용할 수 있는 기능을 의미한다.) 예를 들어 프로세서가 페이지를 화면에 나타나도록 하는 프로세스와 플래시를 실행하는 프로세스를 동시에 처리해야 할 수도 있는 것이다. 평론가인 조슈아 토폴스키Joshua Topolsky는 '페이지가 화면에 뜨기를 기다리고 있으려면 정말 미칠 지경입니다'라고 언급했다.

영국에서는 BBC가 '개방' 노선을 취했다. BBC는 2007년 12월부터 H.264 기반 아이폰 친화적인 아이플레이어iPlayer TV 다시보기 및 라디오 다시듣기 서비스를 제공하기 시작했다. 하지만 데스크톱용 플래시 버전 역시 그대로 유지했다. 아이폰이 특별대우를 받고 있는 것은 확실했다. 아이폰이 모바일 웹 브라우징에 사용되는 빈도를 감안하면 당연한 일이기도 했다. 반면 안드로이드폰 사용자들은 아이폰 사용자들에 비해 푸대접을 받고 있다는 느낌을 지울 수가 없었다. 안드로이드용 아이플레이어 앱은 2011년 2월이 되어서야 출시되었다.

구글은 (자기 자신의 서버와 크롬 브라우저는 제외하고) 많은 영역에서 개방형 표준과 개방형 소프트웨어의 사용을 열렬히 지지했다. 하지만 휴대폰의 동영상 플랫폼으로는 플래시를 기꺼이 받아들였다. 그것이 플래시의 개선에 대한 통제권을 어도비에게 넘겨주는 것인데도 말이다. 그 이유를 묻는 질문에 구글은 묵묵부답으로 일관했다. 그 이유는 복잡했다. H.264라는 HTML5 동영상에서 가장 널리 사용되는 (압축과 압축해제를 위한 소프트웨어인) 비디오 코덱에 특허권이 설정되어 있다. 따라서 H.264 포맷을 사용할 경우 그 비디오 코덱을 통제하는 회사들로부터 라이선스를 구입해야 했다. 구글은 그 집단에 속해 있지 않았다.

안드로이드폰이 플래시 대신 HTML5로 제작된 H.264를 사용할 경우 안드로이드 제조업체들은 H.264에 대한 특허권료를 지불해야 한다. 만약 H.264 디코딩 기능이 소프트웨어에 포함된다면 심지어 구글도 안드로이드폰 한 대당 라이선스료를 지불해야 한다. 구글은 안드로이드폰이 성공할 것으로 기대하고 있었고, 그에 따른 라이선스 비용도 엄청날 것으로 예상하고 있었다. 차라리 어도비에게 통제권을 넘겨주는 것이 더 나을 수도 있었던 것이다. 한편 구글은 H.264의 라이선스비용을 피하기 위해 특허가 설정되어 있지 않은 코덱을 찾으려고 백방으로 노력한 결과, 웹M WebM이라는 회사를 인수하게 되었다. 그 회사는 VP8이라는 코덱을 보유하고 있었다. 구글은 또한 크롬 브라우저에 H.264를 재생하는 플러그인을 더 이상 포함하지 않겠다고 발표했다. 이것은 비용을 줄일 수 있는 빠른 방법이었다. 2010년 5월 구글은 웹M의 개방형 소스를 만들고 있다고 발표했다.

하지만 데스크톱에서 플래시를 실행했던 애플의 경험이 보여주는 것처럼 전용컴퓨터에서 실행되는 코덱이 곧바로 휴대폰에서 좋은 경험을 보장하는 것은 아니었다. 하물며 웹M은 아직 데스크톱에 대해서도 준비가 전혀 되어 있지 않은 상태였다. 당연히 모바일에 대해서도 준비되었을 리 만무했다. 결국 플래시는 그대로 남게 되었고 무어의 법칙에 따라 개선되었다.

2010년 4월 잡스가 쓴 논평이 애플 웹사이트의 '핫뉴스'란에 실리자 냉전은 열전으로 급변했다. 그 논평은 잡스 특유의 논조를 고스란히 담고 있었다. 그는 노력했다. 정말로 노력했다. 하지만 어도비는 좀처럼 자신의 몫을 해내려고 하지 않았다.

잡스 우리는 지금까지 수년간 하루가 멀다 하고 어도비에게 플래시가 어떤 모바일 기기에서도 잘 실행되는지를 보여달라고 요청했다. 우리는 아직도 그것을 보지 못했다. 처음에 어도비는 공개적으로 플래시가 2009년 초에 탑재될 것이라고 말했다. 하지만 그 후 그 시기를 2010년 전반기로 늦추었고 이제는 또 2010년 후반

기라고 얘기하고 있다. 결국에는 플래시가 탑재될 것이다. 하지만 더 이상은 이 문제 때문에 마음을 졸이고 싶지 않다. 이것이 어떻게 실행될지 누가 알겠는가? 플랫폼과 개발자 사이에 제 3의 소프트웨어 층을 두면 결국 기준 미달의 앱들이 양산되고 플랫폼의 개선과 발전이 저해된다는 것을 잘 알고 있다. 이것은 과거의 고통스러운 경험이 말해주는 사실이다. 개발자들이 제 3자의 개발 라이브러리와 툴에 의존하게 되면 제 3자가 플랫폼 개선에 따른 새 특성을 채택했을 때만 플랫폼을 개선할 수 있다. 우리 개발자들이 우리가 이루어낸 개선을 마음대로 이용하지 못하고 이용 여부와 시기에 대해 그 제 3자의 자비만을 바라보아야 하는 상황을 우리는 절대 용납할 수 없다.

애플은 이후 자신의 노트북에도 플래시를 배제했다. 플래시 콘텐츠를 실행하려면 브라우저 플러그인을 다운로드해야 했다. 그것은 넷스케이프 브라우저를 위한 새 플러그인이 거의 매주 생겨나는 것처럼 느껴졌던 1995년의 모습을 연상시켰다. (그 플러그인은 항상 다운로드를 받아야 했고 실행하려면 컴퓨터를 다시 시작해야 했다.)

전술적으로 보면 플래시를 거부한 것은 모바일 인터넷의 향후 전개 방향에 대한 애플의 견해가 반영된 것이었다. 애플은 모바일 인터넷이 앱을 중심으로 전개될 것이라고 내다보았다. 그리고 그 앱들은 애플의 표준에 맞춰 작성될 것이라고 예상했다.

어떤 사람들은 애플이 플래시를 포함하지 않고 HTML5를 선택한 것은, 애플이 폐쇄적인 플랫폼이라는 사실을 여실히 보여주는 것이라고 생각했다. 반면에 잡스와 애플은 사람들에게 웹의 개방형 표준에 의존할 수 있는 기회를 주는 것이라고 주장했다. (이 주장은 1997년 중반 잡스가 개발자들에게 했던 강연을 떠올리게 했다.) 이 논쟁과 밀접한 연관이 있는 것은 스마트폰의 미래가 앱(네이티브 앱Native apps)에 있는지 아니면 '웹앱Web apps'에 있는지 라는 문제였다. 웹앱은 휴대폰에 설치된 앱과 같은 기능을 제공하는 웹사이트를 의미한다.

개발자들은 이 문제에 대해 결정하려고 할 때, 갈등을 할 수밖에 없었다. 앱 경로를 선택하면 여러 플랫폼용 앱을 별도로 작성해야 한다. 그리고 iOS, 안드로이드, 윈도우폰, RIM의 BB6/BB7/QNX 등에서 실행되도록 코드를 수정하거나 새로 작성해야 한다. 네이티브 앱의 장점은 휴대폰의 모든 기능을 이용할 수 있고 휴대폰에 통합된 것처럼 느껴질 수 있다는 것이다. 반면에 웹앱(브라우저를 통해 보여지는 페이지)의 장점은 모든 플랫폼에서 동일한(또는 비슷한) 것을 볼 수 있다는 것이다. 하지만 휴대폰에 설치된 앱의 기능은 없을 것이다. 어떤 것이 정답이라고 할 수는 없었다. 영국의 iOS 개발자인 매트 겜멜Matt Gemmell은 2011년 7월 한 블로그 글에서 이 갈등을 정리했다.

겜멜 앱은 우리가 직접적으로 상호작용하는 기기에서 실행된다. 따라서 상호작용의 두 가지 틀을 함께 가지고 있다. 그것은 앱이면서 동시에 기기다. 사람들은 무언가를 하기 위해 창을 통해 접근하고 있다. 기기에서 직접 실행되는 캘린더 앱과 브라우저에 보이는 캘린더 웹을 비교해보자. 전자의 경우 거의 직접 앱을 다룬다. 후자의 경우에는 브라우저를 통해서만 앱과 접촉할 수 있다. 컴퓨터가 아무리 흔하고 일상적이 된다고 하더라도 우리는 여전히 물리적 세계에 살고 있다. 그리고 가장 좋은 수단은 언제나 전용 도구이다. 이것은 경험이 말해주고 있다. 휴대폰에 설치되어 있는 앱은 생태계와 플랫폼의 소중한 재산이다.[43]

애플은 최근 두 가지 플랫폼을 중심으로 생태계를 조성하여 큰 부를 일구었다. 겜멜의 글은 애플에게 시사하는 바가 커 보인다. 휴대폰의 네이티브 앱은 사람들을 플랫폼으로 끌어들인다. 2011년 중반 앱스토어에서 존재하는 앱은 45만 종이 넘었다. 웹앱의 수를 셀 수 있는 방법은 없다. 하지만 여하튼 모바일에서의 수입으로 보면 웹앱이 네이티브 앱을 따라 잡을 수 있을 것 같은 조짐은 보이지 않는다.

2011년 11월 어도비는 750명의 인원 감축과 모바일용 플래시 개발 중단을 발표했다. 어도비의 마이크 챔버Mike Chamber는 직설적으로 이렇게 얘기했다.

챔버 주도적인 모바일 플랫폼(애플의 iOS)이 플래시를 브라우저에 포함하지 않는 순간 플래시가 모바일에서 데스크톱만큼 널리 사용될 수 있는 기회는 이미 물 건너가버린 것이었습니다. 반면 HTML5는 모바일 기기에서 데스크톱에서의 플래시만큼 광범위하게 사용되고 있습니다.[44]

모바일 플래시를 계속 업데이트하려면 휴대폰 제조업체, OS 회사 그리고 그래픽 카드 생산업체들을 상대하느라 귀중한 자원을 축낼 수밖에 없다. 어도비는 한 군데만 주력하기를 원했다. 모바일에서 플래시는 생애를 마감했다. 애플이 승리한 것이다.

질투

애플과 아이폰 관련 보도에서 또 다른 면이 눈에 띄었다. 마이클 델이 그냥 회사문을 닫으라고 충고할 정도로 대중들의 관심 밖에 놓여 있던 애플이 지금은 대중들 사이에서 두 가지 극단적인 감정의 대상이 되어 있었다. 바로 욕망과 증오의 대상이었다. 사람들은 아이폰을 경이로운 대상으로 바라보거나 우쭐대는 데나 필요한 수단으로 여겼다. 또 애플이 자신들의 삶에 기적을 행했다고 찬양하거나 자신들을 기만하려고 한다고 의심의 눈초리를 보냈다. 이런 감정의 양극화는 주로 축구팀의 팬들이나 게임기 사용자들 사이에 나타나는 현상이다. (마이크로소프트 엑스박스 사용자와 소니 플레이스테이션 사용자 사이에서도 이런 격렬한 반목이 지속되고 있었다.) 나는 돈 노먼에게 이런 현상이 왜 애플과 아이폰을 두고 벌어지는지에 대해서 물었다. 그는 곧바로 근본 원인을 파악했다.

노먼 여러 회사들에게 이 점을 납득시키려고 하지만 그들은 좀처럼 이해를 못합니다.

위대한 설계는 실제로 사람들의 마음을 완전히 빼앗기도 하지만 사람들의 반감을 불러일으키기도 합니다. 따라서 사람들을 불쾌하게 할 수 있는 제품을 만들어야 합니다. 그리고 많은 사람들이 정말로 싫어할 것 같은 제품을 만들어야 합니다. 하지만 많은 사람들은 모든 사람들이 좋아할 만한 제품을 만들려고 합니다. 마이크로소프트가 그 대표적인 예입니다. 모든 사람들이 좋아할 만한 제품을 만든다면, 시장조사란 시장조사는 다 해보고 사람들이 좋아하지 않는 부분은 계속 바꾸어나간다면, 결국 특별히 싫어하는 사람은 없지만 정말로 좋아하는 사람은 없는 그렇고 그런 제품을 만드는 데 그치고 말 것입니다.

하지만 애플은 달랐습니다. 애플은 사람들의 반감 따위는 별로 걱정하지 않습니다. 그들 자신이 정말로 좋아할 수 있는 것을 만들 겁니다. 자기들이 정말로 좋아하는 것이라면 수많은 사람들이 좋아할 것이라고 생각할 뿐입니다. 그리고는 '사람들이 그 제품을 정말로 싫어하고 증오한다고 해서 뭐 어떡하겠습니까? 그저 모른 척하는 수밖에요.'라고 말합니다.

하지만 애플이 다른 것은 단지 설계만이 아니었다. 애플은 앱 시장을 장악하고 판매액의 일정부분을 자신의 몫을 챙긴다. 그리고 애플은 다른 회사들이 아이폰의 외양을 결정(통신사들은 종종 아이폰에 자신의 로고를 추가하고 싶어했다.)하지 못하게 했다. 이런 애플의 욕망은 직접 모든 것을 장악하지 않고는 못 배기는 애플의 방식을 보여주는 것으로 인용되었다. 이 점이 사람들이 애플을 싫어하는 또 다른 이유였다. 평사원부터 잡스까지 그 회사의 모든 사람들은 한 가지 목표만을 되뇌고 있었다. 그것은 정말로 좋은 고객 경험을 제공하는 제품을 만드는 것이었다. '개방적'이 되는 것도 좋고 최대로 많은 사양을 갖추는 것도 좋다. 또는 모든 직원들이 자신들의 일거수일투족에 대한 글을 블로그에 올리는 것도 좋다. 하지만 애플은 자신의 목표와 충돌한다면 그 어느 것도 거들떠보지 않았다.

패자들

결과를 부정하기는 어려웠다. 2008년이 시작되면서 아이폰은 곧바로 (판매량 면에서는 아직 아니었지만 이익 면에서는 충분히) 상당한 스마트폰 시장 점유율을 기록했다. 아이폰의 고객은 휴대폰에 600달러 이상을 지불할 용의가 있는 사람들이었다. 마치 잔디의 윗부분만을 쳐내는 잔디 깎는 기계처럼 애플은 스마트폰 시장의 가장 윗부분을 차지했다. 그 상황에서 어려움에 처한 회사는 노키아뿐만이 아니었다. 아시아 이외 지역에서 최대 규모를 자랑하던 (역시 심비안 운영체제를 사용하고 있던) 소니 에릭슨과 모토로라는 아이폰 등장 이후 매출과 이익 면에서 큰 타격을 받게 되었다. 속수무책이었다. 2007년 말 소니 에릭슨은 급기야 손실까지 기록하게 되었다. 소니에릭슨 휴대폰의 평균판매가격은 폭락하고 말았다. 그 회사는 이제 현금, 매출, 이익 모든 면에서 출혈이 시작되었다.

데디우는 휴대폰 사업에서 손실이 발생한다는 것이 하나의 위험신호라고 말한다.

데디우 휴대폰시장에서 손실이 발생한 어떤 회사도 점유율 면이나 이익 면에서 자신의 예전 지위를 결코 회복하지 못했습니다. 그 이유는 무엇일까요?

수익성이라는 것은 탄광에 날아다니는 카나리아와 같습니다. 손실이 발생하는 순간 유통업자들에게 그 브랜드는 석탄가루로 더럽혀진 카나리아 같은 존재가 되는 것입니다. 유통업자들은 판매시기를 놓침으로써 팔 수 없는 재고가 쌓이게 될까 봐 극도로 민감해 있습니다. 손실이 발생한 제조업체는 하자가 있는 제품을 생산하는 업체로 여겨지게 됩니다. 그러면 제조업체도 동기를 상실하게 되고 더 이상 홍보도 제대로 하지 않게 됩니다. 그 결과 그 업체는 고객의 눈에서 점점 멀어지게 됩니다. 어떤 회사도 벗어나기 어려운 악순환이 시작되는 것입니다. 과거에 아무리 위대한 기업이었다고 하더라도 그 화려한 과거가 이런 상황에 처한 회사에게는 어떤 구원의 손길도 되지 못합니다.[45]

소니에릭슨의 공동소유주인 소니와 에릭슨은 회사를 살리기 위해 수백만 유로를 쏟아 부었다. 그리고 동시에 구조조정과 인원감축을 단행했다. 이 회사는 아이폰 판매 이후 2011년 1사분기까지 15분기 동안 총 1억6천9백만 유로의 손실을 기록했다. 또한 모토로라의 휴대폰 부서는 모회사의 자금지원에 의존해야만 했다.

팜의 수익성도 역시 악화되었다. 아이폰이 2007년 6월 시장에 등장하자 팜의 스마트폰 판매량은 증가했지만 수입은 하강세에 접어들었다.

2008년 12월까지 팜은 여섯 분기 연속 손실을 기록하고 있었다. 콜리건은 결국 20%의 비용감축 및 인원감축안을 발표했다. 그는 2006년 말 'PC업체들은 진입하지 못할 것이다'라고 주장했었다. 그의 예상이 완전히 빗나간 것이다. 그 감축 인원 중에는 자신도 포함되어 있었다. 2009년 7월 그는 해임되었고 존 루빈스타인으로 교체되었다. 루빈스타인은 2006년 3월 애플을 그만두고 2007년 그 회사에 합류했다. 팜은 이제 2009년 봄 출시 예정인 새 스마트폰 프리Pre와 새 운영체제 웹 OSweb OS에 사활을 걸고 있었다.

한편 마이크로소프트에서는 발머가 모바일 부서에서 생긴 문제로 골머리를 앓고 있었다. 데인저와의 통합이 결코 간단한 문제가 아니라는 것은 분명해졌다. 하드웨어 생산업체를 소프트웨어 중심의 정서를 가진 회사로 흡수하려면 한 회사 또는 두 회사 모두의 문화적인 변화가 수반되어야 한다. (새로 만들어진 알라드의 PMX부서에 속한) 데인저팀은 엑스박스를 제작했던 사람들과 함께 일하게 되었다. 하지만 두 조직 모두 이런 큰 변화로 힘든 나날을 보내고 있었다. 또 다른 문제는 내부적이며 정치적인 것이었다. 리스는 당연히 자신이 모바일 부서의 책임자라고 생각했다. 그런데 도대체 알라드가 같은 공간에서 자신과 아주 유사한 프로젝트를 진행하는 이유는 무엇이란 말인가?

그런 미묘하고 세부적인 조직 문제가 인수작업의 성패를 좌우할 수 있는 것이다. 리스와 알라드의 힘겨루기가 시작되었다. 한 사람은 핑크를 장악하려고 했다. 그리고 다른 한 사람은 자신이 가진 통제권을 지키려고 했다. 한편 데인저팀은 조직의 우선순위와 씨름하고 있었다. 그들이 개발한 사이드 킥Sidekicks은 여전히 수백만 대가 사용되고 있었다. 하지만 그 팀은 알라드의 비전에 부합하는 인터페이스를 다시 작성하는 데도 정신을 쏟아야 했다. 알라드는 2009년 중반까지 뭔가를 시장에 내놓아야 한다고 생각하고 있었다.

안드로이드의 부상

모바일 사업은 빠르게 진화하기 시작했다. 2007년 초, 노키아, 모토로라, 삼성, 소니 에릭슨 그리고 LG 등 상위 5대 휴대폰 제조업체가 생산한 휴대폰이 전체 휴대폰 판매량의 85%를 차지했다. 스마트폰의 판매량은 총 휴대폰 판매량의 7%에도 미치지 못하고 있었다. (데디우는 2007년 이전에는 스마트폰이 실제로 존재하지 않았다고 지적한다.) 안드로이드를 사용하는 휴대폰은 2009년 1사분기까지도 전 세계 판매량 자료에 모습을 나타내지 않았다. 가트너의 추산에 따르면 약 50만 대가 판매되었다고 한다.

이동통신사들이 아이폰과 경쟁할 제품을 열심히 찾고 있었고, 심비안이 스마트폰 시장의 40% 이상을 차지하고 있었지만, HTC와 같은 휴대폰 제조업체들이 스마트폰에 관심을 보이지 않았다는 사실도 주목할 만하다. 도대체 왜 그런 것일까? 심비안은 안드로이드와 유사한 라이선스계약 형태를 가지고 있었다. 둘 다 개방형 소스이긴 했지만 특정 서비스를 실행하기 위해서는 모회사로부터 승인을 받아야 했다. (심비안의 경우, 맵스를 실행하기 위해서 노키아의 승인이 필요했다. 안드로이드의 경우, 구글 서비스의 실행을 위해서는 구글의 승인이 필요했다. 안드로이드용 앱이 안드로이드 시장에 판매되기 위해서도 구글의 승인을 받아야 했다.)

하지만 안드로이드는 구글의 엄청난 인기에 기반해 개발된 것이었다. 2008년 10월 출시된 (대만의 HTC가 생산한) 첫 안드로이드폰 G1은 하드웨어 면에서는 별 특징이 없었다. 몇몇 노키아 모델에 가까운 슬라이드 아웃 키보드, 그리고 제한적인 스크린 터치 기능 정도가 눈에 띄었다. 그 안드로이드폰의 주된 특징은 구글 서비스와의 긴밀한 결합이었다. 그 폰을 사용하려면 먼저 구글 계정을 만들어야 했다. 그리고 그 계정을 통해 구글검색, 지도, 이메일 그리고 달력 기능에 접근할 수 있었다. 나는 제품 평에서 '이것은 스티브 발머가 정말 싫어할 만한 폰이다'라고 적었다. 그리고 또 하나 흥미로웠던 점은 앱의 수가 점점 증가하고 있다는 사실이었다.

2009년 4사분기부터 안드로이드는 본격적인 성장을 시작했다. 가트너의 전 세계 판매실적 자료에 따르면 그 기간 동안 4백만 대 조금 넘는 안드로이드폰이 판매되었다. 그 기간 동안 판매된 5천3백만 대의 스마트폰 중 7%에 해당하는 수치였다. 하지만 마지막 하락세가 시작되기 직전 마이크로소프트가 기록한 최고 판매량에 버금가는 수준이었다. (그 시기 아이폰의 판매량은 전 세계 스마트폰 판매량의 16%로 20%의 RIM을 바싹 추격하고 있었다.)

안드로이드폰은 특히 중국시장에서 환영을 받았다. 중국에서는 증가세에 있는 모바일 사용자들이 아이폰과 거의 유사하면서도 훨씬 저렴한 휴대폰을 찾고 있었다. 영국과 미국의 애플 스토어에서 한 아름의 아이폰을 사려고 한 대당 수백 파운드를 (달러환율이 좀더 유리했기 때문에 일반적으로 달러로 결제가 이루어졌다.) 써버리는 중국 회색시장의 수입업자들도 도저히 아이폰의 수요를 감당할 수가 없을 정도였다.

애플이 스마트폰 시장의 윗부분을 잘라먹고 있을 때, 다양한 제조업체들이 생산한 여러 안드로이드폰은 마치 흰개미처럼 시장 바닥을 샅샅이 훑기 시작했다. 안드로이드폰을 만드는 것은 휴대폰 제조업체들에게 문제도 아니었다. 그들은 계획을 신속하게 수정할 수 있었고 다양한 운영체제로 빠르게 변환할 수 있었다. LG, 모토로라, 그리고 삼성은 모두 2009년 부터 안드로이드폰을 공급하기 시작했다. 소니 에릭슨은 2010년 중반부터 그 대열에 합류했다. 하지만 노키아와 RIM처럼 자체 OS를 갖고 있는 회사들이 이런 작업을 하기는 쉽지 않다. 또한 그 회사들이 이런 작업을 하는 것은 생사를 걸어야 하는 모험일 수 있다.

한편 마이크로소프트 내부에서는 핑크 프로젝트가 여러 가지 문제에 봉착하고 있었다. 리스는 윈도우모바일이 터치기반 아이폰이나 안드로이드폰과 같은 신세대 스마트폰의 경쟁상대가 될 수 없다고 판단했다. 메트로Metro지에 따르면 전체 플랫폼은 윈도우폰이라는 새 코드집합으로 새롭게 작성되고 있었고 터치인터페이스를 포함하고 있었다. 리스는 핑크를 두고 벌어졌던 힘겨루기에서 승리를 거두었다. 핑크는 모바일 프로젝트였다. 따라서 그가 책임을 맡게 되었다. 그는 이 새 플랫폼이 윈도우폰과 같은 코드를 사용해야 한다고 결정했다. 데인저는 선이 개발한 프로그래밍 언어인 자바Java를 이용해 프로그래밍하고 있었다. 하지만, 마이크로소프트는 자신의 제품은 자신의 기술을 이용해 개발해야 한다는 입장을 고집하고 있다.

좋은 기업전략일 수도 있다. 하지만 그로 인해 프로젝트 일정을 계획대로 소화하는 데 심각한 차질이 빚어졌다. 윈도우의 '임베디드OS'인 윈도우 CE에서 실행될 수 있도록 핑크를 재작성해야 했고, 그로 인해 프로젝트 일정은 19개월이나 뒤로 늦춰지게 되었다. 리스와 알라드가 제시했던 계획에 서명했던 협력 통신사인 버라이즌은 조바심이 나기 시작했다. 그 회사는 아이폰의 독점 통신사인 (지금은 AT&T가 된) 싱귤러에게 계속 고객을 빼앗기고 있는 실정이었다. (유럽에서는 보다폰이 핑크폰을 채택하는 데 합의했다. 보다폰 역시 10대가 구입할 수 있으면서도 아이폰과 경쟁할 수 있는 제품을 원하고 있었다.)

2009년이 저물어 가면서 문제는 더욱 악화되었다. 윈도우폰 출시가 지연되지 않으려면 어쩔 수 없이 일부 기능을 포기해야 했다. 원래 일정보다 늦게 진행되고 있었다. 리스는 경쟁제품 특히 아이폰과 안드로이드폰보다 늦게 출시되지 않도록 하기 위해 자신의 팀원 일부를 윈도우모바일의 또 다른 업데이트를 진행하는 데 배치하는 수밖에 없었다. 또한 버라이존의 기분을 맞추기 위해서는 핑크가 윈도우폰 이전에 출시되어야 했다. 덕분에 핑크는 윈도우모바일의 낡은 기반인 윈도우 CE로 급하게 만들어지고 말았다.

마이크로소프트 외부 사람들은 모두 모바일 세계의 신생업체인 애플과 구글의 압박 속에서도 마이크로소프트가 화려한 부활의 날갯짓을 할 것으로 기대하고 있었다. 하지만 윈도우모바일은 급격하게 활기를 잃어가고 있었다. 거의 미동조차 없는 것처럼 보였다.

결국 2010년 4월 (킨Kin으로 이름이 바뀐) 핑크의 출시가 발표되었다. 버라이존은 2010년 5월 핑크의 두 가지 모델을 공급했다. '완전한 클라우드' 기기라는 원래의 콘셉트는 상당부분 축소되었다. 클라우드 서비스는 가입을 통한 음원 서비스에만 국한되었다. 서드파티 앱을 설치할 수 있는 방법도 없었고 앱스토어도 존재하지 않았다. 또한 게임도 설치되어 있지 않았다. 또 버라이존 직원을 통해서만 다른 휴대폰으로 주소록을 복사할 수 있었다. 달력 앱도 없었다. 마이크로소프트의 아웃룩이나 구글의 캘린더와 같은 클라우드 서비스와 동기화를 할 수도 없었다. 미국 10대들 사이에서 가장 널리 사용되는 기능 중의 하나인 인스턴트 메시지 기능도 제공하지 않았다. 메모리 확장도 이루어지지 않았고 내비게이션도 없었다.

AT&T가 자신의 고객들을 계속 빼앗아 가는 것을 그냥 지켜볼 수밖에 없었던 버라이존은 핑크의 출시 연기에 머리끝까지 화가 났고, 결국 핑크에 대한 보조금정책을 철회해버렸다. 이제 이 스마트폰은 오로지 자신의 장점만을 부각시키는 수밖에 없었다. 요금은 음성통화에 매달 40달러, 그리고 추가적인 준 패스Zune Pass 음원서비스에 대해 매달 15달러였다. 이것은 점점 종류가 증가하고 있는 안드로이드폰과 비교해볼 때 고객 입장에서는 불쾌할 정도로 형편없는 계약조건이었다. 데이터 서비스에 추가적인 요금을 지불해야 한다는 점으로 인해 이 기기의 매력은 더 이상 찾기 어려워졌다. 결국 6월 30일 판매 시작 겨우 48일 만에 킨은 시장에서 자취를 감추었다.

킨이 좌초하자, 엔터테인먼트 및 디바이스 부서를 이끌던 바흐 그리고 알라드는 회사를 그만두었다. (알라드의 퇴사는 뒤에서 살펴보겠지만, 사실 태블릿에서의 좌절과 더 관련이 있다.) 바흐의 후임은 임명되지 않았다. 엑스박스팀과 모바일팀의 리스는 이제 직접 발머에게 보고하게 되었다.

마이크로소프트에 근무하거나 이미 퇴직해버린 데인저의 전 직원들은 이런 상황에 분통을 터트리며 미니 마이크로소프트Mini-Microsoft의 블로그로 몰려들었다. 이 블로그의 운영자는 누구인지 알려지지 않았다. 그는 보다 작고, 관료적이지 않은 마이크로소프트를 자신의 기치로 내걸었다. 데인저 출신 직원들의 분노는 주로 리스를 향하고 있었다. 그 중 한 사람은 '개인적으로 나는 (윈도우폰 엔지니어링 담당 부사장) 테리 마이어슨Terry Myerson과 앤디 리스의 경영방식, 귀족적 의사결정 스타일 때문에 회사를 그만두었다'라는 글을 남겼다.

데인저 전 직원1 우리 팀과 다른 팀에서 그나마 존경을 받았던 경영자는 (그 당시 모바일 디바이스 전략과 상업화 담당 책임자인) 톰 기번스Tom Gibbons가 유일했습니다. 하지만 그는 지금 회사에서 주변으로 밀려나 있죠. 리스와 마이어슨은 소비자제품과 휴대폰에 대해서 제대로 알지도 못합니다. 기번스는 적어도 소비자제품의 개발에 대해서만큼은 잘 알고 있었습니다. 저는 정말로 앤디가 어떻게 여전히 자리를 지키고 있는지 의아하게 생각하고 있습니다. 어쨌든 마이크로소프트에게 손해라면 반가운 일이죠.

또 다른 글에는 그렇게 열정적이었던 팀이 왜 의욕이 꺾일 수밖에 없었는지에 대한 내용이 담겨 있다.

데인저 전 직원2 인수가 이루어진 직후에는 부리나케 점심식사를 마쳤고 휴식시간은 꿈도 꾸지 않았습니다. 우리는 핑크 프로젝트를 성공시켜 우리의 진면목을 보여주려고 최선을 다했습니다. 하지만 우리가 고민 끝에 내놓은 아이디어들은 계속해서 묵살당했습니다. 갈수록 힘이 빠졌고, 제품에 어떤 변화도 가져오지 못할 것이라는 사실만 분명해졌습니다. 더 노력할 이유가 없었죠. 그 다음부터는 입사 2년째 되는 날만을 손꼽아 기다리기 시작했습니다. 그래야 잔류보너스를 받고 퇴사할 수 있을 테니까요.
한때 경이로웠던 집단이 이렇게 형편없이 행동하는 것을 본 사람들에게는 유감스럽게 생각합니다. 하지만 제 말을 믿어주세요. 우리는 휴대폰을 두고 벌어진 전투를 위해 모인 최고의 집단이었습니다. 지금도 그 사실에는 변함이 없습니다. 하지만 지도자의 능력이 부족하다고 느끼는 순간, 우린 더 이상 싸우고 싶지 않았습니다.

마이크로소프트에 아직 남아 있던 직원들도 마음은 이미 회사에서 떠났다고 시인했다. 한 사람의 글에는 '남아있는 데인저팀도 더 이상 전문가가 아니었다. 데인저를 위대한 곳으로 만들었던 그 경이로운 면모는 전혀 찾아볼 수 없었다'라고 적혀 있었다.

데인저 전 직원3 그 이유는 모두가 마이크로소프트를 불신한다는 데 있었습니다. 우린 모두 엉망진창인 곳에서 일하고 있다고 생각했습니다. 이제 가능한 한 오래 점심식사를 했고 시도 때도 없이 회의실에 모여 커피를 마시며 수다를 떨었습니다. 대체로 이런 대화를 나누었죠. '우리가 뭔가 하기를 바라기는 하는 거야?' '인스턴트 메시지가 휴대폰에서 빠졌다던데 유튜브도 빠지게 되나? 앱스토어는?' '회사가 도대체 어떻게 되려고 이 모양이야? 왜 이렇게 엉망진창인 거야?'
우리가 원래 있었던 곳은 매우 잘 운영되고, 더할 나위 없이 열정적이며 투지가 넘치는 조직이었습니다. 하지만 이곳은 의사결정이 논리가 아니라 정치에 의해 이루어지는 형편없는 조직이었습니다.

훨씬 더 신랄한 의견도 있었다. 그 글을 작성한 사람은 이름을 밝히지 않았다.

데인저 전 직원4 한번 생각해보라. 우리는 PMX(핑크 프로젝트를 위해 만들어진 부서)에 책정된 예산의 1/10만을 가지고 10년도 채 안 되는 기간 동안 멀티태스킹이 완벽하게 가능한 운영체제, 그것을 지원하는 강력한 서비스, 그리고 12개의 다양한 모델을 개발했다. 덕분에 우리 제품에 열광하고 후원하는 팬들까지 생기게 되었다. 그것들이 아이폰처럼 모바일 세상 전체를 뒤흔들 수 있을 정도는 아니었다는 점은 인정한다. 하지만 그래도 정말로 좋은 제품을 만들었다. 그간 해온 노력은 우리 사용자들의 믿기 어려울 정도의 지지와 스스로의 성취감으로 보상받을 수 있었다. 더 많은 시간과 자원이 있었다면 우리는 터치스크린을 지원하며 UI를 개선한 새로운 버전들을 출시할 수 있었을 것이다. 하지만 우리에게는 시간이 부족했다. 그리고 결국 마이크로소프트에게 인수 당하고 말았다. 그 결과를 지금 보고 있다. 바로 완전히 실패하고 만 휴대폰. 이것은 매력이라고는 찾아볼 수 없다. 시장이 원하는 기능을 제대로 갖추고 있지도 않다. 다른 것을 다 떠나서 실행조차 제대로 되지 않는 결함투성이 기기이다. 우리 모두는 (마이크로소프트 직원도 포함하여) 이 사실을 너무나 잘 알고 있다.

이런 격렬한 비난은 차치하고라도 마이크로소프트는 여전히 아이폰 그리고 새롭게 등장하고 있는 다양한 안드로이드폰과 경쟁할 수 있는 어떤 제품도 가지고 있지 못했다. 마이크로소프트가 직면한 도전은 휴대폰에만 있는 것이 아니었다. 이제 앱은 모바일 세상의 무시할 수 없는 존재가 되고 있었다. 아이폰용 앱 개발만을 목적으로 앱 개발사가 설립되었다. (2010년 1월 출시가 발표되고 4월에 시장에 나온 아이패드로 인해 보다 큰 스크린을 위한 앱을 재작성할 필요가 생겼다. 그로 인해 이 과정은 더욱 가속화되었다.) 안드로이드도 비록 앱에 직접 요금을 부과하는 것이 생각보다 어렵다는 것을 알게 되긴 했지만, 점점 더 많은 개발자와 앱을 끌어 모으고 있었다. 구글은 아이튠즈와 같은 막강한 시스템을 갖추고 있지 못했다. 아이튠즈에는 자신의 신용카드 정보를 넘겨주는 수많은 사용자들이 있지만, 그에 비해 구글은 제휴사도 별로 없는 구글 체크아웃 시스템이나 통신사를 통한 요금청구에 의존해야 했다. 그도 아니면 (구글을 통해 제공되는) 광고에서 자신의 몫을 가져가는 수밖에는 없었다.

2010년까지 노키아 내부의 진행상황은 데디우의 예상 메모보다 아주 약간 앞당겨지고 있는 상태였다. 그 메모는 세 번째 해의 상황에 대해 다음과 같이 예측했다. '아이폰이 새로운 차원(사용자 경험)에서 위협적인 존재가 된다는 것을 깨닫는다. (기술중심이 아니라) (5년 주기의) 시장중심으로 소프트웨어 층을 새롭게 구성하는 계획이 시작된다. 애플은, 물론 여전히 기존 시장의 정의로 잘 규정되지는 않지만, 기기와 서비스에서 경쟁업체로 평가 받기 시작한다.'

그나마 칭찬할 만한 것은 노키아의 이사들이 이 예측 메모의 일정보다 조금 앞서나가고 있었다는 것이다. 그들은 잠에서 깨어나 자신에 주어진 문제와 씨름하고 있었고, 자신들의 시장세분화 분석이 잘못되었다는 것을 인식했다. 대표적인 사례는 터치스크린폰과 관련된 판단이었다. 노키아는 터치스크린폰 구입을 위해 600달러를 지불하려는 인구의 비중은 관심을 기울일 만큼 크지 않다고 판단했다. 하지만 노키아의 시장점유율은 급락하고 있었고, 애플과 안드로이드는 거침없이 치고 올라오고 있었다. 노키아의 이사들은 최고경영자인 올리페카 칼라스부오에게 보다 신속한 변화를 요구하기 시작했다. 그 해 여름 칼라스부오는 마치 전투에 임하는 자세로 이사회에 도전장을 내밀었다. 나를 전적으로 지원하라! 그러지 않을 바에는 차라리 나를 해임하라.

9월 첫째 주에 그들은 칼라스부오를 해임했다. 그 후 내가 인터뷰했던 이사들은 회사의 구조개혁을 가속화할 수 있는 적기였다는 말로 그 상황이 확대 보도되는 것을 경계했다. 데디우가 보기에 칼라스부오가 실패하게 된 직접적인 이유는 아이폰과 안드로이드폰이라는 두 도전자를 물리치지 못했기 때문이 아니었다. 오히려 그 진짜 이유는 그가 내세운 사업계획이 날이 갈수록 복잡해졌다는 데 있었다. 데디우는 칼라스부오가 해임된 다음날 자신의 블로그에 다음과 같은 글을 올렸다.

데디우 노키아가 마음속에 두고 있던 것은 노키아 휴대폰을 통해 통신사에 부가가치를 창출시키고 요금을 청구할 수 있는 다양한 서비스를 제공하는 것이었습니다. 그러한 서비스의 형태에는 가입형음원서비스Comes With Music, 이메일(여러 개를 인수), 사진공유 그리고 내비게이션 등이 포함되어 있었죠.

대부분의 통신사들은 휴대폰 제조업체와의 통합이나 직접 사용자를 만나는 프로그램을 만드는 방식의 자체 서비스를 할 수 없는 상황입니다. 따라서 누구든지 전 세계적으로 화이트 레이블 방식(주문자가 없는 상태에서 생산자가 먼저 상품을 만드는 방식)의 해결책을 제시할 수 있죠. 하지만 노키아만큼 전 세계 통신사들과 밀접한 관계를 맺고 있는 업체도 없었고, 서비스를 잘 통합해줄 업체도 없었습니다. 노키아는 통신사가 약간의 추가요금으로 고객들에게 이메일과 같은 부가서비스를 제공하도록 도울 수 있었고 양 측은 그로부터 발생하는 수입을 나누어 가질 수 있었습니다. 하지만 이것은 누가 보더라도 복잡한 사업계획입니다. 성공할 가능성은 희박했죠.

이런 사업이 실패할 수밖에 없는 이유는 대부분의 구매자들이 개별 서비스에 대해 별도의 요금 지불을 꺼려한다는 데 있었습니다. 구매자들은 매달 이메일에 1달러, 음원에 2달러, 지도에 3달러 등의 방식으로 요금을 지불하는 것을 싫어합니다. 대신에 사람들은 무제한 데이터 전송과 스마트폰으로 눈길을 돌렸죠. 거기서는 이 모든 것을 인터넷을 통해 할 수 있었습니다.

칼라스부오의 후임으로 스티븐 엘롭Stephen Elop이 임명되었다. 그는 캐나다 사람으로 얼마 전까지 (엄청난 수익을 올리고 있는) 마이크로소프트의 오피스 부서의 책임자였다. 또한 그 전에는 (플래시 동영상 포맷의 생산업체로 이후 어도비가 인수한) 매크로미디어Macromedia에서 근무한 경험이 있었다. 노키아 폰에 일종의 오피스를 설치하는 계약을 진행한 적도 있었다. 그가 맡은 노키아는 만신창이가 되어 있었고, 직원의 수도 너무 많았다. 노키아를 새로워진 세상에서 버텨나갈 수 있는 날렵한 파이터로 만들어야 하는 막중한 임무가 주어졌다. 어떤 면에서 엘롭은 1996년 애플로 복귀했을 당시 잡스가 처한 입장과 비슷했다. 차이가 난다면 엘롭이 맡은 회사는 시장의 선두주자였고 여전히 많은 수익을 올리고 있다는 사실이었다. 하지만 문제는 이 회사가 정상궤도에서 이탈해 있는 상태라는 것이었다. 피처폰 시장은 하나의 상품시장으로 전락하고 있었다. 모든 피처폰이 거의 동일한 기능을 제공하고 있었다. 카메라, 동영상 및 음원 재생은 가능했다. 하지만 이메일, 웹브라우징 또는 앱은 제공되지 않았다. 스마트폰 사업분야 중 고급제품에서는 아이폰의 수요가 압도적이었다. 다른 제품들은 중간가격대의 시장을 차지하기 위해 안간힘을 쓰고 있었다.

게다가 노키아는 보다 심각한 내부문제를 안고 있었다. 노키아의 엔지니어가 밝힌 것처럼 사용자 인터페이스 비롯한 여러 시스템을 설계하는 소프트웨어팀들은 하드웨어팀들의 눈치를 살펴야만 했다. 하드웨어팀이 소프트웨어에 미치는 영향을 고려하지 않은 채 오로지 가격을 낮추기 위해 휴대폰 사양을 갑자기 낮출 수도 있기 때문이었다. 애플은 소프트웨어가 휴대폰의 핵심이라는 생각을 항상 고수해왔다. 반면에 노키아에서는 그런 생각을 일절 찾아볼 수가 없었다.

엘롭이 노키아의 최고경영자로 임명되던 무렵 마이크로소프트는 윈도우폰을 본 궤도에 올렸다. 9월 초, 완성된 코드가 드디어 언론에 공개되었다. 윈도우폰팀은 마이크로소프트 운동장에서 블랙베리와 아이폰의 '장례행렬' 행사를 열면서 자축했다. 그것은 너무 성급한 자만으로 비쳐졌다. 어떤 직원은 민망해 죽는 줄 알았다고 말했다. 윈도우폰 생산에 합류한 회사들에는 HTC, 아수스^Asus^, LG, 삼성과 델이 포함되어 있었다. 델은 별도의 생산업체를 통해 스마트폰 사업에 뛰어들기로 결정했다. (안드로이드폰 역시 공급하기로 결정했다.) 하지만 통신사들은 마이크로소프트의 지연과 윈도우모바일폰에 대한 관심 부족에 화가 나 있었다. 여름 분기에 윈도우모바일 라이선스는 겨우 3백만 개만이 판매되었다. 그 하락세는 더 이상 돌이킬 수 없는 것이 분명했다.

10월 윈도우폰의 출시행사는 국제 행사의 성격을 띠었다. 당연히 수많은 언론의 주목을 받았고, (마이크로소프트가 제시한 좋은 조건에 흡족해진) 통신사들도 휴대폰 기기를 선보이기 위해 그 행사에 참석했다. 사람들은 새롭게 선보인 사용자 인터페이스, 메트로^Metro^가 매력적이고 차별성을 갖고 있다는 데는 동의했다. 당시 (20개의 아이콘으로 구성되어 있고 그중 4개는 고정되어 있는) 아이폰과 안드로이드의 레이아웃이 사실상 표준으로 여겨지고 있었다. 이에 반해 윈도우폰의 메뉴 구성은 8개의 큰 타일로 구성되었다. 하지만 고객들은 이 새로운 기기에 매료되지 않았고 판매는 쉽게 늘지 않았다. 마이크로소프트는 그 해 말까지 2백만 대의 기기가 출시되었다고 밝혔다. 가트너의 추산에 따르면 그 중 70만 대만이 실제로 판매되었다. 그리고 1월부터 3월까지의 분기에 추가적으로 160만 대가 판매되었다. 마이크로소프트는 실제 판매 수치를 알았기 때문인지 '2백만 대 출시'보다 구체적인 발표는 삼가는 눈치였다. 1월 스티브 발머는 윈도우폰이 스마트폰 중 가장 높은 만족도를 가지고 있다는 말로 거들었다. 3월에는 윈도우폰 마케팅 담당 부사장인 아킴 베르크^Achim Berg^가 영국에서 윈도우폰이 스마트폰 OS 중 가장 낮은 반품률을 기록했다는 말을 슬그머니 덧붙였다. (내 조사에 따르면 총계로서는 사실일지도 모르지만, 모든 영국 통신사에 다 해당되는 것은 아니었다.)

윈도우폰은 힘 한번 제대로 써보지 못하고 기진맥진해 하고 있었다. 안드로이드는 서구 시장에서 압도적인 지위를 차지하고 있었다. 그리고 애플은 모든 곳에서 RIM의 시장점유율을 바짝 추격하고 있었다.

그러나 발머에게는 비장의 무기가 있었다. 2010년 10월 발머가 윈도우폰의 'glance and go' 인터페이스의 장점을 자랑하고 있던 무렵 엘롭은 한 가지 결정을 내렸다. 그는 심비안이 가망이 없다고 판단했다. 심비안은 결코 애플의 iOS, 안드로이드와 겨룰 만큼 개발자들을 끌어 모을 수 없을 것이다. 그는 앞으로 피처폰이 아니라 스마트폰이 핵심이라는 것을 잘 알고 있었다. 또한 강력한 개발자들의 생태계를 조성하는 것만이 성공할 수 있는 유일한 길이라는 것 역시 이해하고 있었다. 터치에 기반하는 새 시대에 심비안은 전혀 경쟁력이 없었다. 그것은 2년반 전에 리스가 이미 도달했던 결론이다. 엘롭이 그 결론에 도달하는 데 걸린 시간은 정확하게 리스가 마이크로소프트 모바일 부서의 책임을 맡은 후 그 결론에 도달하기까지 걸린 시간과 같았다.

노키아가 인텔과 공동개발 중이던 미고MeeGo라는 내부개발 OS에서 약간의 가능성이 엿보이기는 했다. 엘롭은 그 OS의 준비 정도에 대해서도 꼼꼼하게 따져보았다. 하지만 아직 준비가 되어 있지 않았다. 설령 준비가 되었다 하더라도 전투에 나갈 수 있을 정도는 아니었다. 미고가 노키아 스마트폰 전략의 기반이 될 수 없다는 판단이 내려졌다.

그렇다면 이제 남은 것은 한 가지 선택뿐이었다. 바로 외부 운영체제를 확보하는 것이었다. 애플과 RIM은 당연히 자신의 운영체제를 공급하지 않을 것이다. 결국 안드로이드나 윈도우폰 둘 중 하나를 선택해야 했다. 엘롭은 발머에게 전화를 걸어 자신이 '전략적 선택안'들을 검토하려고 한다고 말했다. 또한 구글의 슈미트와도 접촉했고, 그와 함께 루빈과도 대화를 나누었다. 발머도 엘롭이 마이크로소프트와 접촉하고 있다면, 분명히 구글과도 접촉하고 있을 것이라는 사실을 잘 알고 있었다.

나중에 나온 이야기지만 노키아와 마이크로소프트와의 논의는 거의 무산될 뻔했다고 한다.[46] 마이크로소프트가 노키아를 그저 하나의 휴대폰 협력업체 정도로만 대우하려고 했기 때문이었다. 당시 노키아는 세계 최대 휴대폰 제조업체였다. 유럽대륙에서는 그 이름이 휴대폰을 지칭하는 은어로 사용될 정도의 대단히 지위를 가지고 있었다. 엘롭은 노키아가 그 협상에서 유리한 입장임을 발머에게 주지시키려고 했다. 만약 노키아가 안드로이드를 선택한다면, 그것은 사실상 윈도우폰의 종말을 의미하는 것이었다. 윈도우폰은 시장 주변에서 근근이 삶을 연명해야 하는 신세로 전락하게 될 것이다. 그곳은 휴대용 리눅스 같은 결점투성이들이 세상에서 버림받은 채 숨어 지내는 흉흉한 장소였다. 그 순간 경기는 끝나는 것이었다.

하지만 협상의 귀재였던 발머는 노키아를 끌어들일 수 있는 회유책을 알고 있었다. 그것은 다름 아닌 대규모 현금과 지속적인 로열티 지급이었다. 마이크로소프트는 노키아가 나브텍Navteq 맵핑 서비스를 이용하는 비용을 지불하기로 했다. 노키아는 나브텍을 인수하고 781억 달러를 투자했지만, 총 7억2천2백만 유로의 손실을 기록하며 구글의 무료 맵핑 서비스에 발목이 잡힌 상태였다. 매출이래 봐야 손실액보다 겨우 세 배 많았을 뿐이었다. 마이크로소프트의 빙 만큼이나 밑 빠진 독에 물 붓는 격이었다. 게다가 노키아는 마이크로소프트처럼 많은 자금을 가지고 있지도 않았다. 노키아 입장에서 휴대폰 한 대당 또는 검색 한 건당 수익을 얻을 수 있다면 그나마 밑 빠진 독으로 새어나가는 물줄기를 약하게 할 수 있을 것이다. 그것은 오래 전에 칼라스부오가 세웠던 계획이기도 했다.

　엘롭은 그것 말고도 두 가지 유용한 정보를 얻었다. 하나는 마이크로소프트가 일정 정도는 법정을 통해 안드로이드를 추격하려고 한다는 사실이었다. 휴대폰에 안드로이드를 설치하는 것이 마이크로소프트의 지적재산권을 침해하는 것이라고 주장하려고 한다는 것이었다. 휴대폰 제조업체들은 그런 소송에 따른 법정싸움을 벌이는 데 구글의 지원을 얻고있지 못했다. 다른 하나는 구글로부터 알아낸 정보였다. 루빈은 특정 휴대폰 제조업체들에게는 변함없이 새 안드로이드의 RTM을 제공하지만소스코드의 공개를 조금씩 늦춰나감으로써, 안드로이드폰 제조업체들 특히 중국 회사들이 바이러스처럼 확산되는 것은 방지하려고 한다는 것이었다. (그 중 몇몇은 구글이 아니라 중국의 바이두로 검색하도록 소스를 수정할 정도였다. 그것은 구글에게는 전혀 도움이 되지 않는 것이었다.)

　노키아가 구글과 계약하지 않게 되었다는 사실은 발표 예정일인 2011년 2월 9일 이틀 전에 분명해졌다. 빅 군도트라Vic Gundotra는 트위터Twitter에 '칠면조가 두 마리라고 해서 독수리가 되는 것은 아니다'라는 간결한 글을 올렸다. 그는 2007년 선임 부사장로 구글에 합류한 전 마이크로소프트 경영자였다. 이 글은 2005년 벤큐BenQ가 지멘스Siemens의 휴대폰 사업을 인수할 때, 전 노키아 경영자인 안시 반조키Anssi Vanjoki가 했던 언급을 그대로 인용한 것이었다. (벤큐는 1년 후 파산을 신청했다.) 군도트라의 이 간결한 비난은 노키아와 마이크로소프트 두 경쟁업체 모두를 모욕하는 것이었다. 동시에 노키아와 구글 간의 안드로이드 계약이 실패했다는 사실을 분명하게 알려주었다. 경주는 아직 끝나지 않고 있었다.

　엘롭은 런던에서의 강연 도중 마이크로소프트와의 계약을 인정했다. 계약의 중요성을 강조하려는 듯 발머 역시 그 자리에 나타났다. 엘롭은 노키아의 윈도우폰이 모바일 시장에서 애플과 안드로이드에 이어 제3의 생태계를 조성하게 될 것이라고 말했다. 엘롭이 볼 때 RIM은 이미 경주에서 낙오된 상태였다. 그는 또 수천 명 규모의 인원감축안을 포함한 대대적인 구조조정안을 발표했다. 노키아의 발표는 핀란드 내에서도 사회적 파장을 일으켰다. 외국 소프트웨어로 인해 그 회사가 가진 유산을 포기해야 했다. 또 많은 노동자들이 직장에서 쫓겨나야 하는 절박한 처지가 되었다. 당연히 엘롭과 마이크로소프트는 인기가 없었다. 하지만 그 원인은 변화에 빠르게 대처하지 못한 굼뜬 노키아의 경영진들, 자신의 역할을 제대로 수행하지 못한 팀들, 그리고 모바일 시장에 합류한지 4년도 채 안된 아이폰과 안드로이드의 거센 도전에 있었다.

또한 노키아가 당분간 그 경주에 참여하지 못할 것이라는 사실 역시 분명해졌다. 엘롭은 '2011년'에 윈도우폰을 출시할 것이라고 약속했다. 정확히는 2011년 말, 대규모 출시는 2012년이 돼야 가능하다는 것이었다. 게다가 심비안이 가망이 없다는 것을 깨달은 통신사가 대폭적인 할인을 요구하자 심비안의 판매는 급락하고 말았다. 노키아도 흔들리기 시작했다. 노키아의 매출과 이익이 모두 하락했다. 5월 엘롭은 모바일 부서가 실제로 손실을 기록했다는 사실을 인정할 수밖에 없었다. 7월 그는 이 부서가 2억5천만 유로 전후의 매출을 기록했고, 휴대폰의 분기 판매량은 2010년 같은 분기에 비해 20% 하락했다고 발표했다. 노키아가 계속 손실을 기록하고 있다는 엘롭의 언급을 지켜보면서 데디우는 '독립적인 회사로서 노키아의 생존가능성에 의구심을 품는 것은 너무 당연한 일이었다'라고 언급했다.

특허 전쟁

아이폰이 판매되자마자, 노키아는 애플을 상대로 수많은 특허침해 소송을 제기했다. 애플이 터치스크린을 비롯한 수많은 모바일 관련 기술에 대해 노키아가 보유하고 있는 지적재산권을 침해했다는 것이었다. 소송의 세부사항들을 일일이 열거하는 것은 지루할 뿐이다. 단도직입적으로 결론만을 얘기하면 그 소송의 목적은 단순했다. 아이폰의 판매를 중지시키거나 그것이 아니라면 아이폰의 판매수입 중 상당부분을 자신의 몫으로 챙기는 것.

특허권은 특허 심사관이 판단할 때 비자명성의 조건을 충족하며 복제에 대한 법적 보호가 필요한 새로운 일의 방식을 의미한다. 모바일 사업에서는 특허를 보유하는 것이 하나의 생존방식이다. 발명의 여지가 너무 많기 때문이다. 전력 사용을 줄이는 방법, 휴대폰 안테나를 통해 좀더 효과적으로 커뮤니케이션 하는 방법, 기능들을 결합하는 방법, 이 모든 것이 특허의 대상이다. 사람들은 어떤 새로운 아이디어에 대해서도 특허를 획득하려고 한다. 특허가 있으면 경쟁업체의 판매로부터 수익을 얻을 수도 있기 때문이다. 이것은 자신이 직접 시장의 일부를 차지하는 것과 결국에는 마찬가지이다.

소프트웨어의 경우에는 문제가 좀더 복잡해진다. 이 경우 문제는 '정말로 소프트웨어 프로세스에 대해 특허가 인정될 수 있는가?'이다. 자명성 obviousness이란 기준은 결과물에 도달하는 방법에 대한 판단이다. 결과물이 분자인 제약산업의 경우 최종생산물이 동일한 절차를 거치지 않고 복제될 수 있으면 특허의 대상이 될 수 있다. 소프트웨어에서도 동일한 결과에 도달하는 많은 방법들이 있다. 하지만 미국 특허청은 결과에 대한 특허만을 인정하고 있다. (유럽의 특허청은 보다 엄격하며 결과에 대한 특허를 인정하지 않고 있다.)

노키아가 보유하고 있던 특허는 거의 모두 하드웨어와 프로세스에 관한 것이었다. 애플은 한편으로는 자신이 보유하고 있는 특허와 청구권으로 응수했다. 그리고 다른 한편으로는 노키아의 소송이 무관하거나 심지어 특허 대상이 되지 않는 것을 강조해 소송이 기각될 수 있도록 노력했다. 그 분쟁은 거의 4년의 시간을 끌다가 2011년 6월 합의에 도달했다. 애플은 손해배상금 지급, 지속적인 로열티 지급, 그리고 많은 특허에 대해 노키아와 상호라이선스계약을 체결하는 데 합의했다. (하지만 애플은 아이폰을 특별하게 만드는 대다수의 혁신은 이에 해당되지 않았다고 언급했다.)

애플이 노키아에게 완전히 굴복할 필요는 없었다. 애플에게는 모바일 사업에서의 짧은 경력에도 불구하고 크리에이티브 테크놀로지Creative Technologies와의 경험을 통해 얻은 교훈이 있었다. 그것은 가능한 한 빨리, 그리고 자주 특허를 받아놔야 한다는 것이었다. 크리에이티브 테크놀로지는 자신들이 아이팟 메뉴의 특허를 보유하고 있다는 근거로 애플을 고소했었다. (잡스는 억울한 심경을 토로했다. 그는 2006년 8월 애플이 그 회사에게 1억 달러 이상을 지불해야 했을 때 '그들은 정말 운 좋게도 이 특허를 일찍 획득했었다'라고 언급했다.) 애플은 35년의 역사를 자랑하는 하드웨어 회사이다. 따라서 애플에게도 무시 못할 정도의 특허 포트폴리오가 있었다. 하지만 모바일 사업에서는 그렇지 못했다. 특허 소송에 휩싸였을 때는 몇 가지 지적재산권에 대해서라도 권리를 주장할 수 있어야 한다. 그러지 못하면 힘 한번 써보지 못하고 밀리게 된다.

잡스 또한 안드로이드가 아이폰을 복제했다는 사실을 눈치채자마자 신속하게 특허를 활용했다. 2010년 HTC는 새로운 안드로이드 2.1 소프트웨어가 탑재된 휴대폰을 출시했다. 이 휴대폰에는 핀치투줌pinch-to-zoom 기능을 비롯하여 아이폰과 유사한 여러 기능들이 있었다. 잡스는 이 소식을 접하고 흥분을 감추지 못했다. 당시 잡스는 "내 몸이 부서지는 한이 있더라도, 애플이 가진 40억 현금을 총동원하더라도, 이 상황을 반드시 바로잡을 것입니다"라고 그의 전기작자인 월터 아이작슨Walter Isaacson에게 얘기했다. "나는 안드로이드를 박살내고 말 겁니다. 그것은 한마디로 장물입니다. 핵전쟁이라도 불사하고 싶은 심정입니다."47 애플은 HTC를 상대로 소송을 제기했다. 그것을 시작으로 안드로이드폰 제조업체를 대상으로 한 애플의 특허 소송이 줄을 이었다.

슈미트는 3월 팔로 알토의 한 카페에서 잡스를 만났다. 모바일 사업에서 구글과 애플의 이해갈등이 표면화되자 애플의 이사직을 그만둔 상태였다. 잡스 전기에 따르면 잡스는 미팅 초반에는 차분한 태도를 보이다가 후반부로 갈수록 화를 냈다고 한다. 그는 슈미트에게 "나는 당신들의 돈을 원하는 게 아니에요. 당신들이 나에게 50억을 준다고 해도 전혀 필요 없습니다. 아시다시피 나는 돈이 차고 넘치는 사람이에요. 내가 바라는 건 단 하나뿐입니다. 더 이상 우리의 아이디어를 도용하지 않았으면 합니다"라고 얘기했다. (슈미트는 그 만남에 대한 언급 자체를 거부했다.) 모토로라와 삼성에 대한 소송도 곧바로 이어졌다. 하지만 시간을 잡아먹는 데 특허 소송만한 것은 없을 것이다. 결국 잡스는 안드로이드 소송의 최종판결을 보지 못한 채 세상을 떠나고 말았다.

마이크로소프트는 소프트웨어의 특허를 획득하는 데 심혈을 기울여왔다. 데인저의 인수로 그 회사가 보유하고 있던 특허까지 소유하고 있었고, 또 다른 많은 휴대폰 제조업체들로부터 출원된 상태의 지적재산권을 인수해왔다. 휴대폰 시장에서 안드로이드폰이 다른 업체들을 압도하기 시작하고 윈도우폰이 시장 견인력을 좀처럼 얻지 못하자, 마이크로소프트는 특허를 승리를 위한 하나의 수단으로 활용하기 시작했다. 마이크로소프트는 안드로이드 휴대폰이 자신의 코드를 하드웨어에 구현했다고 특허침해 소송을 제기하기 시작했다.

그 결과, 2011년 10월 마이크로소프트는 10개의 안드로이드폰 제조업체와 특허권에 대한 라이선스 계약을 체결했다. HTC에서는 판매되는 휴대폰 한 대당 5달러를 지불하기로 했다는 소문이 돌았다. (HTC는 구체적인 수치를 알려달라는 나의 요청을 거절했다.) 삼성과 마이크로소프트는 2011년 9월 계약을 체결했다. 들리는 소문에 의하면 삼성이 한 대당 8달러 전후의 라이선스료를 지불하기로 했다고 한다. (그 가격이 15달러일 수도 있다는 소문도 돌았다.) 만일 15달러라고 한다면 안드로이드폰 대당 라이선스 비용이 거의 윈도우폰 라이선스 비용과 맞먹는 수준이 된다. 구글은 마이크로소프트가 휴대폰 제조업체를 상대로 소송을 제기한 사실을 두고 한마디로 '강탈'이라고 맹비난을 퍼부었다. "그들은 스마트폰 시장에서 실패하자, 법적 수단을 동원해 다른 회사들의 이익을 강탈하고 있다. 그 이익은 그 회사들이 이룩한 성취에 대한 보상이다. 그런 행위로 인해 혁신의 속도는 늦춰질 수밖에 없다."[48] (마이크로소프트의 홍보담당 임원인 프랭크 쇼 Frank Shaw는 구글의 이러한 언급에 대해 자신의 견해를 밝힐 수 있는 기회를 얻게 되어 기쁘다며 '그 긴 문장을 한 단어로 압축하면 와~입니다'고 언급했다.)

물론 그것도 하나의 아이디어였다. 마이크로소프트는 윈도우폰 라이선스 계약자들에게 특허에 대한 보호를 제공한다. 만약 그들이 고소당한다면 마이크로소프트는 그들을 대신해 법정에 설 것이다. 하지만 구글은 안드로이드에 대해 그런 태도를 취하지 않는다. 이 사실은 아주 분명해지고 있었다. 마이크로소프트는 가격만 맞으면 라이선스 계약을 체결하려고 했다. 따라서 애플처럼 굳이 법정까지 갈 필요도 없었다. 따라서 시간이 오래 걸리는 법정싸움에 휘말리지 않아도 되었다. 아이러니 하게도 이런 마이크로소프트의 대응은 애플식 정면대응에 비해 안드로이드 라이선스를 보유하고 있는 회사들에게 자신의 가치를 부각시키는 데 보다 효과적이었다.

한편 구글은 자신을 법적으로 물고 늘어지는 존재에 시달리고 있었다. 구글은 안드로이드의 코드가 선마이크로시스템스가 개발한 자바코드로부터 복제된 것인지, 차용된 것인지, 라이선스를 확보한 것인지, 아니면 재구상된 것인지를 두고 오라클이 제기한 소송으로 정신이 없었다. 오라클은 2009년 중반 자신이 선을 인수한 이후부터 발생한 특허침해에 대한 손해배상으로 61억 달러를 요구했다. (구글은 은행에 360억 달러의 현금을 가지고 있었다.)

안드로이드는 두 전선에서 공격을 받고 있는 상황이었다. 그런 와중에 구글은 자신의 지위를 재탈환할 수 있는 기회를 발견했다. 그것은 바로 캐나다 텔레커뮤니케이션 회사인 노텔Nortel이 보유하고 있는 6,000개에 달하는 특허에 대한 파산 경매였다. 이 특허는 주로 모바일 및 미래의 모바일 기술과 관련된 것이었다. 4G로도 알려진 차세대 고속모바일 접속시스템인 LTE도 포함되어 있었다. 이 특허들로 무장할 수만 있다면 마이크로소프트나 노키아와 같은 회사의 공격은 문제도 아니었다. 게다가 앞으로 출시될 휴대폰과 관련하여 라이선스 계약을 거절할 수 있다. 엄청나게 높은 라이선스료를 요구할 수도 있다. 또는 다른 특허문제를 해결하기 위해 상호 라이선스 계약을 제시할 수도 있다.

6월 27일 경매가 시작되었을 때, 구글 이외에도 많은 회사들이 입찰에 참여했다. 입찰에 참여한 회사에는 애플, 인텔, 록스타 비드코Rockstar Bidco(사실은 RIM, 마이크로소프트, Sony의 위장기업) 등도 포함되어 있었다. 입찰가격은 9억 달러부터 시작되었다. 그리고 빠르게 가격이 상승했다. 5 라운드를 마쳤을 때 록스타 비드코가 입찰을 포기했다. 이제 애플, 구글 그리고 칩 생산업체인 인텔만이 남게 되었다.

그때 애플이 록스타 비드코의 트리오에게 연합을 제안했고 그 제안은 받아들여졌다. 이제 이 연합체가 입찰에 계속 참여하게 되었다. (아마 애플이 이런 제안을 한 이유에는 미 법무부의 입장 표명도 포함되어 있을 것이다. 미 법무부는 애플이 그 경매에서 특허를 낙찰 받을 경우 반독점법을 위배하게 될 수도 있다는 우려를 표명했었다.) 한 라운드가 더 지나자 인텔이 입찰을 포기했다. 하지만 인텔은 다시 구글에 합류했다. 양 쪽이 5천만 달러씩 입찰가를 올렸다. 이 와중에도 구글팀은 3.14159십억 달러(파이 십억 달러)를 입찰함으로써 다시 한번 수학적 농담을 던지는 여유를 보였다. 입찰 초기에도 그들은 일반인들이 보기에는 이상할 정도로 구체적인 입찰가격을 제시하곤 했다. 예를 들면 1,902,160,540달러 라든가 2,614,972,128 달러 등이었다. 이것은 실제로 10억이 곱해진 소수와 관련된 선뜻 이해되지 않는 정수였다. 마침내 입찰가격이 45억 달러에 이르자 구글과 인텔은 입찰을 포기하고 말았다. 그 다음주에 슈미트는 "그 가격은 우리가 생각하고 있었던 최고 가격을 넘어선 것이었습니다"는 말로 그 결과를 가볍게 무시해버렸다. (구글에서는 경제학자인 할 베리언Hal Varian이 경매 전략에 대해서 자문해주고 있었다.)

하지만 루빈은 구글이 안드로이드를 보호하기 위해서는 정말로 많은 특허 포트폴리오를 확보할 필요가 있다는 것을 깨달았다. 7월 초 루빈과 페이지는 모토로라 모빌러티MMI의 최고 경영자 산제이 자Sanjay Jha를 만났다. 그 자리에서 그들은 모토로라가 보유한 엄청난 양의 특허를 구글이 인수하는 문제에 대해 논의했다. 그 회사는 그 해 1월 모토로라로부터 독립했다. 그 회사가 보유하고 있는 특허권은 주로 핵심 모바일 기능을 포함하고 있었다.[49] 일단 휴대폰 자체를 발명한 회사가 모토로라였다. 그 만남에서 주로 논의된 것은 안드로이드 생태계의 보호였다. 하지만 MMI는 특허권을 판다는 것은 가보를 내다 파는 것과 마찬가지라고 생각하고 있었다. 그 달 말 양측은 가격협상을 시작했다. MMI는 자신이 그 협상에서 절대적으로 유리한 입장이라는 것을 잘 알고 있었다. 그 달 말 열린 실적발표에서 그는 MMI가 다른 안드로이드 휴대폰 생산업체에 대해 특허침해 소송을 제기할 수 있음을 넌지시 내비쳤다. 마이크로소프트도 했는데 MMI라고 하지 말란 법은 없지 않은가?

이런 MMI의 전술로 인해 구글은 8월 1일 어쩔 수 없이 주당 30달러의 가격을 제시했다. 이 가격이라면 MMI의 가치는 약 90억 달러가 된다. 당시 시장가치에 비해 1/3 더 높은 것이었고 노텔 특허 인수가격의 두 배에 해당되는 금액이었다. 하지만 산제이 자는 구글로부터 더 많은 것을 얻어낼 수 있다고 확신했다. 그는 이사회를 설득해 그 제안을 거절하도록 했다. 당시 MMI를 위해 일하고 있던 투자은행가, 프랭크 쾃트론Frank Quattrone은 구글에게 주당 43.50달러면 수용하겠다는 제안을 했다.

8월 9일 화요일 이른 시간. 협상 제시가격은 아직 비밀로 붙여져 있는 상태였다. 페이지는 다시 37달러를 제시했다. 산제이 자는 40.50달러라면 동의하겠다고 대응했다. 그리고 공개컨퍼런스에서 진행된 강연에서 모토로라가 보유한 특허의 중요성을 거듭 강조하며, 다시 한번 안드로이드폰 생산업체를 고소할 수도 있다고 위협했다. 심지어 MMI는 노키아의 전례를 따라 같은 조건이라면(수십 억의 선금지급, 마케팅지원, 주문제작) 마이크로

소프트의 윈도우폰과 완전히 통합될 수도 있다는 뜻을 내비쳤다.[50]

결국 페이지는 입찰가격을 40달러까지 높였다. 단 8월 14일까지 산제이 자가 서명해야 한다는 조건이었다. 그의 강연이 페이지의 첫 번째 가격 제시 이전이었는지, 아니면 첫 번째와 두 번째 가격 제시 사이였는지는 확실치 않다. (구글은 나에게 답변하는 것을 거절했다.) 하지만 MMI가 구글의 절실함을 알아차리고 강한 압박을 가했던 것만은 분명하다. 산제이 자가 가진 5백만 주에 달하는 스톡옵션의 가치는 그 9일 사이에 1억1천2백만 달러에서 1억5천만 달러로 그리고 다시 2억 달러까지 치솟았다. 하지만 그는 결코 서두르지 않았다. 다시 6일이 지난 8월 15일 아침 일찍, 마침내 그 계약이 이루어졌다. 6주라는 시간이 걸리고 125억 달러라는 거금이 들었지만 결국 구글은 안드로이드를 보호하기 위해 필요했던 특허를 획득하게 되었다.

노무라 리서치의 섹터 애널리스트인 리처드 윈저Richard Windsor는 구글과 MMI의 계약으로 평화의 시대가 도래했다고 여겼다. "특허와 관련된 상황은 분명합니다. 지적재산권에 관한 한 가진 것이 전혀 없었던 안드로이드 휴대폰 제조업체들이 앞으로는 모토로라의 만7천 개에 이르는 특허의 혜택을 누릴 수 있을 것입니다." 그는 구글이 애플이나 RIM처럼 수직적 통합을 추구하기는 어려울 것으로 보았다. 구글의 입장에서는 자신이 직접 나서는 것보다는 좀더 큰 규모의 삼성, HTC 같은 안드로이드폰 제조업체들이 (시장을 차지하는 데 혈안이 되어 있는) 애플, 마이크로소프트와 경쟁할 수 있도록 돕는 것이 더 나을 것이다. "특허권에 관한 한 이제 모두 다 잘 무장되어 있습니다. 따라서 앞으로는 소모적이고 경쟁적인 소송의 시대는 가고 우호적인 평화의 시대가 도래할 것으로 기대됩니다."[51]

구글은 휴대폰사업에서 무엇을 할 것인지에 대해 자신의 의사를 내비치지 않았다. 휴대폰을 판매할 것인가? 아니면 휴대폰 사업을 중단할 것인가? 여하튼 페이지와 루빈은 원하는 것을 얻게 되었다. 물론 페이지가 자신도 모르는 사이에 자신이 얼마나 쉽게 협상을 서두를 수 있는지 드러내기는 했지만 말이다.

한편 마이크로소프트의 입장에서는 윈도우폰보다 안드로이드폰이 더 전망이 있는 사업으로 비쳐지기 시작했다. 심지어 코드를 작성할 필요도 없다. 추산에 따르면, 안드로이드의 현재 성장 궤적으로 볼 때 2012년 말까지 특허 로열티만 수십억 달러에 이르는 사업이 될 수도 있다.[52] 게다가 그것은 거의가 순이익이다.

앱 특허

마이크로소프트가 휴대폰 제조업체들에게 소프트웨어에 대한 특허 권료 지불을 요구할 수도 있다. 하지만 그런 일은 뒷맛이 개운치 않은 법이다.

스마트폰이 본격적인 궤도에 오르자, 미국의 로드시스Lodsys와 매크로솔브MacroSolve는 미국과 그 외 지역의 개발자들이 자신의 지적재산권을 침해했다고 소송을 제기하기 시작했다. 이 두 회사는 미국에서 승인된 소프트웨어 특허를 보유하고 있었다. 애플과 구글은 관련 특허의 라이선스를 이미 구입한 상태였다. 로드시스로부터 구입한 라이선스 중에는 앱 내 구매in-app purchase 라이선스도 포함되어 있었다. 그것은 애플 자체의 SDK를 통해서만 이용 가능한 기능이었다. 그리고 자신들이 확보한 라이선스를 통해 개발자들까지 보호할 수 있다고 밝혔다. 하지만 2011년 7월

중순 무렵부터 영국의 개발자들은 미국의 어떤 플랫폼용 앱도 더 이상 판매하지 않기 시작했다. 첼튼햄에 거주하는 영국인 개발자 숀 오스틴 Shaun Austin은 트위터에 '미국에서 소프트웨어를 판매하는 것은 이미 티핑 포인트에 도달했다. 더 이상 가망이 없어 보인다'라는 글을 올렸다. 미국은 영어권 국가 중 단일시장으로서는 최대 규모다. 그런 시장과 단절한다는 것은 그만큼 많은 잠재 고객들을 포기해야 하는 것이다. 하지만 독립 개발자들은 이제 미국시장을 위험한 곳으로 바라보기 시작했다.

스마트폰의 미래를 위협하는 한 가지를 꼽으라고 한다면 그것은 단연코 특허일 것이다. 특히 소프트웨어 특허가 그렇다. 과정이 아니라 결과물에 대해서만 인정하기 때문이다. 특허 소송에 휘말릴까 무서워 개발자들이 선뜻 개발하려고 하지 않는다면, 앱 시장은 자금 사정이 좋고 법적 보호를 받을 수 있는 개발자들의 독차지가 되어버릴 것이다. 그리고 아주 적은 개발자들의 롱테일은 발전하지 못할 것이다. 그 속에 수많은 위대한 아이디어들이 존재할 수 있는데도 불구하고 말이다. 특허분쟁은 1년 심지어 2년이 지나도 쉽게 결판이 나지 않는다. 그렇게 개발자들이 특정 플랫폼용 소프트웨어를 개발하지 못하고 그에 따라 앱의 수가 줄어들면 그만큼 특정OS에 대한 의존도는 감소하게 될 것이다. 그런 상황은 애플, 구글, 마이크로소프트 모두에게 결코 달가운 일이 아니다. 이들이 로비를 통해 그 거대한 소프트웨어 특허 보유자들의 마음을 돌려놓을 수 있을지는 미지수다. 하지만 크레이그 호켄베리Craig Hockenberry와 같은 개발자의 경험을 보면 그 전망이 그리 밝아 보이지는 않는다. 호켄베리가 제작한 트위터리틱Twitterritic이라는 앱은 많은 사람들이 트위터에 합류하는 데 큰 기여를 했다. 그런데 그는 하루 아침에 하나도 아니고 두 개의 회사로부터 특허 침해 소송을 당하게 되었다. 그는 트위터에 '나는 내 운명을 스스로 통제하고 싶어서 독립 개발자가 되었다. 하지만 이제 더 이상 그러지 못한다'라는 탄식 섞인 글을 올려놓았다. 이제 특허는 혜택이 아니라 커다란 부담으로 여겨지기 시작했다.

가장 큰 미스터리는 로드시스와 매크로솔브의 배후다. 로드시스는 자신이 보유한 특허권을 인텔렉추얼 벤처스Intellectual Ventures라는 회사로부터 인수했다. 그 회사는 마이크로소프트의 전 경영자였던 네이션 미어볼드Nathan Myhrvold가 오직 특허를 인수하고 활용할 목적으로 설립한 회사다. 그리고 자신이 보유한 특허 포트폴리오를 활용할 수 있다는 사실에 기반해 막대한 벤처자금을 유치할 수 있었다. 그런데 왜 직접 활용할 수 있는 특허권을 (로드시스와 같은) 일인 기업으로 보이는 회사에게 양도한 것일까? 특허권을 활용하기 위해 설립된 회사가, 자금사정이 나쁘지도 않은데, 그 소중한 특허권을 왜 신규업체에게 넘겨준 것일까?

인텔렉추얼 벤처스에게 로드시스와 재정적 면이나 아니면 기타 다른 면에서 어떤 관계인지를 물었을 때, 내가 들을 수 있었던 것은 다음과 같은 정중한 답변뿐이었다.

인텔렉추얼 벤처스 사업상 필요하다고 판단하면 우리는 특허를 판매합니다. 방어적 목적으로 사용하려는 회사든, 자금화하려는 회사든 말이지요. 때로는 계약조건에 따라 그 회사의 활동에 재정적 관심을 갖기도 합니다. 하지만 기본적으로 우리는 일단 특허를 판매한 후에는 그 회사들이 그 특허를 자금화하는 경로에 대해서 통제나 관여를 하지 않습니다.

로드시스와 매크로솔브가 인텔렉추얼 벤처스가 세운 유령회사라는 이야기도 들렸다. 그 소문에 의하면 인텔레추얼 벤처스는 소송으로 수익을 얻으면서 동시에 소송에 패했을 경우 아무런 손해도 보지 않으려고 이 두 회사를 설립했다는 것이다. (인텔렉추얼 벤처스는 이에 대해 일체의 언급을 사양했다.) 현재는 가내 수공업 형태로 엄청나게 많은 개발자들이 앱을 개발하고 있다. 하지만 몇몇 사람들은 미국의 소프트웨어 특허로 인해 이런 앱 개발이 장기적으로 일부 대기업만 참여하는 사업으로 변질될 수 있다는 우려를 표명했다.

앱은 중요하다. 애플은 2011년 9월말까지 개발자에게 총 30억 달러를 지불했다고 공식 발표했다. 데디우가 이 수치에 기초해 추산한 바에 따르면 앱은 조만간 음원판매를 능가하는 가치를 창출시키는 사업이 될 것이다.

티핑포인트

2010년 말, 모든 종류의 휴대폰을 다 통틀어 세계 5대 판매업체는 노키아, 삼성, LG, RIM 그리고 애플이었다. 하지만 그들의 판매량은 전체 판매량의 59%만을 차지하고 있었다. '화이트박스' 휴대폰을 생산하는 중국의 제조업체들을 포함한 기타 업체들이 나머지를 채우고 있다. 낡은 질서는 조금씩 무너지고 있었다. 중요한 것은 최대 판매기업이 더 이상 압도적인 지위를 누리지 못하고 있다는 사실이다. 스마트폰만을 생산하는 애플과 RIM이 5대 기업에 이름을 올렸다는 사실은 이 사업의 변화하는 모습을 여실히 보여주고 있다.

2011년 4월 애플은 분기실적을 발표했다. 그 기간 동안 천8백6십만 대의 아이폰이 판매되었고 그 결과 123억 달러의 매출이 발생했다. 그 다음

날 아침 노키아도 실적을 발표했다. 노키아는 2천4백2십만 대의 스마트폰과 8천4백3십만 대의 피처폰을 판매했다. 하지만 매출은 단지 71억 유로(103억 달러)에 그치고 말았다. 이 사업에 뛰어든 지 4년도 채 되지 않아서 애플은 매출 면에서 세계 최대의 휴대폰 제조업체가 되었다. 그리고 수익성 역시 가장 높은 회사일 것이다. 아이폰의 평균 판매가격은 660달러였다. 반면 노키아 스마트폰의 판매가격은 147유로(213달러)였다. 하지만 노키아 스마트폰의 판매가격은 계속 하락하고 있었다. 2년 전 가격은 190유로(272달러)였다. 3개월 후 애플은 2분기에 2천만 대 이상의 아이폰을 판매했다고 발표했다. 노키아는 같은 분기에 천7백만 대에 못 미치는 판매량을 기록했다. 한편 가트너의 추산에 따르면 안드로이드 휴대폰은 40% 전후의 시장점유율을 확보하고 있었다. 그 중 삼성만이 애플의 판매량에 근접해 있었다.

스마트폰시장은 어느새 갑작스러운 변화와 장애에 취약한 곳이 돼버렸다. 애플의 고가 제품 공략은 성공적이었다. 저가 제품에 대한 안드로이드의 파상적인 공격은 기존업체들의 입지를 흔들었다. 노키아와 RIM에 불어 닥친 위협은 과거에 비해 훨씬 심각해 보였다. 월스트리트 저널에 기고하는 크리스 로턴Chris Lawton은 그 결과에 대해 논평하면서 노키아가 시대에 뒤떨어진 심비안 운영체제를 중단하려고 한다고 언급했다. 그는 "핀란드인들은 자신의 다이아몬드가 점점 석탄덩어리로 되돌아가는 것을 지켜보면서 틀림없이 좌절감을 느끼고 있을 것입니다"라고 덧붙였다.[53] 그러나 노키아에게도 비장의 무기는 남아 있었다. 노키아는 형편없는 실적을 발표하면서 마이크로소프트와의 계약 체결 사실도 함께 발표했다. 노키아는 결국 고급 휴대폰의 운영체제로 심비안 대신 윈도우폰을 채택하기로 했다. 그리고 그 계약이 노키아에게 수십억 달러를 안겨줄 것이라고 덧붙였다. 심비안의 불꽃은 조금씩 꺼져가고 있었다. 하지만 윈도우폰이 노키아의 햇불을 계속 들고 나아갈 채비를 하고 있었다.

폴 그리핀은 안드로이드폰이 성공을 거두었음에 불구하고 문제점을 안고 있다고 생각했다. 그는 다양한 제조업체(물론 이 점 때문에 안드로이드폰의 가격이 하락할 수 있었다.)로 인한 통일성이 부족이 고객들의 눈에 문제점으로 비춰질 것으로 보았다.

> 그리핀 커넥터가 같고 기능이 같다면(비록 형태와 특성이 약간씩 다르더라도 전반적으로 같은 기능을 한다면) 보다 나은 설치기반이 될 것입니다. 판매하는 데 도움이 많이 되겠죠. 안드로이드폰들이 같은 액세서리를 쓸 만큼 표준화가 된다면 구글에게도 많은 도움이 될 겁니다. 물론 몇 가지는 아예 표준화가 불가능하겠지요. 예를 들어 케이스가 그런 경우에 해당합니다. 하지만 스피커는 표준화가 안 될 이유가 전혀 없습니다.[54]

2003년 4월 이후 30핀 독을 비롯해 거의 모든 아이팟과 아이폰 모델을 표준화한 덕분에 애플은 하드웨어 생태계를 조성할 수 있었다. 액세서리 회사로부터 벌어들이는 라이선스료는 연 수십억 달러에 이른다. (독과 호환을 위해서는 특별한 칩이 필요하다.) 반면에 안드로이드폰들은 충전단자가 아래쪽에 있기도 하고, 왼쪽에 있기도 하고, 오른쪽에 있기도 하다. 각 안드로이폰 아래 부분의 형태도 제각각이다. 어떤 액세서리 회사도 안드로이드 스피커 독을 판매하려고 하지 않을 것이다. 안드로이드폰이라는 통일된 폰 자체가 존재하지 않기 때문이다. 정신을 못 차릴 정도 빠르게 변화하고 있다. '최고의 제품'(가장 빠른 프로세서, 가장 많은 기능, 또는 가장 홍보가 잘된)은 월 단위로 심지어는 주 단위로 바뀌고 있다. 어떤 제조업체라 하더라도 최소한(일반적으로 micro-USB충전기)으로 필요한 것 이상의 표준화를 꺼린다. 그 이유는 경쟁업체가 자신의 액세서리 시장을 훔쳐갈 수 있기 때문이다. 하지만 하드웨어 생태계가 없다면 그 기기에 대한 고착(충성도)이 발생할 가능성도 그만큼 적을 수밖에 없다. 그리고 사람들을 하나의 제조업체와 플랫폼에 묶어두는 데 필요한 것은 휴대폰 소프트웨어, 즉 앱의 소프트웨어 생태계지 독특한 잭이 아니다.

스마트폰은 너무나 빠르게 변화하고 있다. 2011년 전 세계에서 팔린 모든 종류의 휴대폰 중 스마트폰은 25%이다. 51억 휴대폰 사용자 중 8억 명이 모바일 인터넷 접속이 가능하다. 사람들이 점점 모바일로 옮겨가면서 2000년대 중반 15억이었던 유선인터넷 사용자의 수는 12억으로 줄어들었다. 3G 데이터를 가장 먼저 도입했던 일본에서만 스마트폰의 보급이 난항을 겪고 있다. 일본 휴대폰 판매량의 10%가 스마트폰이다. 일본에서는 피처폰이 스마트폰의 모든 기능을 하고 있다. 단 다운로드 받을 수 있는 앱만 없을 뿐이다. 일본이 스마트폰의 불모지라는 사실은 분명해 보인다.

데디우는 전체 사용자의 절반이 스마트폰을 보유하게 되는 시점을 티핑포인트라고 불렀다. 그 순간이 되면 더 이상 '스마트폰'이라는 말을 사용하지 않게 될 것이다.

혁명은 손안에서 이루어질 것이다.

IDC와 가트너에 따르면 2010년 4사분기에 전 세계적으로 1억 대의 스마트폰이 판매되었다고 한다. 이것은 인상적인 수치이다. 같은 시기 PC의 판매량은 9천3백만 대로 자신의 기록을 경신했다. 하지만 처음으로 스마트폰의 판매량에 추월을 당하게 되었다. (두 회사가 제공하는 PC 판매량은 약간 차이가 난다. 한 회사는 9천3백5십만 대이고 다른 회사는 9천2백십만 대이다.) 2011년 1사분기에서도 이런 추세는 계속되었다. 특히 미국과 서유럽에서는 확실히 PC 판매량의 증가가 주춤하기 시작했다. PC 판매 전망이 밝은 곳은 중국, 인도, 라틴아메리카 정도다. 2011년 첫 세 달 동안 PC 판매량은 실제로 전년 대비 2% 하락한 8천4백만 대였다. 반면에 스마트폰의 판매는 계속 급증하고 있었다. 같은 분기에 스마트폰 판매량은 1억 대였다. 이제 더 이상 돌이킬 수 없는 변곡점을 지나고 있었다.

매분기마다 점점 더 많은 아이폰 고객이 생긴다는 것은 애플에게는 희소식이다. 마찬가지로 구글에게 안드로이드폰 고객의 증가는 언제나 희소식이다. 왜냐하면 안드로이드 고객층은 거의 항상 구글 계정에 가입한 후 서비스를 이용하기 때문이다. 하지만 이런 사실들은 마이크로소프트에게는 나쁜 소식일 수밖에 없다. PC 판매는 그 회사 이익을 지탱하는 한 축이다. 다른 축은 오피스와 서버 판매다. PC 판매가 줄어든다는 것은 윈도우 판매 수입이 줄어든다는 것을 의미한다. 만일 스마트폰이 PC가 아직 도달하지 못한 지역, 특히 개발도상국에서 아예 처음부터 PC를 대체해버린다면 마이크로소프트의 미래 수입까지 위협받게 되는 것이다. PC에 설치되는 윈도우의 라이선스료(약 55달러이고 그 중 약 40달러가 이익)와 윈도우폰 라이선스료(15달러이고 이익은 훨씬 더 적은) 간에는 상당한 차이가 있다. 따라서 스마트폰이 PC를 대체하면서 생기는 PC나 오피스 사업부문에서의 손실을 만회하려면 마이크로소프트는 모바일에서 이윤을 창출할 수 있는 새로운 사업을 마련해야 한다.

그 중 하나는 검색 사업이다. 2011년 마이크로소프트는 빙을 RIM과 노키아의 휴대폰에 디폴트 검색엔진으로 설정하는 계약을 체결했다. 하지만 트래픽 취득비용을 회수하는 데는 오랜 시간이 걸릴 것이다. 현재로서는 애플과 구글만이 이 부문에서 벌어진 디지털 전쟁의 승자인 것처럼 보인다. 애플은 현금을 획득했고 구글은 검색을 차지했다. 마이크로소프트가 기대를 걸 수 있는 것은 노키아의 성공뿐이다. 그러나 얼마나 성공을 거둘 수 있을지는 미지수이다.

그렇다면 스마트폰이 중요한 이유는 무엇일까? 왜 이 회사 중 누가 성공하고 누가 사라지는 것이 중요한 것일까? 첫 번째 질문에 대답하는 것은 어렵지 않다. 스마트폰은 휴대폰의 진화인 동시에 컴퓨터의 미래이다. 스마트폰은 디지털 전쟁 그 최후의 전쟁터이다.

휴대폰은 사람들이 일하고 생활하는 방식 자체를 완전히 변화시켰다. 영업사원이나 상인처럼 이동이 잦고 자신의 수입이 전화 한 통화에 달려 있는 사람들에게 휴대폰은 하늘이 내려준 선물이었다. 이것은 부유한 나라에만 해당되는 얘기가 아니다. 웁살라Uppsala 대학의 2006년 연구에 따르면 (인구의 절반 이상이 하루 1달러 이하의 소득으로 생활하는) 탄자니아의 어부가 자신의 배에서 휴대폰을 사용하게 되면서 상당한 이익을 얻게 되었다고 한다. 그들은 휴대폰으로 출항 준비를 할 수도 있고, 시장 상인과 어획물을 내려놓을 장소를 결정할 수도 있다. 한 어부는 휴대폰이 생긴 후 자신의 수입이 30% 증가했다고 말했다.[55]

그 후 나타난 피처폰도 비슷한 효과를 가졌지만 그 활용범위는 훨씬 넓었다. 피처폰에는 카메라, 오디오 그리고 동영상 촬영기능이 차례로 추가되었다. 쇼핑객들은 피처폰을 통해 자신이 고르고 있는 옷의 사진을 친구에게 보낼 수 있었다. 런던에서 택시에 승차한 여성은 혹시 발생할지도 모르는 위험에 대비하기 위해 보란 듯이 피처폰으로 차량번호가 찍힌 사진 메시지를 친구에게 보냈다. 또 2010년 이란에서의 선거시위와 2011년 아랍지역에서 일어난 봉기를 특징짓는 한 가지는 피처폰에 탑재된 카메라로 정부당국이 자행하는 폭력현장을 촬영했다는 것이었다. 피처폰은 기기의 각 부분들이 충분히 상호작용하고 소통할 수 있다면, 하나의 기기가 그 부분의 합을 훨씬 능가할 수 있다는 것을 보여주었다. 이것은 휴대폰을 보유함으로써 맛볼 수 있는 경험을 질적으로 변화시켰다.

스마트폰은 한 발짝 더 나갔다. 휴대폰에 인터넷을 도입한 것이다. 스마트폰 이전까지는 친구들의 전화번호, 사진, 텍스트, 메모 등 구체적인 데이터들이 SIM이나 메모리에 저장된 채 단 하나의 휴대폰에만 머물렀다. 가장 좋은 휴대폰이라도 해도 연락처와 사진들을 컴퓨터와 동기화할 수 있는 정도였다. 휴대폰을 분실하게 되면 사람들은 대부분 여러 주에 걸쳐 친구들의 전화 번호를 일일이 다시 입력하는 지루한 작업을 해야 했다. 또 친구들에게 전화번호가 변경되었다고 연락해야 했다.

스마트폰이 이런 상황을 바꿔버렸다. 다른 사람의 스마트폰을 빌려서 그들의 설정을 지우고 자신의 설정으로 변경할 수도 있다. 이 때 자신의 설정 내용은 인터넷에서 다운로드 받기만 하면 된다. 애플, 안드로이드, RIM, 윈도우폰 모두에서 가능하다. 스마트폰에서 운영체제는 그 자체가 최종 목적지가 아니라 단지 클라우드 서비스로 통하는 플랫폼에 불과하기 때문이다. 유일하게 변경할 수 없는 것은 SIM에 저장된 휴대폰 번호뿐이다. 이렇게 다른 사람의 스마트폰을 자신의 설정으로 변경하면 그 스마트폰에서 자신의 이메일, 자신의 웹북마크 그리고 자신의 앱을 볼 수 있다. 새 스마트폰을 등록하면 이 과정은 자동적으로 진행된다.

전화기술의 최첨단을 대표하는 스마트폰은 휴대폰에 비해 훨씬 더 일회용의 성격을 띤다고 볼 수 있다. 스마트폰을 도둑맞는다면 사용자가 직접 원격으로 스마트폰의 내용을 삭제할 수 있다. 전에는 이동통신사만이 할 수 있었던 작업이다. 발머와 리스가 예상했던 것처럼 소비자들이 스마트폰을 완전히 통제하고 있는 것이다. (물론 실제 스마트폰은 좀 더 가치가 있다. 맥 개발자인 카벨 새서 Cabel Sasser는 자신의 아이폰을 샌프란시스코의 한 거리에서 도둑맞았다. 그로부터 2주 후 그는 그것을 베트남에서 발견했다.) 분실한 스마트폰의 내용이 삭제되고 있는 동안 애플, 구글, RIM, 마이크로소프트의 서버로부터 전화번호, 이메일, 사진 등을 다른 스마트폰에 다시 설치할 수 있다. (사진도 야후의 플리커 Flickr 서비스를 이용하면 가능하다.) 앱은 다시 다운로드 받으면 된다. 포장을 뜯은 후 30분도 채 되지 않아 새 스마트폰은 이전 것과 전혀 구분할 수 없는 상태가 된다.

스마트폰과 함께 나타난 변화는 이런 휴대폰의 대체가능성 뿐만이 아니다. 스마트폰으로 인해 이전에는 불가능했던 곳까지 인터넷이 도달할 수 있게 되었다. 스마트폰은 인터넷 접속이 가능한 (거의 언제나 데이터 접속이 가능한) 휴대용 컴퓨터다. 사하라 사막 이남 아프리카에서는 PC 한 대당 14대의 모바일 폰이 존재하고 있다. 스마트폰의 가격이 저렴해지면서 그 비율은 더욱 커질 것이다. 비싼 구리선을 통해 건물로 들어가야 하는 유선 접속보다는 휴대폰 기지국으로부터 제공되는 무선접속이 보다 저렴하다. 노트북 PC의 배터리는 몇 시간밖에 못 견디는 데 반해 스마트폰의 배터리는 하루 정도는 유지될 수 있다. 충전에 필요한 전력도 스마트폰의 배터리가 적게 든다. 그리고 PC보다 구입비용이 훨씬 적다.

선진국에 사는 개인이 스마트폰을 보유하게 된다면 그 기기의 진가가 제대로 발휘될 수 있다. 영상통화, 신체 상태를 자문해주는 앱, 금융정보, 은행거래, 교육 등 모든 것을 끊김 없이 인터넷에 접속할 수 있는 기기의 화면을 통해 접할 수 있게 된다. 스마트폰에서는 통화가 하나의 부차적인 기능으로 전락해버렸다. 스마트폰에서 가장 중요한 것은 웹과 인터넷에 접속하는 것이다.

바로 이 점 때문에 스마트폰이 피처폰들과 확연하게 구분되는 것이다. 아이폰이 이런 근본적인 변화의 첫 세대라는 신호는 주요 웹사이트의 서버 로그에서 발견할 수 있었다. 아이폰이 판매되자마자 이 웹사이트들은 자신의 웹사이트의 통신상태를 점검할 정도로 이 기기로부터의 접속 수가 급증하고 있는 것을 확인할 수 있었다.

아이폰에서는 이전 어떤 기기에서보다 훨씬 간단하게 웹을 접속할 수 있다. 웹사이트 접속 수를 측정하는 스탯카운터StatCounter에 따르면 2007년부터 북아메리카와 유럽에서는 (아이폰과 아이팟터치에 설치된) 애플의 iOS를 통한 웹브라우징이 지배적인 위치를 차지하고 있다고 한다. 2008년 말에는 단지 수백만 명의 사람들 손에 설치되어 있는 iOS가 노키아를 제치고 세계에서 웹브라우징을 위해 가장 많이 사용되었다고 한다.

이것이 1세대 스마트폰의 효과이다. 그러나 구글은 미래의 스마트폰이 가지게 될 더 큰 가능성을 주시하고 있다. 마리사 메이어는 구글의 창립직원 20명 중 한 사람으로 인공지능 학위를 가지고 있는 인물이다. 그녀는 구글에서 검색관련제품, 사용자 인터페이스, 그리고 좀 더 최근에는 위치서비스와 근거리 서비스 부문을 이끌어 왔다. 2009년 내가 그녀와 인터뷰를 했을 당시 그녀는 앞으로 스마트폰이 구현할 수 있게 될 데이터의 종류와 검색의 형태에 대해 예측하고 있었다.

그녀는 음성인식 문제도 거의 완성 단계에 도달했다고 여기고 있었다. 휴대폰 프로세서에 의해 음성이 텍스트로 전환되는 날은 멀지 않았다. 이미지 인식의 문제는 이보다는 훨씬 어렵다. 그러나 2010년 구글은 구글고글스Google Goggles라는 앱을 선보였다. 이 안드로이드 앱은 휴대폰 카메라로 찍은 건물, 텍스트, 책, 연락처정보, 예술작품, 와인 또는 로고 등의 사진으로 그 대상에 대한 정보를 확인하는 기능을 가지고 있다. (에릭 슈미트는 사생활 침해에 대한 우려 때문에 그것을 현재 상태로 시작해서는 안 된다고 여기고 있었다.) 혈당을 기록하거나 맥박수를 재고 조언을 해주는 앱과 같은 의료 관련 애플리케이션은 이미 아이폰에 넘쳐나고 있다.

캐롤리나 밀라네시 Carolina Milanesi는 가트너에서 근무하면서 스마트폰의 발전을 쭉 지켜봤다. 그녀가 생각하기에도 스마트폰의 효과는 근본적인 것으로 보였다.

만 가능했던 반면에 다른 휴대폰은 그 외 많은 기능을 가지고 있었습니다.

그러나 미래에는 전혀 다른 차원의 똑똑함이 존재하게 될 것입니다. 일단 이미 알려진 운영체제와 앱 생태계를 가진 스마트폰이 있을 겁니다. 그 밖에도 사용자에게 다양한 기능과 경험을 제공하는 다양한 가격대의 다양한 스마트폰들이 존재하게 될 겁니다. 이런 상황은 PC시장의 사정과 유사합니다. PC시장에서는 정말로 빠른 프로세서와 27인치 스크린을 가진 데스크톱부터 시작해서 배터리 수명에 최적화된 10~12인치 짜리 작은 노트북까지 다양한 형태가 존재하고 있지 않습니까?

스마트폰의 미래에 대해서 여러 가지 예측들이 있습니다. 그 예측들은 2015년에 스마트폰 판매량이 11억 대가 될 것이라고 얘기합니다. 그러면서도 스마트폰의 가격이 모두 600달러가 될 것이라고 생각하고 있습니다. 하지만 판매량이 11억 대에 도달할 수 있으려면 75달러짜리 스마트폰도 판매되어야 합니다.

ZTE와 같은 중국 휴대폰 제조업체는 이미 그 가격대의 안드로이드폰을 생산하고 있다. 그리고 그 스마트폰은 2011년 말 케냐에서 판매되기 시작했다.

이런 시나리오에서 경쟁해야 하는 제조업체에게는 '승리한다는 것'이 무엇을 의미하는지가 하나의 문제가 된다. '승리'에 대한 언론의 통상적인 정의에 따르자면 마치 올림픽 경기에서처럼 한 회사나 제품이 승리하면 다른 회사나 제품은 패배하게 되는 것이다. 이 정의를 따른다면 그 문제에 대한 손쉬운 답변이 이미 준비되어 있다. 즉 안드로이드가 모바일의 지배적인 플랫폼이 되었기 때문에 안드로이드가 승자이다. 그리고 애플, RIM, 노키아 그리고 마이크로소프트는 모두 패자가 되는 것이다.

물론 이 회사들에게 이런 시나리오가 무척 중요한 것은 사실이다. 휴대폰 사업이 인터넷과 광범위하게 결합하고 있는 바로 이 때, 회사가 쇠퇴기에 접어든다는 것은 회사 경영의 완전한 실패를 말하는 동시에 어처구니없는 기회의 상실을 의미하는 것이다. 스마트폰 사업은 믿기 어려울 정도의 거대한 부를 제공한다. 휴대폰 제조업체, 소프트웨어 개발자 그리고 통신사들은 거대한 부를 손에 쥘 수 있다. 사실 이들뿐만이 아니다. 스마트폰의 사용자들도 삶이 풍부해지고 결국 보다 부유해진다는 것을 확인할 수 있을 것이다.

그러나 승자와 패자에 대한 이런 통상적인 구분을 가지고 경기자들이 각기 다른 결과를 추구하는 세상을 바라보는 것이 정말로 올바른 것일까? 현재의 모습대로라면 구글은 단지 모바일 검색 사업을 지배하기 원한다. 이 회사는 실제로 어떤 플랫폼이 지배적일지에 대해서는 전혀 관심이 없다. 단지 어떤 플랫폼이 지배적 위치에 오르더라도 자신의 검색엔진(따라서 광고시스템)이 가장 많이 사용되기만 하면 되는 것이다. 한편 애플은 자신이 판매하고 있는 제품에서 상당한 이익을 얻을 수 있고, 주변 소프트웨어와 하드웨어 생태계를 통해 이익을 증가시킬 수만 있다면 된다. 어떤 휴대폰이 가장 많이 판매되는지는 애플의 관심사가 아니다. 그리고 마이크로소프트는 물론 노키아와의 계약으로 자신의 제품이 세계에서 가장 많이 사용되는 모바일 플랫폼이 되기를 원한다. 하지만 꼭 그렇게 되지 않는다고 하더라도 모바일 사용자들이 윈도우 PC 플랫폼, 오피스 제품과 더 밀접하게 결합될 수만 있으면 충분한 이익을 얻을 수 있다. 참고로 윈도우 PC 플랫폼과 오피스 제품의 영업이익률은 75%이다. (게다가 안드로이드 특허로부터 발생하는 수익도 있다.)

데디우는 안드로이드가 최고의 자리에 오른 이상 모바일의 경주는 이미 끝났다고 얘기하는 것은 너무 성급하며 핵심을 놓치고 있다고 생각한다.

데디우 승리한다는 것은 충분한 수의 사용자를 확보하는 것입니다. 이것은 점유율을 의미하는 것이 아닙니다. 소프트웨어 개발자가 특정 플랫폼을 매력적으로 느낄 수 있을 정도의 생태계가 조성되기 위해 필요한 최소 임계치라는 것이 있습니다. 운영체제는 그것을 사용하는 수많은 사용자가 있다면 그것이 5%의 시장점유율이라 하더라도 승자가 될 수 있습니다.

애플은 현재의 성장 추세로 보았을 때 5억의 사용자를 얻을 수 있을 것으로 보입니다. 그런데 우리는 이런 iOS을 패배자라고 얘기하고 있습니다. 물론 안드로이드가 가장 먼저 10억의 사용자를 확보하게 될 것입니다. 하지만 그렇다고 해서 애플이 패배한 것은 아닙니다. 그 플랫폼은 결코 사라지지 않을 것입니다.

이와 대조가 되는 것이 2억5천만 명의 사용자를 거느리고 있는 노키아의 심비안입니다. 하지만 심비안폰은 점점 사용자의 지지를 잃어가고 있습니다. 사용자를 충분히 사로잡지 못하고 있는 것입니다.

심비안은 자신을 보호하는 해자(하드웨어 액세서리와 소프트웨어 생태계)를 구축할 수 없었다. 결국 사용자들이 다른 플랫폼으로 옮겨가는 것을 막지 못했다. 물론 노키아의 이런 실패에는 노키아가 발 빠르게 대응하지 못한 점도 큰 몫을 했다. 이것은 데디우가 예상했던 것이다. "한 플랫폼의 네트워크 효과까지 계량화해야 합니다. 애플의 iOS는 사용자들을 사로잡고 있습니다"라고 그는 말했다.

그러나 그 사실이 바로 승리와 패배의 단순한 구분이 의미가 없어지는 지점이다.

데디우 각 플랫폼에게는 각자의 자리가 있습니다. 나는 마이크로소프트가 돈으로 자신의 자리를 차지할 것이라고 생각합니다. 아마 20억 정도를 쓰겠지요. (그것은 마이크로소프트가 노키아와의 제휴관계에 지불하게 될 최소금액이다. 아마 실제 비용은 훨씬 더 클 것이다.)

새로운 시장에는 항상 안드로이드가 달려가 깃발을 꽂을 자리가 마련되어 있습니다. 그리고 나면 애플은 최고의 고객들만을 취사선택할 수 있습니다. 나는 이것이 승자독식이 되지 않기를 바랍니다. 다행히 모바일에서는 그렇지 않습니다. 그들은 서로 보완적인 요소들을 가지고 있습니다. 애플과 구글이 자신의 생태계에서 이득을 보는 방식은 결코 똑같지 않습니다.

더 많은 경쟁업체들이 뛰어들어도 될 만큼 세상은 충분히 큽니다. 10년 전에 이미 휴대폰을 사용하는 인구가 5억 명이었습니다. 그 중 4억은 스마트폰으로 이동하게 될 것입니다. 그것의 25%만 해도 1억 명입니다. 1억의 사용자를 확보한다면 한 업체가 생존하기에 충분하지 않을까요? 분명히 그렇습니다. 그리고 각 지역의 시스템도 잊어서는 안 됩니다. 그것은 그 지역의 정치적 과정에 뿌리를 내리고 있습니다. 이 산업에서 중요한 것은 많은 기회를 얻는 것인데, 기회의 배분은 각 지역의 정치적 과정을 통해 결정됩니다. 모든 곳이 개척되지 않은 서부와 같은 것은 아닙니다. 우리는 어떤 균형을 보게 될 것입니다. 심지어 상품시장에도 장애물은 있기 마련입니다.

그는 또 휴대폰의 부품의 진화가 터치스크린으로 끝나지 않을 것이라고 생각한다.

그는 입지가 탄탄했던 최대 휴대폰 제조업체 노키아가 4년 동안 어떻게 대처할 것인지에 대해 예측했었다. 그의 예측이 어느 정도 맞았다는 것을 고려한다면 이런 그의 견해가 옳을 수도 있겠다는 느낌이 든다.

데디우 2007년 1월 잡스가 아이폰의 슬라이드 화면을 띄우며 묘사했던 것을 떠올려보세요. 잡스는 '우리는 이런 부품에서 세 가지 혁명, 마우스, 스크롤휠 그리고 이제 터치스크린을 경험했습니다'라고 말했습니다. 그것은 세 가지 새로운 산업이었습니다. 나는 터치가 이런 혁명의 끝이 아니라고 생각합니다.

새로운 부품이 나타날 것이고 새로운 사용자 인터페이스와 생태계, 그리고 새로운 경기자들이 등장할 것입니다. 나는 그 주인공이 애플이 아닐까하는 생각이 듭니다. 그리고 아마도 (안드로이드폰의 멀티터치의 경우에 그랬던 것처럼) 구글은 '빠른 추격자'가 될 것입니다 손동작? 동작인식? 스마트폰이 우리의 눈과 마주치는 것만으로도 상호작용이 가능하게 되는 것? 우리의 의도까지 파악할 수 있게 되는 것? 나는 어떤 선도 긋지 않으려고 합니다. 이것 또는 저것이 혁신의 끝이라고도 얘기하지 않을 겁니다.

애플은 구글의 음성입력 시스템과 경쟁하기 위해 2011년 10월 아이폰 4S에서 음성명령기능을 추가했다. 이것은 미래 부품의 한 가지 경로를 제시하고 있다고 보여진다.

크눅은 몇몇 회사들이 완전히 장악할 가능성도 없어 보이는 전투를 지속하는 이유는 무엇보다도 그들이 가진 자부심 때문이라고 생각하고 있다. 그는 또 앞으로 어떤 회사도 순전히 모바일 운영체제만으로 수익을 올리지는 않을 것이라고 여기고 있다.

크눅 나는 앞으로 다양한 가능성들이 존재할 거라고는 생각하지 않습니다. PC환경에서와는 상황이 다릅니다. 그 의미는 이 모바일 경기자들 중 어느 누구도 OS만으로 수익을 얻으려고 여기 있는 것이 아니라는 것입니다. 만약 모바일 OS의 사업적 이득으로만 따진다면 막대한 자금을 iOS에 집어넣고 아무런 수익도 올리고 있지 못한 애플은 오래 전에 사업을 접어야 했을 겁니다. 하지만 그들은 하드웨어로부터 이익을 얻고 있습니다. 구글은 엄청난 모바일 검색을 확보하고 있습니다. 그건 희소식이죠. 하지만 그들은 거기서 번 돈을 전부 수익도 나지 않는 안드로이드에 쏟아 붓고 있습니다. 마이크로소프트도 윈도우모바일에서 손실을 보고 있습니다. 지금까지 계속 그랬고 앞으로도 그럴 것입니다. 그러나 그들 중 어느 누구도 사업을 중단하려고 하지 않습니다.

가장 먼저 사업을 중단한 것은 노키아였습니다. 제 예상이 맞았죠. 그리고 HP는 여전히 웹OS를 가지고 시장에 머물러 있습니다. 이 사실에 대해서는 제 예상이 빗나갔습니다. (우리가 얘기를 나눈 후 얼마 되지 않아 HP는 웹OS를 중단했다.) 사람들이 그 자리를 고수하면서 이런 운영체제를 두고 벌어지는 전투를 계속 치르는 이유는 그 사업의 수익성 여부와는 전혀 무관한 것입니다. '그 사업이 자신의 다른 사업에게 얼마나 도움이 될 것인가'가 중요한 것입니다. 구글의 경우에는 얼마나 많은 사람들을 검색에 끌어들일 수 있는가가 중요할 겁니다. 한편 마이크로소프트의 경우에는 어떻게 윈도우가 자신에게 계속 유의미한 사업으로 남을 것인지가 관심사가 되겠지요. 이렇게 각자 다른 대안을 가지고 있습니다. 그들 중 누구도 쉽게 포기하지 않을 것입니다.

컴퓨터 기술의 끊임없는 향상 덕분에 언젠가는 틀림없이 모든 사람들이 오늘날 스마트폰이라고 분류하는 것을 사용하게 될 것이다. 이런 주장은 스티븐 엘롭이 노키아와 마이크로소프트의 제휴를 발표하면서 했던 '오늘의 스마트폰은 내일의 피처폰'이라는 언급에도 이미 나타나 있다. 아이폰이 도입된 이후만 따져보더라도 아이폰이 갖는 연산능력은 2007년 7.75 메가플롭(1메가플롭은 1초당 백만 단위의 부동소수점 연산이 가능하다는 것을 의미한다.)에서 2010년 아이폰4의 34 메가플롭까지 개선되었다. 이런 개선 속도는 무어의 법칙보다도 약간 앞서나가는 것이었다.

이 정도 변화 속도라면 우리가 현재 놀라워하며 아주 예외적인 것으로 여기고 있는 기능들, 즉 GPS, 음성 인식, 클라우드 동기화, TV 스트리밍이 몇 년 이내에 일상의 한 자리를 차지하게 될 것이다. 그리고 10년에서 15년이 지나면 누구나 그 기능을 쉽게 이용할 수 있을 것이다. 탄자니아의 어부가 영상통화를 통해 갓 잡은 생선의 크기와 품질을 보여주는 순간 우리는 스마트폰이 가장 가치 있게 쓰일 수 있는 영역까지 진출했음을 확인할 수 있을 것이다. 그리고 바로 그 때 인터넷의 승리가 완성될 것이다.

태블릿

5년 이내

평소와 똑같은 안경을 쓰고 등장한 중년 남성은 낯선 새 제품을 들어 올리며 이렇게 말했다. 이 남성이 들어 올린 제품은 키보드가 아닌 터치 스크린이 탑재된 컴퓨터였다.

게이츠 제 예상으로는 5년 이내에 이 제품이 미국에서 판매되는 가장 인기 있는 PC가 될 것입니다. 우리는 지금 막 이 기기의 프로토타입 일부를 완성했습니다. 다른 어떤 신제품을 개발할 때보다도 우리는 이 프로토타입의 소비자층이 누가 될지를 두고 유례없이 격렬한 논쟁을 주고받았습니다. 저는 이것이 좋은 징조라고 생각합니다.

마지막으로 그는 이 디자인이 노트북 진화의 최종 단계가 될 것이라는 말을 덧붙였다.

그러나, 이러한 빌 게이츠의 예상은 빗나갔다. 2000년 11월 라스베이거스 컴덱스에서 그의 말에 귀를 기울였던 사람들은 컴퓨터 시장의 미래 모습에 대해, 아니면 적어도 마이크로소프트의 미래에 대해 정확한 정보를 얻지 못했다. 5년이 지난 후에도 윈도우 기반 태블릿 PC는 컴퓨터 시장에서 여전히 틈새 중의 틈새에 불과했다. 그것은 무겁고 비쌌으며, 배터리 수명 역시 길지 못했다. 그것을 사용하기 위해서는 스타일러스가 필요했지만, 스타일러스는 마음을 비우지 않고는 사용할 수 없을 정도로 불편했다. 몇몇은 이 윈도우 기반 태블릿 PC에 쩔쩔맸고, 그보다 많은 사람은 욕을 퍼부었고, 대부분은 무시해버렸다.

마이크로소프트 내에서는 이미 태블릿의 설계를 두고 격렬한 전투가 벌어지고 있었다. 리처드 브라스Richard Brass도 이 전투에 참여하고 있었다. 그는 게이츠로부터 그저 실험실의 아이디어 상태로만 머물러 있는 태블릿을 윈도우와 오피스의 미래를 보장하는 차세대 기기로 실현시키라는 임무를 부여 받았다. 1997년 이 회사에 입사한 브라스는 새로운 콘셉트 개발을 담당하는 신기술부서의 부책임자로 임명되었다.

당시 키보드 없이 직접 기입이 가능한 노트 크기의 휴대용 컴퓨터인 태블릿 컴퓨터는 실현되지 못한 아이디어로 수십 년 동안 실리콘밸리를 떠돌고 있었다. 1999년 3월 브라스와 그의 팀에게 주어진 임무는 바로 그 태블릿 컴퓨터를 개발하라는 것이었다. (스타트렉Star Trek 시리즈에서 본 듯한, 어릴 적 가지고 놀던 모래그림판 같은 에치 어 스케치Etch A Sketch가 앞세대 모델이었다.) 그 해 8월 게이츠는 뉴욕타임스와의 인터뷰에서 '우리는 상상력과 시장이라는 두 마리 토끼를 모두 잡을 수 있을 만큼 강력하고 직관적이며 비싸지 않은 태블릿 PC와 그 전용 소프트웨어의 생산가능성을 가지고 씨름하고 있습니다'라고 언급했다.[1] 그는 필기인식이나 음성인식이 키보드를 대체할 수 있을 것이라고 생각하고 있었다.

브라스는 자신이 거대한 도전에 직면했다는 것을 알고 있었다. 문제는 좋은 아이디어를 내는 것이 아니라 회사 내부를 개혁하는 것이었다. 그는 이미 좋은 아이디어가 회사 조직의 경직성 때문에 좌절되는 경험을 한 적이 있다. 그의 부서는 이전에 클리어타입이라고 부르는 시스템을 개발했던 적이 있다. 이 시스템은 화면에 문서를 보여주는 시스템으로 같은 기능을 가진 이전 시스템보다 가독성이 높았다. 그렇지만 이 제품이 개발되었을 때, 윈도우 담당부서는 일부 색 때문에 디스플레이가 깨진다는 불평을 늘어놓았다. 그리고 오피스 담당부서는 디스플레이가 선명하지 못하고 흐릿하다는 비난을 퍼부었다. 심지어 포켓장치 부서의 책임자는 브라스의 부서가 자신의 부서로 흡수되어 자기 밑에서 일하겠다면 클리어타입을 지지하겠다는 제안을 하기도 했다. (브라스는 아무런 대꾸도 하지 않았다.) 엄격한 규율, 승진 그리고 강한 내부문화 등 사람들이 마이크로소프트의 문화가 마피아 같다고 얘기하는 데는 다 그럴 만한 이유가 있었다.

적극적인 성향의 뉴요커인 브라스는 이 거대한 조직의 관성에 맞서 싸웠다. 그는 비즈니스위크의 인물정보란에 "문을 들어서자마자 방안 전체를 자신에게 집중시킬 수 있고 종종 우렁찬 목소리로 자신의 주장을 피력하거나 대화의 화제를 바꿀 수 있는 '자연의 힘' 같은 존재"로 소개된 인물이었다.[2] 그의 임무는 태블릿을 탄생시키는 것이었다. 그러나, 마이크로소프트 내부의 강력한 세력은 이 프로젝트를 그다지 달가워하지 않았다. 브라스는 2010년 뉴욕타임스의 기사에서 오피스 담당 부책임자가 왜 태블릿 작동에 필요한 스타일러스를 반대하게 되었는지에 대해 언급했다. 그 부책임자는 키보드를 선호했기 때문에 태블릿에 적합하도록 오피스를 수정하는 작업에 개발자를 투입하지 않았던 것이다. "따라서 스프레드시트에 숫자를 기입하거나 또는 이메일 메시지의 오타를 수정하려면 별도의 팝업 창에 그것을 기입한 후 그 정보를 오피스에 다시 전달해야 합니다. 정말이지 성가시고 까다롭고 느리지요"라며 브라스는 화를 냈다.[3] 그는 태블릿 생산계획이 완벽하게 거부되었다고 느꼈다. 오피스의 지원 없이 태블릿은 불가능했다. 그리고 2001년에 노트북은 이제 겨우 대중화되고 있었다. PC판매의 3/4 이상을 여전히 데스크톱이 차지하고 있었다.

잡스 전기에 따르면 2002년 그가 게이츠, 그리고 태블릿 관련 업무를 담당하는 마이크로소프트의 중역 한 명과 함께 저녁식사를 한 바로 그 직후부터 애플이 비로소 태블릿에 관심을 쏟기 시작했다고 한다. 잡스는 태블릿이 시장의 판도를 완전히 뒤바꿀 것이며 따라서 애플은 스타일러스 구동 소프트웨어의 특허를 획득해야 한다고 주장했다.[4] 하지만 잡스는 펜 구동 컴퓨터를 매우 꺼려했다. 그는 손가락이 훨씬 더 편리할 것이라고 생각했다. 게다가 손가락은 잃어버릴 염려도 없지 않은가? 그 후 곧바로 조너선 아이브가 이끄는 애플의 디자인팀에게 이 아이디어를 검토해서 손가락 구동 터치스크린을 작동할 수 있는 해법을 찾아내라는 임무가 주어졌다.

그 당시 터치스크린의 문제는 그들이 사용하던 저항식 기술에 있었다. (이 기술에서는 스타일러스, 손가락 또는 손톱의 압력이 두 개 또는 그 이상 스크린 층의 저항을 변화시킨다. 상층부와 측면에 있는 커넥터가 변화를 감지하고 프로세서가 이 변화가 발생한 지점을 계산한다.) 이 기술은 단지 한 지점의 압력에만 반응할 수 있었다. 또 잡스가 느꼈던 것처럼 필기는 너무 느렸다. 2003년 4월 잡스는 다음과 같이 얘기했다.

잡스 여러분이 이메일 내용을 전부 손으로 써 내려가야 한다면 결코 지속적으로 이메일을 보낼 수 없을 겁니다. 긴 내용의 이메일을 보내려면 키보드가 있어야 합니다. 마이크로소프트의 태블릿도 보았습니다만 그것은 실패할 것 같습니다. 독서장치로는 사용할 수 있을 겁니다. 하지만 컴퓨터를 세 대나 소유할 수 있을 정도로 부유한 사람들이 데스크톱에다가 휴대용 컴퓨터까지 가지고 있으면서 오로지 독서장치로 태블릿을 사용하려고 할 경우에나 가능할 겁니다. 이 장치를 판매할 수 있는 시장은 겨우 이 정도에 불과합니다. 우리가 이 제품을 판매하려고 들면 사람들은 우리가 틈새시장 마케팅을 하려고 한다고 비아냥거릴 겁니다.

애플의 팀은 사람들이 여러 지점에서 스크린을 터치하기 원한다는 것, 또는 마치 마우스 포인터를 움직이는 것처럼 (예를 들면 웹 페이지를 이동하듯이) 스와이핑swiping을 하고 싶어한다는 것을 깨달았다. 이를 위해서는 단층이면서 접촉에 따른 전도를 감지할 수 있는 정전식 스크린이 필요했다. 이것은 보통 손가락으로 작동하기에 적합하도록 되어 있었다.

이 팀은 당시 가장 최신의 정전식 스크린을 가지고 여러 차례 실험을 거친 후 몇 가지 가능해 보이는 디자인을 내놓았다. 그것들은 맥 OS X을 사용했고 이 팀의 콘셉트가 실현될 수 있음을 입증해 보였다. 그러나 극복하기 어려운 한 가지 문제가 있었다. 저항식 스크린도 비싼데, 정전식 스크린은 저항식 스크린보다 최대 50%까지 더 비쌌다. 그 이유로 태블릿이라는 아이디어는 보류되었다. 하지만 디자인팀은 터치스크린에 대한 작업을 통해 몇 가지 유용한 아이디어를 얻었다. 그들은 이렇게 얻은 아이디어를 다른 제품(아이폰)에 훌륭하게 적용했다.

아이폰을 출시한 지 채 2년도 되기 전에 애플은 가격을 상당히 떨어뜨릴 만큼 많은 정전식 스크린을 구매하고 있었다. 터치스크린용 맥 OS(지금은 iOS로 불리는)는 이미 존재하고 있었다. 태블릿 프로젝트가 다시 세상에 모습을 드러냈다. 이번에는 보다 전망이 있어 보였다. 손짓도 작동했고 소프트웨어도 실행되었다. 아이폰과 마찬가지로 태블릿용 앱도 존재할 수 있었다. 아이폰과 다른 점은 한 가지였다. 즉 팔을 뻗어서 닿을 만한 거리에 태블릿은 TV스크린만큼 넓은 시야를 확보하고 있다는 것이었다. 타이핑도 가능했지만, 이것을 차별화시키는 중요한 핵심은 콘텐츠였다.

애플은 태블릿 개발작업을 시작하는 한편, 최대한 비밀리에 타임워너와 메이저리그베이스볼과 같은 미디어 기업을 만나서 이 훨씬 큰 스크린을 가진 아이폰에 적합한 콘텐츠를 생산하는 문제에 대해 협의했다. 결국 소문이 돌기 시작했다. 3년 전 아이폰의 경우처럼 2009년 12월말에 애플이 태블릿을 출시하려고 한다는 소문은 결국 틀리지 않은 것으로 밝혀졌다. 애플이 항상 고수하는 엄격한 비밀주의 때문에 그 태블릿의 명칭, 크기, 무게, 사양, 가격 어느 하나도 제대로 알려진 것이 없었다. 단지 일부 정보(추정 출시량과 스크린 주문량)만이 2009년 12월 마운틴 뷰에서 가진 점심식사 자리에서 삼성 직원인 황석주로부터 어느 리서치의 경영자와 헤지펀드 매니저에게 새어나갔다. 그 근처에 있던 애플 직원이 그들의 대화를 듣게 되었다. 이 소식을 접한 애플은 자신의 방식대로 삼성과의 스크린 구매 계약을 당장 해지해버렸다.

아이폰이 출시 되기 이전부터 소비자용 스마트폰이 필요하다고 인식하고 있었던 것처럼, 마이크로소프트 내에서도 애플의 계획에 대한 소문이 돌고 있었다. 이번에도 알라드가 이끄는 팀이 태블릿 시장에서 기회를 노리고 있었다. 모든 것을 직접 개발하고 사용자경험을 장악하는 수직적 통합이 가진 이점을 역설하고 있었던 알라드의 팀은 멀티터치 방식의 전자책리더를 개발했다. 스타일러스나 손가락으로 작동하는 두 개의 7인치 스크린을 가진 이 콘셉트기기는 많은 드래그 앤 드롭 Drag&Drop 기능을 가지고 있었다. 마치 크기만 좀더 큰 한 쌍의 아이폰처럼 작동하는 이것은 앱, 사진, 맵핑, 전화, 달력, 프로젝트 등을 갖추고 있었다.

2009년 말, 알라드는 쿠리어Courier라고 이름 붙여진 이 아이디어를 승인 받기 위해 발머와 최고경영진을 찾아갔다. 마이크로소프트가 소프트웨어뿐만 아니라 하드웨어도 생산하는 일괄whole widget 프로젝트였지만, 그는 엑스박스, 준 MP3 플레이어, 그리고 (당시 생산이 증가하고 있던) 킨 폰Kin Phone에서 성공했던 경험을 가지고 있었다. 태블릿이라고 해서 특별히 안 될 이유는 없었다. 그러나 이전 프로젝트가 엔터테인먼트와 디바이스 내부 프로젝트에 머물렀다면 쿠리어는 본격적인 컴퓨팅을 하는 것이었다. 주소록, 지도, 사진 등.

결국 중요한 것은 냉혹한 생존의 논리였다. 쿠리어에서는 윈도우가 실행되지 않았다. 그리고 심지어 당시 개발 중이던 차세대 모바일 운영체제인 윈도우폰조차도 실행되지 않았다. 쿠리어에서 윈도우가 실행되지 않는다면 오피스 역시 실행되지 않을 것이다. 따라서 쿠리어를 통해서는 윈도우나 오피스 라이선스를 판매할 수 없다. 또 윈도우폰이 실행되지 않는다면 휴대폰에 대한 마이크로소프트의 장기계획에도 부합하지 않는다. 윈도우를 사용하지 않는다는 것은 개발비용이 필요하다는 것이고 수입이 감소한다는 것이다. 마이크로소프트는 평균적으로 윈도우가 설치된 PC 1대당 56달러의 매출과 40달러의 이익을 얻고 있다. 쿠리어가 큰 인기를 누리게 된다 하더라도 그만큼 PC판매가 줄어든다면 한 대당 40달러의 이익을 창출할 수 있어야 한다. 그렇지 못한다면 마이크로소프트의 수익은 오히려 악화될 것이다.

발머는 알라드에게 생각해보겠다고 말했다. 그러면서도 스티브 잡스가 그의 아이디어를 가져가고, 태블릿에 돌아갈 시장의 관심을 가로채가는 것을 탐탁지 않아 하고 있었다. 아이패드의 출시가 발표되기 전 주에 그는 CES의 기조연설에서 세계 최대 PC제조회사인 Dell과 HP가 2010년에 자체 태블릿을 출시할 것임을 시사했다. 그는 윈도우 7이 '터치 가능'하다고 말했다. 꽤 흥미로운 구절이다. 윈도우 7이 태블릿에서 실행될 수는 있었다. 하지만 그 경험은 끔찍했다. 아이콘은 너무 작았고 표준 윈도우 인터페이스를 작동하기에 우리의 손가락은 너무 컸다.

아이패드의 출시를 앞두고 애플의 비방자들은 마이크로소프트가 태블릿 PC를 준비했었으며 매년 약 백만 대를 판매한 걸로 봐서는 PC 시장점유율이 아주 낮은 애플은 분명히 기껏해야 몇 천 대 정도를 판매할 수 있을 것이라고 주장했다. 여기에 자칭 애플 전문가 (보다 정확하게는 애플 내부, 그리고 주변에 넓고 깊은 관계를 형성해온 필라델피아 거주 블로거인) 존 그루버가 이러한 언급에 대해 응답했다.

그루버 애플이 아마 첫 번째 태블릿을 선보일 거라는 것은 과장이 아니다. 굳이 과장이라면 애플이 아마도 첫 번째 위대한 태블릿을 선보일 거라는 것이다.[5]

제 3의 범주

몇 주 후 CES에 대한 기억이 거의 희미해질 무렵 스티브 잡스는 신제품의 출시를 발표하기 위해 샌프란시스코의 예나 부에나 센터Yerna Buena Center 무대에 올랐다. 바로 아이패드였다. 그런데 아이패드는 아이팟이나 아이폰처럼 이동하면서 사용하는 것이라기보다는 한 자리에서 머물면서 사용하는 기기처럼 보였다. 그 발표 무대 위에는 커다란 안락의자가 놓여 있었다. 잡스는 프레젠테이션 내내 그 의자에 앉아 브라우징을 했고 이메일을 보냈다. 또 화면에 나타나는 사진들을 앞뒤로 한 장씩 젖혀보기도 했다. 컴퓨터 작업을 진지하게 하는 것보다는 그저 한가롭게 휴식을 즐기는 사람의 모습이었다. 물론 아이패드에는 여러 종의 '업무용' 앱도 있었다. 하지만 잡스가 보여주고자 했던 것은 그 기기가 반드시 작업만을 위한 것은 아니라는 점이었다.

그는 아이패드가 제 3의 범주Third Category에 속하는 기기라고 말했다. 예를 들면 웹브라우징과 같은 것을 매우 잘 할 수 있어야 한다는 것이다.

잡스 하지만 매우 어려운 일이죠. 이 기기를 통해 이메일을 주고받거나 음악을 감상하거나 게임을 하거나 전자책을 읽는 것이 편리해야 합니다. 제 3의 범주가 존재할 수 있으려면 그 기기가 노트북이나 스마트폰보다 이런 종류의 작업을 더 잘할 수 있어야 합니다. 그렇지 못하다면 그 기기가 존재할 이유가 없겠지요.

어떻게 보면 이 잡스의 말은 거의 8년 전 아이팟을 출시하면서 그가 했던 말을 그대로 반복한 것이었다. 즉 범주들을 정의하고, 그 기기가 어떤 범주에 속하는지를 제시하는 것이었다. 하지만 이번에는 경쟁 품목이 있었다. 2008년 대만의 노트북 제조업체들이 도입한 넷북netbook이었다. 그 업체들의 목적은 배터리수명이 길고 휴대하기 간편한 초저가 소형 노트북을 개발하는 것이었다. 이를 통해 매출을 증가시킬 수 있을 것으로 판단한 것이다. (애플은 넷북을 개발하는 데는 전혀 관심이 없었다. 잡스는 한 애널리스트와의 통화에서 그 가격에 제대로 된 노트북을 생산하는 것은 불가능하다고 말했다.)

잡스는 아이패드가 새로운 세상의 어떤 범주에 속하게 될지를 계속 설명했다.

> 잡스 자 어떤 사람들은 이것을 넷북이라고 생각할지 모르겠습니다. 하지만 넷북은 어떤 뛰어난 기능도 가지고 있지 않습니다. 속도도 느리고 디스플레이의 질도 형편없습니다. 허접스럽고 낡은 PC 소프트웨어를 사용합니다. 넷북이 노트북보다 나은 점은 단지 저렴하다는 것뿐입니다. 정말 넷북은 그저 저렴한 노트북에 불과합니다. 당연히 우리는 그것이 독자적인 카테고리를 구성한다고 생각하지 않습니다. 하지만 오늘 소개하려고 하는 것은 하나의 독자적인 카테고리를 구성하는 제품입니다. (아이팟의 경우처럼 이번에도 아이패드의 정면사진을 먼저 보여주지 않았다. 측면사진이 나왔다.)
> 우리는 그 기기를 아이패드라고 부릅니다.

애널리스트들은 아이패드가 제2의 아이팟이나 아이폰이 될 것인지, 아니면 제 2의 큐브Cube가 될 것인지에 대해 쉽게 판단을 내리지 못했다. 큐브는 2000년 7월 잡스가 자랑스럽게 선보인 초소형 컴퓨터였다. 하지만 1년도 채 되지 않아 판매부진으로 생산을 중단했다. 아이패드에 대한 예상은 완전한 실패작에서부터 주체할 수 없을 정도의 대성공까지 천차만별이었다. TMF 자림Zahrim의 앤더스 바이룬드Anders Bylund는 "애플의 아이패드는 전혀 독특하지 않습니다. 또한 애플이 주도하고 있는 미디어 태블릿 분야에서 가장 뛰어난 제품도 아닙니다. 따라서 애플의 주주들에게 별 도움이 되지 않을 것입니다"라고 자신의 의견을 밝혔다.[6] 데디우는 아이패드의 출시 발표 이후 1년간 6백만 대의 아이패드가 판매될 것으로 내다보았다. (나는 아이패드 출시 발표 이틀 전에 첫 9개월간 아이패드의 판매량이 5백만 대가 될 것으로 예상했다.)

하지만 회의적인 시각을 가지고 있던 사람들이 간과하고 있던 것이 한 가지 있었다. 그것은 아이패드가 애플 내부에서 대단히 공을 들인 작업의 결과물이었다는 사실이다. 2008년 4월 애플은 칩 설계회사인 PA 세미PA Semi를 흡수했다. 이 회사는 ARM 아키텍처를 사용하는 프로세서 설계 전문회사였다. ARM 아키텍처는 저전력이라는 특성 때문에 모든 스마트폰에서 사용되고 있었다. 아이패드 프로세서는 내부 팀에 의한 주문 제작방식으로 생산되었다. 다른 회사의 프로세서와 소프트웨어로 하드웨어를 제작하는 방식에 비해 이런 방식은 문제가 발생할 경우가 훨씬 간단하게 해결할 수 있다는 장점이 있었다. 회사 내부팀들이 여러 개의 프로토타입을 개발한 후 그 중 어떤 것이 가장 나은지를 테스트한다. 이 때 각 프로토타입은 화면 크기, 배터리 무게 그리고 화면 비율 등의 면에서 각기 다른 특성을 가지고 있다. 항상 이런 식으로 일을 해왔기에 각 팀들도 이런 방식에 전혀 반감이 없다고 한다. 그들의 목표는 오로지 최선의 설계를 찾아내는 것이었다. 잡스와 아이브는 결국 10인치 스크린, 10시간 지속 가능한 배터리, 4:3 화면 비율로 결정했다. 한편 수십 개의 팀 중 한 팀은 아이폰용 운영체제와 이메일, 브라우저 프로그램과 같은 아이폰용 소프트웨어를 보다 큰 화면에서 실행할 수 있도록 하는 작업을 하고 있었다. 이 팀의 규모는 마이크로소프트의 기준에서 보면 아주 작은 것이었고, 구글의 기준에서는 평균 규모였다. 하지만 애플의 기준에서는 큰 편에 속했다.

4월 아이패드의 판매가 시작되었다. 사람들은 아이패드 구입을 위해 애플스토어의 문 앞에서 장사진을 이루었다. 그러나 다른 업체들은 휴대폰과 동일한 운영체제로 작동되는 태블릿에 대해서 제대로 이해하지 못하고 있었다. 특히 마이크로소프트가 그랬다. 발머는 오로지 실적만으로 판단을 내려왔다. 그런 기준에서 보면 스티브 시노프스키가 이끌고 있던 윈도우 부서가 압도적이었다. 발머는 쿠리어를 개발하던 알라드 팀의 별도 작업실로 차를 몰았다. 그리고 개발 작업을 중단한다고 통보했다. 아이패드가 날개 돋친 듯이 판매되기 시작했던 바로 그 무렵이었다. 화가 머리끝까지 치밀어 오른 알라드와 그의 아내 레베카 놀란더^{Rebecca Norlander}는 얼마 후 마이크로소프트를 떠나고 말았다.

쿠리어의 중단에 대해 심도 있게 취재하고 있던 제이 그린은 한 팀원에게 이런 말을 들었다고 한다.

쿠리어 전 팀원 여기서 얻을 수 있는 큰 교훈은 자신만의 공간에서 조용히 무언가를 개발하는 것이 차라리 쉬울지도 모른다는 것입니다. 하지만 규모가 더 커지기를 원하고 저 많은 자원을 얻고 싶을 때는 다른 사람의 협조를 확보하고 싶어합니다. 만약 시노프스키가 처음부터 맡았었더라면 그 제품을 시장에 선보일 수 있었을 겁니다.[7]

알라드가 나쁜 소식을 접하던 바로 그 무렵 윈도우 부서에 속한 한 팀이 몇몇 큰 PC 제조업체를 상대로 프레젠테이션을 하고 있었다. 그 속에는 델과 HP도 포함되어 있었다. 그 프레젠테이션에 제시된 슬라이드 중 하나의 내용은 애플과의 비교였다. 그 슬라이드의 제목은 '애플의 방식: 선순환'이었다. 그 슬라이드의 내용은 다음과 같았다.

- 애플이라는 브랜드는 높은 품질, 간단함, '그냥 된다'로 각인되어 있다.
- 애플 제품의 사용자경험은 사람들이 자신의 가치를 실현하는 데 이바지하도록 설계되었다.
- 가치의 실현은 제품에 대한 만족으로 이어지고 그것은 다시 브랜드 충성도를 가져온다.
- 이것이야말로 사람들이 돈을 주고 구입하려는 것이다.[8]

마이크로소프트가 윈도우의 미래를 논의하는 자리에서 애플의 장점을 언급했다는 것만으로도 2006년 9월 그 부서의 책임자로 취임한 시노프스키가 얼마나 다르게 생각하려고 했는지를 분명히 보여주고 있다. 애플이 HP나 델보다 PC 한 대당 높은 이익을 얻고 있다는 것은 PC 산업의 엄연한 현실이었다. 애플은 1,300 달러짜리 컴퓨터 한 대당 370달러의 이익을 얻고 있었던 반면, HP나 델은 800달러짜리 컴퓨터 한 대당 40달러의 이익을 얻는 것으로 추산되었다. 서구의 PC 판매가 주춤하면서 점차 PC 판매의 주무대가 극동으로 옮겨가고 있다. 이런 상황에서 마이크로소프트는 PC 한 대당 평균 매출과 이익이 매년 떨어질 것으로 판단하고 있었다. 극동지역은 불법복제가 판을 치고 있는 곳이었다. 따라서 마이크로소프트는 애플만큼의 충성도를 구축해야 할 뿐만 아니라 매출과 이익을 회복할 수 있는 새로운 포맷을 PC 제조업체들에게 제공해야 했다.

1965년생인 시노프스키는 1995년 마이크로소프트에 합류한 백전노장이었다. 알라드가 급진적이라면 시노프스키는 조직 전체를 아우르는 사고를 하는 인물이었다. 그가 마이크로소프트에 들어와서 처음 참여한 소프트웨어 프로젝트는 완전히 실패로 끝났다고 한다.[9] 그는 그 경험으로부터 배운 것을 이렇게 요약했다. "마이크로소프트는 그런 실패에 전혀 개의치 않았습니다. 상사는 '됐어요, 실수한 것뿐이에요. 다시 시작하면 됩니다. 그리고 같은 실수를 반복하지만 않으면 되지요'라고 말하더군요."
그는 2007년 오피스의 급진적인 (사랑과 질타를 동시에 받았던) '리본' 개발을 이끌었으며, 그 후 윈도우 부서의 책임자로 발탁되었다. 당시 이 부서는 윈도우의 차세대 버전인 비스타와 씨름을 하고 있었다. 그는 그 문제를 해결해는 데 최선을 다했다. 그 후 보다 세련된 윈도우 버전인 윈도우 7를 거쳐 2009년 여름 윈도우의 '재구상' 작업에 돌입했다.

HP에게 보여준 슬라이드를 통해 마이크로소프트가 윈도우의 새 버전을 노트북과 데스크톱뿐만 아니라 슬레이트 slate(아이패드와 같이 키보드 없는 태블릿)에서도 실행되도록 하려고 한다는 사실이 드러났다. 하지만 그것은 새로운 것이 아니었다. 그러나 마이크로소프트 내에서는 시노프스키가 급진적인 계획을 추진하려고 하고 있었다. 알라드가 추진했던 개발 작업의 중단도 그 일환으로 이루어진 것이었다. 그 프로젝트는 다름 아닌 모바일 태블릿과 데스크톱, 이 모든 플랫폼에서 실행될 수 있도록 윈도우를 통합하는 것이었다. 목적은 그 회사의 가장 소중한 자산이 윈도우의 독점을 영원히 유지하려는 것이었다. 또한 그 계획의 일환으로 아이패드와 스마트폰 같은 저전력 프로세서 아키텍처, ARM에서도 윈도우가 실행되도록 하는 것이었다. ARM은 캠브리지 소재 영국 회사가 설계한 것이었다.

애플의 지배

2010년 5월말 애플은 판매 개시 60일도 채 되지 않아 200만 대의 아이패드가 판매되었다고 발표했다. 더욱이 그것은 미국에서의 판매량만을 집계한 것이었다. 일본, 독일, 프랑스, 영국, 이탈리아, 스페인, 캐나다, 호주, 스위스 등 다른 나라들에서는 이제 막 출시된 상태였다. 그럼에도 불구하고 한 분기도 지나지 않아 그 이전 1년 동안의 태블릿 판매량보다 두 배나 많은 판매량을 기록한 것이다.

많은 평론가들이 일시적 유행에 그칠 것이라며 아이패드를 폄하하는 동안, 경쟁업체들은 너나 할 것 없이 태블릿 생산에 달려들었다. 하지만 문제는 어떤 운영체제에 기반한 태블릿을 생산할 것이냐였다. 윈도우 7은 '완벽하게 터치 가능'하다는 장점이 있었지만 태블릿에는 적합하지 않았다. 손가락으로 조작하기에는 아이콘이 너무 작았고 인터페이스 역시 다루기가 불편했다. 또 윈도우 7을 탑재하는 하드웨어 제작업체는 기기당 50달러에 달하는 라이선스 비용을 부담해야 했다. 태블릿이 아이패드만큼 판매된다면 제조업체는 (이익여부와 상관없이) 라이선스료만으로 1억 달러를 지불해야 했다.

그렇다면 윈도우폰은 어떨까? 메트로 인터페이스는 태블릿에 완벽한 형태인 것처럼 보였고 기기당 라이선스 비용은 15달러에 불과했다. 하지만 마이크로소프트는 태블릿 제조업체의 라이선스 판매 요청을 일언지하에 거절했다. 굳이 이유를 밝히려고 하지도, 그렇다고 뭔가 계획이 있다고 언급하지도 않았다. 언론과 접촉한 하위직원에 말에 따르면 계획이 있다는 말은 들어본 적도 없다고 한다. 마이크로소프트의 거절은 단순히 제조업체들의 태블릿 생산을 방해하려는 것으로밖에 보이지 않았다.

결국 제조업체들은 안드로이드로 눈길을 돌릴 수밖에 없었다. 누가 먼저 생산할지를 두고 경쟁을 벌였고 그 중 삼성이 가장 먼저 선두를 치고 나갔다. 삼성은 태블릿 스크린의 일부 부품을 공급하는 업체이기도 했다.

따라서 태블릿의 사양을 잘 알 수 있는 이점을 안고 있었다. 삼성의 첫 번째 태블릿인 갤럭시 탭은 (많은 모바일 폰과 동일하게) 안드로이드 2.2를 사용했고 7인치 스크린을 탑재했다. 7인치 스크린의 크기는 10인치 스크린의 절반이었다. 그 수치는 스크린의 대각선의 길이를 의미하는 것이었다. 태블릿 생산 비용의 절반은 스크린이 차지하고 있었다. 따라서 스크린 비용을 절반으로 줄인다는 것은 그만큼 생산비용을 절감할 수 있는 것이었다. 그럼에도 불구하고 가격경쟁력 면에서 갤럭시 탭은 아이패드를 따라잡지 못했다. 갤럭시 탭은 아이패드보다 크기는 작았지만 가격은 오히려 비쌌다.

아이패드와의 가격 차이를 좁히지 못하면서도 점점 더 많은 회사들이 태블릿 생산을 선언하고 나섰다. 그러자 태블릿이 PC 시장의 상황을 재현하게 될 것이라는 예상이 조금씩 고개를 들기 시작했다. 수평적 모델이 수직적 모델을 이길 것이라는 것이었다. 2010년 6월 어도비의 최고경영자인 샨타누 나라옌Shantanu Narayan은 AllThingsD 컨퍼런스에서 "안드로이드로 인해 전환점에 도달한 스마트폰 시장에서 나타났던 현상을 태블릿 시장에서도 다시 한번 보게 될 것입니다. 올해 말까지 추가적으로 20종의 새로운 태블릿이 시장에 등장할 것입니다. 그렇게 되면 태블릿 산업은 지금까지와는 전혀 다른 방향으로 전개될 것입니다"라고 예상했다.[10] 그는 또 (2010년 중반 팜 인수의 결과물인) HP의 웹 OS과 RIM의 플레이북Playbook을 언급했다. RIM의 플레이북은 블랙베리 스톰처럼 단기 프로그램을 통해 개발된 7인치 태블릿이다. 하드웨어 개발은 대부분 대만 컴퓨터 제조업체인 콴타Quanta에 외부하청을 주었다. 이 말은 콴타가 인수 대상 기업이라는 것이다. 기업합병이 PC의 성공을 결정했다면 태블릿에서도 그것은 마찬가지가 아닐까?

태블릿에서도 아이폰에서처럼 플래시의 중요성을 두고 한바탕 논쟁이 벌어졌다. 다른 경쟁업체로부터 애플을 구분하는 유일한 요소가 플래시였던 것이다. 아이패드가 엄청난 판매량을 기록하고 있다는 사실이 이런 논쟁을 촉발한 또 다른 요인이기도 했다. 플래시가 중요한가? 애플은 그렇지 않다고 주장했다. 어도비와 태블릿 제조업체들은 그렇다고 얘기했다. 플래시가 없으면 많은 뉴스사이트에 있는 동영상을 재생할 수 없고 광고도 역시 볼 수 없을 것이다. 하지만 유튜브와 다른 많은 동영상사이트들은 플래시 없이도 잘 재생되었다. 그리고 뉴스사이트들도 자신들이 제공하는 동영상을 아이패드에서도 잘 재생되도록 변환하기 시작했다.

2010년 말 애플은 태블릿 공간을 완전히 장악했다. 애플은 그때까지 총 1,430만 대의 아이패드를 판매했고, 그 결과 95억 달러의 매출을 추가적으로 얻었다. 그리고 하드웨어 주변기기 생태계는 아이패드를 두 손 벌려 환영했다. 아이패드용 뮤직 독, 커버, 슬리브 그리고 여러 주변기기들이 쏟아져 나왔다. 안드로이드 태블릿의 출시량(판매량과 일치하는 것은 아니다)은 250만 대로 추산되었다. 2011년 1월 발머가 한 번 더 기조연설을 한 CES는 중국 생산업체들에게도 일부 공간을 할당했다. 그 생산업체들은 아이패드 호환제품들만을 생산하는 것으로 보였다. 심지어 한 회사는 장식용 아이패드 모델만으로 수익을 내고 있었다. 어느 곳에나 아이패드가 있었다.

언제나 켜져 있다

아이패드와 태블릿이라는 아이디어는 애플에게만 중요한 것이 아니었다. 스마트폰과 더불어 이것은 컴퓨터의 향후 사용 형태에 대해 깊은 영향을 미칠 것으로 보인다. 사람들이 평상시에 아이패드를 어떻게 사용하는지를 들여다보면 노트북으로는 생각지도 못했던 시간과 공간에서 사용하고 있다는 것을 쉽게 확인할 수 있다. 사람들은 회의 중간 쉬는 시간이나 짧은 이동시간에도 가방에서 재빠르게 아이패드를 꺼내서는 무언가를 확인하곤 했다. 이런 식으로 사용할 수 있는 핵심적인 이유는 아이패드가 즉각적으로 켜진다는 것이었다. (보다 정확하게는 꺼지지 않고 항상 대기중으로 유지된다는 것이다.) 이 기기는 휴대폰처럼 켜진 상태로 며칠씩이나 유지될 수 있었다. 그리고 배터리 수명도 길었다. 계속 컴퓨터 작업을 할 경우 10시간 내외였다. 이 기기의 3G모델은 사실상 항상 접속되어 있는 컴퓨터라고 볼 수 있었다. 게다가 휴대가 가능하다는 추가적인 이점을 가지고 있었다. 일 중간중간에 비는 시간이 계속 생기는 사람들에게는 아이패드가 안성맞춤이었다.

이것 말고도 아이패드가 인기를 누리는 데는 세 가지 이유가 더 있었다. 첫 번째로 수많은 종류의 뛰어난 앱이 있었다. 개발자들이 보다 큰 스크린에 적합한 앱을 신속하게 개발해냈다. (그들은 사람들이 애플을 통해 그 앱들을 구입함으로써 그에 대한 보상을 받았다.) 두 번째로 가격 면에서 아이패드와 겨룰 만한 안드로이드 태블릿 생산업체가 없었다. 물론 몇몇 중국 생산업체들이 아이패드보다 낮은 가격으로 더군다나 10인치 태블릿을 시장에 내놓기는 했다. 하지만 그 제품의 사용자 경험은 지독할 정도로 형편없었다. 느린 속도를 자랑하는 낡은 프로세서, 정확하지 못한 터치스크린, 고장 나기 일쑤인 소프트웨어 그리고 한 시간도 버티지 못하는 배터리. 구글 루빈의 팀도 10인치 태블릿을 목표로 심혈을 기울였고, 그 결과 허니콤Honeycomb(공식적으로는 버전 3.0)이라는 안드로이드의 업그레이드 버전을 시장에 내놓았다. 하지만 그마저도 시장에 깊은 인상을 주지 못했다. 그 태블릿은 아이콘도 확대되었고 애초에 태블릿용으로 설계된 운영체제처럼 작동하기는 했다. 하지만 여러 곳에서 휴대폰용이었다는 자신의 출신성분을 드러내고 말았다. 예를 들어 시스템에 대한 정보에는 '이 휴대폰에 대해서'라는 문구가 들어 있었다.

뭐니뭐니 해도 애플이 가진 비장의 무기는 애플의 스토어에서 직접 다운로드 받을 수 있는 음악, 영화, TV쇼, 전자책 등의 수많은 콘텐츠였다. 그 밖에도 신문사 사이트나 트위터의 내용을 전용 앱을 통해 훨씬 쉽게 읽을 수 있었다. 다른 안드로이드 태블릿 생산업체들은 애플에 견줄 만한 콘텐츠를 제공하지 못하고 있었다. 그들이 할 수 있는 것은 오직 플래시를 부각시키는 것이었다. 하지만 다른 유료 미디어 콘텐츠에 대해서는 이런 장점이 통할 수 없었다.

이번에도 수평적 모델은 이론대로 작동하는 것처럼 보이지 않았다. 몇몇 사람들은 이론이 아니라 실천이 문제라고 생각했다. IT종사자의 관점에서는 파일시스템에 접근할 수 없는 점, SD카드나 USB 메모리 스틱을 연결할 수 없는 점, 그리고 플래시 동영상을 재생할 수 없는 점은 아이패드가 가진 한계로 생각되었다. 하지만 사람들이 아이패드를 하나의 '장난감'으로 구입하고 있는 것 역시 틀림없는 사실이었다. 한 평론가는 이렇게 말했다.

한 평론가 아이패드가 성공한 이유는 화장실에서 볼일을 보면서도 웹사이트를 볼 수 있고 침대에 누워서도 게임을 할 수 있기 때문입니다. 이것은 하나의 장난감입니다. 애초에 복잡성이라는 것 자체가 없다면 복잡성을 없애는 것 역시 불가능하겠지요. 애플은 아이팟터치와 아이폰에 10인치 스크린을 떡 하니 붙여놓고는 그것을 아이패드와 아이패드3G라고 부르는 것입니다.[11]

분명 아이패드의 사용 목적은 진지한 컴퓨팅이 아니었다.

하지만 그 반대사례들도 속속 등장하고 있었다. 나는 어느 날 열차에서 한 남자에게 어떤 용도로 아이패드를 사용하는지를 물어보았다. 그는 레스토랑 체인점을 운영하고 있는 사람이었는데, 이메일이나 웹브라우징뿐만 아니라 레스토랑 실적에 대한 엑셀자료도 본다고 설명했다. 물론 중요한 키보드 작업은 사무실에서 노트북으로 하고 있다고 했다. 둘 다 가지고 다닐 이유는 없었다. 항공사는 조종석에 마련되어 있는 거대한 양의 매뉴얼과 운항도를 아이패드로 대체할지 여부를 검토하기 시작했다. 학교에서는 점차 교과서를 아이패드로 대체하여 아이들이 직접 웹에 접근할 수 있도록 하고 있다. 4월 수익결산에서 쿡은 포춘 500대 기업 중 아이패드를 검토 중이거나 이미 배치한 기업의 수부터 시작해서 아이패드를 사용하려는 은행과 브로커들의 수, 아이패드용으로 개발되고 있는 업무용 앱의 수까지 여러 통계수치들을 술술 풀어내었다. 애플은 마이크로소프트의 아성이었던 기업 컴퓨터 시장을 야금야금 확보하고 있었다.

애플이 마이크로소프트의 영역을 잠식해나가고 있는 것은 이 영역만이 아니었다. 아이패드의 판매액이 95억 달러였다는 것은 그만큼 PC 판매가 감소했다는 것을 의미한다. 아이패드의 판매는 주로 소비자를 대상으로 이루어진 것이었다. 마이크로소프트는 태블릿 제품이 없었다. 몇 해 전 오피스 부서의 거부로 태블릿 개발이 중단된 탓이었다. 마이크로소프트는 별수 없이 현금을 애플에게 헌납하는 처지에 놓였다. 아이패드 판매가 늘어남에 따라 리서치회사인 가트너와 IDC는 PC 판매의 감소 규모 예측을 수정했다. 2010년 연초에 예상한 것보다 천5백2십만 대가 덜 팔린다는 것이다. 시노프스키의 윈도우부서 입장에서 그런 규모의 판매 감소는 8억5천만 달러의 매출과 6억1천만 달러의 이익이 줄어든다는 것을 의미했다.

시노프스키는 태블릿의 중요성을 잘 알고 있었다. 하지만 결코 서두르지 않았다. 2010년 한 해 동안 윈도우 팀은 ARM 아키텍처를 사용하는 태블릿용 윈도우 버전 개발에만 전념했다. 인텔 칩은 배터리를 많이 소모한다. 인텔도 저전력 프로세서의 개발을 시도했지만 ARM의 완성도 높은 저전력 설계에는 미치지 못했다. 그 결과 수년간의 인텔의 회유에도 불구하고 모든 스마트폰에 사용되고 있는 것은 ARM이었다.

ARM기반 윈도우 컴퓨터는 메트로 인터페이스를 사용하게 된다. 그러나 정말로 중요한 점은 할인된 가격의 윈도우폰이나 다른 쿠리어 OS가 아니라 정상 가격의 윈도우를 사용하게 된다는 것이었다. 알라드의 아이디어가 중도에 사장되어버린 것은 윈도우로부터 발생되는 미래 수입흐름을 위험에 노출시킬 수 있다는 이유 때문이었다. 마이크로소프트는 결코 그런 상황을 허용하지 않을 것이다. 그러나 서로 다른 두 개의 아키텍처에 같은 윈도우를 사용한다는 시노프스키의 계획은 둘의 업데이트 일정이 똑같아야 한다는 것을 의미한다. 만약 둘 중 하나가 심각한 지연에 직면하게 되면 이 계획은 참담한 결과를 낳을 수도 있다.

2010년 10월 인터뷰에서 발머는 출시 제품 중 가장 큰 위험을 감수한 것은 무엇이었는지 라는 질문에 '다음 번 윈도우의 출시'라고 답변했다.[12] 이유에 대한 설명은 생략했다.

시노프스키는 2011년 1월 CES에서 그 노력의 첫 번째 결실을 선보였다. 그는 아이패드 케이스와 액세서리 생산업체에 구름떼처럼 몰려드는 열광적인 군중들과는 멀찍이 떨어져 있는 한 호텔에서 행사를 진행했다. 발표 내용은 간단했다. 단지 ARM기반 시스템에서 실행되는 윈도우와

MS워드를 선보이는 것이었다. 메트로 인터페이스는 소개되지 않았다.

ARM을 사용한다는 발표는 엄청난 것이었다. 데디우는 이것을 '지금까지 본 가장 흥분되는 CES'라고 불렀다. 그러면서 그는 이 발표가 한 시대의 마감을 알리는 것이라고 말했다.

데디우 사람들은 대부분 대표적인 형태가 무엇이었는지, 아니면 대표적인 시장이 무엇이었는지를 가지고 한 시대를 규정하려고 합니다. 하지만 나는 가치사슬이 어떻게 구성되어 있고 이익을 누가 차지하는지를 가지고 한 시대를 정의합니다. 인텔과 마이크로소프트라는 두 회사가 이익을 독차지하고 동시에 가치사슬에 있는 다른 모든 회사들은 이익을 거의 가져가지 못하는 것이 지금 막 끝나버린 시대의 특징이었습니다. 이 상황을 창출시기 위해 마이크로소프트는 운영체제에 대한 독점을 유지했고 인텔은 그 운영체제에서 사용되는 칩 아키텍처의 유일한 공급자로서 독점적 지위를 누렸습니다. 이제 이 독점이 모두 종말을 고하고 만 것입니다.[13]

ARM의 공동 설립자인 헤르만 하우저 Hermann Hauser는 인텔의 마이크로 프로세서 사업이 최후를 맞이했다고 선언했다.

하우저 컴퓨터의 역사를 살펴보면 맨 처음이 IBM이 지배했던 메인프레임이었고 그다음으로 DEC가 장악했던 미니컴퓨터였습니다. 그 후 선과 아폴로 Apollo가 지배했던 워크스테이션이라는 제 3의 물결이 도래했습니다. 그 다음이 PC였습니다. 이제 최종 소비자가 사용하는 컴퓨터의 주 플랫폼이 되는 것은 모바일 아키텍처입니다. 컴퓨터 역사에서 하나의 물결을 주도했던 회사가 그 다음 물결을 다시 주도했던 사례는 없습니다. 또한 새로운 물결이 이전의 물결을 밀어내지 않은 경우도 없습니다. 그리고 PC시장을 장악했던 사람들은 인텔과 마이크로소프트였습니다.[14]

PC 그 이후

2011년 3월 잡스는 당시 병가를 낸 채 마지막 투병 중이었다. 그런 상황에서도 3월 첫째 날 아이패드의 업그레이드를 발표하기 위해 모습을 나타냈다. 전 해와 비교하면 아이패드의 가능성에 대해 훨씬 자신감을 가질 만했다. 그가 전달한 메시지는 아이패드가 컴퓨터 사용의 새로운 변화가 시작되는 출발점이며 동시에 포스트 PC시대를 이끌 선두주자라는 것이었다. 포스트 PC시대는 컴퓨터 사용이 지금까지의 많은 제약으로부터 벗어나게 되는 시대이다. 무엇보다도 그는 포스트 PC시대가 하드웨어나 소프트웨어 모두 면에서 1980년대의 재판이 될 것이라는 생각에 비판적이었다.

잡스 (무대를 서성거리며) 경쟁업체들은 태블릿 시장이 또 한 번의 PC시장이 될 수 있다고 바라보고 있습니다. 그것은 올바른 접근이 아닙니다. 포스트 PC기기는 PC보다 훨씬 쉽게 사용할 수 있어야 합니다. 그리고 보다 직관적이어야 합니다. PC의 경우보다 하드웨어와 소프트웨어가 더욱 결합될 필요가 있습니다. 우리는 이런 점에서 올바른 길을 가고 있다고 생각합니다.[15]

그의 말은 그 이전 어떤 사람의 메모를 떠올리게 했다. 그는 잡스와 마찬가지로 PC 이후의 삶에 대해서 생각해왔다. 그리고 그 생각을 이 메모에 옮겨놓았다. 그 메모는 회사 전체를 대상으로 한 것으로 미래의 가능성과 경고를 동시에 담고 있었다.

오지 PC 이후의 세계를 상상해보라. 컴퓨터와 커뮤니케이션에서 발생한 모든 일들을 고려할 때 중요한 것은, 우리의 경쟁업체들과 고객들이 궁극적으로 무엇을 하게 될지를 생각해보고 우리 모두가 그것을 해야 한다는 것이다. 눈을 감고 PC 이후의 세상을 구체적으로 그려보라. 고객들이 오늘날 하던 일을 그 때가 되면 어떤 방식으로 처리하겠는가? 어떤 방식으로 하는 것이 더 낫겠는가? 아니면 나쁘겠는가? 그도 아니라면 좋고 나쁘고를 떠나 단지 차이가 있을 뿐인가?

이 문장은 2010년 10월 레이 오지가 마이크로소프트의 수석 소프트웨어 아키텍처 자리를 내려오면서 회사 전체에 보낸 이메일에서 인용한 것이다. 그 자리는 이전에 빌 게이츠가 맡았던 자리다. 마이크로소프트에게 윈도우와 오피스라는 두 소프트웨어는 (수익 면에서의) 성공이라는 거대한 동상을 지탱하는 굳건한 두 다리였다. 오지는 이런 마이크로소프트의 기업문화 내에서 변화를 꾀하기 위해 필요했던 내부의 정치적 갈등에 지쳐 있었던 것이 분명했다. 오지는 그 자리에서 물러났고 발머는 그의 후임을 임명하지 않았다.

2011년에도 애플은 어떤 자리도 양보하지 않았다. 그 해 중반까지 거의 천2백만 대의 아이패드 판매로 90억 달러의 수입이 창출되었다. 반면 RIM의 플레이북은 그 해 첫 분기에 50만 대가 출시되었고 그 다음 분기에는 20만 대가 출시되었다. 팔리지 않은 태블릿이 70만 대까지 쌓여갔다. 결국 재고를 처분하기 위해 40%의 파격적인 가격할인을 단행했다. HP는 6월부터 터치패드TouchPad를 판매하기 시작했다. 하지만 눈에 띌 정도의 판매부진으로 결국 8월에 판매를 중단하고 말았다. HP는 그 기기를 99달러에 급매로 내놓았고 몇 주 만에 생산된 모든 제품을 다 판매했다. 그 결과 수백만 달러의 손실을 감수해야 했다. 안드로이드 경쟁업체 중 가장 유망한 삼성은 전 세계에 걸쳐 애플과 격렬한 특허분쟁과 법정소송을 빈번하게 벌여야 했다. 하지만 갤럭시 탭은 판매수치를 잴 수 있을 정도의 판매량에는 도달하지 못했다. 몇몇 리서치회사는 (애플의 75%에 비해) 삼성의 시장점유율을 6%로 보고 있다. 삼성이 그나마 가장 큰 안드로이드 생산업체였다. 나머지 수십 개 생산업체들의 시장점유율은 초라한 수준이었다.

아이패드 생산업체들은 PC 제조업체라기보다는 아이팟 제조업체처럼 보이기 시작했다. 마이크로소프트는 이것을 변화시킬 수 있을까?

거대 통일 이론

2011년 6월 시노프스키는 AllThingsD 컨퍼런스에 모습을 나타냈다. 그곳에서 그는 베테랑 작가인 월트 모스버그Walt Mossberg로부터 간단한 질문을 받았다. "당신의 회사는 초강력 스마트폰, 소비자 태블릿 등으로 형성된 첫 번째 물결을 타지 못했습니다. 무슨 일이 있는 건가요? 거기 사람들은 전부 똑똑한 걸로 알고 있는 데 말이죠"라는 모스버그의 질문에 시노프스키는 이렇게 말했다. "우리가 항상 잘하고 있는 것들도 있는데 특별히 잘 못하는 두 가지를 꼭 집어내시는군요. 우리가 그 게임에 참여하지 않은 것은 아닙니다." 그는 마이크로소프트에 어떤 문제가 있다는 사실을 부인했다.

그리고 나서 윈도우 8용 새 인터페이스를 소개했다. 비로소 마이크로소프트가 태블릿용 윈도우폰의 라이선스를 판매하지 않았던 이유가 드러났다. 그 이유는 바로 시노프스키가 메트로를 태블릿용 윈도우의 새 인터페이스로 사용하고 있었기 때문이었다.

전략으로서는 흠잡을 데가 없었다. 마이크로소프트는 자신의 라이선스 수입을 그대로 유지하면서 동시에 애플로 인해 인기를 누리게 된 그 포스트 PC 형태까지도 취급하게 되는 것이었다. 시노프스키는 마이크로소프트의 블로그에, 윈도우 8은 '윈도우를 근본적으로 재구상'할 의도 하에 2009년 여름(그 이전 버전인 윈도우 7이 출시되기 전)부터 계획해왔고, 심지어 사용자 모델의 가장 기본적인 요소들인 플랫폼, APIs, 그리고 아키텍처들까지도 재검토 대상이 될 것이라고 언급했다. 그 목적은 어떠한 타협도 없는 설계를 만들어 내는 것이었다.

하지만 사용자 인터페이스를 설계하는 데 타협이 없을 수 없다. 따라서 윈도우 8은 타협적이거나 아니면 복잡하거나 둘 중 하나가 될 것이다. 데스크톱에서 할 수 있는 일을 태블릿에서 똑같이 할 수 있는 것은 아니다. 태블릿을 데스크톱과 똑같은 방식으로 사용할 수는 없다. 데스크톱이 키보드라면 태블릿은 터치다. 시노프스키는 2011년 9월 다시 한번 이 둘을 구분하면서, 윈도우프로그램을 작성하는 서드파티 개발자를 위한 연례컨퍼런스에서, ARM 기반 태블릿용으로 윈도우 8을 다시 컴파일하고 아마도 프로그램을 재작성해야 할 것이라고 설명했다. 그런 의미에서 이것은 그들이 사용해왔고 그것에 대한 수백만 개의 프로그램이 있는 바로 그 윈도우는 아니었다. 그는 또 외부개발자들에게 "이 앱들은 ARM만이 가지는 고유한 특징들을 모두 이용하지는 않는다"라고 말했다.

그는 다른 내용도 발표했다. 앱이 ARM 기반 윈도우 태블릿에 설치되기를 원한다면 마이크로소프트에 그 앱을 제출하여 심사를 받아야 한다. 그 심사가 통과되면 온라인 스토어에서 다운로드될 수 있게 된다. 유료 앱의 경우에는 마이크로소프트가 판매금액의 30%를 가져간다. 그리고 마지막으로 인터넷 익스플로러의 책임자인 딘 하차모비치Dean Hachamovitch

가 예상과 달리 ARM(그리고 인텔) 태블릿의 브라우저는 플래시를 포함한 어떤 플러그인도 포함하지 않을 것이라고 언급했다.[16] 그 대신에 HTML5가 채택될 것이다. 그 이유는 단지 그것이 대세가 되고 있었기 때문이다.

주운영체제가 ARM 기반? 마이크로소프트가 통제하는 앱스토어? 플래시 금지? 2011년 말이 되자 갑자기 많은 면에서 마이크로소프트가 애플처럼 보이기 시작했다. 유일하게 다른 점이 있다면 제품이 아직 없다는 것뿐이다. 윈도우 8은 2012년 말경 판매될 예정이다.

애널리스트들도 (인텔 칩이 탑재된) 한 태블릿은 낡은 윈도우 앱을 실행할 수 있고 (ARM칩이 탑재된) 다른 태블릿은 그럴 수 없다는 메시지를 어떻게 전달하려고 하는지에 대해서 고개를 갸우뚱거렸다. 고객들이 과연 이것을 이해할 수 있을까? 애플이라는 벅찬 상대에다 이런 불확실성까지 겹치면서 가트너의 캐롤라나 밀라네시는 애플이 2015년까지 (아이팟 류의) 지배를 유지할 것이며 50% 이상의 시장점유율을 확보할 것이라고 예측했다. 그녀는 "애플은 하드웨어, 소프트웨어 그리고 서비스 전반에 걸쳐 뛰어나고 통일된 사용자 경험을 제공합니다. 애플은 그 시장 자체를 창출했고 메모리와 스크린 같은 부품공급까지 계획대로 착착 진행할 정도로 선견지명이 있었습니다"라고 말했다.[17] 윈도우 8의 출시는 '때늦은 도착'이었다. 최선의 기회는 이미 물 건너가버린 상태였다.

그녀는 또 태블릿의 판매량이 2010년 PC 판매량의 5%에서 2015년에는 60%까지 성장할 것으로 내다보았다. PC 판매의 절반이 북미와 유럽에서 이루어지고 있지만 판매는 급격하게 감소하는 경향을 보이고 있다. 만약 이 수치들이 정확하다면 2015년 서구사회에서는 PC보다 태블릿이 더 많이 판매될 수도 있을 것이다. 그리고 그녀의 예측 모델에 따르면 그중 윈도우 기기가 차지하는 것은 10% 미만에 불과할 것이다.

그 때는 분명히 포스트 PC 세상이 열려 있을 것이다.

게이츠의 예언이 실현되는 것이다.

10년이 늦긴 했지만…….

Digital
WARS
제7장

2011년

—

2011년 8월 9일 애플의 시가총액이 잠시 3,415억 달러까지 상승하는 덕분에 애플은 엑손Exxon을 밀어내고 시가총액 1위의 자리에 올랐다. 스티브 잡스가 컴퓨터를 조립하기 위해 공동 설립했던 회사, 14년 전 마이클 델로부터 가망 없으니 문 닫으라는 말이나 들어야 했던 회사. 바로 그 회사가 이제 다른 어떤 회사보다도 높은 가치를 가진 존재로 우뚝 서게 된 것이다. 애플은 신기원을 이룩했다. 재정적으로 무력하기만 했던 존재에서 세계를 주름잡는 지배자로의 애플의 변신은 완벽 그 자체였다. 그날 종가로 애플의 가치는 3,467억 달러였다. 이에 반해 마이크로소프트는 2,143억 달러였고 구글은 1,851억 달러였다.

1998년 말 이 세 회사의 가치는 각각 애플 55억4천만 달러, 마이크로소프트 3,446억 달러 그리고 구글 천만 달러였다. 그로부터 이 회사들의 총 가치는 두 배 이상 증가한 셈이다. 하지만 마이크로소프트의 회사가치는 오히려 40% 감소했다. 마이크로소프트가 처음에는 검색, 다음으로 디지털 음원, 마지막으로 스마트폰에서까지 계속 뒤처진 결과였다. 마지막 품목에서는 두 회사 모두보다 뒤로 밀려났다.

이 회사들은 그 동안 엄청난 변화를 겪었다. 곧 창립 13주년을 맞이할 구글은 세 명이 창고에서 시작한 신생업체에서 웹의 거인으로 성장했다.

이 회사는 전 세계에 걸쳐 2만9천 명에 육박할 정도로 커진 자신의 규모와 싸우고 있다. 다시 한번 최고경영자 자리에 오른 래리 페이지는 부서들이 각자의 업무를 제대로 책임지도록 압박하고 있다. 각 부서 책임자들은 프로젝트를 아주 짧은 메모로 설명할 수 있어야 한다. 그가 가장 우려하는 점은 구글이 점점 비대해지고 그만큼 느려지고 있다는 사실이다. 9월에 그는 큰 회사에게 최대의 적은 크다는 사실 그 자체라고 말했다. "기본적으로 느린 결정을 내리면서 좋은 결정을 내리는 회사는 없습니다. 빠른 결정을 내리는 회사만이 좋은 결정을 내릴 수 있습니다."[1]

애플은 13년 전에는 구글에 대해 들어본 적이 없었을 것이다. 하지만 이 둘은 모두 마이크로소프트에 대항해야 하는 공통점에서 시작해서 이제는 업계의 친분을 맺으면서도 때로는 적으로 대립해야 하는 관계로 발전했다. 애플과 마이크로소프트는 모바일 사업을 포괄하는 특허를 확보하기 위해 공동으로 구글과 입찰경쟁을 벌이기도 했다. 애플은 곧 출시될 아이폰의 클라우드 기반 음성 검색을 통해 구글 검색의 그림자를 벗어나려고 하고 있다. 그리고 그들은 스마트폰과 태블릿 시장에서 여전히 앙숙이다. 그럼에도 불구하고 미 상원에서 구글이 한 증언에 따르면 2011년 9월 모바일 검색의 대부분은 아이폰에서 이루어지고 있었다.

애플은 많은 변화를 겪었다. 애플의 직원은 1998년 정규직과 임시직을 통틀어 만 명 이하에서 지금은 5만 명으로 증가했다.[2] 물론 그 중 3만 명 정도는 소매 매장에서 근무하고 있다. 쿠퍼티노 본사의 핵심 직원들은 여전히 작고 비교적 긴밀한 유대를 자랑하고 있다. 마이크로소프트와의 오래 묵은 원한이 가끔씩 표출되기는 하지만 그들은 전략적으로 상대방을 거의 무시하고 있었다. PC시장에서 애플의 지위는 5%라는 시장점유율에서 높아지지도 낮아지지도 않은 상태로 머물러 있다. 애플은 음악에서 승리를 거두었다. 검색은 손도 대지 않았다. 휴대폰과 태블릿에서 애플의 지위는 마이크로소프트를 추격자의 신세로 내몰았다. 하지만 그 레드먼드 소재의 회사는 15억 대의 PC에 오피스가 설치되어 있다는 사실만으로도 오피스의 교체와 신규 판매로 인한 매출을 안정적으로 확보할 수 있다. 애플은 회사가치, 매출, 이익 등 모든 면에서 오랜 라이벌을 앞질렀다. 애플은 그저 이용이나 당하는 낙오된 PC제조업체라는 딱지를 떼버리고 당당히 세계를 주름잡는 디자인 브랜드가 되었다. 쿡이 미친 영향은 애플의 재고에서 확인된다. 애플 재고는 하드웨어 판매량의 3일 분에 불과하다.

마이크로소프트는 세계 1인자의 위치에서 추격자의 신세로 전락해버렸다. (1998년 여름 2만7천 명과 비교하여 지금은 전 세계에 걸쳐 9만 명인) 마이크로소프트의 직원은 어느 정도 전투에 지쳐버린 모습이다.[3] 여전히 최고경영자 자리를 유지하고 있는 스티브 발머가 2011년 9월 회사 전체회의에서 2만 명의 직원을 앞에 두고 연설하는 동안 몇몇 직원들은 자리에서 일어나 나가버릴 정도였다. 그들은 '클라우드 컴퓨팅' 전략, 좀처럼 움직이지 않는 주가, 고용주의 열정 부족 등으로 불만이 가득 차 있었다. 태블릿에서 제대로 작동하는 윈도우 버전이 출시되려면 아직도 멀었다. 마이크로소프트는 엄청난 수익을 올렸던 화려한 과거에 여전히 젖어 있는 것처럼 보인다. 이제 그 회사는 검색, 모바일, 태블릿, 아니 그 어떤 분야에서도 선두주자가 아니다. 그리고 혁신을 주도하지도 못하고 있다. 사람들은 시노프스키가 사실상 최고경영자일지도 모른다고 수군거리기 시작했다. 그는 회사 내부의 정치를 장악하고 윈도우팀이 태블릿과 칩 아키텍처의 미래를 해결할 수 있도록 한 장본인이었다.

정말로 승리감에 도취되어야 할 사람은 잡스였다. 애플은 군림하고 있었다. 회사들과 컨설턴트들은 '애플 비밀'의 정수를 뽑아 재생산하려고 노력하기 시작했다. 그 애플의 비밀이야말로 마이크로소프트로 하여금 한 번도 아니고 세 번씩이나 자신의 방향을 수정하게 만들었던 원인인 것이다. 뮤직 플레이어에 대해서, 휴대폰 설계에 대해서, 그리고 마지막으로 태블릿 인터페이스 설계에 대해서. 지렛대의 원리를 이해하고는 발 디딜 곳만 있다면 지구도 움직일 수 있다고 장담했던 아르키메데스처럼 애플은 컴퓨터 산업은 물론 그 밖의 여러 산업들을 움직였다. 음악, 휴대폰 제조, 이동통신, 태블릿 사업 이 모든 것이 애플로 인해 바뀌었다. 수평적 모델이 최선이라는 생각은 더 이상 고려할 일고의 가치도 없는 것으로 생각되었다. 하드웨어를 설계하는 동시에 소프트웨어를 작성하는 회사를 설립하려는 생각은 터무니 없는 것이 아니었다. 8월 구글이 모토로라 모빌리티를 인수했을 때, 많은 사람들은 구글이 애플을 모방하여 수직적으로 통합된 자체 스마트폰과 태블릿 사업을 구축하려는 것이라고 생각했다. 마이크로소프트 근처에 자리잡고 있는 인터넷 소매사이트인 아마존 역시 애플처럼 수직적 모델을 추구했다. 아마존은 킨들Kindle을 개발했고 뒤이어 2011년 9월 말 (아니러니 하게도 구글로부터 승인 받지 않은 자체 안드로이드 버전에 기반한) 태블릿을 출시했다. 태블릿 분야에서 아마존은 가장 가능성 있는 애플의 경쟁상대로 여겨졌다.

그러나 성공은 달콤하면서도 쓸쓸했다. 잡스의 죽음이 점점 임박해오고 있었다. 그는 1월 이후 줄곧 병가 중이었다. 당시 언론이 보도한 애플 직원에게 보내는 잡스의 편지에는 '제 자신의 건강을 회복하는 데 주력하겠습니다'고 적혀 있다. 그리고 그는 '애플을 너무나 사랑하고 가능한 한 빨리 돌아올 수 있기를 희망합니다'라고 덧붙였다. 심지어 그 편지에서도 세세한 부분까지 주의를 기울이는 꼼꼼함, 그리고 사람의 감정을 움직이는 뛰어난 능력을 다시 한번 엿볼 수 있었다. 그 편지에 적힌 '사랑'이라는 표현은 첫사랑과 헤어져야 하는 소년의 절실함을 담고 있었다.

그 한 해 동안 그는 몇 차례 대중들 앞에 모습을 나타냈지만 (iOS 차세대 버전을 소개하기 위해 아이패드2 출시행사에, 그리고 애플본사 신축안에 대해 로비하기 위해 6월 마지막으로 쿠퍼티노 시의회에) 8월 파파라치에게 찍힌 그의 모습에서는 암으로 급격하게 근육을 상실해가고 있다는 사실을 확인할 수 있었다. 하지만 그는 결코 서두르지 않았다. 이번에도 그는 매 순간을 완전히 통제하고 있었다. 그 달 말, 그는 이사회에 "나는 항상 내가 애플의 CEO로서 더 이상 임무와 기대를 채우지 못할 수 있는 날이 온다면 여러분에게 가장 먼저 알리겠다고 얘기해왔습니다. 불행하게도 그날이 온 것 같습니다"라는 의사를 전달했다. 그는 이사회가 '후임 선출 절차를 실행해줄 것'을 강력히 권고했고 팀 쿡을 애플의 새로운 CEO로 지명했다. (애플이 후임 결정 계획을 가지고 있었다는 사실은 애널리스트와 주주들에게 하나의 충격으로 다가왔다. 그들은 잡스가 물러난다면 어떤 계획이 있는지 구체적으로 밝혀달라고 수 차례 요청했지만 애플은 그런 계획을 전혀 가지고 있지 않다고 일축해왔기 때문이다.) 그는 (애플 내부에서는 한직으로 여겨지는) 회장직을 맡게 해달라고 요청했다. 이사회는 그의 모든 요구를 받아들였다.

잡스 애플의 가장 빛나고 가장 혁신적인 날들이 우리 눈앞에 있다고 믿습니다. 그리고 이 새로운 역할에서 애플의 성공을 지켜보고 그것에 기여할 수 있기를 희망합니다. 나는 애플에서 내 생애 최고의 친구들을 만났습니다. 그리고 많은 세월 여러분 곁에서 일할 수 있었다는 점에 대해 여러분 모두에게 진심으로 감사드립니다.

자기연민도 자존심도 그리고 자축도 아니었다. 여기서도 어느 하나에 집중하는 그의 성향을 엿볼 수 있었다. 그런 특성이 그에게 성공을 가져다 준 중요한 요인이었다.

그를 많이 알든 적게 알든, 많은 사람들로부터 찬사가 쏟아졌다. 물론 많은 사람들은 이것이 그의 죽음이 눈앞에 와 있음을 알리는 것이라고 생각했다. (하지만 그렇지는 않았다.) 그러나 기술과 사업의 세계에서 그와 같은 존재를 다시 보기는 어려울 것이라는 느낌이 들었다. 질문들이 시작되었다. 애플이 지금까지 해왔던 것처럼 앞으로도 잠재성이 있는 아이디어를 제대로 찾아내고 그것을 대성공으로 이끌 수 있을까? 쿡, 쉴러, 포스탈 그리고 아이브 이 모두를 합한다고 해서 잡스와 같은 초인이 될 수 있을까?

이 회사의 성공에 동승함으로써 액세서리 사업을 번창시킬 수 있었던 폴 그리핀은 나에게 조만간 그 결과가 확실해질 것이라고 말했다.

> 그리핀 크게 보면 잡스는 줄곧 잘 해왔습니다. 하드웨어와 소프트웨어 모두를 장악하는 것이 소프트웨어만 하고 하드웨어는 다른 사람들에게 맡기는 것보다 더 나은 모델임이 밝혀졌습니다. 두 번째 모델을 따른다면 조화롭게 작동하지 못하는 많은 제품들을 얻는 데 만족해야 할 겁니다. 내가 생각하기에 애플은 그 둘 모두를 통제함으로써 큰 이득을 얻었습니다.
>
> (잠시 말을 멈췄다가 미소를 지으며) 확실히 그들에게는 잘 됐습니다.

그랬다. 잡스는 단 한 사람뿐이었다. 그가 했던 많은 것은 의지와 용기가 있다면 누구나 할 수 있는 것이었다. 그러나 어느 누구도 그렇게 하지 않았다.

(고객이 무엇을 생각하는지를 알기 위해) 직접 이메일을 받고 답장하는 것, 중간단계를 배제하는 것, 사슬의 가장 중요한 요소로 최종 사용자에게 초점을 맞추는 것, 선입견을 버리고 새로운 것을 받아들이는 것, 기존 제품을 과감히 버리고 경쟁업체보다 한발 앞서 더 좋은 제품으로 대체하는 것, 불필요한 것은 제거하고 남은 것은 최선으로 만드는 것.

잡스가 떠나기 전에도 애플은 애플 유니버시티라는 거대한 내부 프로젝트를 가지고 있었다. 이 프로젝트의 목적은 애플의 가장 효율적인 특성들을 널리 알리고 개선하고 재생산할 수 있는 방법에 대해 직원들을 교육시키는 것이었다. 잡스는 없지만 그의 정신은 회사 내에서 여전히 살아 숨쉴 것이다.

애플 공동창립자의 작별인사를 곰곰이 생각하며 존 그루버가 했던 말처럼 잡스의 가장 위대한 창작물은 애플이 만들어낸 어떤 제품이 아니라 애플 그 자체였다.

10월 5일 잡스의 죽음이 발표되었다. 빌 게이츠는 가장 먼저 조의를 표한 사람 중 하나였다. 그는 자신의 오랜 친구가 남긴 발자취에 대해 찬사를 보냈다. "스티브 잡스만큼 세상에 심오한 영향을 미친 사람은 없을 겁니다. 앞으로 수세대의 사람들이 그가 세상에 미친 영향을 느끼게 될 것입니다. 그와 함께 일할 수 있었던 것은 우리에게 행운인 동시에 이루 말할 수 없는 영광이었습니다. 나는 스티브가 한없이 그리울 겁니다."

페이지도 같은 마음이었다. "그는 항상 사람들이 실제로 생각했어야 할 것을, 사람들이 생각하기 전에 아주 짧은 말로 얘기할 수 있는 능력을 가진 것처럼 보였습니다. 무엇보다도 사용자 경험에 대한 그의 강조는 언제나 나에게 영감을 주었습니다."

그의 죽음에 깊은 상실감을 느낀 것은 브린 역시 마찬가지였다. "구글의 초창기부터, 래리와 내가 향후 비전과 리더십에 대한 영감이 필요할 때, 쿠퍼티노보다 멀리에서 찾을 필요는 없었습니다."

이제 잡스가 가지고 있던 비전이라는 요소를 재현하는 것은 너무 어려운 일처럼 느껴진다. 예전에 또 다른 아이팟이 소개된 직후 나는 잡스에게 시장의 발전방향(아이튠즈부터 아이팟 그리고 뮤직스토어까지)을 어떻게 예측할 수 있었는지에 대해 질문한 적이 있었다. "사람들은 대부분 기술의 수평선 위에 무엇이 나타날지를 그렇게 정확하게 예측해낼 수 없습니다. 당신에게는 정말로 이 제품들이 어떤 방식으로 등장하게 될지 분명했습니까?"

그 옆에 있던 쉴러가 잠시 파안대소했다. 잡스는 그의 둥근 안경으로 나를 응시했다. 그것은 인내심과 즐거움을 동시에 표현하는 것이었다. 그는 살짝 미소를 지었다.

"물론입니다. 우리는 그것을 분명히 예측할 수 있었습니다." 그는 손바닥을 뒤집은 채로 손을 가볍게 들어 올리며 말했다.

스티브 잡스는 언제나 자신이 승리할 수 있다는 것을 알고 있었다. 그는 적절한 전쟁터를 찾기만 하면 되었던 것이다.

Digital
WARS

—

Appendix

—

가장 먼저 언급해야할 사람은 수잔나 리어Susannah Lear이다. 그녀는 나에게 전혀 예상치 못했던 이메일을 보내 세 회사와 그들간의 상호작용을 다룬 책에 대한 아이디어를 제안했다. 덕분에 나는 이 책을 저술할 생각을 할 수 있었고 그 결과 여러분 앞에 이 책을 선보일 수 있었다.

큰 도움이 된 자료를 실명 또는 익명으로 제공해 준 일일이 언급할 수 없을 정도로 많은 분들에게 감사를 드린다.

니콜라스 래드클리프Nicholas Radcliffe는 애플이 카리스마 있는 리더가 이끄는 밴드처럼 행동한다는 사실을 환기시켜주었다.

짐 보크 톰린Jim Boke Tomlin은 캘리포니아에서 밤잠을 설치며 '구글'이 동사로 사용된 초기사례들을 검색해주었다.

나를 참고 견뎌준 코간 페이지Kogan Page에게도 감사를 전한다.

이 책을 저술하는 데는 스크리브너Scrivener를 사용했다. 이 대단한 소프트웨어를 최초로 작성한 케이츠 브룬트Keith Blount에게 감사드린다.

사운드트랙에 대해서는 라스트 FMLast.fm, 소노스Sonos 그리고 엘보우

Elbow에 감사드린다.

나는 애플 맥으로 이 책의 원고를 작성했고 많은 경우 구글의 검색엔진을 통해 검색했으며 (마이크로소프트의) 스카이프로 수없이 전화통화를 했다. 아이팟 터치로 음악을 들었으며 (준과 비교해볼 수는 없었다. 유럽에서는 준을 판매하지 않았기 때문이다.) 구글 넥서스 스마트폰을 사용했다.

그리고 나의 경이로운 아내 조조^{Jojo}에게 감사의 마음을 전한다. 그녀는 실제로 여러 책을 저술했다. 사스키아^{Saskia}, 해리^{Harry} 그리고 록키^{Lockie}는 각자 나름대로 나에게 영감을 주었다. 그들에게도 고마움을 표한다.

찰스 아서

　이 책이 다루는 시기는 1997년부터 2011년 잡스의 죽음까지다. 이 15년은 정보통신산업에서 가장 역동적이고 숨 막히는 경쟁을 목격할 수 있었던 시기이다. 이 책은 이런 경쟁의 살아 숨쉬는 현장을 생생하게 전달하고 있다. 마이크로소프트, 애플, 구글이라는 주연과 일일이 열거할 수 없는 정보통신산업의 수많은 조연들이 엮어내는 파란만장한 경쟁의 서사가 책장을 넘길 때마다 숨 가쁘게 펼쳐지고 있다.

　이 경쟁의 가장 표면적인 모습은 인터넷 검색, 디지털 음원, 스마트폰, 태블릿 등 지난 15년간 시차를 두고 등장한 다양한 디지털 제품 시장에서 벌어진 기업들의 사투이다. 이 경쟁은 끊임없는 혁신을 통해 새로운 그리고 더 나은 제품을 소비자에게 제공해야하는 '창조적 파괴'의 과정이다. 하지만 이러한 디지털 전쟁의 안을 조금 더 들여다보면 그 속에는 경쟁의 다양한 차원이 자리를 잡고 있다. 우선 이 경쟁은 혁신을 주도해나가는 기업가들의 비전과 철학의 다툼이다. 이 책이 전하는 빌 게이츠와 잡스 그리고 페이지와 브린 등 탁월한 기업가들의 육성을 통해 이런 경쟁의 단면을 엿볼 수 있다.

이 경쟁은 또한 각 기업이 추구하는 경쟁전략간의 치열한 싸움이기도 하다. 이 책이 주목하는 한 가지 예는 마이크로소프트의 수평적 통합전략과 애플의 수직적 통합전략이다. 하나의 전략이 절대적 승자라기보다는 각 전략이 승리할 수 있는 적절한 환경이 있기 마련이다. 어떤 전략이 어떤 환경에서 승리를 구가해왔는지를 이 책에서 확인해볼 수 있다.

이 경쟁의 또 다른 단면은 기업의 조직구조와 문화에서 찾아볼 수 있다. 기업 내 정보의 흐름이나 의사결정권과 수익의 분배구조는 각 기업마다 차이를 보이고 있다. 또한 생태계를 형성하는 방식과 생태계 내 다른 기업과 관계 맺는 방식 그리고 제품을 마케팅하고 유통하는 방식에서도 각 기업은 차별적인 모습을 나타내고 있다. 이 책은 마이크로소프트, 애플, 구글이 이런 면에서 어떤 차이를 보이는지 그리고 그런 차이가 다양한 차원의 경쟁에서 그들이 보여준 성과와 어떤 연관을 갖는지에 대한 관련 종사자들의 생생한 증언을 담아내고 있다.

이 경쟁과정은 변이와 선별이 이루어지는 진화적 과정이다. 각 기업을 이끄는 기업가의 비전과 철학과 기업의 경쟁전략 그리고 기업조직과 문화는 이런 진화적 과정에서 하나의 밈, 즉 사회적 유전자이다. 개별기업의 혁신을 통해 또는 우연적 계기를 통해 등장하고 경쟁과정을 통해 선별되어지는 것은 개별기업이 생산하는 제품인 동시에 이런 밈이기도 하다.

이런 진화적 과정은 기업들 간의 경쟁적 관계와 보완적 관계를 모두 포함하고 있다. 기업들의 보완적 관계는 하나의 생태계를 형성한다. 경쟁은 개별기업 간뿐만 아니라 생태계 간에도 이루어진다. 생태계 내 기업들 간의 선순환 내지는 네트워크 효과를 창출해낼 수 있는 역량이 이 경쟁에서 중요한 역할을 한다. 이 책은 정보통신산업에서 생태계가 어떻게 형성되고 그 경쟁이 어떻게 전개되는지에 대한 구체적인 사례를 풍부하게 보여주고 있다.

이러한 경쟁과 진화의 과정에 영향을 미치는 또 하나의 중요한 요인은 정부의 규제와 법적 제도이다. 지난 15년간 정보통신산업의 전개과정에서 독점에 대한 정부의 규제는 중요한 역할을 수행했다. 개별기업의 전략에 영향을 미쳤으며 그로 인해 기업 간 게임의 양상을 변화시켰다. 또한 지적재산권과 특허를 둘러싼 기업들의 치열한 경쟁과 법정 싸움도 이 책이 바라본 정보통신산업의 전개과정에서 전혀 낯설지 않은 풍경이다.

미래가 과거를 정확하게 반복하지는 않을 것이다. 하지만, 이 책이 전달하는 지난 15년간 정보통신산업의 역사는 미래를 향한 우리의 여정에서 작게나마 나침반의 구실을 할 수 있을 것으로 보인다.

전용범

제 1장 1998년

1   켄 올레타, 『구글드』, 김우열 옮김, 타임비즈, 2010.

2   http://www.gladwell.com/outliers/index.html

3   http://www.wired.com/wired/archive/4.02/jobs_pr.html

4   http://www.cultofmac.com/john-sculley-on-steve-jobs-the-full-interview-transcript/63295

5   앨런 도이치먼, 『못 말리는 CEO 스티브 잡스』, 안진환 옮김, 영진닷컴, 2001

6   http://onstartups.com/tabid/3339/bid/58082/16-Brilliant-Insights-From-Steve-Jobs-Keynote-Circa-1997.aspx

7   http://www.zdnet.com/news/jobs-apple-still-on-right-track/99946

8   http://news.cnet.com/Dell-Apple-should-close-shop/2100-1001_3-203937.html

9   http://money.cnn.com/2008/11/09/technology/cook_apple.fortune/index.htm

10 http://www.industryweek.com/articles/whats_really_driving_apples_recovery_325.aspx

11 http://www.cringely.com/2010/04/masters-tournament

12 http://www.wired.com/wired/archive/4.02/jobs_pr.html

13 http://blog.tomevslin.com/2005/02/att_lessons_fro.html

14 http://66.49.144.193/C509291565/E668712860/index.html

15 http://ilpubs.stanford.edu:8090/422/

제 2장 마이크로소프트 반독점 소송

1   개인 이메일

2   개인 이메일

제 3장 검색: 구글 vs 마이크로소프트

1   http://news.cnet.com/2100−1023−204390.html

2   http://searchenginewatch.com/2165701

3   http://www.cs.cornell.edu/home/kleinber/auth.pdf

4   Douglas Edwards, *I'm Feeling Lucky: The confessions of Google employee number 59*, Allen Lane, London, 2011.

5   http://www.salon.com/21st/rose/1998/12/21straight.html

6   Douglas Edwards, *I'm Feeling Lucky: The confessions of Google employee number 59*, Allen Lane, London, 2011.

7   개인 이메일

8   Douglas Edwards, *I'm Feeling Lucky: The confessions of Google employee number 59*, Allen Lane, London, 2011.

9   http://stopdesign.com/archive/2009/03/20/goodbye−google.html

10   http://news.cnet.com/AltaVista−In−search−of−a−turning−point/2100 −1023_3−270869.html

11   존 바텔, 『검색으로 세상을 바꾼 구글 스토리』, 이진원, 신윤조 옮김, 랜덤하우스코리아, 2005.

12   http://www.microsoft.com/presspass/features/2000/jul00/07−17belluzzo.mspx

13   http://www.businessweek.com/bwdaily/dnflash/dec2000/nf2000127_947.htm

14   Amy K Gilligan, "Googling is the newest date thing", *Telegraph Herald*, Dubuque, Iowa, 2001.

15   http://www.nytimes.com/2001/08/29/opinion/liberties−the−manolomoochers.html

16   http://en.wikipedia.org/wiki/Stac_Electronics#Microsoft_lawsuit

17   켄 올레타, 『구글드』, 김우열 옮김, 타임비즈, 2010.

18   http://www.wired.com/epicenter/2007/04/my_other_interv/

19   http://www.wired.com/epicenter/2007/04/my_other_interv/

20   개인 이메일

21   개인 대화

22   존 바텔, 『검색으로 세상을 바꾼 구글 스토리』, 이진원, 신윤조 옮김, 랜덤하우스코리아, 2005.

23   개인 이메일

24   http://blogs.ft.com/fttechhub/2011/03/where−microsoft−went−wrong−by−paul−allen/

25   http://labs.google.com/papers/bigtable.html

26   http://techcrunch.com/2010/08/29/bubble−blinders−the−untold−story−of−the−search−business−model/

27   개인 대화

28   http://www.wired.com/epicenter/2007/04/my_other_interv/

29 http://www.microsoft.com/presspass/press/2004/nov04/11-11searchbeta-launchpr.mspx

30 http://www.businessweek.com/technology/content/nov2004/tc20041112_7986_tc119.htm

31 http://money.cnn.com/magazines/fortune/fortune_archive/2005/05/02/8258478/index.htm

32 개인 대화

33 http://www.zdnet.com/blog/web2explorer/page/ray-ozzie-the-internet-services-disruption/54

34 http://www.nytimes.com/2006/12/09/technology/09msn.html

35 http://www.nytimes.com/2009/03/01/business/01marissa.html?pagewanted=all

36 http://www.strategy-business.com/article/06202?gko=c650b&tid=27782251&pg=all

37 http://static.googleusercontent.com/external_content/untrusted_dlcp/labs.google.com/en//papers/bigtable-osdi06.pdf

38 http://www.bing.com/community/blogs/search/archive/2010/06/04/a-farewell-to-bing-cashback.aspx

39 http://googleblog.blogspot.com/2011/03/update-on-buzz.html

40 http://www.livemint.com/articles/2009/01/19210503/Microsoft-bid-to-beat-Google-b.html?atype=tp

41 http://www.businessinsider.com/microsoft-bing-losing-billions-2011-4

42 http://www.businessinsider.com/henry-blodget-bing-revisited-still-toast-but-slightly-less-burnt-2010-3

43 http://press.nokia.com/2011/04/21/nokia-and-microsoft-sign-definitive-agreement-ahead-of-schedule/

44 http://money.cnn.com/magazines/fortune/fortune_archive/2005/05/02/8258478/index.htm

45 http://www.nytimes.com/2006/12/09/technology/09msn.html

제 4장 디지털 음악: 애플 vs 마이크로소프트

1 http://www.theregister.co.uk/2000/12/06/apple_to_fall_into/

2 월터 아이작슨, 『스티브 잡스』, 안진환 옮김, 민음사, 2011.

3 개인 대화

4 http://www.wired.com/gadgets/mac/commentary/cultofmac/2006/10/71956?currentPage=all

5 http://www.youtube.com/watch?v=kN0SVBCJqLs

6 http://slashdot.org/story/01/10/23/1816257/Apple-releases-iPod

7 http://news.cnet.com/Apples-iPod-spurs-mixed-reactions/2100-1040_3-274821.

html

8   개인 대화

9   http://www.apple.com/pr/library/2002/jan/16results.html

10   개인 대화

11   http://www.wired.com/wired/archive/4.02/jobs_pr.html

12   http://www.macobserver.com/tmo/article/A_Few_Of_Her_Favorite_Things_
     Oprah_Gives_iPods_To_Everyone_In_Audience/

13   개인 대화

14   http://www.thesun.co.uk/sol/homepage/showbiz/bizarre/165843/iCant−
     believe−Geri−hasntBRgot−an−iPod.html

15   http://money.cnn.com/magazines/fortune/fortune_archive/2003/05/12/342289/
     index.htm

16   http://www.microsoft.com/presspass/features/2003/oct03/10−15MusicServices.
     mspx

17   http://www.guardian.co.uk/uk/2003/dec/14/gadgets.christmas

18   http://www.youtube.com/watch?v=3dxwopXL3fs

19   http://www.businessweek.com/magazine/content/04_05/b3868001_mz001.htm

20   http://www.independent.co.uk/arts−entertainment/music/news/the−ipod−
     generation−rejoices−the−online−music−store−is−here−732031.html

21   http://www.guardian.co.uk/technology/blog/2004/oct/04/whatsteveball

22   개인 이메일

23   http://www.ifoapplestore.com/stores/risd_johnson.html

24   http://www.nytimes.com/2004/09/02/technology/circuits/02vide.html

25   http://www.businessweek.com/print/magazine/content/04_46/b3908025_
     mz006.htm

26   http://www.zunethoughts.com/news/show/224/here−s−why−the−zune−isn−t−
     playsforsure.html

27   http://www.microsoft.com/presspass/exec/billg/speeches/2005/01−05ces.aspx

28   http://weblogs.jupiterresearch.com/analysts/gartenberg/archives/009130.html

29   http://www.nytimes.com/2006/02/03/technology/03ipod.html

30   http://web.archive.org/web/20051102043509/http://weblogs.jupiterresearch.
     com/analysts/gartenberg/archives/010172.html

31   http://arstechnica.com/apple/reviews/2005/09/nano.ars/3

32   http://news.bbc.co.uk/1/hi/technology/4286294.stm

33   http://www.washingtonpost.com/wp−dyn/content/article/2005/09/27/
     AR2005092701701.html

34   http://tech.slashdot.org/story/06/08/25/203226/Microsoft−leaks−Zune−Details−
     in−FCC−filing

35   http://www.youtube.com/watch?v=WfALGcDNEDw

36 http://www.engadget.com/2006/11/29/Zune-takes-2-spot-in-retail-launch-week/

37 http://www.cultofmac.com/john-sculley-on-steve-jobs-the-full-interview-transcript/63295

38 http://macdailynews.com/2007/01/17/microsoft_ceo_ballmer_laughs_at_apple_iphone/

39 개인 대화

40 http://seekingalpha.com/article/150291-apple-f3q09-qtr-end-6-27-09-earnings-call-transcript

41 개인 이메일

제 5장 스마트폰

1 개인 대화

2 http://media.corporate-ir.net/media_files/irol/10/107224/reports/Q4_2006_earnings_release.pdf

3 http://news.cnet.com/Palms-tale-of-Treo-intrigue/2100-1047_3-5883320.html

4 http://news.cnet.com/Palm-does-Windows/2100-1041_3-5882674.html

5 http://www.computerweekly.com/Articles/2006/02/21/214278/Microsoft39s-improved-Windows-Mobile-5.0-will-boost-applications-choice-for.htm

6 http://www.gartner.com/press_releases/asset_132473_11.html

7 http://www.wired.com/wired/archive/13.11/phone_pr.html

8 http://radar.oreilly.com/archives/2005/05/podcast-support.html

9 http://www.infoworld.com/%5Bprimary-term-alias-prefix%5D/%5Bprimary-term%5D/zander-recalls-tearful-first-days-motorola-460

10 http://www.wired.com/gadgets/wireless/magazine/16-02/ff_iphone?currentPage=all

11 http://web.archive.org/web/20061229171906/
http://www.mercurynews.com/mld/mercurynews/news/columnists/16057579.htm

12 개인 대화

13 http://www.businessweek.com/magazine/scott-forstall-the-sorcerers-apprentice-at-apple-10122011.html

14 http://www.wired.com/gadgets/wireless/magazine/16-02/ff_iphone?currentPage=all

15 http://www.martybarrett.com/2007/01/ces-2007.html

16 http://www.european-rhetoric.com/analyses/ikeynote-analysis-iphone/transcript-2007/

17 http://www.engadget.com/2007/01/09/live-from-macworld-2007-steve-jobs-

keynote/

18 개인 대화

19 http://www.theaustralian.com.au/australian-it/exec-tech/is-this-the-future-of-mobiles/story-e6frgazf-1111113870501

20 http://library.corporate-ir.net/library/10/107/107224/items/228168/Q406.pdf

21 http://communities-dominate.blogs.com/brands/2007/06/crunching-numbe.html

22 http://www.asymco.com/2009/07/07/assessing-nokia%e2%80%99s-competitive-response/

23 http://www.bloomberg.com/apps/news?pid=newsarchive&sid=aRelVKWbMAv0

24 개인 대화

25 http://abcnews.go.com/Technology/PCWorld/story?id=3334228

26 http://www.theaustralian.com.au/australian-it/exec-tech/is-this-the-future-of-mobiles/story-e6frgazf-1111113870501

27 http://itmanagement.earthweb.com/article.php/3685616

28 http://www.nytimes.com/2007/09/07/technology/07apple.html

29 http://www.apple.com/hotnews/openiphoneletter/

30 http://www.nytimes.com/2007/07/30/technology/30gates.html?pagewanted=2&_r=1&ref=business

31 http://macdailynews.com/2007/01/11/newsweeks_levy_interviews_apple_ceo_steve_jobs_about_iphone/

32 개인 대화

33 http://www.youtube.com/watch?v=vKKISOnOCaw, from 0:50.

34 http://daringfireball.net/2007/06/wwdc_2007_keynote

35 http://daringfireball.net/misc/2007/10/third-party-apps-on-iphone.text

36 http://radar.oreilly.com/2007/11/what-does-googles-open-handset.html

37 http://news.cnet.com/Googles-Android-has-long-road-ahead/2100-1038_3-6217131.html

38 http://www.pcworld.com/businesscenter/article/139421/google_android_just_a_press_release_says_ballmer.html

39 개인 대화

40 http://www.microsoft.com/presspass/exec/rbach/MWC08.mspx

41 http://daringfireball.net/2008/03/one_app_at_a_time

42 http://daringfireball.net/2008/02/flash_iphone_calculus

43 http://mattgemmell.com/2011/07/22/apps-vs-the-web/

44 http://www.mikechambers.com/blog/2011/11/11/clarifications-on-flash-player-for-mobile-browsers-the-flash-platform-and-the-future-of-flash/

45 http://www.asymco.com/2011/06/02/does-the-phone-market-forgive-failure/

46 http://online.wsj.com/article/SB10001424052748703561604576150502994792270.
html

47 월터 아이작슨, 『스티브 잡스』, 안진환 옮김, 민음사, 2011.

48 http://techcrunch.com/2011/09/28/microsoft-samsung-extortion-google/

49 http://www.sec.gov/Archives/edgar/data/1495569/000119312511246952/
d224940dprem14a.htm#tx224940_40

50 http://www.engadget.com/2011/08/09/motorola-ceo-sanjay-jha-talks-ice-
cream-sandwich-future-tablets/

51 Nomura daily technology analyst briefing, 16 August 2011.

52 http://blogs.forbes.com/greatspeculations/2011/07/11/android-could-be-a-
billion-dollar-business-for-microsoft/

53 http://on.wsj.com/fLXPIR

54 개인 대화

55 http://dgroups.org/file2.axd/7e518c01-5ff2-49c5-b029-9dff4fd5415c/livelihood_
changes_enabled_by_mobile_phones.pdf

제 6장 태블릿

1 http://www.nytimes.com/1999/08/30/business/microsoft-brings-in-top-
talent-to-pursue-old-goal-the-tablet.html?pagewanted=all&src=pm

2 http://www.businessweek.com/archives/2000/b3675033.arc.htm

3 http://www.nytimes.com/2010/02/04/opinion/04brass.html?_r=1&pagewanted=print

4 월터 아이작슨, 『스티브 잡스』, 안진환 옮김, 민음사, 2011.

5 http://daringfireball.net/2010/01/the_original_tablet

6 http://www.fool.com/investing/general/2010/03/11/hp-and-friends-will-kill-
the-ipad.aspx

7 http://news.cnet.com/8301-10805_3-20128045-75/how-windows-8-kod-the-
innovative-courier-tablet/

8 http://msftkitchen.com/2010/06/windows-8-plans-leaked-numerous-
details-revealed.html

9 http://blogs.msdn.com/b/techtalk/archive/2005/08/18/453492.aspx

10 http://allthingsd.com/20110602/adobe-ceo-android-will-overtake-ipad-just-
like-it-did-the-iphone-video/

11 http://www.businessinsider.com/why-windows-8-is-not-fundamentally-
flawed-as-a-response-to-the-ipad-2011-6

12 http://www.youtube.com/watch?v=iI47b3a9cEI

13 http://www.asymco.com/2011/01/06/this-is-the-most-exciting-ces-ever/

14 http://blogs.wsj.com/tech-europe/2010/11/19/intel-microprocessor-business-
doomed-claims-arm-co-founder/

15 http://www.engadget.com/2011/03/02/live-from-apples-ipad-2-event/, at 11.12 am.
16 http://blogs.msdn.com/b/b8/archive/2011/09/14/metro-style-browsing-and-plug-in-free-html5.aspx
17 http://www.gartner.com/it/page.jsp?id=1800514

제 7장 2011년

1 http://searchengineland.com/larry-page-biggest-threat-to-google-google-94588
2 http://investor.apple.com/secfiling.cfm?filingID=1047469-98-44981&CIK=320193
3 http://moneywatch.bnet.com/money-library/sec-filings/msft/1998/annual-reports/10-k/19980925/n45827103/?tag=content;col1

참고문헌 및 추천문헌

- 켄 올레타, 『구글드』, 김우열 옮김, 타임비즈, 2010.
- 존 바텔, 『검색으로 세상을 바꾼 구글 스토리』, 이진원, 신윤조 옮김, 랜덤하우스코리아, 2005.
- 앨런 도이치먼, 『못 말리는 CEO 스티브 잡스』, 안진환 옮김, 영진닷컴, 2001
- Douglas Edwards, *I'm Feeling Lucky: The confessions of Google employee number 59*, Allen Lane, London, 2011.
- 윌리엄 사이먼, 제이 엘리엇, 『아이리더십』, 권오열 옮김, 웅진지식하우스, 2011.
- 메리 조 폴리, 『빌 게이츠 Nextpage』, 양승민 옮김, 엘도라도, 2009.
- 월터 아이작슨, 『스티브 잡스』, 안진환 옮김, 민음사, 2011.
- 데이비드 커크패트릭, 『페이스북 이펙트』, 임정민, 임정진 옮김, 에이콘출판, 2010.
- Kieran Levis, *Winners and Losers: Creators and casualties of the age of the internet*, Atlantic Books, London, 2009.
- Steven Levy, *The Perfect Thing: How the iPod became the defi ning object of the 21st century*, Ebury Press, London, 2006.
- Steven Levy, *In the Plex: How Google thinks, works and shapes our lives*, Simon & Schuster, New York, 2011.
- Michael Lewis, *The New New Thing: A Silicon Valley story*, Hodder & Stoughton, London, 1999
- 도날드 노먼, 『감성디자인』, 박경욱, 이영수, 최동성 옮김, 학지사, 2011
- Tim Wu, *The Master Switch: The rise and fall of information empires*, Atlantic Books, London, 2011

디지털 워

ⓒ Charles Arthur, 2012

1판 1쇄   2012년 8월 1일
1판 2쇄   2013년 1월 15일

지은이   찰스 아서
옮긴이   전용범
펴낸이   김승욱
편집   김승관 정은아
디자인   윤종윤 백주영
마케팅   이숙재
제작   서동관 김애진 임현식

펴낸곳   이콘출판(주)
출판등록 2003년 3월 12일 제406-2003-059호

주소   413-756 경기도 파주시 문발동 파주출판도시 513-7
전자우편 book@econbook.com
전화   031-955-7979
팩스   031-955-8855

ISBN | 978-89-97453-05-4 03320

＊이 도서의 국립중앙도서관 출판시도서목록(CIP)은 e-CIP 홈페이지
  (http://www.nl.go.kr/cip.php)에서 이용하실 수 있습니다.(CIP제어번호: CIP2012003231)

.